本著作系国家社科基金项目（11BRK002）最终成果

获江苏师范大学省重点学科（世界史）出版资助

澳大利亚亚洲移民政策与亚洲新移民问题研究

—— 20 世纪 70 年代以来

Australia's Asian Immigration Policies and
New Immigrants from Asia
–Since the 1970s

张秋生　著

社会科学文献出版社
SOCIAL SCIENCES ACADEMIC PRESS (CHINA)

张秋生

江苏师范大学历史文化与旅游学院教授，华侨华人研究中心/澳大利亚研究中心主任。现为中国澳大利亚研究会副会长、中国华侨历史学会常务理事、国务院侨务办公室侨务理论研究江苏基地负责人、教育部区域和国别研究备案中心——江苏师范大学澳大利亚研究中心主任、江苏省东南亚学会副会长。曾多次赴澳访学，任拉筹伯大学、悉尼大学客座研究员。主要从事国际移民与华侨华人研究、亚太地区国际关系与澳大利亚研究。先后承担国家社科基金重大项目《世界华商通史》（六卷本）、国家社科基金一般项目《澳大利亚亚洲移民政策与亚洲新移民问题研究》、教育部人文社科研究项目《澳大利亚对华移民政策与华人新移民问题研究》、国家"十二五"重点出版工程《世界华侨华人通史·大洋洲卷》以及国务院侨办项目、中国侨联项目等重要课题15项，在《世界历史》、《史学理论研究》、《世界民族》、《现代国际关系》、《华侨华人历史研究》等重要刊物发表学术论文100余篇，主编《华侨华人研究》（1~5辑），出版学术著作7部，其中《澳大利亚华侨华人史》、《澳大利亚与亚洲关系史》、《列国志·澳大利亚》先后获省部级和澳大利亚政府与澳中理事会优秀科研成果奖。

本著作系国家社科基金项目（11BRK002）最终成果

获江苏师范大学省重点学科（世界史）出版资助

目　录
CONTENTS

绪 论

一 国内外研究现状述评

（一）研究视角更新，研究方法拓展，研究成果显著

20 世纪 70 年代以来，随着全球化进程的加速和国际移民数量、模式、性质的急剧变化及中国改革开放的发展，国际移民问题日益成为学术界关注的热点问题，国内外学者的研究视角、研究方法和理论架构不断发展和创新，而国内外关于澳大利亚移民政策与亚洲移民问题的研究也经历了从单一静态到立体多元，从微观、宏观到中观的学术发展历程，取得了显著的成果。

1. 澳大利亚移民政策的研究开始了从单一静态到动态多维的发展

国内外学者关注"白澳政策"废除以来澳大利亚移民政策的演变，考察了多元文化政策和新移民政策的制定及其对社会发展的影响。詹姆斯·贾普（James Jupp）的《从白澳到伍默拉：澳大利亚移民的故事》（*From White Australia to Woomera：The Story of Australian Immigration*），从国家与社会发展和人道主义等方面分析了制定关于家庭移民、商业移民、技术移民、难民等法律条文的影响因素。[①] 玛丽·克罗克（Mary Crock）的《澳大利亚移民和难民法》（*Immigration & Refugee Law in Australia*），认为移民政策的制定应从历史中寻求经验，政治领导人的需要及公众的态度是澳大利亚移民政策制定的关键因素。[②] 克劳斯·纽曼（Klaus Neumann）和格温达·塔万（Gwenda Tavan）的《历史问题：澳大利亚和新西兰公民、移民以及难民政

---

① James Jupp, *From White Australia to Woomera：The Story of Australian Immigration*, Cambridge：Cambridge University Press, 2002.

② Mary Crock, *Immigration and Refugee Law in Australia*, Annandale：The Federation Press, 2002.

策的形成与论争》（*Does History Matter*：*Making and Debating Citizenship*，*Immigration and Refugee Policy in Australia and New Zealand*），主张从全球视角考察和调整移民政策，提出随着全球化的发展，澳大利亚与亚洲国家的关系日益密切，亚洲国家的大量劳工、技术移民、投资移民以及留学生赴澳，澳大利亚应对其亚洲移民政策、社会政策与国家归属进行重新思考和定位，并认为亚洲移民迁移模式仍在很大程度上受到澳大利亚国内移民政策的调节和控制。[①] 还有学者如高伟浓的《华人新移民在澳大利亚、新西兰的生存适应分析》一文从移民趋势的亚洲化与移民类别的变化比较分析了澳大利亚移民政策与新西兰、英美等国移民政策的异同。[②]

2. 澳大利亚亚洲移民史研究的侧重点开始了从传统移民向新移民的转变

国内外学术界出版了不少研究以中国、东南亚和印度等国为主要迁出地的澳洲亚裔移民史的论著，如黄昆章的《澳大利亚华人史》[③]；南希·维维安尼（Nancy Viviani）的《澳大利亚的印裔中国人 1975~1995》（*The Indo-Chinese in Australia 1975 – 1995*）[④]、詹姆斯·E. 考夫兰（James E. Coughlan）和德博拉·J. 麦克纳马拉（Deborah J. McNamara）的《澳大利亚的亚洲人：移民和定居模式》（*Asians in Australia*：*Patterns of Migration and Settlement*）对 20 世纪 70 年代以来的澳大利亚亚洲新移民的经济模式、社会特征和政治文化生活给予了较多的关注，并对亚洲新移民与传统移民的迁移动因、模式、特点等进行了比较。[⑤] 克里斯汀·英格利斯（Christine Inglis）教授在其《澳大利亚的亚洲新移民及其在全球化时代的影响》（Australia's "New" Asian Immigration and its Impact in a Period of Globalisation, Asian Migration：Pacific Rim Dynamics）一文中探讨了在全球化日益加速的背景下，澳大利亚的亚洲新移民自 20 世纪 80 年代中期至 20 世纪末基本社会特征的重大变化

---

① Klaus Neumann and Gwenda Tavan, *Does History Matter*：*Making and Debating Citizenship*, *Immigration and Refugee Policy in Australia and New Zealand*, ANU Press, 2009.

② 高伟浓：《华人新移民在澳大利亚、新西兰的生存适应分析》，《华侨华人历史研究》2003 年第 2 期。

③ 黄昆章：《澳大利亚华人史》，广州：广东高教出版社，1998。

④ Nancy Viviani, *The Indo-Chinese in Australia 1975 – 1995*, Oxford：Oxford University Press, 1996.

⑤ James E. Coughlan and Deborah J. McNamara, *Asians in Australia*：*Patterns of Migration and Settlement*, Melbourne：MacMillan Education Australia Pty Ltd, 1997.

及其对澳洲社会的影响。① 康斯坦斯·利弗·特雷西（Constance Lever-Tracy）等学者撰写的研究报告《澳大利亚的亚洲企业家：布里斯班和悉尼的华人及印度人小型民族企业》（*Asian Entrepreneurs in Australia：Ethnic Small Business in the Chinese and Indian Communities of Brisbane and Sydney*），考察了以华人和印度人为代表的亚洲小型企业在澳洲的创办和发展历程与特点。②《多样的亚洲人——关于六个在澳大利亚的亚洲社区的简介》（The Diverse Asians：A Profile of Six Asian Communities in Australia），则根据澳大利亚1986年统计数据论述和探讨了在澳大利亚移民中位居前列的六大亚洲移民群体的特征。③

3. 移民理论的关注视角开始了从研究国别移民向国际移民的转变

关于国际移民理论的相关论著虽未专门论及澳大利亚和亚洲移民，但在理论和方法上具有重要的借鉴作用。国际移民理论从早中期的"推-拉理论"和新古典主义学派移民理论，发展到新经济学移民理论、劳工市场分割论、世界体系理论、网络说及移民系统理论等，对"跨国主义移民理论"的探讨也在走向深入。国内外学者观察移民问题的视角已从个体扩大到家庭、社区，从输入国、输出国扩展到全球；研究问题的层面也从经济基础发展到政治、文化等上层建筑，从微观、宏观发展到作为两者中介的中观，同时对非法移民、难民也给予了一定关注，如丘立本的《国际移民的历史、现状与我国对策研究》。④ 李明欢教授的重要著作《国际移民政策研究》则从人口生态、经济理性、政党政治、多元文化、族群认同等多重视角，以宏观展示与个案解读的方法，系统考察、比较和剖析了在全球化不断加速的背景下，世界不同国家移民政策的制定及其特点。⑤

全球化的发展导致人口跨国流动的增加，国际移民问题成为国际社会和国际组织日益关注的焦点，国内外专家和学者对国际移民的研究也日益深

---

① Yen-Fen Tseng, Chilla Bulbeck, Lan-Hung Nora Chiang, Jung-Chung Hsu, *Asian Migration：Pacific Rim Dynamics*, Taipei：National Taiwan University, 1999.

② Constance Lever-Tracy（ed.）, *Asian Entrepreneurs in Australia：Ethnic Small Business in the Chinese and Indian Communities of Brisbane and Sydney*, Canberra：Australian Government Publish, 1991.

③ J. C. Harles, "The Diverse Asians：A Profile of Six Asian Communities in Australia", *Pacific Affairs*, Vol. 66, No. 4, 1992.

④ 丘立本：《国际移民的历史、现状与我国对策研究》，《华侨华人历史研究》2005年第1期。

⑤ 李明欢：《国际移民政策研究》，厦门：厦门大学出版社，2011。

入、全面和系统化，涉及国际移民问题的各个方面，包括国际移民的历史、动因、流向、规模、构成（其中对女性移民的研究日益受到关注）、难民和寻求避难者、移民政策、对移民输出国（"脑流失"、侨汇等）和接收国（经济发展、社会政策和社会转变等）的影响、移民的认同与族群关系等，国际移民理论亦随之不断发展和完善。在国际学术界，对国际移民研究主要代表人物有：斯蒂芬·卡斯尔斯（Stephen Castles）、道格拉斯·梅西（Douglas Massey）、菲利普·马丁（Philip Martin）、罗纳德·斯凯尔登（Ronald Skeldon）以及罗宾·科恩（Robin Cohen）等。斯蒂芬·卡斯尔斯（Stephen Castles）与马克·J. 米勒（Mark Miller）合著的《移民时代：现代世界中的人口流动》（*The Age of Migration*：*International Population Movements in the Modern World*）现已出版第四版，是研究国际移民的重要论著，从全球化进程分析国际移民的各个方面，包括国际移民的主要趋势、总体模式、理论研究、跨国组织、移民政策、移民的融合与认同等，不仅关注移民接收国，同时也关注移民输出国。[1] 斯蒂芬·卡斯尔斯（Stephen Castles）与阿拉泰尔·戴维森（Alatair Davidson）合著的《公民与移民：全球化与归属政治》（*Citizenship and Migration*：*Globalization and the Politics of Belonging*）对移民在居住国的政治认同进行了研究，主要关注移民是如何在居住国取得公民权，少数族群的形成与公民的关系，以及取得公民权后对多元文化政策和经济发展的影响。[2]

斯蒂芬·卡斯尔斯（Stephen Castles）在《理解全球化移民：基于社会转型的视角》（Understanding Global Migration：A Social Transformation Perspective）中认为不可能有一个关于研究移民问题的概括性理论框架，主张从社会转变的观点出发，运用多学科领域的理论和方法分析国际移民问题。[3] 另外，他在《国际社会科学》中发表的《21 世纪初的国际移民：全球性的趋势和问题》（2001 年第 3 期），《亚太地区新移民：促进社会和政治变化的一种力量》（2001 年第 3 期），《全球化与移民：若干紧迫的矛盾》

---

① Stephen Castles and Mark Miller, *The Age of Migration*：*International Population Movements in the Modern World*, London：Palgrave Macmillan, 2009.

② Stephen Castles and Alatair Davidson, *Citizenship and Migration*：*Globalization and the Politics of Belonging*, London：Routledge, 2000.

③ Stephen Castles, "Understanding Global Migration：A Social Transformation Perspective", *Journal of Ethnic and Migration Studies*, Vol. 36, No. 10, December, 2010.

（1999 年第 2 期）也是研究国际移民问题的重要论述。① 道格拉斯·梅西（Douglas Massey）在《21 世纪国际移民的模式和进程》（Patterns and Processes of International Migration in the 21ˢᵗ Century）一文中通过一系列数据简述了近代以来国际移民的历史，论述了当今世界主要移民体系的规模和结构，分析了当今国际人口流动的理论和移民政策，从而对 21 世纪的移民政策提出建议。② 道格拉斯·梅西（Douglas Massey）等人在《世界运动：理解千年结束之际的国际迁移》（Worlds in Motion: Understanding International Migration at the End of the Millennium）中对当今主要国际移民理论：新古典主义学派移民理论、新经济学移民理论、劳工市场分割论、世界体系理论进行了分析，并认为社会学家用以分析和解释国际移民问题的理论反映了特定时期的经济、社会和政治现象，传统的理论方法已经面临着危机和挑战。③

对当今国际移民理论进行分析的另一篇重要文章是华金·阿朗戈的《移民研究的评析》，作者通过对新古典主义学派的移民理论以及 20 世纪最后 25 年里出现的各种移民理论进行考察，认为该领域现有的理论只能探讨造成移民现象的原因，不能顾及其他方面，主要是因为国际移民的研究对象难以界定和测量，具有多方面多形态的特征，不易理论化。④ 罗纳德·斯凯尔登（Ronald Skeldon）在《移民与发展：基于全球化视角》（Migration and Development: A Global Perspective）一书中探讨了全球范围内国际移民和国内移民的特殊关系，认为世界被划分为一系列不同的发展区域，不仅是因为各自国家的发展水平不同，而且还与它们的地理位置和移民历史有关，移民和全球化发展加强了在区域范围内而不是在单独的国家中讨论移民的重要性。⑤

罗宾·科恩（Robin Cohen）在《移民及其敌人全球化资本、移民劳动力和民族国家》（Migration and its Enemies Global Capital, Migrant Labour and the Nation-State）中主张以全球的角度，从输出国和接收国两方面分析形成

---

① 斯蒂芬·卡斯尔斯：《21 世纪初的国际移民：全球性的趋势和问题》，《国际社会科学（中文版）》2001 年第 3 期；斯蒂芬·卡斯尔斯：《亚太地区新移民：促进社会和政治变化的一种力量》，《国际社会科学（中文版）》2001 年第 3 期；斯蒂芬·卡斯尔斯：《全球化与移民：若干紧迫的矛盾》，《国际社会科学（中文版）》1999 年第 2 期。

② Douglas Massey, "Patterns and Processes of International Migration in the 21st Century", *Power Engineering Society*, Vol. 20, 2003.

③ Douglas Massey (ed.), *Worlds in Motion: Understanding International Migration at the End of the Millennium*, Oxford: Oxford University Press, 2001.

④ 华金·阿朗戈：《移民研究的评析》，《国际社会科学（中文版）》2001 年第 3 期。

⑤ Ronald Skeldon, *Migration and Development: A Global Perspective*, London: Routledge, 1997.

国际移民潮的政治和经济原因，认为国际移民促进了全球化的进程和潜在的世界性公民的形成，并指出国际移民问题要通过国际间的合作解决，而移民接收国放弃了"同化政策"，而代之以"融合"或者"多元文化"的政策。[1] 詹姆斯·霍利菲尔德（James Hollifield）和卡洛琳·布莱特尔（Caroline Bretell）主编的《移民理论：跨学科交流》（*Migration Theory*：*Talking Across Discipline*）中论述了移民研究的历史，并收录了关于国际移民的人口统计学分析，移民的人类学、地理学、政治学理论研究，移民法的研究等篇章，主张运用跨学科、多领域的理论和方法研究国际移民。[2]

在国内学术界，对国际移民的研究主要是一些论文，尚缺乏系统的研究专著，主要有以下论著。丘立本的《国际移民的历史、现状与我国对策研究》《国际移民趋势、学术前沿动向与华侨华人研究》对当今国际学术界关于移民趋势和移民理论的研究做了介绍，并对目前我国学术界对该领域的研究提出了建议。[3] 李明欢的《国际移民学研究：范畴、框架及意义》对国际移民的概况做了论述，并探讨了国际移民学研究的范畴、框架与意义，国际移民学的热点与难点。李明欢的《国际移民的定义与类别——兼论中国移民问题》和《20世纪西方国际移民理论》，[4] 陈孔立的《有关移民与移民社会的理论》对国际移民理论研究领域中的国际移民定义、发展趋势、动因、移民社会适应等问题进行了分析。[5] 佟新的《全球化下的国际人口迁移》总结了国际人口迁移的新特点，从全球化和个体化的角度分析新型国际人口迁移，并提出了新的国际人口迁移潜在的问题。[6] 吴前进的《当代移民的本土性与全球化——跨国主义视角的分析》，则运用"跨国主义移民理论"，探讨了

① Robin Cohen, *Migration and its Enemies Global Capital*, *Migrant Labour and the Nation-State*, Asbgate Publishing Limited, 2006.

② James Hollifield and Caroline Bretell, *Migration Theory*：*Talking Across Discipline*, London：Routledge, 2007.

③ 丘立本：《国际移民的历史、现状与我国对策研究》，《华侨华人历史研究》2005年第1期；丘立本：《国际移民趋势、学术前沿动向与华侨华人研究》，《华侨华人历史研究》2007年第3期。

④ 李明欢：《国际移民学研究：范畴、框架及意义》，《厦门大学学报（哲学社会科学版）》2005年第3期；李明欢：《国际移民的定义与类别——兼论中国移民问题》，《华侨华人历史研究》2009年第2期；李明欢：《20世纪西方国际移民理论》，《厦门大学学报（哲学社会科学版）》2000年第4期。

⑤ 陈孔立：《有关移民与移民社会的理论》，《厦门大学学报（哲学社会科学版）》2000年第2期。

⑥ 佟新：《全球化下的国际人口迁移》，《中国人口科学》2000年第5期。

全球化背景下跨国移民与祖（籍）国的互动关系。① 从全球化的角度对国际移民进行分析的还有解韬和李其荣分别撰写的《经济全球化与国际人口迁移》。② 对国际人口迁移的后果和影响的研究主要有：朱其良《国际移民对世界政治和经济的影响》，周聿峨、白庆哲《国际移民与当代国际安全：冲突、互动与挑战》，李其荣的《国际移民对输出国与输入国的双重影响》③ 等。

4. 国内外学术界关于澳大利亚移民政策与亚洲移民问题的研究方法开始了由单学科向多学科、跨学科的综合研究转变

当前学术界关于澳大利亚移民政策与亚洲移民问题的研究方法已从原来的单学科研究如地理学、经济学，发展到当前多学科如政治经济学、历史学、社会学、人口学、人类学、民族学和国际关系学等多学科、跨学科的综合研究，拓展和深化了关于澳大利亚移民政策与亚洲移民问题的研究广度和深度，提升了研究水平。

如国内关于研究澳大利亚移民政策的论著自20世纪80年代以来，开始关注移民政策调整和人口问题、种族关系、经济与社会发展、价值观、利益集团的政治博弈，以及和亚洲关系等诸多领域。如华人学者端木锡琦在1985年发表的《澳大利亚的人口和移民政策》，论述了澳大利亚"白澳政策"的形成过程和二战以后"白澳政策"的衰落。作者认为20世纪60~70年代澳大利亚国内对于有色人种移民的反对态度已经有所改变，这是引发工党废除"白澳政策"的根本原因，而80年代促进人口增长仍然是澳大利亚人口和移民政策关心的直接问题。④ 庄彬俊1987年发表的《漫话澳大利亚的移民政策》，则主要论述了澳大利亚当时的移民政策和主要趋势。⑤

进入21世纪以来，研究澳大利亚移民政策的文章逐渐增多。具有代表性的文章有2005年杨洪贵的《二战后澳大利亚非英语移民政策的演变》，文章认为二战后大量非英语移民移居澳大利亚，对澳大利亚原有的价值观构

① 吴前进：《当代移民的本土性与全球化——跨国主义视角的分析》，《现代国际关系》2004年第8期。
② 解韬：《经济全球化与国际人口迁移》，《广东社会科学》2001年第4期；李其荣：《经济全球化与国际人口迁移》，《民族研究》2003年第6期。
③ 朱其良：《国际移民对世界政治和经济的影响》，《广西社会科学》2002年第5期；周聿峨、白庆哲：《国际移民与当代国际安全：冲突、互动与挑战》，《东南亚纵横》2006年第1期；李其荣：《国际移民对输出国与输入国的双重影响》，《社会科学》2007年第9期。
④ 端木锡琦：《澳大利亚的人口和移民政策》，《人口研究》1985年第2期。
⑤ 庄彬俊：《漫话澳大利亚的移民政策》，《国际展望》1987年第13期。

成严重挑战。作者认为同化政策和多元文化政策是澳大利亚在战后现代化背景下调解种族、文化传统与经济发展、国际交往和民族认同矛盾的不同手段；同化政策向多元文化政策的转变成为当代澳大利亚社会现代化发展的重要步骤。① 王宇博的论文《20世纪中期澳大利亚移民政策的变化》则认为二战后国内对于种族主义的抨击、社会发展的需要和社会意识的转变导致了澳大利亚放弃"白澳政策"并出台新的移民政策。②

张荣苏的《"客户政治"与20世纪90年代澳大利亚移民政策的转变》摆脱了传统的移民研究理论"推－拉理论"的限制，将澳大利亚移民理论研究上升到一个新的高度。作者认为政府移民政策的出台受到有组织的利益集团的影响。"移民政策的制定者为了自身利益，特别是选举利益，不得不顺从支持移民的获益集团而忽视要求限制移民的广大民众的意愿。"这就是"客户政治"。作者认为从战后至80年代，澳大利亚的移民政治是典型的"客户政治"模式。③

张秋生《澳大利亚亚洲语言文化与移民政策的调整（1991～1995）》则系统地分析了基廷政府执政时期的亚洲语言文化与移民政策。作者认为，澳大利亚基廷政府执政期间，提出了"面向亚洲"和"融入亚洲"的政策，在经济、政治与外交转向的同时，对亚洲语言文化与移民政策做出重大调整，将学习亚洲语言提到国家经济发展的战略高度，并制定了具体对策与计划。澳大利亚面向亚洲，吸收移民，不仅有利于推行多元文化政策和社会的稳定与发展，而且也有利于改善澳大利亚与亚洲关系，拓展海外经济贸易的空间。④

（二）关于澳大利亚主要亚洲国家的移民研究日益深入

1. 关于华人移民的研究

（1）海外华人学者与港台地区关于华人移民的研究：海外华人一直是一种引世瞩目的国际现象，因此在国际学术界，对海外华侨华人的研究也是几十年来经久不衰的话题。20世纪70年代末80年代初，研究澳

---

① 杨洪贵：《二战后澳大利亚非英语移民政策的演变》，《世界民族》2005年第5期。
② 王宇博：《20世纪中期澳大利亚移民政策的变化》，《苏州大学学报（哲学社会科学版）》2009年第3期。
③ 张荣苏、张秋生：《"客户政治"与20世纪90年代澳大利亚移民政策的转变》，《史学理论研究》2013年第3期。
④ 张秋生：《澳大利亚亚洲语言文化与移民政策的调整（1991～1995）》，《学海》2014年第2期。

洲华人史的热潮在澳洲出现，并陆续出版了一批有影响的研究华人史的著作。

海外华人学者都较为关注华侨华人的研究。首先是杨进发先生的澳洲华侨史专著《新金山：澳大利亚华人（1901～1921）》于 1977 年出版。作者充分利用华文报纸和档案资料，概述了自 19 世纪中叶至 20 世纪初华人移澳的历史及"白澳政策"形成的全过程，丰富全面地考察了在澳华人的经济生活、政治生活及家庭社会生活等方面。书后附有大量统计图表和原始资料，不但增强了该书的学术性，也有益于读者做进一步的研究。① 由于该著作已经被翻译成中文版，它已经成为国内学者在研究澳洲早期华侨状况时利用率极高的参考文献。其次是澳籍华人 C. Y. 蔡，1975 年悉尼大学出版社出版了他的专著《移居澳大利亚的华人》。该著作以二战结束为时间点分为上下两篇。上篇中，作者依据澳洲人口普查数据追溯了自 19世纪 50 年代以来澳洲华人的移民背景、移民历程以及在澳洲的分布，探讨了他们在进入澳洲各行各业后所引发的白人的歧视以及与白人的通婚状况。下篇中，作者以澳大利亚墨尔本华人社区为重点考察对象，对华人家庭进行了深入采访与调查。其研究表明，华人的经济模式在发生转变，从华人传统行业逐渐向澳洲普遍存在的行业转变，居住地从唐人街逐渐向郊区转移。研究还表明，这种人口和社会趋势对新来的华人在选择定居地方面起主导作用。②

另一位对澳大利亚华人研究有重要贡献的澳籍华人学者是王省吾先生，其主要成果有《中国的移民组织（1848～1888），以澳大利亚为例》③《华人移民研究，1840～1890》《清朝政府对华工出国的态度》《十九世纪下半期华工在澳洲淘金谋生事略》和《澳洲的发现与清代中国人对澳洲的认识》等，这些著作对澳洲早期华工生活状况进行了详细的论述。美籍华裔沈己尧先生在这方面也做出了一定贡献。他所著的《海外排华百年史》于 1970 年在香港出版，第三章专门论述了澳大利亚排华百年史。作者对百年来（19 世纪中叶至 20 世纪中叶）澳大利亚对华移民政策的演

---

① C. F. Yong, *The New Gold Mountain*: *The Chinese in Australia*, 1901 – 1921, Richmond: Raphael Arts Pty. Ltd. , 1977.

② C. Y. Choi, *Chinese Migration and Settlement in Australia*, Sydney: Sydney University Press, 1975.

③ Sing-wu Wang, *The Organization of Chinese Emigration*, *1848 – 1888 with Special Reference to Chinese Emigration to Australia*, San Francisco, 1978.

变过程做了梳理与划分，为后来的研究者提供了清晰的海外排华运动线索。① 作者在撰写本书时收集了大量珍贵的图片和文字资料，对研究海外华侨的历史及现状具有重要的参考意义。

在当代澳洲华人学者中，墨尔本大学亚洲研究所高级讲师高佳对华人移民研究也有较多成果。他先是以 20 世纪 80 年代末 90 年代初特殊时期的中国大陆留学生为研究对象，探讨他们移民澳洲的动因、移民模式、在澳洲的生活状况等。② 后逐渐扩大研究对象，他运用跨国移民理论，对 90 年代初期以来移民澳大利亚的华人进行分析，归纳出不同的跨国迁移模式，认为移澳华人的主要区别在于他们的移民形式、途径、社会结构和意图不同，并解析了这些移民的跨国迁移动因、目的以及对身份认同的影响。③ 高佳对当代华人参政也做过研究，他认为在澳华人已经成为澳洲社会政治和经济生活中一个非常具有活力的组成部分。他们的政治参与程度及其影响力正在显著提高，并且已经成为各方关注的一个重要议题。④

澳大利亚斯威本科技大学郭美芬博士的研究非常注重对华文报纸和媒体的利用，她认为华文媒体对澳洲华人社会的发展产生了重要影响。在她的《制造华裔澳大利亚人》中，利用大量的华文报纸对 19 世纪晚期至 20 世纪初期的华人社会状况做了探讨，力图还原当时澳洲华人社会的真实面貌。她认为，这一时期是澳洲华人社会和身份认同形成的至关重要的时期，与其他族裔的形成方式显著不同。⑤

2014 年 9 月，《澳大利亚华人年鉴（2013）》在悉尼出版发行。全书600 多页、近 68 万字、150 余幅图片、1500 余个词条，涉及全澳数千位人物和社团、机构组织，涵盖澳洲华人社区 2013 年的重大活动和事件，追溯

① 沈己尧：《海外排华百年史》，北京：中国社会科学出版社，1985。

② Gao Jia, "Chinese Students in Australia," in *The Australian People*, Melbourne: Cambridge University Press, 2001; The Role of Primary Social Groups in Migration Decision-making: a Case Study of Chinese Students in Australia, *Asian and Pacific Migration Journal*, Vol. 11, No. 3, 2002; Organized International Asylum-seeker Networks: Formation and Utilization by Chinese Students, *International Migration Review*, Vol. 40, No. 2, 2006.

③ Gao Jia, "Migrant Transnationality and Its Evolving Nature: A Case Study of Mainland Chinese Migrants in Australia", *Journal of Chinese Overseas*, Vol. 2, No. 2, 2006.

④ 高佳：《澳洲华人的中产阶级地位及其参政诉求：2007 年大选以来的变化》，《华侨华人历史研究》2013 年第 3 期。

⑤ Kuo M, *Making Chinese Australia: Urban Elites, Newspapers and the Formation of Chinese-Australian Identity, 1892 – 1912*, Clayton: Monash University Publishing, 2013.

200 年来的澳大利亚华人史。① 这是华人在海外编纂的第一部反映一国（澳大利亚）少数民族（华人）年度综合情况的鉴史类书籍。该书是澳大利亚唯一的一部少数民族年鉴，也是全世界 6000 万名华人中首部专门记载华人在居住国生活、发展、贡献情况的工具书，具有首创性、权威性、资料性、实用性和唯一性。②

20 世纪 80 年代以来，港台地区对澳大利亚华侨华人的研究日益繁荣，成果迭出。

华人学者首推刘渭平先生，他于 1956 年在台北出版《澳洲华侨史话》，1989 年在香港出版专著《澳洲华侨史》。作者以大量珍贵资料，详述 150 多年来，澳洲华侨的辛勤创业史和他们遭受异族排华之痛的斑斑血泪史以及广大侨胞一片丹心向往"振兴中华"的热爱祖国史。③ 其后，他又陆续搜集资料，撰成论文若干篇，多在台北《传记文学》杂志上发表，其研究范围亦由澳洲而兼及大洋洲其他地区，这些研究成果分为 15 篇论文，于 2000 年结集成《大洋洲华人史事丛稿》，由香港天地图书有限公司出版。④ 这两部著作不仅丰富了大洋洲华侨史的研究内涵，也为数百年移居此地的中国人树立了一座历史丰碑。

10 余年来，台湾学者主要从台湾本土出发，深入考察澳洲"台湾"移民的状况，并探讨不同迁入地的台湾移民的特点。如姜兰虹和徐荣崇，曾多次前往澳洲进行实地调查与研究，多年来对于澳洲"台湾"移民的移入地偏好、移民过程、居住地选择和决策、就业情形、社会适应等议题做过深入探讨。⑤ 此外，他们还注重比较研究，或是与大陆、香港移民做比较，如徐荣崇的《当代澳洲的"台湾"移民——兼论香港与大陆移民》（《私立中国文化大学地理研究报告》，2002 年）；或是与美洲"台湾"移民做比较，如

---

① 《澳大利亚华人年鉴（2013）》，悉尼：澳大利亚华人年鉴出版社，2014。

② 澳大利亚华人年鉴官方网站：http://www.chineseyearbook.org.au/index.html.

③ 刘渭平：《澳洲华侨史》，香港：星岛出版社，1989。

④ 刘渭平：《大洋洲华人史事丛稿》，香港：天地图书有限公司，2000。

⑤ 徐荣崇、姜兰虹：《澳洲台湾移民居住地选择因素与迁徙过程——以雪梨和布里斯本为例》，《中国地理学会会刊》2001 年第 29 期；《澳洲台湾移民的空间性与地方性：居住地的选择与决策思考》，《人口学刊》2004 年第 28 期；《近期澳洲台湾移民之生活现况分析及侨务政策上的涵意》，《台北市立教育大学学报》2005 年第 36 卷第 2 期；姜兰虹、郭良文：《澳洲台湾移民之职业结构》，《澳洲研究》2001 年；徐荣崇：《澳洲台湾移民在迁徙过程中的问题、调适与适应》（2006 年台湾人口学会学术研讨会，廿一世纪台湾人口与社会发展）。

徐荣崇、陈丽如共同主持的《美国、澳洲、加拿大三国"台湾"侨民比较研究》（台北市：中华民国侨务委员会，2005 年）。

在香港学术界，很多学者也关注澳洲华人社会的发展状况。1998 年，香港大学结集出版了《过去 50 年的海外华人》论文集，第五、六部分 5 篇文章专门论述了澳大利亚的华人，其中，有的论述 20 世纪 80～90 年代澳大利亚华人的社会特征及其变化，有的则将澳洲华人与他国移民做比较研究，还有的将来自中国大陆、中国香港和中国台湾的华人移民做比较研究。①

2014 年，香港学者杨永安的著作《长夜星稀——澳大利亚华人史 1860～1940》在香港出版。该著运用了大量原始资料，特别是早期华人报和澳洲英文报的相关资料，从 5 个历史时期，分社会、政治、经济和文化 4 个方面，论述了近百年澳洲华人的历史，并配有许多图片。其中有关华人早期社会生活和商业活动记载较为详细，深化了学术界对早期澳洲华人史的研究。②

雷镇宇先生在台湾出版的《澳洲华侨概况》则简要介绍了华侨移民澳洲的历史，考察了澳洲华侨的经济文化与教育状况、华侨社团与社会生活，特别是对澳洲移民政策的演变列专章加以论述，并论及民主革命时期华侨与祖国的关系。③

台湾侨务委员会每年出版的《华侨经济年鉴》也分大洲介绍了世界华侨华人的经济状况，其中对澳大利亚华侨华人的商业贸易、经济投资，特别是台商的人口分布和经贸活动均有较详细的数据和介绍。④

（2）澳洲学者关于华人移民的研究：澳洲学者研究澳洲华人史的热潮兴起于 20 世纪七八十年代之交，并陆续出版了一批有影响的研究华人史的著作。其中著名的澳洲社会学家亚瑟·哈克（Arthur Huck）在这方面做出了较多贡献，他的著作《澳大利亚华人》从社会学角度集中全面地分析了华人在澳洲的基本生存状况。⑤ 他文中引用的丰富严谨的社会学数据对其他学者的相关研究具有重要参考价值。此外，他出版的另一本专著《澳大利亚华人之同化》，对研究二战后至 20 世纪 60 年代末的华人社区状况亦有参

① Elizabeth Sinn, *The Last Half Century of Chinese Oversesa*, Hong Kong：Hong Kong University Press，1998.

② 杨永安：《长夜星稀——澳大利亚华人史 1860～1940》，香港：商务印书馆，2014。

③ 雷镇宇：《澳洲华侨概况》，台北：正中书局，1991。

④ 台湾侨务委员会：《华侨经济年鉴》，1958～2003 年；2008～2013 各期。其中 2004～2007 曾短暂停编。

⑤ Arthur Huck, *The Chinese in Australia*，Croydon：Longmans of Australia Pty Limited，1968.

考意义。作者认为，"科伦坡计划"的实施所带来的优秀华裔学生移民改变了华人社区的人口构成和形象。① 另外一位澳洲学者 A.T. 亚伍德（A. T. Yarwood）对澳洲亚洲移民有所研究，他的《澳大利亚的亚洲移民》中有专门论述华人移民的部分。② 此外还有 A.J. 格拉斯比（A. J. Grassby）的《华人对澳大利亚的贡献》、凯斯林·克罗宁（Kathryn Cronin）的《殖民地上的受难者：早期维多利亚华人》，较为客观公正地评述了澳大利亚华人的经济与社会生活及其贡献。③ 又如《澳籍中国清朝官员：梅光达生平》，则是罗伯特·特拉弗斯（Robert Travers）为悉尼杰出华侨领袖梅光达写的一本传记，客观完整地记述了梅光达一生的事迹。④ 这些著作有助于重塑澳洲史学界及白人眼中的华人形象。

进入 20 世纪 80 年代，澳洲学者对华人研究的热情不减。陆续出版和发表了大量相关论著。尤其是到了 90 年代，随着华人数量在澳洲大陆迅速增长，出版的相关论著越来越多。澳洲学者艾瑞克·罗斯（Eric Rolls）在这方面做出了较多的努力，先后出版了《旅居者们》（*Sojourners：the Epic Story of China's Centuries-old Relationship with Australia*）和《公民们》（*Citizens：Flowers and the Wide Sea*），后者已被张威翻译成中文，即《澳大利亚华人史》。罗斯的这两部著作气势恢宏，规模庞大，每部字数在 50 万左右。这两本书在时间上跨越了 19 和 20 两个世纪，主要叙述了澳洲华人的生活、工作、风俗、语言、艺术和他们的经历。该著作的一个重要特征是：它不仅描绘了华人在澳洲的初始和发展情况，还将中国文化作为背景与这段历史融合在一起，以求从更深层次上来把握澳洲华人的精神气质，让我们看到一个西方人眼中的华人形象和中华文化。⑤ 此外，90 年代澳洲学者出版的著作还有雪莉·费茨杰拉德（Shirley Fitzgerald）的《红带子，金剪子：悉尼华人史》（*Red Tape and Gold Scissors：the Story of Sydney's*

① Arthur Huck, *The Assimilation of the Chinese in Australia*, Canberra：Australia National University Press, 1971.

② A. T. Yarwood, *Asian Migration to Australia：the Background to Exclusion, 1896 – 1923*, Melbourne：Melbourne University Press, 1964.

③ A. J. Grassby, *Contribution of Chinese Settlers to Australia*, Canberra：Office of Commissioner for Community Relation, 1976；Kathryn Cronin, *Colonial Casualties：Chinese in Early Victoria*, Melbourne：Melbourne University Press, 1982.

④ Robert Travers, *Australian Mandarin：The Life and Times of Quong Tart*, Kangaroo Press, 1981.

⑤ Eric Rolls, *Sojourners：the Epic Story of China's Centuries-old Relationship with Australia*, Queensland：University of Queensland Press, 1992；Eric Rolls, *Citizens：Flowers and the Wide Sea*, Queensland：University of Queensland Press, 1996.

Chinese），该著作查阅、运用了许多档案资料和口述史资料，较为真实地记录了华人在悉尼漫长而丰富、充满着成功而又饱含着痛苦的历史。①

另一部在学界引起重要关注的澳洲华人史著作是澳洲学者费约翰（John Fitzgerald）教授于 2007 年出版的《弥天大谎：华裔澳洲人在白澳》（*Big White Lie*：*Chinese Australians in White Australia*）一书。本书共分为九章，主要评述了 19 世纪 50 年代到二次大战前华人移民澳洲的历史，费约翰认为，在高举多元文化融合旗帜的澳洲社会中，华裔移民不应该被看成"他者"，他们与澳洲主流社会一样，华裔移民应获得与英国及爱尔兰移民一样的历史地位。② 本书相较于过去澳洲学界研究华裔历史的其他著作，更注重华裔群体自身的声音，这是澳洲学界引用华文历史档案与报纸资料撰写的在具有重要影响的"白澳政策"下的华裔移民史。费约翰对华裔移民的研究，挑战了深植于澳洲社会的"白澳"观念与种族偏见，该著作也因此引起澳洲学界以及研究华裔群体的学者更多的关注。

进入 21 世纪以来，随着澳大利亚社会多元化程度的加深，移民来源地也更为多样化，华裔群体已经成为澳大利亚移民构成中的第三大族群。澳洲学者也对其做了更为细致和深入的研究，如对华人企业的探讨：乔克·柯林斯（Jock Collins）在其论文中概述了澳大利亚华人企业的发展历程，认为华人企业家在澳洲华人历史中扮演了重要的角色，他分析了民族、性别和社会地位等要素在华人企业转型中发挥的作用，他的研究表明华人企业的发展受到澳洲劳动力市场、社会种族歧视甚至全球化趋势的影响。③ 另有澳洲学者对澳洲华人企业的发展动力做了探究，研究表明企业家的背景、创业动机、传统儒家文化价值观、面对的挑战以及投资海外的途径对成功创业具有重要影响。④ 还有的澳洲学者从性别角度对华人新移民进行了探讨，如：克里斯提娜·何（Christina Ho）的《移民和性别特征：澳大利亚华人妇女的工作、家庭和身份》（*Migration and Gender Identity*：*Chinese Women's Experiences of Work*，

---

① Shirley Fitzgerald, *Red Tape and Gold Scissors*：*The Story of Sydney's Chinese*, Sydney：State Library of NSW Press, 1976.

② John Fitzgerald, *Big White Lie*：*Chinese Australians in White Australia*, Sydney：University of New South Wales Press, 2007.

③ Jock Collins, "Chinese Entrepreneurs：The Chinese Diaspora in Australia", *International Journal of Entrepreneurial Behaviour&Research*, Vol. 8, 2002.

④ Christopher Selvarajah, John Chelliah, Henri Lee, "Dynamism of Chinese Entrepreneurship in Australia", *Contemporary Management Research*, Vol. 8, No. 1, 2012.

Family and Identity in Australia)①，以及雷·西宾斯（Ray Hibbins）的《澳洲中国男性技术移民的迁移与性别认同》（Migration and Gender Identity among Chinese skilled Male Migrants to Australia）② 等。

（3）大陆关于华人移民的研究：20 世纪 70 年代末以来，伴随着中国改革开放的发展，澳洲华人移民的不断增加，中国大陆对澳洲华人的研究工作也取得了重要的进展，研究成果日益丰硕，出版了许多纵向梳理澳洲华人史的演进脉络和横向剖析华侨华人的经济、政治、文化、教育等社会问题的论文和专著。

有关纵向梳理大洋洲华侨华人史演进脉络的著作，有张秋生的《澳大利亚华侨华人史》。该书主要探讨远古至 20 世纪 90 年代的中澳关系、研究华工赴澳缘起与早期赴澳华工、各个不同时期的澳洲华人、澳大利亚对华移民政策的演变、澳洲华人社团的历史发展轨迹和战后澳洲华人的经济、政治与文化生活变迁诸问题，是海内外第一部系统论述澳洲华侨华人通史的专著。③ 与其同年出版的还有黄昆章的同名著作，该著作探讨了各个历史时期华侨华人人口的变动、经济与政治活动、社团与文教事业、澳大利亚对华侨华人的政策、排华时期华侨华人所受的压迫与剥削、华侨华人对种族歧视的反抗与斗争、华侨华人对澳大利亚的贡献、华侨华人同中国的关系等。④

对澳洲华人史的多角度描述，则有郭存孝的中澳关系三部曲，即《中澳关系的流金岁月》《中澳关系的真情岁月》和《中澳关系的难忘岁月》，三部曲阐述了在中澳关系发展史中起到关键或重要作用的人物事迹，细致描绘了澳洲先侨们的遗址遗迹和遗物的古今风貌。此外，他的《澳大利亚华人华侨遗存图鉴》以图片资料为主，文字说明为辅的书写形式，生动、真实地展现了澳大利亚华人移民 150 年来的发展史，为后人提供了丰富的研究史料。⑤ 郭存孝先生的这些著作是其在走访中澳两国档案馆、图书馆，且经过严密考证和实地考察后得出的成果，填补了一定的历史空白，因此具有较

---

① Christina Ho, *Migration and Gender Identity*：*Chinese Women's Experiences of Work*, *Family and Identity in Australia*, Germany：VDM Verlag, 2008.

② Ray Hibbins, "Migration and Gender Identity among Chinese Skilled Male Migrants to Australia", *Geoforum*, Vol. 36, No. 2, 2005.

③ 张秋生：《澳大利亚华侨华人史》，北京：外语教学与研究出版社，1998。

④ 黄昆章：《澳大利亚华侨华人史》，广州：广东高等教育出版社，1998。

⑤ 郭存孝：《中澳关系的流金岁月》，哈尔滨：黑龙江人民出版社，2006；郭存孝：《中澳关系的真情岁月》，哈尔滨：黑龙江人民出版社，2008；郭存孝：《中澳关系的难忘岁月》，北京：中国国际文化出版社，2010；郭存孝：《澳大利亚华人华侨遗存图鉴》，哈尔滨：黑龙江人民出版社，2008。

高的史学价值和参考价值。此外，郑寅达与费佩君的《澳大利亚史》①、张天的《澳洲史》②、张秋生的《澳大利亚与亚洲关系史》③、侯敏跃的《中澳关系史》④ 以及阮西湖的《澳大利亚民族志》⑤ 等著作中也散见有关于澳洲华侨华人的概述。

从横向剖析华人社会的研究成果看，目前国内还没有一本专著出版，多以单篇论文的形式散见于各种期刊、杂志或是以章节的形式分布在华侨华人研究总论中。研究领域主要可以分为华人政治、经济、文化、社会等内容。

华侨华人社团研究。在研究华侨华人史时，学者们注意到华人社团组织在华人社会中所起的重要作用。他们对华人社团组织的创立背景、发展演变历史、社会性质、社会职能、特点、现状等方面做了较为系统的考察与概述，并探索了社团组织随历史变迁发生的深刻变化，并强调社团在华人社会中将起着日趋重要的作用。⑥ 但不足之处是，目前学术界对澳华社团的个案研究还不足。

华侨华人参政研究。20 世纪八九十年代以来华人高涨的参政热情引起了学者们的关注。综合他们对华人参政原因的分析：相对宽松的政治氛围是客观因素，如"白澳政策"的废除、多元文化政策的实施、战后人权观念的勃兴等；华人社会地位和经济力量的增强、自身素质与专业水平的提升以及参政意识的觉醒是主要动因；此外，与海外华人参政运动浪潮的推动、华人群体的支持、华文媒体的宣传也分不开。⑦ 在杨聪荣的论文《在"一个国家"和"多元文化主义"的激荡中成长——从公民社会模式看澳大利亚华人的参政空间》中，作者利用公民社会理论来建构一个分析移民社会政治参与的参考架构，探讨了 90 年代后期澳大利亚华人参政形式发生的结构性转变。⑧

① 郑寅达、费佩君：《澳大利亚史》，上海：华东师范大学出版社，1991。
② 张天：《澳洲史》，北京：社会科学文献出版社，1996。
③ 张秋生：《澳大利亚与亚洲关系史》，北京：北京大学出版社，2002。
④ 侯敏跃：《中澳关系史》，北京：外语教学与研究出版社，1999 年。
⑤ 阮西湖：《澳大利亚民族志》，北京：民族出版社，2004。
⑥ 林金枝：《澳大利亚的华人现状及其社团一斑》，《南洋问题研究》1986 年第 1 期；黄昆章：《澳大利亚华侨华人概况》，《岭南文史》1991 年第 4 期；张秋生：《澳大利亚华人社团的历史考察》，《华东师范大学学报》1997 年第 4 期。
⑦ 叶宝忠：《九十年代澳大利亚华人参政的回顾与反思》，《八桂侨刊》1999 年第 4 期；张秋生：《二战后澳大利亚华人的参政历程》，《世界民族》2002 年第 4 期；刘芝：《20 世纪 70 年代以来澳大利亚华人政治认同问题分析》，《齐齐哈尔大学学报》2011 年第 6 期。
⑧ 杨聪荣：《"一个国家"和"多元文化主义"的激荡中成长——从公民社会模式看澳大利亚华人的参政空间》，《华侨华人历史研究》2002 年第 2 期。

华侨华人经济研究。在华人经济研究方面，可分为早期华人经济和战后华人经济两部分。关于早期华人经济的研究，从王孝询和张秋生的成果中我们看到，早期华人多从事淘金业、蔬菜种植业、家具制造业，华人商业也已出现。① 关于对战后华人经济的研究，吴行赐概述了 1966 年以来华人的经济活动和职业构成特点②，张秋生探讨了二战后澳洲华人经济的迅速发展与经济模式的构建。③ 此外，20 世纪 90 年代以来，中国大陆学者出版的《华人经济年鉴》与《世界华商经济年鉴》为研究澳洲华侨华人经济提供了有价值的参考资料。

华侨华人文化研究，亦有不少成果显现。一是对华文教育的研究，如李天锡《大洋洲的华文教育》，作者就大洋洲华文教育的概况做了阐述并总结其在近百年发展过程中形成的特点。④ 又如黄磊《澳大利亚华文教育之现状》、刘芸芸《澳大利亚华文教育发展状况及原因分析》，分析总结了华文教育迅速发展的原因，认为政府多元文化政策的支持、华人移民及其他亚裔移民的增加、面向亚洲的发展战略及国际经济形势的影响以及中国实力的增强等因素促进了华文教育的发展。⑤ 二是对华文媒体的研究，研究者主要集中在新闻媒体界，其研究内容主要集中于华文媒体的发展演变、主要特点、发展前景、对澳华社会的影响或对中华文化的传播等方面。⑥ 三是对华人文学的研究，研究者主要集中在文学界，他们探讨了澳大利亚华人文学的发展与特征、华人文学中体现出的身份认同以及新移民华文文学等方面。⑦

当前，随着澳洲作为华人新移民的主要流向地之一，其"新移民"问题成为近几年来研究的热点问题。一是探讨华人新移民的社会结构特征。杨

---

① 王孝询：《早期在澳华人的经济生活》，《史学月刊》1992 年第 6 期；张秋生：《早期澳大利亚华人的经济生活与主要职业构成》，《历史档案》2008 年第 2 期。
② 吴行赐：《一九六六年以来澳大利亚华人经济的发展》，《八桂侨刊》1993 年第 1 期。
③ 张秋生：《略论战后澳大利亚华人经济模式的重构》，《华侨华人历史研究》1998 年第 4 期。
④ 李天锡：《大洋洲的华文教育》，《八桂侨刊》1999 年第 1 期。
⑤ 黄磊：《澳大利亚华文教育之现状》，《暨南大学华文学院学报》2003 年第 4 期；刘芸芸：《澳大利亚华文教育发展状况及原因分析》，《八桂侨刊》2009 年第 2 期；严丽明：《试析新西兰华文教育的发展》，《八桂侨刊》2005 年第 1 期。
⑥ 李苑：《澳大利亚华文报纸的特点与发展趋势分析》，《中国报业》2010 年第 6 期；刘琛：《新环境下澳华媒体对中国文化的传播》，《福建师范大学学报（哲学社会科学版）》2014 年第 4 期；王永志：《澳洲华文纸质媒体与网络媒体崛起的成因和前瞻》，《国际新闻界》2002 年第 2 期。
⑦ 郑守恒：《论澳大利亚华人文学的发展与特征》，《世界华文文学论坛》2010 年第 4 期；彭钧：《澳大利亚华人文学研究》，兰州大学硕士学位论文，2007。

力最先探讨了澳洲华人新移民的崛起，分析澳大利亚 20 世纪 90 年代的华人社会结构特征；^① 张秋生根据澳大利亚移民局以及统计局的第一手数据资料翔实地分析了改革开放以来澳大利亚新移民的社会特征以及变化过程。^② 二是探讨华人新移民在澳洲的适应问题，如高伟浓从移民就业情况的角度探讨分析了华人新移民在澳大利亚的生存适应状况。^③ 三是研究华人新移民对澳大利亚华人社会的影响，如李兴认为，华人新移民的到来促进了华人经济的崛起，促进了文化传承和转变，为华人社团注入了新鲜血液，成为搭建中澳桥梁的中介等。^④ 四是探讨新移民的回流问题，如颜廷基于澳大利亚移民部的相关数据对澳大利亚华人新移民的离境与回流做了分析，认为由于中国经济的持续繁荣与发展，尽管华人移民澳大利亚的数量持续增加，但亦有越来越多的华人新移民选择回国发展或再度移民第三国，从而形成了一股方兴未艾的华人新移民离境潮和回流潮，这不仅直接改变了华人新移民的跨国迁移模式，更深刻揭示了中澳人力资源竞争态势及华人移民人口流动趋势。^⑤

近年来澳洲华人研究的另一个热点是澳大利亚移民政策的转变对华人移民的影响。在这方面做出较多成果的是来自江苏师范大学澳大利亚研究中心的研究人员，如张秋生在多篇文章中探讨了二战后至 20 世纪末澳大利亚对华移民政策演变的历史背景、主客观因素、过程以及对华人新移民产生的影响等。^⑥ 又如颜廷探讨了 20 世纪末以来澳大利亚移民政策的转型对华人新移民的影响，其影响主要表现在华人新移民数量持续稳定增长、地区来源构成发生重大变化、技术移民比重持续走高、女性移民越来越多、华人新移民

---

① 杨力：《澳洲华人新移民的崛起》，《福建论坛》1996 年第 4 期。

② 张秋生、孙红雷：《20 世纪八九十年代澳大利亚华人新移民的社会特征——以澳大利亚移民部有关历史档案资料为据》，《历史教学（高校版）》2007 年第 3 期；张秋生、张荣苏：《当代澳大利亚华人新移民基本社会特征分析》，《历史教学（高校版）》2011 年第 5 期。

③ 高伟浓：《华人新移民在澳大利亚、新西兰的生存适应分析》，《华侨华人历史研究》2003 年第 2 期。

④ 李兴：《新移民对澳大利亚华人社会的影响》，《八桂侨刊》2001 年第 4 期。

⑤ 颜廷：《近年澳大利亚华人新移民离境与回流分析——以澳大利亚移民部相关数据资料为研究中心》，《东南亚研究》2014 年第 5 期。

⑥ 张秋生：《略论二战后至 20 世纪 70 年代澳大利亚亚洲移民政策的重大调整》，《世界民族》2003 年第 3 期；《战后澳大利亚对华移民政策的演变（1945～1995）》，《徐州师范大学学报》2006 年第 3 期；《20 世纪 70 年代以来澳大利亚技术型移民政策的演变及其对华人新移民的影响》，《世界民族》2006 年第 6 期。

地区分布趋向多元化、华人新移民回流潮日趋明显等方面。①

此外，在专题研究方面，有王孝询的《澳洲华人与中国资产阶级政治运动》②、黄贤强的《澳洲华人与1905年抗美运动》③、张秋生的《澳大利亚华人与辛亥革命》④ 等。随着国际移民研究热潮的兴起，国内学者也越来越关注比较研究，或将澳洲华人与澳洲其他族裔移民相比较，或将澳洲华人与美洲华人、欧洲华人做比较，从而拓宽了华人研究的思路和领域，如黄昆章的《印尼与澳洲华侨华人政策的比较研究》⑤、于海燕的《1945年以来澳洲华人移民与犹太人移民之比较》⑥。但很显然，在这些方面的研究还很薄弱，有待学者做进一步的研究与探讨。

另外，20世纪八九十年代之交骤然兴起并延至今天的涌向澳洲的移民潮，孕育了若干纪实性的文学作品，其提供的信息亦可供学术界参考。如骆以清的《澳洲纪实》⑦、王晋军的《澳洲见闻录》⑧、陈静的《澳洲新移民》⑨、金凯平的《中国人在澳洲做地主》⑩ 等，也从一个新的视角描述了澳洲华人新移民的移民动因与从求生存到求发展的艰辛历程。

在工具书方面，由周南京教授任总主编的新中国成立以来出版的第一部大型工具书《华侨华人百科全书》，于2002年由中国华侨出版社全部出齐。《华侨华人百科全书》12卷，总字数超过1800万字。包括总论、人物、历史、社团政党、经济、教育科技、新闻出版、法律条例政策、社区民俗、文学艺术、著作学术、侨乡等分卷，其中，有关澳大利亚和大洋洲华侨华人问题的诸多方面均有介绍和述论。⑪

2. 关于印度移民的研究

国外关于印度移民的研究：近年来随着海外印度人的地位和经济实力日

① 颜廷、张秋生：《20世纪末以来澳大利亚移民政策的转型及其对华人新移民的影响》，《华侨华人历史研究》2014年第3期。
② 王孝询：《澳洲华人与中国资产阶级政治运动》，《暨南学报》1993年第4期。
③ 黄贤强：《澳洲华人与1905年抗美运动》，《华侨华人历史研究》2000年第3期。
④ 张秋生：《澳大利亚华人与辛亥革命》，《民国档案》2011年第3期。
⑤ 黄昆章：《印尼与澳洲华侨华人政策的比较研究》，《华侨华人历史研究》1990年第3期。
⑥ 于海燕：《1945年以来澳洲华人移民与犹太人移民之比较》，山东大学硕士研究生论文，2009。
⑦ 骆以清：《澳洲纪实》，北京：光明日报出版社，1991。
⑧ 王晋军：《澳洲见闻录》，太原：山西人民出版社，1995。
⑨ 陈静：《澳洲新移民》，杭州：浙江人民出版社，2009。
⑩ 金凯平：《中国人在澳洲做地主》，上海：上海人民出版社，2011。
⑪ 周南京主编《华侨华人百科全书》，北京：中国华侨出版社，1999～2002。

益提高以及印度政府对他们的逐渐重视，许多学者开始关注这一群体。印度移民已成为澳大利亚南亚移民中有代表性的族群。目前，印度国内研究海外移民问题的机构主要包括尼赫鲁大学、海德拉巴大学、北古吉拉特大学、海外印度人事务部所资助的相关研究中心等。其中，海德拉巴大学的海外印度人研究中心 （Center for Indian Diaspora Studies） 和北古吉拉特大学的海外印度人与文化研究中心 （Center for Indian Diaspora and Cultural Studies） 是专门研究印度海外移民问题的机构。对海外印度人的研究，除了印度学者之外，一些国际学者也不断加入进来。关于澳洲印度移民问题，随着澳洲印度移民数量的增加而得到重视。一是关注印度移民本身及澳洲移民政策对其移民行为所产生的影响。如玛丽·M. 勒帕万彻 （Marie M. de Lepervanche） 的《白澳社会下的印度人》（Indians in a White Australia），这本专著对新南威尔士北部海岸伍尔古尔加市 （Woolgoolga） 的一个小镇上的旁遮普锡克教徒社区进行了人类学研究，并对澳大利亚的战后移民政策和白澳政策对印度移民的影响做了历史分析。[1]

詹姆斯·E. 考夫兰 （James E. Coughlan） 在《不同的亚洲人：澳大利亚六大亚裔族群概况》（The Diverse Asians：A Profile of Six Asian Communities in Australia） 中对澳大利亚的华人和印度人族群分别做了概述。[2] 阿密特·沙瓦尔 （Amit Sarwal） 主编的论文集《搭桥想象力：澳大利亚的南亚族群》（Bridging Imaginations：South Asian Diaspora in Australia） 收录了不同学科的相关研究成果，资料丰富，有一定的理论性，对研究澳大利亚的南亚移民群体具有借鉴意义。[3] 二是运用跨国主义理论探讨印度移民的社会网络和流动性特征。卡门·沃伊特·格拉夫 （Carmen Voigt-Graf） 在这方面做出了较多努力，通过取样调查和访谈的形式，他对印裔族群的跨国网络做了探讨，结论具有说服力。[4] 三是对某一特定群体的研究，其中对专业技术人员的研究和留学生的研究成果较多。如塞伯利亚·辛格 （Supriya Singh） 和阿胡贾·卡布拉尔 （Anuja Cabraal） 的《澳大利亚的印度留学生：社区持续性发展问

---

① Marie M. de Lepervanche, *Indians in A White Australia*, Sydney：George Allen and Unwin, 1984.

② James E. Coughlan, *The Diverse Asians：A Profile of Six Asian Communities in Australia*, Brisban：Centre for the Study of Australia-Asia Relations, Griffith University, 1992.

③ Amit Sarwal （ed.）, *Bridging Imaginations：South Asian Diaspora in Australia*, New Delhi：Readworthy Publications, 2013.

④ Carmen Voigt-Graf, "Towards a Geograhpy of Transnational Space：Indian Transnational Communities in Australia", *Global Networks*, Vol. 4, No. 1, 2004.

题》（Indian Student Migrants in Australia: Issues of Community Sustainability）探讨了于 2000 年后来澳的印度留学生与以前的技术移民的差异性，以及这两个群体为消除这种差异性而做出的努力。①

国外关于华人移民和印度移民的比较研究：1991 年，由康斯坦茨·利弗·特雷西（Constance Lever-Tracy）等学者为澳大利亚多元文化事务部撰写了一份研究报告《澳大利亚的亚洲企业家：布里斯班和悉尼的华人及印度人小型民族企业》（Asian Entrepreneurs in Australia: Ethnic Small Business in the Chinese and Indian Communities of Brisbane and Sydney），报告共八章，探析了华人和印度人小型企业在澳洲的创办和发展历程及其特征。研究发现，这些企业大部分经营良好，具有创新精神，以出口为主导，他们为新移民提供就业和培训的机会。研究还表明，华人和印度人在某些方面的共性大于差异性。② 关于澳洲华人移民与印度移民的比较研究还有格莱姆·雨果（Graemen Hugo）的《澳大利亚的印度人和华人学术移民群体比较研究》（The Indian and Chinese Academic Diaspora in Australia: A Comparison），基于澳大利亚的原始资料和第二手资料，还原澳大利亚两个主要的移民来源国——中国和印度的移民人口流动性的真实状况，特别关注了其中一类移民群体——大学中的研究人员和教师。该文论证了移民在澳大利亚与中国、印度之间的流动性关系，利用田野调查资料，分析研究澳大利亚的印度人和华人学术移民群体是如何与母国建立并保持密切的联系，研究表明移民活动在很大程度上对母国的发展具有积极作用。③

国内关于印度移民的研究：与国内学术界对华侨华人研究的成果相比，对印度移民的研究则还有很大的空间。但随着印度崛起进程的加快，以及印度和国际学术界对中印比较研究热的兴起，中国学术界对印度移民问题的关注也有所增加，但资料比较贫乏、零散，数据材料的重复引用率偏高，研究成果较少且注重实用性，学理性不强。一是对海外印度移民的历史及其特征

---

① Supriya Singh and Anuja Cabraal, "Indian Student Migrants in Australia: Issues of Community Sustainability", *People and Place*, Vol. 18, No. 1, 2010.

② Lever-Tracy, Constance (ed.), *Asian Entrepreneurs in Australia: Ethnic Small Business in the Chinese and Indian Communities of Brisbane and Sydney*, Canberra: Australian Government Publishing Service, 1991.

③ Graeme Hugo, "The Indian and Chinese Academic Diaspora in Australia: A Comparison", *Asian and Pacific Migration Journal*, Vol. 19, No. 1, 2010.

进行梳理分析。如何承金的《印度海外移民及其影响》①、林锡星的《缅甸的印度人》② 以及贾海涛的《印度人移民海外的历史及相关问题》③ 等；二是从经济角度探究印度移民对双边关系及对印度国内经济社会变革的推动作用。如贾海涛的《海外印度人国际影响力初探——兼论海外印度人对印度经济发展的影响》④、李丽的《海外移民与母国的经济联系：以印度为例》⑤、韩丹的《试论美国的印度技术移民及其影响（1965～2000）》⑥ 等；三是关注印度政府的侨务政策，希望从中得到启示，为中国的侨务政策提供借鉴。如张秀明的《海外印度移民及印度政府的侨务政策》⑦、宁敏峰的《全球化进程中的印度海外移民与政府移民政策研究》⑧。在海外印度移民的国别分布上，我国学术界关注较多的是美国、英国、加拿大等印裔技术移民集中的国家，尤其是美国，而对澳大利亚的印度移民还未有学者进行过研究。

国内关于华人移民和印度移民的比较研究：由于国内对海外印度移民的研究基础还较薄弱，国内对华人移民和印度移民进行比较研究的学者更是屈指可数。目前国内唯一一本专著是暨南大学贾海涛教授的《海外印度人与海外华人国际影响力比较研究》，该著主要探讨海外华人与海外印度人的国际影响和竞争力，并论证这种影响力和竞争力分别对中印两国的发展和各自的国际关系产生的影响，借此对两国对待海外移民的政策进行比较分析，提出中国相关战略政策调整的可能性与应对来自印度海外移民的挑战（间接的）策略。⑨ 其他研究成果则以单篇论文形式散见于期刊、报纸、论文集等。如李安山的《论南非早期华人与印度移民之异同》，对南非早期的华人移民和印度移民进行了比较研究。他指出华人和印度人处于相同的居住环境

① 何承金：《印度海外移民及其影响》，《南亚研究季刊》1986 年第 3 期。
② 林锡星：《缅甸的印度人》，《世界民族》2002 年第 2 期。
③ 贾海涛：《印度人移民海外的历史及相关问题》，《南洋研究》2009 年第 1 期。
④ 贾海涛：《海外印度人国际影响力初探——兼论海外印度人对印度经济发展的影响》，《理论学刊》2006 年第 5 期。
⑤ 李丽：《海外移民与母国的经济联系：以印度为例》，《南亚研究》2009 年第 1 期。
⑥ 韩丹：《试论美国的印度技术移民及其影响（1965～2000）》，东北师范大学硕士学位论文，2012。
⑦ 张秀明：《海外印度移民及印度政府的侨务政策》，《华侨华人历史研究》2005 年第 1 期。
⑧ 宁敏峰：《全球化进程中的印度海外移民与政府移民政策研究》，华东师范大学博士学位论文，2012。
⑨ 贾海涛：《海外印度人与海外华人国际影响力比较研究》，济南：山东人民出版社，2007。

下，在种族歧视、经济困境、社会地位和政治权利等方面遇到了一样的困难，但是由于印度人属于大英帝国，较华人易于移民南非，且宗教信仰在印度人的社会生活中占有重要地位。[①] 还有学者从现实出发，从比较的视角探讨中印移民对各自母国发展的影响，如李涛的《中、印海外移民与母国经济联系的比较研究》[②]、程希的《从比较的视角看海外移民的流动性对中国的影响》[③]，他们指出中印移民对母国的经济发展做出了贡献。厦门大学范宏伟教授对缅甸的中印移民同化问题做了比较研究，如《缅甸中、印移民同化问题比较分析》[④]、《语言史视角下的族群关系：缅甸中、印移民语言同化比较研究》[⑤]。此外，还有一些学者关注美国的中印移民的相似性与差异性，如张秀明的《移民与祖籍国的关系——美国华裔和印度裔的个案分析》以美国华人和印度人为例，分析全球化时代移民对祖籍国日益重要的影响力。[⑥] 然而，目前国内学术界还未有人对澳洲的中印移民进行比较研究。

总体而言，目前国内外学术界对澳洲华人的研究已经有了一定的基础，然而，如果这种研究缺乏有关与印度移民比较的内容就是一个缺憾。我们有必要将对华人移民的研究与对印度移民的研究结合起来，它山之石可以攻玉，通过比较研究，我们能够更好地认识澳洲华人社会。

3. 关于越南移民的研究

国外关于越南移民的研究：（1）关于澳大利亚越南移民史研究：哈尔·G. P. 科尔巴奇（Hal. G. P. Colebatch）的文章《"船民"与 1977 年大选》（The 'Boat People' and the 1977 Election）就是其中的典型代表。该文对于越战后，澳大利亚针对越南难民的人道主义移民政策的制定与实施过程进行了系统的梳理，并着重探讨了该政策的实施与 1977 年澳大利亚大选的微妙关系。从某种角度上说，该政策的施行并不只是澳大利亚"践行人道主义承诺的表现"，也是澳洲政党在选举期间相互博弈、争取民众支持率的结果。[⑦] 弗兰

---

①　李安山：《论南非早期华人与印度移民之异同》，《华侨华人历史研究》2006 年第 3 期。

②　李涛：《中、印海外移民与母国经济联系的比较研究》，《世界民族》2011 年第 3 期。

③　程希：《从比较的视角看海外移民的流动性对中国的影响》，《南洋问题研究》2007 年第 1 期。

④　范宏伟：《缅甸中、印移民同化问题比较分析》，《华侨华人历史研究》2006 年第 1 期。

⑤　范宏伟：《语言史视角下的族群关系：缅甸中、印移民语言同化比较研究》，《世界民族》2007 年第 4 期。

⑥　张秀明：《移民与祖籍国的关系——美国华裔和印度裔的个案分析》，《八桂侨刊》2005 年第 4 期。

⑦　Hal. G. P. Colebatch, "The 'Boat People' and the 1977 Election", *Quadrant Magazine*, March, 2015.

克·路易斯（Frank Lewins）等人的专著《首波移民潮：关于澳洲安置第一批越南难民的研究》（*The First Wave：The Settlement of Australia's First Vietnamese Refugees*），运用大量官方数据与资料，重现了 20 世纪 70 年代后期的第一波越南"移民浪潮"涌入澳大利亚，以及澳洲政府对这批难民进行集中安置的历史，具有很高的参考价值。① 类似专著还有《侨民百科全书：世界各地的移民和难民文化》（*Encyclopedia of Diasporas：Immigrant and Refugee Cultures Around the World*），书中所著的"澳大利亚越南移民"一章，系统地梳理了越南移民迁入澳大利亚的历史过程，并详细地分析了影响这一族群移入的种种动因。② 比安卡·劳（Bianca Lowe）的《澳大利亚越南移民的家庭团聚，1983～2007》（*Vietnamese Family Reunion in Australia 1983～2007*），则重点探讨了 20 世纪 80 年代起，以家庭团聚式移民的形式大批进入澳洲的越南移民，并从国际局势变化与移民类型的变迁、移民政策的调整等多个不同角度探析了澳大利亚越南移民史及其相关问题。③

（2）关于越南移民的身份认同及社会融入问题研究：其中较为典型的是丹尼·本·摩西（Danny Ben-Moshe）和乔安妮·派克（Joanne Pyke）等撰写的论文《澳大利亚越南移民：身份认同与跨国流动》（The Vietnamese Diaspora in Australia：Identity and Transnational Behaviour）。作者在文中运用离散移民与跨国主义理论，通过分析在澳大利亚三个主要城市开展的研究项目的调查成果，系统地分析了澳大利亚越南移民的人口特征、世代状况与社会融入情况。作者认为，由于越南移民群体在越南战争等因素的影响下，产生了一种"受害者"的集体心理，这很容易使他们在身份认同上产生困惑甚至分歧，并在他们融入当地的过程中造成消极的影响。同时，不同时代的越南移民（尤其是第一代和第二代越南移民）也表现出了不同的特征，他们的身份认同也存在着较大的差异性。④ B. H. 罗比（B. H. Goh Robbie）和肖恩·黄（Shawn Wong）等人编撰的《散居海外的亚裔的文化、身份认同

---

① Frank Lewins, *The First Wave：The Settlement of Australia's First Vietnamese Refugees*, Sydney：George Allen and Unwin Australia Pty Ltd, 1985.

② Melvin Ember, Carol R. Ember, Ian Skoggard, *Encyclopedia of Diasporas：Immigrant and Refugee Cultures Around the World*, New York：Springer US, 2005.

③ Bianca Lowe, *Vietnamese Family Reunion in Australia 1983 – 2007 Bianca Lowe, Vietnamese Family Reunion in Australia 1983 –2007*, Melbourne：University of Melbourne, March, 2016.

④ Danny Ben-Moshe and Joanne Pyke, "The Vietnamese Diaspora in Australia：Identity and Transnational Behaviour", *Diaspora Studies*, Vol. 9, No. 2, May, 2016.

与表现》（*Asian Diasporas: Cultures, Identities, Representations*）一书，运用移民理论等研究方法，探究越南移民等主要的亚洲移民在散居国外后的身份认同状况与遭遇的各种问题及困境。① 类似的研成果还有蒂姆·T. 阮（Diem T. Nguyen）的《青年越南移民及公民：民族、种族及文化因素如何塑造归属感》（*Vietnamese Immigrant Youth and Citizenship: How Race, Ethnicity, and Culture Shape Sense of Belonging*）②，等等。

国外学界关于越南移民社会融入状况的研究成果较为丰富。艾恩·迈克李斯特（Ian McAllister）的文章《种族歧视演化：澳洲移民研究》（The Development of Ethnic Prejudice: An Analysis of Australian Immigrants）。从种族歧视的角度分析了越南移民等移民群体的社会融入状况。作者发现，在多元文化主义的背景下，显性的种族歧视现象已逐渐削减，但是越南移民在文化、价值观等方面所遭受的隐形歧视问题却未能得到有效的解决。③ 其次，一些国外学者从移民的饮食习惯与饮食文化的角度，探讨了越南移民在当地的融入状况。例如伊丽莎白·豪斯（Elizabeth House）等人的论文《南澳希腊和越南移民对于食品风险和信任的看法》（Perceptions of Food Risk and Trust in Non-English Speaking Greek and Vietnamese Immigrants in South Australia）。该文表明，这些移居澳洲的越南移民正经历着"食物异化"的过程，由于传统的饮食结构和用餐习惯与移入国存在许多不同之处，因此他们不得不进行相应的调整以及替换。作者还表示，他们对于澳洲的食品信任程度在逐步加深，不过少数移民仍对当地食物存在着消极甚或排斥情绪。同时，澳大利亚在面向移民普及本地食品以及食品管理方式上也有一些不足待调整。④

《在相互依存的世界中创造社会凝聚力》（*Creating Social Cohesion in An Interdependent World*）一书中的"越南澳大利亚社区的志愿工作和公民参与"一章，就重点关注了该问题。作者指出，越南移民参与志愿工作与公益活动

---

① B. H. Goh Robbie and Shawn Wong (ed.), *Asian Diasporas: Cultures, Identities, Representations*, Hong Kong: Hong Kong University Press, 2004.

② Diem T. Nguyen, *Vietnamese Immigrant Youth and Citizenship: How Race, Ethnicity, and Culture Shape Sense of Belonging*, El Paso: LFB Scholarly Publishing LLC, 2012.

③ Ian McAllister, "The Development of Ethnic Prejudice: An Analysis of Australian Immigrants", *Ethnic and Racial Studies*, Vol. 14, No. 2, April, 1991.

④ Elizabeth House, "Perceptions of Food Risk and Trust in Non-English Speaking Greek and Vietnamese Immigrants in South Australia", *Nutrition & Dietetics*, Vol. 71, No. 4, 2015.

的程度在不断提高，公民参与情况逐渐改善，显示出他们融入当地社会的程度在不断加深，但他们的志愿工作大多集中于越南移民社区之内，并且整体上与澳洲当地的平均水平仍存在着不小的差距。① 国外学界还有一些学者将研究该族裔移民融入状况的重点放在了语言习得及使用问题上，例如茱莉安·布莱恩肖 （Julie Bradshaw） 的《墨尔本少数民族语言的社会生态学研究》（The Ecology of Minority languages in Melbourne） 等②。

（3） 关于越南移民医疗、社会保障、就业问题和毒品与犯罪问题的研究：一些论文着眼于探究越南移民在医疗卫生及社会保障问题上与澳洲当地的差异性，例如《越裔卫生专员：在澳大利亚农村地区的谈判工作与生活状况》 （Vietnamese-born Health Professionals：Negotiating Work and Life in Rural Australia） 一文就指出：越南移民在饮食卫生、医疗观念、社会保障等多个方面都与当地存在着许多不同之处。作者认为，面对这些问题时，跨文化理解在卫生服务和地方社区层面的重要性显得更为重要，澳大利亚需要调整自身的卫生与社会保障模式，来促进来自不同文化和语言背景的人逐步融入当地社会。③ 凯西·奥卡拉汉 （Cathy O'Callaghan） 和苏珊·奎因 （Susan Quine） 的《越南澳大利亚妇女如何管理他们的药物》 （How Older Vietnamese Australian Women Manage Their Medicines） 一文则重点关注了越南女性移民的药物使用情况与医疗观念，她们往往没有日常检查的习惯，很多越南女性移民在生病时更愿意去使用传统越南药物，而非西药。说明许多越南移民对于澳大利亚的医疗和药物使用仍存在一定程度的不信任。④ 类似的文章还有茱蒂丝·朗姆利 （Judith Lumley） 等撰写的《女性移民关于产后工作及护理的观念：以女性越裔、土耳其裔、菲裔移民为例》 （Immigrant

---

① Ernest Healy, Dharma Arunachalam, Tetsuo Mizukami, *Creating Social Cohesion in an Interdependent World*, London：Palgrave Macmillan Press, 2016.

② Julie Bradshaw, "The Ecology of Minority Languages in Melbourne", *International Journal of Multilingualism*, Vol. 10, No. 4, 2013.

③ Sue Kilpatrick （ed.）, "Vietnamese-born Health Professionals：Negotiating Work and Life in Rural Australia", *Rural & Remote Health*, Vol. 8, No. 4, 2008.

④ Cathy O'Callaghan Susan Quine, "How Older Vietnamese Australian Women Manage their Medicines", *Journal of Cross-cultural Gerontology*, Vol. 22, No. 4, 2007; Judith Lumley, "Immigrant Women's Views about Care During Labor and Birth：An Australian Study of Vietnamese, Turkish, and Filipino Women", *BIRTH*, Vol. 29, No. 4, December, 2002; James E. Coughlan, Occupahan and Susan Quine, "How Older Vietnamese Australian Women Manage their Medicines", *Journal of Cross-cultural Gerontology*, Vol. 22, No. 4, 2007.

Women's Views About Care During Labor and Birth: An Australian Study of Vietnamese, Turkish, and Filipino Women)[1] 等等。这些文章大多着眼于关注越南移民等少数族裔在澳洲所面临的医疗状况、社会保障情况以及医疗观念，尤其注重研究其中所反映出的种种问题。

詹姆斯·E. 考夫兰（James E. Coughlan）的论文《澳大利亚越南人的职业流动性：流动方向与人力资本的决定性因素》（Occupational Mobility of Australia's Vietnamese Community: Its Direction and Human Capital Determinants）关注了澳大利亚越南移民的职业流动问题。该文指出，随着时间发展，该族裔的就业状况在逐步改善，其职业流动性也在不断提升，就业面逐渐拓宽。但和澳洲平均水平相比，其职业流动程度仍待提高。同时，在越南族群内部，也逐步显示出职业分布及收入水平的两极分化趋势。[2] 特里·博伊尔（Terry Boyle）等人的《澳大利亚阿拉伯裔，华裔和越南裔工人所从事职业暴露于致癌物的概率》（Prevalence of Occupational Exposure to Carcinogens among Workers of Arabic, Chinese and Vietnamese Ancestry in Australia）文章显示，由于较多移民从事劳动密集型职业，越南移民更容易暴露于二氧化硅、烟雾、多环芳烃、电离辐射以及太阳紫外辐射等致癌物质之中。[3] 英、澳学者合著的《澳大利亚本土居民与亚洲移民的职业产能分析》（An Analysis of Occupational Outcomes for Indigenous and Asian Employees in Australia），则将越南移民在内的亚裔移民的工作效率与澳洲本土水平及其他主要族裔的状况进行了对比与分析，并参考了各种综合性因素。[4] 还有一些澳洲学者，例如贝林达·J. 里蒂尔（Belinda. J. Liddell）等则重点关注了越南移民的职业压力以及就业过程中的心理状况等问题的研究。

近年来，随着澳大利亚越南族裔的整体犯罪率的上升，尤其是涉及毒品

---

[1] Judith Lumley, "Immigrant Women's Views about Care During Labor and Birth: an Australian Study of Vietnamese, Turkish, and Filipino Women", *BIRTH*, Vol. 29, No. 4, December, 2002.

[2] James E. Coughlan, "Occupational Mobility of Australia's Vietnamese Community: its Direction and Human Capital Determinants", *International Migration Review*, Vol. 32, No. 1, Spring, 1998.

[3] Terry Boyle, "Prevalence of Occupational Exposure to Carcinogens among Workers of Arabic, Chinese and Vietnamese Ancestry in Australia", *American Journal of Industrial Medicine*, Vol. 58, No. 9, 2015.

[4] Vani K. Borooah and J. Mangan, "An Analysis of Occupational Outcomes for Indigenous and Asian Employees in Australia", *The Economic Record*, Vol. 78, No. 1, March, 2002.

和非法药品的犯罪现象逐渐增加，很多国外学者也开始关注起此类问题。盖里·瑞德（Gary Reid）等人的论文《澳大利亚越南非法药物使用者的脆弱性：改变的挑战》（Vulnerability among Vietnamese Illicit drug Users in Australia：Challenges for Change）就关注了该族裔的非法药品与毒品使用问题。研究显示，越南移民涉及毒品与非法药品的贩运、非法售卖和使用的比例近年来在不断上升。多种因素对于这一状况都有重要影响，包括失业率高、英语水平低下、种族主义、社会和经济困难、代际冲突和文化适应不佳等等。越南社区愈发受到毒品犯罪率困扰。社会经济劣势加剧了越南移民非法药物使用及其相关危害，并形成了恶性循环。① 《赌博和毒品：赌博对于澳大利亚女性毒犯的作用》（Gambling and Drugs：The Role of Gambling among Vietnamese Women Incarcerated for Drug Crimes in Australia）一文则通过对在澳大利亚墨尔本因毒品犯罪被监禁的 35 名越南妇女的研究，揭示了赌博和非法药物市场，特别是海洛因贩运和大麻种植之间的密切联系。② 还有一些文章也对越南移民的毒品使用以及犯罪率的提升问题进行了重点关注，例如《一种典型的冲突：越南移民在澳大利亚帝国计划的关键一环》（A Quintessential Collision：Critical Dimensions of the Vietnamese Presence in the Australia Empire Project）③ 等等。

（4）关于越南移民中的特定群体的研究：国外学者都十分关注澳大利亚越南女性移民的生存状况。其中较为典型的研究成果是 2009 年出版的《记忆是另一座城：散居海外的越南人中的女性角色》（Memory is Another Country：Women of the Vietnamese Diaspora）一书，该书通过采访数名在越南战争影响下被迫移居海外的越南女性移民，展现了越南战争对于这些女性移民的种种负面影响。④ 唐纳德·E. 斯图亚特（Donald E. Steward）的文章《布里斯班西南地区的女性越南移民的健康需求研究》（Health Needs of

---

① Gary Reid（ed.），"Vulnerability among Vietnamese Illicit Drug Users in Australia：Challenges for Change"，*International Journal of Drug Policy*，Vol. 13，No. 2，2002.

② M. Gilding，"Gambling and Drugs：The Role of Gambling among Vietnamese Women Incarcerated for Drug Crimes in Australia"，*Australian & New Zealand Journal of Criminology*，Vol. 49，No. 1，2016.

③ A. Jakubowicz，"A Quintessential Collision：Critical Dimensions of the Vietnamese Presence in the Australia Empire Project"，*University of Technology Sydney*，May 9，2003.

④ Nathalie Huynh and Chau Nguyen，*Memory is Another Country：Women of the Vietnamese Diaspora*，Santa Barbara：ABC-CLIO，2009.

Migrant Vietnamese Women in South-West Brisbane：An Exploratory Study）则展现了该族裔的女性移民在澳大利亚这一陌生环境的融入过程中所面临的各种困难，其中许多问题仍未得到有效的解决。①

同时，也有一些论文则重点关注了越南男性移民的生存状况。凯瑟琳·奥康纳（Catherine C. O'Connor）等人的论文《悉尼越南男性移民性行为和相关风险》（Sexual Behaviour and Risk in Vietnamese Men Living in Metropolitan Sydney）。文中指出，越南男性移民对待性显得较为保守，与其他族裔通婚或者发生性关系的概率相对较低，但他们与性工作者发生关系的频率却远高于澳洲平均水平，并容易造成不良影响，例如该族裔艾滋病等感染率的不断上升。②

此外，辛迪亚·梁（Cynthia Leung）撰写的《中国和越南移民青少年在澳大利亚的心理和社会文化适应》（The Psychological and Sociocultural Adaptation of Chinese and Vietnamese Immigrant Adolescents in Australia）则关注了中国和越南青少年在澳洲的心理状况和社会生存情况。作者指出，由于传统文化与族群特征等因素的影响，越南青少年往往要面临更大的心理压力，这一状况在越南女性移民中表现得尤为明显。他们处在澳大利亚文化与越南文化之间，显得无可适从。③ 同类的文章还有多琳·罗斯塔尔（Doreen Rosenthal）等人的文章《澳大利亚的青少年越南移民：自我认知与父辈价值观的关系、两代人的矛盾及性别歧视》（Vietnamese Adolescents in Australia：Relationships between Perceptions of Self and Parental Values，Inter-generational Conflict，and Gender Dissatisfaction）④ 等。

国内关于对越南移民的研究：国内的研究成果以探究越南移民历史的居多。其中，较为典型的是李若建在1997年发表的文章：《香港的越南难民与船民》。该文对于由于越南战争所产生的越南难民移居香港的历史进行了详

①　Donald E. Steward，"Health Needs of Migrant Vietnamese Women in South-west Brisbane：An Exploratory Study"，*Australian Journal of Social Issues*，Vol. 38，No. 2，May，2003.

②　Catherine C. O'Connor，"Sexual Behaviour and Risk in Vietnamese Men Living in Metropolitan Sydney"，*Sexually Transmitted Infections*，Vol. 83，No. 2，2007.

③　Cynthia Leung，"The Psychological and Sociocultural Adaptation of Chinese and Vietnamese Immigrant Adolescents in Australia"，*International Perspectives on Child & Adolescent Mental Health*，Vol. 2，2002.

④　Doreen Rosenthal，"Vietnamese Adolescents in Australia：Relationships between Perceptions of Self and Parental Values，Inter-generational Conflict，and Gender Dissatisfaction"，*International Journal of Psychology*，Vol. 31，No. 2，1996.

细的梳理。作者在文中指出，在当地政策、经济状况、人口压力等多重因素的影响下，这批战争难民中有许多人选择将香港以及其他东南亚国家及地区作为临时居住点；其后很快迁往一些欧美国家。① 而刘建彪的论文《对战后东南亚华侨华人再移民现象的探讨》重点探讨了大批东南亚华侨华人受战争影响而选择再移民的历史过程。该文还指出，在澳大利亚越南移民中包含许多华侨华人。因此，对该族裔的深入研究对于海外华侨华人的研究意义重大。② 还有一些文章也对于该族裔的移民史进行了研究。例如陆玲等人的《浅析冷战后越南移民问题》③ 以及邵波所著的《澳大利亚难民政策的演变》④，等等。

同时，还有一些论文专门探讨了该族裔整体生存状况，例如梁志明、游明谦的论文《当代海外越南人的分布与发展状况研究》。该文总结了国内学界以及越南学界的最新研究成果，是国内研究这一族裔在海外整体分布与生存状况的典型代表。在文中，作者指出，随着时间推移，移民海外的越南族群对于当地的重要性和影响力在不断提升，并且这些海外移民对于越南的国内建设和发展也有着不可忽视的重要作用。⑤ 越南族裔的澳大利亚居民也是当地最重要的佛教徒来源之一，一些学者也专门就此问题进行了相关的研究，其中较为典型的有郎友兴的《澳大利亚佛教的历史与现状》⑥，以及陈星桥的《澳大利亚与澳洲佛教——澳洲考察见闻录》⑦，等等。其中，陈星桥的这篇文章详细梳理了佛教传入澳大利亚的历史，并指出 20 世纪 70 年代后越南移民对于澳洲佛教的快速发展产生了非常重要的作用，并已逐渐成为当前澳洲佛教信徒的最大来源，对构建多元的澳大利亚宗教文化有着重要意义。

4. 关于菲律宾移民的研究

国外关于菲律宾移民的研究：

（1）澳大利亚菲律宾移民总体特征的研究：比较系统研究澳大利亚菲律宾移民总体特征的文章是詹姆斯·E. 考夫兰（James E. Coughlan）在

---

① 李若建：《香港的越南难民与船民》，《东南亚研究》1997 年第 1 期。
② 刘建彪：《对战后东南亚华侨华人再移民现象的探讨》，《八桂侨刊》2000 年第 1 期。
③ 陆玲：《浅析冷战后越南移民问题》，《临沧师范高等专科学校学报》2008 年第 1 期。
④ 邵波：《澳大利亚难民政策的演变》，苏州科技学院硕士学位论文，2011。
⑤ 梁志明、游明谦：《当代海外越南人的分布与发展状况研究》，《南洋问题研究》2004 年第 2 期。
⑥ 郎友兴：《澳大利亚佛教的历史与现状》，《佛学研究》2002 年第 1 期。
⑦ 陈星桥：《澳大利亚与澳洲佛教——澳洲考察见闻录》，《法音》2010 年第 1 期。

1992 年发表的《多样的亚洲人——关于六个在澳大利亚的亚洲社区的简介》（*The Diverse Asians: A Profile of Six Asian Communities in Australia*）。文章根据澳大利亚 1986 年统计数据描述和分析了在澳大利亚六大亚洲移民群体的基本特征。文章的第三部分为"在澳大利亚的菲律宾移民群体的社会和经济概况——基于 1986 年统计数据"，较为详细地分析了 1986 年以前在澳大利亚的菲律宾移民的特点。该文提出，早在 1908 年就有菲律宾人移民墨尔本的记载。[①] 从 1901 年到 1971 年的统计数据显示：菲律宾出生人口只占澳大利亚人口中的极少数量，到 1971 年大概只有 2550 人；其中大多数是有西班牙血统的混血人（meztizos），他们有着欧洲人的特征和肤色，因此很好地融入了当地社群，他们大多数居住在悉尼。1971 年之前极少数菲律宾出生人口移民澳大利亚的主要原因是澳大利亚还没有放弃"白澳政策"，这一政策在 1972 年才被工党政府宣布取消。在 20 世纪 70 年代初，来自菲律宾的移民大多数是富有的和有高文凭的；许多人以护士的身份移入，她们以独立移民的身份到达，填补了澳大利亚护士领域的缺口。随着惠特拉姆的移民开放政策出台以后，她们中的大多数成了澳大利亚的永久居民。[②]

（2）菲律宾移民政策的研究：在经济全球化的大趋势下，劳务雇佣和输出的全球化越来越显著。第三世界在全球化当中扮演着劳务输出国的角色。菲律宾作为劳务输出大国，有着自己独特的劳务移民政策和国内背景。罗宾·马格利特·罗德里格斯的文章《政府在劳务出口中的经纪人角色与菲律宾护工的全球化》[③] 专门研究了菲律宾政府劳务出口政策。文章观点认为菲律宾政府越来越依赖劳务输出，并通过高度发达的跨国机构将本国公民推向国际劳动力市场。这些机构包括许多菲律宾政府机构（如菲律宾海外就业署，POEA）、遍布全世界的菲律宾大使馆以及咨询办公室（如国际劳工事务服务，ILAS）。罗德里格斯认为菲律宾政府利用正式的和非正式的外交手段在输出菲律宾护工方面起到了极大的作用。

格拉齐亚诺·巴蒂斯特拉（Graziano Battistella）于 2012 年发表的《治

---

① Andres Villanueva Reyes 在 1908 年到达澳大利亚，他的儿子 Frank Reyes 在 1973 年赢得过澳大利亚的墨尔本杯赛马。

② James E. Coughlan (ed.), *The Diverse Asians: A Profile of Six Asian Communities in Australia*, Queensland: Griffith University Press, 1992, p. 57.

③ 罗宾·玛格利特·罗德里格斯：《政府在劳务出口中的经纪人角色与菲律宾护工的全球化》，载周敏、张国雄主编《华侨华人研究丛书：国际移民与社会发展》，广州：中山大学出版社，2012。

理劳工移民的多层次的政策方针：由菲律宾经验引发的思考》（Multi-level Policy Approach in the Governance of Labour Migration：Considerations From the Philippine Experience），是一篇通过菲律宾的移民经验探索治理劳工多层次政策的论文。作者认为，积有40年劳工移民经验的菲律宾有一套复杂的治理劳工移民的方式，这种方式为其他亚洲国家所仰慕。这套移民政策的目标包括通过各种方式为海外菲律宾工作者提供便利、带来相应的经济利益，以及保证他们的安全和合适的工作环境。实现这些政策目标的方式包括规范招募行业；制定劳工协议的条款；使救济受侵害移民的政策成为可能。这些目标都通过国家移民政策实现了。[1]

希拉·V. 希尔（Sheila V Siar）的论文《技术移民、知识的转移和发展：以新西兰和澳大利亚的技术移民为例》（Skilled Migration, Knowledge Transfer and Development：The Case of the Highly Skilled Filipino Migrants in New Zealand and Australia），其主要观点认为，拥有高技术的菲律宾移民没有放弃与祖国的联系，相反密切保持着这一联系。[2] 这种联系挑战了伴随着技术移民增加，知识和技能向国外流失的观点。同时，技术移民也向祖籍国汇寄钱款，这些汇款为菲律宾国内增加财富提供了可能。作者认为这一现象叫作"知识转移"（Knowledge Transfers），"知识转移"这一观点认为流出国内的知识和技能会通过各种各样的途径又流回国内，因为移民仍然和国内保持密切的联系。

（3）澳大利亚菲律宾妇女研究：菲律宾海外移民的一大特点就是女性移民占大多数，澳大利亚的菲律宾移民也不例外。菲律宾妇女在澳大利亚数量多、比例大的原因，一方面是20世纪澳大利亚邮购新娘的特殊产物，另一方面是菲律宾护理行业劳务输出大量妇女的结果。国外研究澳大利亚菲律宾移民的文章主要集中在女性移民研究。

这类文章主要围绕移民澳大利亚的菲律宾妇女的健康问题进行研究。如玛格丽特·卡拉尔等人（Margaret Kelaher, Gail Williams and Lenore

---

① Graziano Battistella, "Multi-level Policy Approach in the Governance of Labour Migration： Considerations From the Philippine Experience", *Asian Journal of Social Science*, Vol. 40, No. 4, 2012.

② Sheila V Siar, "Skilled Migration, Knowledge Transfer and Development：The Case of the Highly Skilled Filipino Migrants in New Zealand and Australia", *Journal of Current Southeast Asian Affairs*, Vol. 30, No. 3, 2011.

Manderson）的文章《在澳大利亚昆士兰的菲律宾妇女的人口特征、健康状况和社会问题》（Population Characteristics，Health and Social Issues among Filipinas in Queensland，Australia）和《昆士兰偏远地区的菲律宾妇女健康问题》（Health Issues Among Filipino Women in Remote Queensland），考察了在昆士兰农村和偏远地区文化、种族和性别对于菲律宾出生的妇女的健康的影响；[①] 勒诺·曼德森（Lenore Manderson）等人的《澳大利亚的年轻菲律宾女性中的性、避孕和冲突》（Sex，Contraception and Contradiction among Young Filipinas in Australia，Culture，Health and Sexuality），探讨了澳大利亚菲律宾妇女中的性观念和避孕现状；[②]《移民妇女对于在劳工和生育期关怀的看法：澳大利亚对于越南、土耳其和菲律宾妇女的研究》（Immigrant Women's Views about Care During Labor and Birth：An Australian Study of Vietnamese，Turkish and Filipino Women）则通过问卷调查和采访对比分析了澳大利亚移民对社会福利的满意度。[③]

除了研究健康状况以外，其他相关论文主要论及了澳大利亚菲律宾妇女的工作和社会地位。如 S. 肖特（S. Short）等人撰写的文章《"菲律宾护士南下"：在澳大利亚的菲律宾护士》（Filipino Nurses Down Under：Filipino nurses in Australia），主要论述了菲律宾护士在澳大利亚的现状，指出随着人口老龄化，目前发达国家面临更加严重的护士缺口。澳大利亚像其他的说英语的西方国家一样，将越来越依赖招募海外的专业护理人员。菲律宾是护士出口的主要国家之一。菲律宾政府为了增加出口劳动力，培养超过国内就业需求的护理人员，以便去其他国家寻找工作。这些出国工作的护工虽然为国家带来了 GDP 的增长，但是菲律宾国家的这部分收入并没有用于改善国家的医疗系统，公共医疗财政支出不增反减。[④]

西瑞拉·利姆潘哥格（Cirila Limpangog）的《移民作为维持中产阶级

① Margaret Kelaher，Gail Williams and Lenore Manderson，"Population Characteristics，Health and Social Issues among Filipinas in Queensland，Australia"，*Journal of Ethnic and Migration Studies*，Vol. 27，No. 1，2001.

② Lenore Manderson（ed.），"Sex，Contraception and Contradiction among Young Filipinas in Australia，Culture，Health and Sexuality"，*Culture Health & Sexuality*，Vol. 4，No. 4，2002.

③ Jane Yelland（ed.），"Immigrant Women's Views about Care During Labor and Birth：An Australian Study of Vietnamese，Turkish and Filipino Women"，*Birth*，Vol. 29，No. 4，2002.

④ S. Short（ed.），"Filipino Nurses Down Under：Filipino Nurses in Australia"，*Asia Pacific Journal of Health Management*，Vol. 7，No. 1，2012.

身份的手段：以在墨尔本的职业菲律宾妇女为例》（Migration as a Strategy for Maintaining a Middle-Class Identity：The Case of Professional Filipino Women in Melbourne），是一篇研究墨尔本的菲律宾妇女移民的论文。作者调查了在澳大利亚墨尔本从事专业工作的菲律宾妇女移民的各种动机，通过深入地对 20 名妇女的采访得出结论：她们移民的内在动机在于挑战传统的在家庭框架内寻求经济改善的观念，或纯粹是个人主义思想追求的观念。①

西瑞拉·利姆潘哥格 （Cirila Limpangog） 的另一篇论文《种族的和性别的工作场所歧视：对于墨尔本的菲律宾妇女熟练工人移民的研究》（Racialised and Gendered Workplace Discrimination：The Case of Skilled Filipina Immigrants in Melbourne，Australia），则着重于关注菲律宾妇女在澳大利亚工作场所遭遇的种族歧视问题，认为菲律宾妇女在澳大利亚工作场所积极对抗性别和种族歧视，她们通过使用正当权力，重申并确认自己作为菲律宾移民、澳大利亚公民和熟练工人的多重身份。②

国外学者还有其他一些论文涉及了澳大利亚菲律宾移民社会的其他方面。如格伦达·琳娜 （Glenda Lynna） 的文章《边缘行动主义——澳大利亚的菲律宾移民》（Activism from the Margins—Filipino Marriage Migrants in Australia）。作者通过研究发现澳大利亚是菲律宾女性中意的目的地之一，自 1980 年起，菲律宾女性占澳大利亚的菲律宾出生人数的 69.3%。她们中的一半以上以婚姻移民的形式到达澳大利亚。菲律宾婚姻移民的高比率导致了菲律宾妇女被定义为 "邮购新娘" （Mail-Order Brides），具体体现为种族的、性别化的和服从的妻子。因此，菲律宾婚姻移民容易受到虐待和暴力。作者通过观察菲律宾婚姻移民中的行动和她们参加移民妇女的组织、群体或者俱乐部等公民的实践活动发现，通过在同一群体里与有相似出境经历的妇女接触并分享其移民过程，她们可以设计出有效改变其生活现状的方法。③

埃斯皮诺萨 （Espinosa）《解读在澳菲律宾侨民社群慈善事业中的性别主体》

---

① Cirila Limpangog，"Migration as a Strategy for Maintaining a Middle-class Identity：The Case of Professional Filipino Women in Melbourne"，*Current Research on South-east Asia*，Vol. 6，2013.

② Cirila Limpangog，"Racialised and Gendered Workplace Discrimination：The Case of Skilled Filipina Immigrants in Melbourne，Australia"，*Journal of Workplace Rights*，Vol. 17，No. 2，2013.

③ Glenda Lynna Anne Tibe Bonifacio，"Activism from the Margins——Filipino Marriage Migrants in Australia"，*Frontiers a Journal of Women Studies*，Vol. 30，No. 3，2009.

(Reading the Gendered Body in Filipino-Australian Diaspora Philanthropy)，通过调查近年来才引起有关学术和经济机构关注的在澳菲律宾侨民的慈善事业，呈现和阐释了跨国赠予与移民社区性别化的公民身份的联系。[①]

安·T. 勒（Anh T. Le）的论文《地点：澳大利亚的移民住在哪里?》(Locion：Where Do Immigrants Reside in Australia?)，通过处理和分析 2001 年人口和住房普查数据，研究不同国家的移民的居住城市分布，发现菲律宾等亚洲移民更可能相对集中居住在两大城市——悉尼和墨尔本。[②]

国内关于菲律宾移民的研究：菲律宾是一个有海外劳工移民传统的国家。海外菲律宾人的汇款占菲律宾国内生产总值的十分之一。菲律宾政府建立了世界领先的劳工移民系统并将劳务输出作为一项国家政策。菲律宾政府积极出台政策法律、建立海内外劳工和移民相关部门用以促进劳工移民系统的发展和处理劳工移民过程中产生的各种问题。国内学者在菲律宾的劳工移民政策和菲律宾劳工移民方面的研究刚刚起步，相关成果主要集中在 2010 年以后。

路阳的论文《菲律宾政府海外菲律宾人政策探析》较为系统地研究了菲律宾政府的劳务移民政策。作者指出，海外菲律宾人占菲律宾人口总数的十分之一。菲律宾移民构成有两个特点，第一，女性移民居多。第二，劳工移民居多。文章还分析了菲律宾政府高效协作的移民管理机构。菲律宾移民政策的特点是：总统通过海外菲律宾人委员会对移民加以领导，各项重要政策和措施多由总统和国会颁布，政府相关部门紧密配合和分工协作。[③]

李涛的《推力与拉力：菲律宾人移民海外的动因初探》则运用"推－拉理论"分析菲律宾人移民海外的基本原因。论文第一部分分析了海外移民的国内"推力"因素：包括国内经济因素、国内政治因素、国内政策因素以及中介制度因素和社会因素。[④] 第二部分则分析了菲律宾人移民海外的"拉力"因素：首先是国际劳动力市场的需求；其次是区域经济整合的作用，国际组织的出现使得劳动力交流更加频繁，为菲律宾人移民海外提供了

---

① Shirlita Africa Espinosa，"Reading the Gendered Body in Filipino-Australian Diaspora Philanthropy"，*Portal Journal of Multidisciplinary International Studies*，Vol. 9，No. 2，2012.

② Anh T. Le，Location，"Where do Immigrants Reside in Australia?"，*Journal of International Migration & Integration*，Vol. 9，No. 4，2008.

③ 路阳：《菲律宾政府的海外菲律宾人政策探析》，《华侨华人历史研究》2014 年第 3 期。

④ 李涛：《推力与拉力：菲律宾人移民海外的动因初探》，《东南亚纵横》2013 年第 8 期。

方便；最后是国外优厚的福利制度和社会条件。

尹蒙蒙的论文《移民大潮中菲佣所体现的自身形象》，探析了菲律宾作为"女仆国家"大量女性出国从事家政工作能够取得成功的原因。作者从自身形象和性格角度着手分析，认为菲律宾女性本性善良、温柔耐心、勤恳能干，具有一定的人格魅力。另外，从教育和培训角度来看，在菲律宾，出国从事菲佣这个职业必须有大学文凭，并且她们大多接受过专业的培训和相关的医护和教育技能的培训。①

5. 关于其他亚洲国别移民的研究

（1）澳大利亚东亚移民的研究

D. S. S. 希森斯（D. C. S. Sissons）的《澳大利亚与日本关系中的移民：1871～1971》（Immigration in Australian-Japanese Relations，1871 - 1971）一文考察了移民在 1871～1971 年在澳日两国关系中的作用。文中指出，澳大利亚对日本态度和政策的变化主要受移民、贸易以及防御这三个因素的影响。文中主要探讨了澳大利亚排斥日本移民的问题，即澳大利亚带有种族歧视色彩的移民法令是影响澳日两国关系的主要障碍。他认为，"移民本身从未被日本人视为国家利益，但排斥日本移民则不可避免地关涉日本的国家利益"。②

此外，D. S. S. 希森斯（D. C. S. Sissons）在另一篇论文《澳大利亚珍珠产业中的日本人》（The Japanese in the Australian Pearling Industry）中详细介绍了日本人在澳大利亚从事珍珠采集业的发展演变进程，生动地描述日本人从事珍珠产业的心酸历程，高度评价了日本移民对澳大利亚珍珠产业发展所做出的贡献。③

在詹姆斯·E. 考夫兰（James E. Coughlan）和德博拉·J. 麦克纳马拉（Deborah J. McNamara）主编《澳大利亚的亚洲人：移民及其定居模式》（Asians in Australia：Patterns of Migration and Settlement）的第七章中，全面探讨了澳大利亚的韩国移民问题。④ 文中首先概述了韩国人移民澳大利亚的

---

① 尹蒙蒙：《移民大潮中菲佣所体现的自身形象》，《学理论》2014 年第 3 期。

② D. C. S. Sissons，" Immigration in Australia-japanese Relations，1871 - 1971 "，ANU Press，2016.

③ D. C. S. Sissons，"The Japanese in the Australian Pearling Industry"，ANU Press，2016.

④ James E. Coughlan and Deborah J. McNamara，*Asians in Australia：Patterns of Migration and Settlement*，South Melbourne：Macmillan Education Australia Pty Ltd，1997.

历史渊源，然后利用澳大利亚人口统计数据着重分析澳大利亚韩国移民的人口、社会以及经济特征，并在此基础上指出，大部分韩国移民申请者有资格在大多数移民计划下进入澳大利亚，因此未来澳大利亚的韩国移民人数将会继续增加。最后，作者预测未来澳大利亚韩国移民社区的规模和构成更多地取决于澳大利亚今后的移民政策，而不是东亚的政治环境变化以及全球经济的影响。

（2）澳大利亚东南亚移民的研究

加文·W. 琼斯（Gavin W. Jones）的《东南亚和澳大利亚的人口政策：国内事务与国际事务的相关性》（Population Policies in Southeast Asia and Australia: the International Relevance of Domestic Affairs）中探讨了澳大利亚和东南亚国家的人口政策及其对它们之间关系产生的影响。[①] 他指出，澳大利亚在 1966 年之前对亚洲移民实行的排斥政策，实际上与东南亚国家维护种族构成现状的政策相一致。他分析了东南亚几个主要国家的现状，如菲律宾的经济崩溃和国内战争、马来西亚的种族冲突以及印度尼西亚的政府垮台，都有可能像越南那样导致大批的移民涌入澳大利亚。他认为东南亚移民未来对澳大利亚及两国关系将会产生深远的影响。

杰拉德·沙利文（Gerard Sullivan）和 S. 古纳瑟卡拉姆（S. Gunasekaram）在《族群关系和教育机制在东南亚移民澳大利亚过程中的作用》（The Role of Ethnic Relations and Education System in Migration from Southeast Asia to Australia）一文中认为，20 世纪 60 年代中期以来，澳大利亚移民政策的改变对亚洲移民产生的直接影响表现在澳大利亚的东南亚移民人数的增加。[②] 作者运用澳大利亚的人口统计数据和访谈的方式分析澳大利亚东南亚移民的人口基本社会特征。文中最后得出，内外需求因素和社会网络在东南亚人移民澳大利亚过程中发挥了决定性的作用。

埃里克·琼斯（Eric Jones）在《邻居：澳大利亚与亚洲危机》（The People Next Door: Australia and the Asian Crisis）认为，澳大利亚移民政策的

---

① Gavin W. Jones, "Population Policies in Southeast Asia and Australia: The International Relevance of Domestic Affairs", *Journal of the Australian Population Association*, Vol. 1, No. 2, March, 1985.

② Gerard Sullivan and S. Gunasekaram, "The Role of Ethnic Relations and Education Systems in Migration from Southeast Asia to Australia", *Journal of Social Issues in Southeast Asia*, Vol. 8, No. 2, August, 1993.

变化是亚洲移民增加主要原因。① 随后，他又采用个案研究法分析亚洲的菲律宾、新加坡以及马来西亚等国移民的就业、来源国、语言运用情况以及收入等基本社会特征，并且预测亚洲将是澳大利亚未来资本和技术移民的主要来源地。

格莱姆·雨果（Graeme Hugo）在《东盟国际移民的动态变化》（The Changing Dynamics of ASEAN International Migration）一文中指出，东南亚在国际移民体系中的重要性不断上升。20 世纪 90 年代中期以来，澳大利亚的东南亚移民人数不断增加。作者分析了澳大利亚东南亚各国（老挝、菲律宾、马来西亚、泰国、新加坡、越南等）移民的构成和特征，认为东南亚移民与澳大利亚之间关系虽然是复杂的、多维的和互动的，但他们为东南亚经济发展和消除当地贫困创造了良好机遇。②

（3）澳大利亚西亚和中亚移民的研究

目前，有关研究澳大利亚西亚和中亚移民的论著比较少见。澳大利亚悉尼大学的克里斯汀·英格利斯（Christine Inglis）是一位为数不多地研究西亚移民问题的专家。她长期致力于土耳其移民问题的研究，在 2011 年出版的《土耳其人移民澳大利亚：维多利亚州的土耳其移民》（*Turkiye to Australia：Turkish Settlement in Victoria*）一书中试图比较维多利亚州历史上和现代土耳其移民的异同，以便更加深刻全面地认识澳大利亚的土耳其移民。③ 作者从土耳其移民的历史、家庭生活、教育、宗教、社区活动、就业、社会联系等方面图景式地展现澳大利亚土耳其移民的风貌。作者认为，土耳其移民在澳大利亚的经济发展、文化多元以及社会融合领域做出了重要贡献。

综上所述，近些年，澳大利亚的亚洲国别移民研究方兴未艾，涌现出一批有价值的学术研究成果，拓宽了澳大利亚移民研究的领域，为今后开展更加深入的研究奠定了良好的基础。但是，我们也应该清楚地看到，澳大利亚的亚洲国别移民研究仍有待于进一步加强。目前的研究过于集中在亚洲几个

---

① Eric Jones, "The People Next Door：Australia and the Asian Crisis", *The National Interest*, No. 52, Summer, 1998.

② Graeme Hugo, "The Changing Dynamics of ASEAN International Migration", *Malaysian Journal of Economic Studies*, Vol. 51, No. 1, 2014.

③ Chiristine Inglis, *Turkiye to Australia：Turkish Settlement in Victoria*, Moreland Turkish Association Pty Ltd, 2011.

主要国家上，对其他亚洲国家的移民研究明显不足，有些国家的移民因为人数偏少而被忽视。亚洲与澳大利亚之间的地缘优势明显，在经济全球化加速的今天，随着亚洲日益崛起、澳亚地区在政治、经济以及科技文化等领域的交流与合作日益加深的情况下，全面加强对澳大利亚亚洲移民的研究工作势在必行。

6. 关于亚洲移民总体状况的研究

20 世纪 70 年代以来，在经济全球化和新科技革命的强力推动下，亚太经济迅速崛起，从世界"经济贫困区转变为经济中心"（From Poorhouse to Powerhouse）。如今，亚太地区成为世界经济增长最具活力的地区之一。澳大利亚直言称 21 世纪为"亚洲世纪"。亚太经济的迅猛发展，促使资本、贸易、商品以及人员的跨国流动日益频繁。澳大利亚顺应历史发展潮流，与时俱进，在"面向亚洲、融入亚洲"思想的指导下，广泛地开展与亚太地区的经济、贸易、科技、文化等领域的交流与合作。澳大利亚与亚太地区的跨国移民比历史上任何一个时期都更为紧密。亚洲移民大规模涌入澳大利亚，导致澳大利亚社会、政治、经济以及文化等方面发生重要变化。特别是进入 21 世纪，亚洲移民在澳大利亚社会的作用日益凸显，引起政界和学术界的广泛关注并开展相关的研究工作。

移民对澳大利亚的重要性不言而喻。因此，澳大利亚政府密切关注本国移民情况的变化。澳大利亚政府几乎每年都发布一系列关于移民的报告，例如《移民计划报告》（Migration Program Report）、《净海外移民展望》（The Outlook for Net Overseas Migration）、《定居者》（Setter Arrivals）以及《人口流动：移民影响》（Population Flows：Immigration Aspects）等，目前它们是有关澳大利亚移民现状最翔实和最权威的官方出版物，是研究澳大利亚移民不可或缺的重要参考资料。拉卡斯里·贾亚苏里亚（Laksiri Jayasuriya）和纪宝坤（Kee Pookong）合著的《澳大利亚的亚洲化？关于神话的一些事实》（*The Asianisation of Australia? Some Facts about the Myths*）一书对澳大利亚亚洲移民的历史、基本社会特征以及产生的问题和面临的挑战进行专题分析。① 他们指出，亚洲移民成为澳大利亚公共政策讨论的一个主要问题，是由于 19 世纪中期华人移民大规模前往澳大利亚淘金导致的，并且分析了

---

① Laksiri Jayasuriya and Kee Pookong, *The Asianisation of Australia? Some Facts about the Myths*, Melbourne：Melbourne University Publishing, 1999.

"黄祸论"的出现不仅是因为经济因素，种族因素也是一个不容忽视的重要原因。书中还谈到，亚洲移民模式导致澳大利亚社会以及人口变化的同时，也产生了诸多的问题。例如，在多元文化社会中主流社会对待亚洲移民的态度、移民融合模式以及政治认同等问题。他们认为解决这些问题的关键是澳大利亚应该采取什么样的政治机制来更好地适应多元文化社会。

詹姆斯·E. 考夫兰（James E. Coughlan）和德博拉·J. 麦克纳马拉（Deborah J. McNamara）主编的《澳大利亚的亚洲人：移民及其定居模式》（*Asians in Australia*：*Patterns of Migration and Settlement*）中指出，1996 年全国大选之后，亚洲移民问题成为澳大利亚公众舆论讨论的一个焦点问题。特别是在保罗·汉森等人反移民主张的推动下，澳洲社会掀起一股反亚洲移民的浪潮。① 为了更加客观全面地对待澳大利亚的亚洲移民，考夫兰等人总结了当时澳洲社会反对亚洲移民的几个主要原因：影响澳洲社会的和谐统一；基于环境等因素反对澳大利亚人口增加；威胁澳大利亚的文化价值观；害怕亚洲人等外来种族的"入侵"；影响澳大利亚人的生活水平等。在此基础上，从亚洲移民历史、亚洲移民政治、亚洲移民的定居模式以及亚洲移民个案分析几个方面着手，运用澳大利亚人口统计数据分析澳大利亚亚洲移民的现状以及内外制约因素。最后，他们期望未来澳大利亚的亚洲移民在总体上保持相对稳定，不希望澳大利亚主要政党抛弃非歧视移民政策。

格莱姆·雨果（Graeme Hugo）在《澳大利亚的亚洲移民：不断变化的趋势及影响》（Asian Migration to Australia：Changing Trends and Implications）中认为，亚洲和澳大利亚之间的国际移民在过去二十多年中发生了深刻的变化。② 其主要表现在：一是澳大利亚的亚洲移民人数不断增加；二是短期性移民超过永久性移民成为澳大利亚亚洲移民的主体。他指出，这些新变化要求改变传统的移民研究范式，亚洲移民对提高澳亚之间的政治、经济以及文化的交流与联系方面具有潜在的重要作用，因此，澳大利亚应该重新审视澳大利亚的移民政策。

克里斯汀·英格利斯（Chiristine Inglis）的论文《全球化与亚洲移民对澳大利亚和加拿大的影响》（Globalisation and the Impact of Asian Migration on

---

① James E. Coughlan and Deborah J. McNamara （ed.）, *Asians in Australia*：*Patterns of Migration and Settlement*, Melbourne：Macmillan Education Australia Pty Ltd, 1997.

② Graeme Hugo, "Asian Migration to Australia：Changing Trends and Implications", *Scottish Geographical Journal*, Vol. 119, No. 3, 2003.

Australia and Canada）主要对澳加两国的亚洲移民现状进行比较研究。^① 他在文中指出，亚洲人移民澳大利亚不是 20 世纪发生的新现象。早在 19 世纪中期，就有因淘金热曾导致华人大规模移民澳大利亚的情况发生。然而，到了 20 世纪特别是 20 世纪 60 年代中期以后，亚洲移民对澳大利亚的重要性不断增加。澳大利亚的亚洲移民发生显著的变化。一是亚洲移民来源的多元化；二是亚洲移民人数超过传统的欧洲移民；三是就亚洲移民本身而言，长期的临时性移民（留学生、假期打工者等）超过永久性移民。他认为，澳大利亚深受全球化对亚洲地区的影响。亚洲移民（永久性和短期性移民）人数的增加"很显然与亚洲的政治和经济发展息息相关"，而造成这一切变化的主要原因是全球化尤其是经济全球化的强力推动。最后，他还分析了澳大利亚亚洲移民的持续增长对澳大利亚的人口族群构成、移民融入问题以及澳大利亚国家认同三个方面将产生重要影响。

詹姆斯·贾普（James Jupp）的《从"白澳"到"亚洲一部分"：最近澳大利亚移民政策向地区倾斜》（From 'White Australia' to 'Part of Asia'：Recent Shifts in Australian Immigration policy towards the Region）一文主要论述自 1945 年以来，尤其是 1975 年澳大利亚官方废除白澳政策之后，亚太地区移民对澳大利亚产生的影响。^② 作者认为，亚太地区人口、贸易以及资本的跨国流动是促使澳大利亚转向亚洲的最主要原因。除此之外，他还分析了其他促使澳大利亚面向亚洲的内外因素。

著名的移民学者斯蒂芬·卡斯尔斯（Stephen Castles）和马克·J. 米勒（Mark. J. Miller）合著的《移民时代：现代世界中的国际人口流动》（*The Age of Migration*，*International Problem Movements in the Modern World*）是目前研究现当代国际移民的一部重要力作。^③ 该书现已再版四次。它主要从宏观的视角阐释现代世界人口的国际迁移活动。书中虽没有直接论述澳大利亚亚洲移民的基本社会特征，但是对亚洲各地区的移民社会特性进行详细分析。在此基础上，作者预测亚洲移民的迅速崛起已经超出了纯粹的经济影响，他

---

① Christine Inglis，"Globalisation and the Impact of Asian Migration on Australia and Canada"，*McGill-queen's University Press*，1997.

② James Jupp，"From 'White Australia' to 'Part of Asia'：Recent Shifts in Australian Immigration Policy towards the Region"，*International Migration Review*，Vol. 29，No. 1，Spring，1995.

③ Stephen Castles and Mark J. Miller，*The Age of Migration*：*International Population Movements in the Modern World*，Forth Edition，London：Palgrave Macmillan，2009.

们已经成为移民接纳国人口、社会以及政治变化的一个主要制约因素。澳大利亚自废除"白澳政策"以来，就是亚洲移民的主要接纳国之一。从这个角度来讲，上述亚洲移民的某些共性特征，同样可以适用于澳大利亚的亚洲移民，对澳大利亚亚洲移民研究具有重要的参考借鉴作用。

埃里克·琼斯（Eric Jones）在《邻居：澳大利亚与亚洲危机》（The People Next Door：Australia and the Asian Crisis）一文中认为，历史上，移民的种族特性是影响澳大利亚移民政策的一个重要因素。[①] 如今，澳大利亚实行的是非歧视的移民选择政策，这导致澳大利亚的亚洲移民（包括留学生）在人数规模上远远超过以前。

移民学者查尔斯·普莱斯（Charles Price）在《澳大利亚移民，1947~1973》（Australian Immigration：1947－1973）一文中也指出，20世纪60年代后期至70年代初，澳大利亚政府尤其是惠特拉姆政府上台对澳大利亚移民政策进行大刀阔斧的改革之后，澳大利亚放松了对亚洲移民的控制，导致亚洲移民人数开始大幅度增加。[②]

（三）存在的不足

20世纪70年代以来，澳大利亚废除了"白澳政策"，对亚洲国家敞开了移民大门，赴澳亚洲移民大量增加。澳大利亚已成为亚太移民体系中的重要移民输入国，但学术界对其重视不够，特别是对澳大利亚亚洲移民政策和亚洲新移民问题的研究相对薄弱，主要存在以下不足：第一，研究范围大多局限于1972年以前的澳大利亚移民政策（主要是"白澳政策"），对于70年代以来的澳大利亚亚洲移民政策，系统的专门研究较少。第二，关于澳大利亚亚洲新移民问题的研究，仍侧重于移民史和社会生活方面的研究。利用国际移民理论对澳大利亚亚裔新移民社会特征变化的研究非常薄弱。第三，研究澳大利亚总体移民政策的较多，而具体系统研究澳大利亚亚洲移民政策的成果鲜见。第四，研究1972年以来不同时期澳大利亚移民政策变迁对亚洲新移民跨国迁移过程及亚裔社会整合与嬗变的双向互动关系的成果很少。

---

① Eric Jones，"The People Next Door：Australia and the Asian Crisis"，*The National Interest*，No. 52，Summer，1998.

② Charles Price，"Australian Immigration：1947－1973"，*The International Migration Review*，Vol. 9，No. 3，Autumn，1975.

二　本课题研究的重要意义、主要内容与研究思路

1. 重要意义

随着现当代海外移民的大量增加和移民研究工作的深化，对国际移民问题的研究已深入到更加具体的问题上来。20 世纪 80 年代以来，澳大利亚成为亚洲移民流向的主要国家之一。目前澳洲亚裔移民已近 200 万人，约占澳总人口的 8.8%，中国大陆、印度、东南亚成为重要的移民迁出地，亚洲新移民已成为澳洲新移民中的重要组成部分。这一时期澳大利亚移民政策的调整对亚洲移民产生了深刻影响，在很大程度上影响到亚洲新移民的跨国迁移模式、职业与经济模式、社会生活和文化特征，并对亚太地区人口迁移态势和澳亚关系的发展产生了重要影响。因此，运用国际移民理论，深入探讨 20 世纪 70 年代以来澳大利亚亚洲移民政策的演变过程及其对亚洲新移民的影响，分析澳大利亚亚洲新移民的特征，可以深化对国际移民政策史和亚洲人口迁移问题的研究，发展亚澳关系，促进亚太地区经济文化交流。同时由于澳大利亚华人新移民在亚裔新移民构成中所占有的重要地位，本课题的研究也有助于更好地调整中国的人口战略与侨务政策，为中国的改革开放和现代化服务。

2. 主要内容

本课题的主要研究内容包括：

①运用国际移民理论系统研究 20 世纪 70 年代至 2013 年澳大利亚亚洲移民政策演变的历史分期与特点；②分析影响 70 年代至 2013 年澳大利亚制定亚洲移民政策的基本因素；③解读澳大利亚现行亚洲移民政策的基本内容与主要特点；④探讨国际人口迁移背景下，澳大利亚移民政策的变迁对亚洲新移民跨国迁移模式、职业与经济模式、政治、社会与文化生活的影响；⑤考察当代澳大利亚移民政策调整下亚裔社会新移民结构的变化与特点（重点考察以中国、印度、越南和菲律宾为主要迁出地的亚洲新移民）；⑥评析 21 世纪澳大利亚亚洲移民政策走向与澳洲亚裔移民社会的发展趋势。

3. 研究思路

本课题的基本研究思路为：

①从战后全球化发展趋势探讨国际人口迁移对澳大利亚移民政策与亚洲移民模式的影响；②从历史发展脉络梳理澳大利亚亚洲移民政策演变的分

期、规律与特点；③从政治、经济与外交方面入手分析影响澳大利亚亚洲移民政策制定的基本因素；④从移民法规和移民类别的变化考察澳大利亚现行亚洲移民政策的内容与特点及其对亚裔新移民基本社会特征的影响；⑤从澳大利亚移民政策和亚洲新移民总体考察入手，对东亚（中国）、南亚（印度）和东南亚（越南、菲律宾）的代表性国家新移民进行具体个案研究；⑥在上述研究基础上，预测和展望未来澳大利亚亚洲移民政策的发展趋势。

三 基本框架与相关概念

1. 基本框架

本课题的基本框架主要由绪论、正文和附录三方面组成。

绪论：旨在介绍国内外研究现状、研究意义、主要内容与基本思路和基本框架，并对相关重要概念做了界定。

正文部分由七章组成：

第一章，介绍主要相关人口迁移理论和国际人口迁移概况；分析战后经济全球化背景下国际人口迁移的原因和主要国际移民类型；考察二战后的澳大利亚人口迁移概况与发展趋势。

第二章，在概述"白澳政策"历史演变的基础上，重点考察了二战后至20世纪70年代澳大利亚对亚洲国家移民政策的发展与变化，并从二战影响、世界历史进步、亚洲地位提高、经济发展需求、亚洲移民素质改善及惠特拉姆政府顺应历史潮流等多方面，论述了战后澳大利亚调整对亚洲移民政策的基本原因。

第三、四、五章分三大时期，重点论述了从20世纪70～90年代中期；1996～2007年霍华德执政时期；2007～2013年陆克文－吉拉德执政时期，澳大利亚移民政策的调整、变化及其对亚洲新移民的影响。从以华人移民、印度移民、越南移民和菲律宾移民为代表的澳大利亚亚洲新移民的经济、政治、文化和社会生活的诸多方面，考察和探讨亚洲新移民对主流社会移民政策变化的适应性生存与调整，分析了澳大利亚移民政策的得失，并指出了亚洲新移民存在的问题。

第六章，主要研讨了影响澳大利亚政府制定和调整移民政策的基本因素，认为：经济动因、政党博弈与公众舆论和外交因素决定了澳大利亚移民政策的基本走向。

第七章，分析了未来澳大利亚政府移民政策的发展趋向，并探讨了亚裔新移民与亚裔社会的发展前景。

附录：收集和绘制了关于华人移民、印度移民、越南和菲律宾移民的相关图、表，共 26 幅。

参考文献。

2. 相关概念的界定

（1）亚洲新移民

首先是亚洲移民的研究选择范围。澳大利亚的亚洲移民涉及几十个亚洲国家和地区，但根据澳大利亚移民局 1999～2000 年的统计数据，位居前十位的有 10 个国家和地区，包括：越南、中国（大陆）、菲律宾、印度、马来西亚、港澳、斯里兰卡、印尼、韩国和新加坡，而其中年度移民超过 6000 人的是越南、中国（大陆）、菲律宾、印度、马来西亚、港澳 6 个国家和地区，位居前四位的是越南、中国（大陆）、菲律宾、印度，其中越南、中国（大陆）、菲律宾年度移民超过 8000 人。[1] 尽管每年度澳大利亚亚洲移民的数量与位次是不断变化的，但到 2003～2004 年度，位居前三的亚洲移民仍然是中国（大陆）、印度和菲律宾，越南位居第七。多年来，澳大利亚来自中亚、西亚地区的移民人数有限。在 1983～1984 年度的移民统计数据中，在澳大利亚排名前 60 位的外来移民中，仅有三个西亚国家：黎巴嫩，排名 15；伊拉克，排名 39；阿富汗，排名 58。

近年来，由于中东年年战乱，西亚中东国家难民数量攀升，但主要流向欧洲发达国家。2003～2004 年度，澳大利亚的西亚移民有所增加，但黎巴嫩、伊拉克和阿富汗的移民排位仍然未进入前十位。就东亚地区来说，澳大利亚的韩国年度移民虽在 1999～2000 年有 2000 多人，在亚洲移民中排名前九位，但在 2003～2004 年度没有进入前 20 位。[2] 到 2013～2014 年度，在澳大利亚位居前三位的亚洲移民仍为印度、中国（大陆）和菲律宾（一、二位次序有所变化），越南位居第五[3]。因此，研究澳大利亚所有的亚洲移民并无重要的实际价值和典型意义，而且研究者也力不能及。故本课题仅在宏观层面涉及 1972～2013 年的澳大利亚亚洲移民的总体概况，而具体个案研

---

[1]　DIMIA，Australian Immigration Consolidate Statistics，1999－2000，p. 15.

[2]　澳大利亚统计局，http：//www. abs. gov. au.

[3]　Australian Government Department of Immigration and Border Protection，Australian Government Immigration Trends 2013－2014.

究则以位居前列的中国（大陆）、印度、越南、菲律宾新移民为主要研究对象。可以说，中国（大陆）、印度、越南、菲律宾新移民已成为来自东亚、南亚和东南亚的澳大利亚亚洲移民中最具有代表性和典型性的移民研究群体。

其次是新移民的时间范围。新移民是相对于传统移民而言的。澳大利亚长期对亚洲国家推行以种族歧视为核心的"白澳政策"，直至 1972 年中澳建交后，澳大利亚于 1973 年宣布实行"全球一致，无人种、肤色和国籍歧视"的移民政策，摒弃"白澳政策"，逐步对亚洲国家敞开移民大门，亚洲赴澳移民日渐增多。因此，本课题将 20 世纪 70 年代初废除"白澳政策"、实行多元文化政策以来移民澳洲的亚洲人称为亚洲新移民。中国大陆的新移民则一般指在 1978 年中国推行改革开放政策后赴澳大利亚的移民。

（2）移民政策的定义

移民政策是各国公共政策中的重要组成部分，国际移民政策是指国家调整、管理人口跨国界流动的一系列规则、规范的总称。其基本内容包括制约本国国民跨境迁出和接纳外国国民跨境迁入两大部分。关于外国移民入境，国际移民政策主要涉及：制定允许外国人迁移入境（国境）的基本条件；确认合法外国移民在本国生活工作的法律地位；确定外国移民入籍的基本条件；驱逐非法入境的外国人；处置发生战争和大规模自然灾害时短时间跨国涌入的外国难民等。关于本国国民，国际移民政策主要涉及：确认本国国民移居他国的基本权利，规定本国国民不得出国的特殊限制；保护本国在国外生活居住的移民的基本权利，确认本国在外国民回归祖籍国的权利，保护其在祖籍国的基本权益等。

国际移民政策的基本指向是国家的边境管理、签证发放、国籍获得和外来移民在本国境内所应享有的公民权益。包括：前期的身份确认、准出或准入审核及相关证件发放的短期过程；后期的移民的安居、谋生、教育、认同、规划以及移民后代的权益和发展等长期过程。[1] 本课题所研究的澳大利亚亚洲移民政策，即为澳大利亚政府在亚洲移民问题上所制定、实施和不断进行调整的包括上述前后两个时期在内的相关政策及其过程。

---

[1] 参见李明欢：《国际移民政策研究》，厦门大学出版社，2011。

第一章 全球化背景下的国际人口流动与战后澳大利亚人口迁移

一 国际人口迁移的历史回顾

人类自产生以来，就因自然环境变化、人口增长、生产发展、战争和国家历史的变更等原因，不断地流动和迁移。经过资本主义发展、世界市场形成，至全球经济一体化的今天，世界政治格局变动，人口在国家间的迁移流动出现了前所未有的局面，国际人口迁移数量不断高涨，进入了一个新的阶段。国际人口迁移涉及政治、经济、社会、民族及国际关系等诸多问题，在国内外学术界亦日益引起较为广泛的关注。包括战后澳大利亚亚洲移民在内的国际移民作为全球化的要素和产物，经历了不同的发展阶段，具有不同的特点和趋势。人口迁移理论反映了这一客观进程，丰富了国际人口迁移问题的研究。以全球化背景下的国际人口迁移理论作为借鉴和指导，有益于我们深入科学地研究包括战后澳大利亚亚洲移民在内的国际移民问题和澳亚关系。

（一） 主要相关人口迁移理论

现代移民研究的奠基人、英国地理学家莱文斯坦（E. G. Ravenstein），在《移民的规律》（The Laws of Migration）一书中提出了移民的十一条规律，他认为，人口迁移以经济动机为主，是人们追求生产和生活条件的改善促使人们迁移。[1] 后来为李（E. S. Lee）所发展，归结出关于迁移量的六条规律和关于迁移者特征的七条规律。[2] 这些规律是对 19 世纪欧洲移民状况

---

[1] 段成荣：《人口迁移研究原理与方法》，重庆：重庆出版社，1998，转引自：贾玉洁：《移民理论与中国国际移民问题探析》，《沙洋师范高等专科学校学报》2005 年第 3 期。

[2] 朱国宏：《中国的海外移民》，上海：复旦大学出版社，1994，第 11 页。

的描述，尚未达到理论的高度。1938 年，最早由赫伯尔（R. Herberle）提出了"推－拉理论"。这一理论经过博格（D. J. Bogue）等人的发展，已经成为一个颇具解释力的理论框架。[①] 根据他们的论述，决定人口迁移行为的因素是原住地的推力和迁入地的拉力，也就是在原住地存在一系列推力因素，在迁入地存在一系列拉力因素。这些因素互相作用，产生了综合效应，导致迁移的发生。这一简单、实用的理论客观上可以解释国际人口迁移的动因，适用于各种移民现象，战后大批亚洲移民迁移到澳大利亚，一方面是由于澳大利亚对劳动力的需求所形成的拉力，同时也与国内的推动因素有关。随着国际人口流动发生诸多变化，"推－拉理论"的缺陷开始有所显现，它难以涵盖所有移民现象。以"推－拉理论"为基础，国际迁移理论出现了诸多学派，取得了较多研究成果。

近年来在西方学术界较有影响的理论有：新古典经济学（Neoclassical Economics Migration Theory）、新经济学移民理论（New Economics of Migration Theory）、劳动力市场分割理论（Segmented Labor Market Theory）、世界体系理论（World Systems Theory）、移民网络理论（Migration Network）、跨国主义（Trans-nationalism）和跨国社会空间等诸多移民理论。

新古典经济学移民理论（Neoclassical Economics Migration Theory）着重从经济学的角度分析移民行为产生的动因。人力资本的投资行为源于国际劳动力市场的不平衡和国家间的工资差距，劳动力从低收入国家流向高收入国家，国家之间的工资差距反映了两国间的收入和福利差距；人口流动可以消除这种差距，而差距的消除又意味着人口流动的停止。[②] 新古典经济学移民理论从经济上解释了国际迁移行为，战后大批亚洲移民入澳，正是劳动力从低收入国家流向高收入国家的表现，由于澳大利亚劳动力短缺而工资较高，引发了亚洲移民的迁移行为，导致澳大利亚亚洲人数不断增加。

新经济学移民理论（New Economics of Migration Theory）认为一个家庭为了规避在生产、收入方面的风险，或为了获取资本，会将家庭的一个或者多个成员送到国外的劳动力市场去。在许多发展中国家，贫困家庭通常有意识地通过国际迁移来合理配置家庭劳动力的分布。通过家庭成员的国际迁

---

① 朱国宏：《中国的海外移民》，上海：复旦大学出版社，1994，第 11 页。

② 华金·阿朗戈：《移民研究的评析》，《国际社会科学杂志（中文版）》2001 年第 3 期。

移，可以使发生迁移的家庭的绝对收入增加，同样也提高了其家庭在当地社区中的社会经济地位。新经济学移民理论可以以家庭、家族的角度来探讨亚洲移民澳大利亚的动因，更好解释了亚洲从发展中国家流向发达国家的迁移行为，对于研究战后澳大利亚亚洲移民问题颇有益处。

劳动力市场分割理论（Segmented Labor Market Theory），也称"双重劳动市场论"，该理论认为国际迁移的起源是存在于发达工业社会经济结构中的需求拉动的。现代发达国家业已形成了双重劳动力需求市场，上层市场提供的是资本密集型的高效能、高收入部门，下层市场则是劳动力密集型的低效低收入部门。由于当地居民不愿进入低效低收入劳动市场，因而不得不靠外来移民填补空缺。外来移民已成为发达国家社会经济的结构性需求。①

世界体系理论（World Systems Theory）则认为国际迁移是市场经济全球化的衍生物。包括战后亚洲移民移居澳大利亚在内的国际人口迁移现象较为适合这一理论的阐释。随着资本主义向世界各地区扩展，市场经济体制不断渗透到世界各地，大量人口从原来的社会迁移到其他地方，使这些国家的国内和国际迁移的发生变得越来越频繁。劳动力密集型生产转移到低工资收入的国家，而资本密集型生产却在向高收入国家和地区集中。管理运作一个全球经济体，使国际化大都市对一些行业人员产生了前所未有的需求，因此有越来越多的高技术人才迁移到这些国际化大都市以填补那里的技术人才短缺。

另一方面，高收入以及财富不断在各发达国家集聚，导致了工人需求的增加。特别是当地人一般都不愿意从事的职业，不得不大量雇佣移民来填补这些空缺。而一旦移民社区建立，社区本身又会产生出一些工作岗位，从而又需要由新移民来补充。移民因为国际经济结构变动的内在需求而被吸引至那些国际性大都市，这些城市与海外生产基地日益发达的交通和通信联系也为这种国际性迁移提供了前所未有的便利。随着市场经济全球化的到来，中国、亚洲其他国家与澳大利亚均被纳入世界体系，经济联系越来越密切，亚洲移民中大量高技术人才亦被吸引到澳大利亚，亚洲移民素质不断提高，成为战后澳大利亚亚裔移民的显著特点。亚裔移民不断入澳，形成了亚裔社区，社区会产生一些工作岗位，从而又需要由新的亚洲移民来补充。

在移民网络理论（Migration Network Theory）中，移民网络是迁移者、

---

① Michael Piore, *Birds of Passage: Migrant Labor in Industrial Societie*, Cambridge: Cambridge University Press, 1979.

以前的移民和在原籍地的家庭和朋友，与迁入地移民基于亲属关系、友情关系所建立起来的一系列特殊联系。在一些国家，由于一些特定的民族和群体的存在，极大地增加了具有同样文化背景的另外一些人迁移到那里去的可能性。家庭中有海外关系或与曾经去过海外的人有着某种社会关系的人，会极大地增加他们国际迁移的可能性。如果迁移者在海外融入了某种移民网络之中，那么他们会比那些未进入移民网络者更快地回国探亲。

也就是说，移民网络是移民的重要中介，是一系列人际关系的组合，其纽带可以是血缘、乡缘、情缘等。移民网络形成后成为一种重要的社会资本：一方面，移民信息可以更准确、更广泛地传播，移民成本可能因此而降低，从而不断推动移民潮；另一方面，随着时间推移，向国外特定地区定向移民可以融入某地的乡俗民风，从而不再与经济、政治条件直接相关。不仅迁移者的朋友与家庭对新移民的迁移行为具有重要的影响，而且这一影响随着时间的推移会一直维持着，这表明了移民网络具有动态的自我延续的特征。移民网络形成所具有的"乘法效应"，使移民过程获得自行发展的内在机制，像滚雪球一样越滚越大。① 移民网络理论可以解释澳大利亚华人血缘、地缘、业缘的纽带关系，战后华人移民正是在早期华人的帮助下，很快适应了澳大利亚并获得收益，从而吸引了更多的移民到澳大利亚。

跨国主义理论（Trans-nationalism Theory）在 21 世纪初被引进和推介到中国，新加坡大学刘宏教授先后出版了《中国—东南亚学：理论建构·互动模型·个案分析》和《战后新加坡华人社会的嬗变：本土情怀·区域网络·全球视野》，开创了以跨国主义视角探讨华人与中国及东南亚地区之间互动关系的研究，从而超越了民族国家的理论体系。② 在其跨国主义研究框架中，跨国华人（Transnational Chinese）被定义为：在跨国活动中将移居地与出生地联系起来、具有多重关系和背景的移民个人和群体的身份特征。这一群体往往具有两种以上语言能力，在两个或多个国家拥有关系网络和事业基础，并具有行动上的跨界性、文化上的掺杂性、经济上的全球性和认同上

① Douglas S. Massey, Joaquin Arango, Graeme Hugo, Ali Kouaouci, Adela Pellegrino, And J. Edward Taylor, *Worlds in Motion*: *Understanding International Migration at the End of the Millennium*, Oxford, 1998.

② 参见刘宏：《中国—东南亚学：理论建构·互动模型·个案分析》，北京：中国社会科学出版社，2000；《战后新加坡华人社会的嬗变：本土情怀·区域网络·全球视野》，厦门：厦门大学出版社，2003。

的多元性等共同内容。在跨国主义理论中，移民作为一个活跃的主体进行跨国活动，在这一过程中，移民建立了一个社会区域，将其母国和当前居住国联系到一起。与传统意义上的移民只是单方向的移动不同，跨国移民建立和保持着一种跨国界的、多向性的家族、经济、社会、制度、宗教和政治关系，而全球化为跨国行为提供了背景、机会和原动力。跨国主义的研究思维既有助于突破原有民族国家的困境与语境，也有助于推进由移民群体所带来的不同地理/文化圈之间的互动及其进程。运用跨国主义理论考察战后澳大利亚亚洲新移民的迁移过程与迁移模式，也有助于跳出原有的思维窠臼，得出新的认识。使用跨国社会空间的思维概念也可以用来分析战后国际移民的各个方面。①

表 1－1　以跨国社会空间为重点的移民研究

移居地拉动因素	跨国社会空间	来源地推动因素
外来移民造成的"社会问题"	1. 合法的政治环境	移民的社会文化问题
	2. 物质的基础设施	社会经济效果和经济
文化适应、一体化和同化过程	3. 社会结构与制度	损益（智力流失、汇款等）对地区发展可能产生的推动力
	4. 同一性与生活规划	
产生社会边缘化现象形成少数民族		

就战后澳大利亚亚洲移民来说，可以从跨国社会空间进行分析：亚洲与澳大利亚之间合法的政治环境对于跨国移民单方面或双方给予了积极推动；同时具备直接与间接的快速传播媒介等物质的基础设施，拥有超越国境的社会网络以及某些职业性组织；亚裔移民在亚澳"两个世界"运动，融合成一个新的、独立的并且是充满矛盾的社会，形成了独特的社会风俗及一些跨国的社会联合和利益组织，使得社会制度具备了标准结构和调节结构；澳大利亚亚裔在"文化适应"和"同化"道路上存在着某种过渡现象，跨国的生活的职业规划，他们的地理空间和社会文化空间的关联构架跨越了民族国家和民族社会的界限。

另外，还有累计因果关系理论（Cumulative Causation）、移民系统理论（Migration Systems Theory）、人口移动转变假说（Hypothesis of Mobility Transition）、"后现代观"（Postmodernist View）等移民理论，鉴于它们作为

① 乌·贝克、哈贝马斯等著《全球化与政治》，北京：中央编译出版社，2000，第238页。

战后澳大利亚移民研究不具备指导性意义，此处不做具体介绍。

以上对一些理论和学派的国际迁移研究的分析显示，国际迁移发生因素的复杂性和多层面性使目前还没有一种理论能够完全将国际迁移的发生发展完全概括其中。就各种国际迁移理论本身的发展而言，还很不完善，许多重大问题还有待于进一步深入探讨，我们在研究国际移民问题时，追踪这些理论演进的轨迹，突破"推－拉理论"的限制，了解近三十年来理论界所取得的进展和成就，将有助于我们深刻认识国际人口迁移的动因、起源及发展和影响。特别是有些理论对研究战后亚裔移民迁移澳大利亚的问题有一定的适用性和重要的借鉴与指导意义。

（二）国际人口迁移概况

在分析国际人口迁移的现状概况、发展趋势和研究对策及各国的移民政策、移民概况之前，要简单回顾一下世界人口迁移的历史。丘立本先生在其文章中将现代国际移民的历史分为四个时期：[1]

1. 资本原始积累时期的国际移民 （1500 ~ 1800 年）

15 世纪末 16 世纪初地理大发现后，在资本原始积累的推动下，西班牙、葡萄牙、荷兰、法国、英国等国家先后在世界各地建立了诸多殖民地，为巩固和扩大其殖民地，掠夺殖民地资源，为欧洲日益增长的资本主义经济提供原料，欧洲殖民者需要大量劳动力来为其从事生产。18 世纪上半叶，殖民地劳动力的主要来源是付不起路费、被迫卖身给殖民地商人或农场主的欧洲契约奴和罪犯。18 世纪中叶以前，白人契约奴约占北美殖民地移民的半数；到 18 世纪下半叶，白人奴隶才逐渐为非洲黑奴所取代。[2] 因此，这时期国际人口迁移人数最多的是非洲黑奴。据估计，到 1850 年为止，运往美洲黑奴总数多达 1500 万人，为欧洲白人移民的 4 ~ 5 倍。[3] 此时期，第一批白人移民到达澳大利亚。

2. 欧美工业化时期的国际移民 （1800 ~ 1914 年）

这一时期资本主义获得极大发展，工业化进程从欧洲迅速扩展到其殖民地；资本主义完成了从工场手工业阶段向大工业的过渡，在 19 世纪末紧接

---

① 丘立本：《国际移民的历史现状与我国对策研究》，《华侨华人历史研究》2005 年第 3 期。

② 黄绍湘：《美国通史简编》，北京：人民出版社，1979，第 18 页；艾里克·威廉斯：《资本主义与奴隶制度》，北京：北京师范大学出版社，1982，第 10 页。

③ R. T. Appleyard, *International Migration: Challenge for the Nineties*, Geneva, IOM, 1991.

着由自由资本主义向垄断资本主义过渡。在这样的大背景下，国际移民也有大规模的发展，呈现出历史上空前的盛况。

最先向美洲新大陆大规模移民的国家是英国，1800～1860 年间移居美国的移民中 66% 的人来自英国，还有英国移民移居澳大利亚。19 世纪 40 年代末，200 多万名爱尔兰人逃往美洲，紧随其后的是德国的移民潮。从 1870 年起，大量北欧移民也加入移民的队伍。1880 年，来自南欧和东欧的移民掀起了更大的移民潮。这些移民是 19 世纪末 20 世纪初移民新高潮的主要组成部分。20 世纪初，欧洲向外移民年均 100 万人，第一次世界大战前夕达到 150 万人。这一时期，欧洲移民的目的地是非常集中的，85% 的人前往阿根廷、澳大利亚、加拿大、新西兰和美国。[①]

这一时期亚洲也出现大量国际人口迁移的现象。19 世纪中叶黑人奴隶制度废除后，资本主义仍需要大量劳动力。因此中国和印度的"契约劳工制"在这一时期出现，契约劳工代替了黑人奴隶并被输送到欧洲人的殖民地。根据 Potts 的研究，各殖民强国在 40 个国家内推行过契约劳工制。从 1834 年起到 1941 年这一制度最终在荷属殖民地废除为止，涉及人数多达 1200～3700 万人。中国移民在 20 世纪前多为契约劳工，20 世纪后才为自由劳工所取代。[②]

3. 世界大战期间的国际移民（1914～1960 年）

这一时期由于两次世界大战及 1929～1933 年的全球性经济危机，加之战后殖民地国家掀起了民族独立运动的高潮。在这样的大背景下，人口国际迁移亦受到影响。

第一次世界大战中断了欧洲向外移民的高潮。战后移民虽一度有所回升，但其规模只及战前的 1/3。1937 年第二次世界大战的爆发，使得国际的移民几乎无法正常进行了。这里主要指的是正常的经济移民停止了，而政治性移民则空前增加。如法国、英国从欧洲和他们的殖民地以及中国征集了近 50 万名劳工作为其军事后援，其中中国劳工就有 10 万人。二战结束初期，因战争造成的政治性人口也大量迁移，战士遣送回国、难民的流动等成为普遍的移民现象

---

① Douglas S. Massey, Joaquin Arango, Graeme Hugo, Ali Kouaouci, Adela Pellegrino, and J. Edward Taylor, *Worlds in Motion: Understanding International Migration at the End of the Millennium*, Oxford: Clarendon Press, 1998, pp. 1 - 2.

② Potts L., *The World Labour Market: A History of Migration*, London, 1990, pp. 63 - 108.

4. 后工业化时期的国际移民 （1960 年～21 世纪）

20 世纪 60 年代以来，大多数殖民地国家获得了民族独立，第三世界发展中国家的国际地位有所提高，国际移民也发生了深刻的变化，开始真正具有全球性的规模。移民输出国和移民输入国的种类和数量增多了，全球移民的供应地也从欧洲转移到第三世界的发展中国家。自 20 世纪 60 年代以来，亚洲、拉丁美洲和非洲在向外移民中的份额却显著增加。同时移民目的国的数量和种类也增多了，除了美洲和大洋洲等传统的移民接受国外，欧洲现在都在吸收大量外来移民。

这一时期，传统移民接纳国如美国、加拿大、澳大利亚等国家的移民模式也经历了深刻变化，不仅入境移民急剧增加，而且主要来自劳动力丰富但资金短缺的国家，如开始大量吸收亚洲移民。当代移民接纳国大都是资本和技术密集而土地短缺的发达国家，这些国家由于出生率低和老龄化现象严重，仍需大量外来移民的补充。移民输出国和输入国之间在财富、收入、实力、发展和文化等方面的差距远比工业化时期要大，因为当代移民输出国大都是发展中国家，而工业化时期的移民输出地——欧洲国家却比移民输入地要先进。[①]

以上是对国际人口迁移的简单历史回顾，对历史上的国际移民的梳理了解有助于我们更好地认识移民问题，深化对移民问题的研究。在此基础上，可对全球化时代的国际人口迁移问题进一步深刻研究，特别有助于具体分析战后的澳大利亚亚洲新移民问题。

二 经济全球化与战后国际人口迁移

（一） 战后经济全球化

一般认为，"全球化"一词是 1985 年莱维特（Theodre Levitt）首先提出的。他使用这个词来形容此前 20 年间国际经济的巨变，即商品、服务、资本和技术在世界性生产、消费和投资领域中的扩散。[②] 近年，随着全球化研究的深入，我国学者又把全球化分为前现代（1500 年以前）、现代早期

---

① Douglas S. , Masseyetal, *Worldsin Motion*, 1998, pp. 6 – 7.
② 曾少聪：《全球化与中国海外移民》，《民族研究》2003 年第 1 期。

（1500～1850 年）、现代（1850～1945 年）以及当代（1945 年以来）四个阶段。① 但无论国内还是国外学者，在定义全球化时都着重到了经济上。"经济全球化"即通常所指的狭义全球化是市场经济的全球扩展。历史上，经济全球化经历了三次快速发展的阶段，分别受近代历史上三次工业革命的推动和影响，而"历史延续下来的国际经济与社会发展不平衡的二元结构形成了国际人口迁移的推动力和吸引力"。②

18 世纪中期以蒸汽机的发明为特征的第一次工业革命是经济全球化的第一阶段。这一期间，借助地理大发现，欧洲殖民主义把新兴产业如纺织业快速推向世界，同时在各地建立原料基地和商品市场。逐步形成了以英国工业为中心，世界多数的农业国家环绕的世界市场体系。英国也被冠以"世界工厂"的称号。

到 19 世纪末，20 世纪初以电力发展为代表，包括交通、化学等产业的第二次工业革命是经济全球化发展的第二阶段。这一时期垄断公司大量兴起，帝国主义的世界殖民体系形成，全球经济与世界霸权紧密联系，世界市场空前发展。世界经济重心由英国转向美国。

第三阶段的经济全球化发展是在第二次世界大战后，也是我们通常意义上所指的经济全球化，在第三次科技革命以及全新的世界政治经济格局的推动下，全球化日益显现出多样、自由、全面、深入的特征。战后世界经济以三大国际经济组织〔国际货币基金组织、世界银行、关税与贸易总协定（1994 年以后改组为世界贸易组织）〕为支柱，以区域一体化、国际化为发展方向，并有跨国公司无处不在的全球扩展。二战在人类发展史上的作用不言而喻，战后世界各地区普遍觉醒，殖民主义旧体系崩溃，民族主义运动的蓬勃兴起造就了一批新兴的独立国家。而由于二战的巨大代价以及残酷教训，各国都把发展国家经济作为首要任务，战后长期存在的"冷战"国际形势使世界明显划分为两大阵营，这反而为各国在两大阵营内部的经济沟通提供了便利条件。战后逐步形成了一批区域经济贸易区和地区合作组织，如北美自由贸易区、欧洲煤钢联营进而发展而来的欧洲共同体、东南亚国家联盟、石油输出国组织等等。这些组织机构合作的基础无不是为了经济发展的需要。第三次科技革命的推动以及跨国公司在全球的扩张也使战后的经济全

---

① 曾少聪：《全球化与中国海外移民》，《民族研究》2003 年第 1 期。
② 佟新：《全球化下的国际人口迁移》，《中国人口科学》2000 年第 5 期。

球化进程加快，且持续时间更长，一直到当代。

战后经济全球化必然带动国际人员流动的大量增加。据国际移民组织（IOM）统计，目前世界有大约 1.92 亿人口居住在非出生地，约占世界总人口的 3%。平均每 35 人就有一个是移民。1965～1990 年国际移民人口增加了 4500 万人。而在经济全球化发展的不同阶段，人员流动在方向、规模、人员主体等诸多方面呈现出与经济需求相适应的变动特征。

（二）战后国际人口迁移的主要方向与原因分析

战后国际人口迁移的主要流向表现为亚非拉发展中国家和地区向欧美发达国家和地区迁移的总体态势。战后国际人口迁移指向欧美发达国家的趋势十分明显，而其来源地则主要是亚非拉发展中国家和地区，特别是亚洲地区成为国际移民的主要迁出地。重要的迁移流有：①从南欧、北非、南亚向西欧国家的迁移；②从东亚、东南亚国家向亚太地区的日本和美国、加拿大、澳大利亚等国家的迁移；③从东南亚、北非等地向海湾地区的以劳工迁移为主的人口迁移；④从拉丁美洲向美国的迁移。它们在地理范围上相互交叉、错综复杂，在时间进度上也并非同步发展。促成迁移的原因和迁移的性质也各不相同。战后国际移民受到传统的国内"推力"和国外"拉力"的共同作用的同时，无疑还普遍受到经济全球化进程的影响。

从 19 世纪到 20 世纪中叶的 100 多年中，欧洲一直是世界长期或永久性国际移民的主要来源地，这与科技革命和工业化的进程相适应。但第二次世界大战使西欧各国的经济遭到了严重的破坏，西欧工业生产指数如果以 1938 年为 100，那么，1946 年第一季度则为 68，1947 年第一季度为 78。[1]但战后美国对西欧国家实施的"马歇尔计划"迅速生效，大致从 20 世纪 50 年代中叶起，欧洲各国的经济开始复苏。本国劳动力再生产速度满足不了经济发展需求，西欧国家开始考虑向区域以外的国家引进大量劳动力。首先在 20 世纪 50～60 年代，法国、德国等国家允许南欧国家劳工移入。接着逐渐扩展到更大范围地区如土耳其、利比亚等前法国殖民地国家。这些移民能率先进入西欧国家，一方面因为地理位置的便利以及文化传统的相似性（比如南欧国家），另一方面则是语言上占有的优势，

---

① Peter Calvocoressi, *Survey of International Affairs*, 1947－1948, London, 1952, p.64.

北非国家多为前法国殖民地，移民的法语水平较高，土耳其则与西欧国家，特别是德国有深远的传统交往关系。而对于土耳其、北非、南亚国家，在这一时期他们也有外迁人口的要求。二战以后，前殖民地国家纷纷独立，医疗、卫生条件不断提高，北非的利比亚、埃及和西亚的土耳其等国人口急剧增长，迅速超过社会发展所需求的劳动力，这些国家和人民开始不断到海外去寻求工作，西欧各国成为他们移民的首选之地。印度长期以来都是英国的殖民地，战后的南亚独立、印巴分治，以及印度与巴基斯坦之间的长期宗教矛盾与冲突，促成了大量南亚人口向英国寻求安身立命之所。

美国、加拿大、澳大利亚是传统的移民迁入国，但在二战之前，移民这些国家的人口成分多为欧洲国家，因为他们与美、加、澳同文同种，深受三国欢迎，而对广大亚非拉美国家移民则采取抵制态度，各国制定了相应的限制亚非拉移民的政策。然而，由于战后特别是 60 年代以后，欧洲国家向海外移民能力的锐减，加之亚非拉移民素质不断提升，三国相继放松了对移民的政策限制和种族歧视，大规模吸收海外移民。到 70 年代以后出现了移民的高潮并持续发展，势头强劲，直至现在。

从表 1 - 2 中我们可以看出，战后移居美国的人口数量逐年增多，20 世纪 50~60 年代，美国平均净移民不足 30 万人，到 90 年代，平均达 115 万人，增幅达四倍之多。战后五十年，美国吸收了 3000 万人的净移民，这与美国长期维持世界经济大国与超级强国的吸引力是相适应的。

表 1 - 2　1951~2000 年美国人口增长的构成（年平均数）

时期（年）	纯增人口数（万人）	自然增长数（万人）	占纯增人口数（%）	净迁移数（万人）	占纯增人口数（%）
1951~1960	283.5	254.4	89.7	29.1	10.3
1961~1970	239.5	211.7	88.4	27.8	11.6
1971~1980	203.0	142.1	70.0	60.9	30.0
1981~1990	243.7	173.5	71.2	70.2	28.8
1991~2000	284.5	169.6	59.6	115.0	40.4
1951~2000	250.8	190.2	75.8	60.6	24.2

资料来源：张善余：《世界人口地理》，上海：华东师范大学出版社，2002，第 302 页。

随着 1967 年新的移民法的生效，加拿大的亚洲移民在总移民人口中占的比重越来越大。据统计 1993/1994 至 1997/1998 年间，加拿大共接纳移民 102.95 万人，其中亚洲占 61.7%，欧洲仅占 19.2%。加拿大的开放政策对澳大利亚等国家产生了积极影响，推动了世界传统移民国家移民政策的改革，世界因此迎来了一个全新的移民高潮期。

澳大利亚长期实行"白澳政策"，试图在亚太地区维持白人人口的绝对数。然而，第二次世界大战的严酷现实使澳大利亚明白，与澳大利亚生死攸关的不是远在大西洋东岸的英国，而是一衣带水的亚洲各国。而且战后的经济恢复与发展也要求引进廉价的亚洲移民。1966 年和 1973 年，澳大利亚两度修改其移民政策，并最终废止了"白澳政策"，从此亚洲移民大量涌入澳洲，1990～1994 年亚洲移民占到移民总数的 50.9%。

长期以来，日本都是人口的纯流入国，在 19 世纪末 20 世纪初，欧美国家盛行的"黄祸"论也把矛头指向了日本。二战期间有不少朝鲜人、中国人来到日本，但大多是被日本帝国主义政府强制征集来的劳动力。二战后，战败的日本在经济上却取得了成功，借朝鲜战争恢复元气。1968 年经济超过德国后稳定地成为世界第二大经济强国，80 年代时还有赶超美国的势头。由于经济的快速发展，本国劳动力不再能完全满足经济需求，日本也开始使用海外劳动力，逐渐由纯人口流出国变成人口流入国。战后，日本的国际移民可分成三个阶段：第一阶段：从 20 世纪 70 年代到 80 年代，是外国人口的微增期。第二阶段：从 80 年代到 90 年代，是外国人口的激增期。第三阶段：从 90 年代中期以后至今，是外国人的稳增期。

战后西亚海湾地区成为世界人口的重要迁入地有其特殊的原因。20 世纪 50～80 年代，海湾地区石油产量和出口量激增，是世界上最重要的产油地区。石油出口带来的巨额收入带动了经济的迅速发展，因而对劳动力需求也猛增。然而本地区人口增长跟不上经济发展步伐，产生严重的人口供应状况与经济发展的矛盾，加之本地区多沙漠地形，居民长期以游牧为生活方式，不能满足现代化发展的需要。在这样的背景下，西亚各国开始大规模雇佣外籍劳工。1977 年海湾地区 6 国吸收外籍工人达 197.9 万人，1985 年猛增至 514.7 万人，外籍劳工占总劳动力的比重平均达 70%，一些国家如阿联酋、卡塔尔 1990 年的平均值更高达 92%（见表 1 - 3）。

表 1 - 3　海湾六国外籍劳工占总劳动力的比重

单位：%

国家	1975 年	1980 年	1985 年	1990 年
巴　　林	46	57	58	51
科 威 特	70	78	81	86
阿　　曼	54	59	69	70
卡 塔 尔	83	88	90	92
沙特阿拉伯	32	59	65	60
阿 联 酋	84	90	90	89
平　　均	47	65	70	68

注：卡塔尔 1993 年为 90%，科威特 1995 年为 82%，沙特阿拉伯 1999 年（预测）为 59%。

资料来源：Stalker, P., *The Work Strangers: A Survey of International Labour Migration*, Geneva, 1994, p. 241. 转引自：张善余，《世界人口地理》，上海：华东师范大学出版社，2002 年，第 183 页。

外籍人口的大量涌入使海湾地区"迅速崛起成为与西欧、北美并列的世界三大劳务市场之一"。① 海湾地区引入的人口绝对数字虽然不是最多的，但外来人口却大大超过了本国公民数目，在劳动力总数中占绝对优势，这也是海湾地区移民的一个显著特点。但这也给海湾国家带来了一些弊端，特别在 20 世纪 90 年代的海湾战争中，大批外籍劳工仓促撤离，给劳工输入国带来巨大损失，海湾国家意识到劳动力本国化的重要性，纷纷加大对本国人口的增殖和培训力度，并采取相应措施限制外籍劳工的输入，这使得海湾地区的劳工输入不再像 70～80 年代那样引人注目。

拉丁美洲向北美，特别是向美国的移民构成了一支较大的移民流。1950～2005 年，拉美人口增长迅速，总人口增长 2.35 倍，其中墨西哥和中美洲增幅达 2.94 倍，南美洲为 2.32 倍。② 因而从历史上的人口净迁入地区转变为人口迁出地。拉美人口迁出还因为拉美地区大多数国家经济发展状况不乐观，部分国家长期动荡。在拉美国家移民的目的国中，北美各国由于社会安定、经济发达、工作机会多、地理距离较近，备受拉美各国移民欢迎，特别是美国。据统计，2003 年在美国的拉美裔人口达 3990 万人，在美国总人口中占到 13.7%。其中墨西哥由于毗邻美国，常成为各国移民的第一移民站。另据统计，1955～2005 年，墨西哥迁出 1100 多万人，占拉美累计净迁出人口（约 2600 万人）的 43%。

① 张善余：《世界人口地理》，上海：华东师范大学出版社，2002，第 183 页。
② 毛爱华：《当代拉美人口发展特点和趋势分析》，《拉丁美洲研究》2006 年第 4 期。

（三）战后国际移民类型分析

联合国关于"国际移民"的一般定义为：除正式派驻他国的外交人员及联合国维和部队官兵等跨国驻扎的军事人员之外，所有在非本人出生国以外的国家定居一年以上的人口均属"国际移民"。根据这一界定，非法移民和出国的留学人员都在"国际移民"之列。

根据前人的相关研究，本书把战后的国际移民具体分为以下几种类型：劳工劳务移民、家庭团聚移民、留学生移民、技术与投资移民、难民与非法移民。这些移民的出现与发展，与经济全球化和世界体系演变的进程相适应并逐渐形成了世界移民网络。

（1）劳工劳务移民。劳工的输出地主要有三大来源：①南亚国家，主要是印度和巴基斯坦；②阿拉伯国家，如埃及、巴勒斯坦等；③东亚、东南亚国家，多是韩国、菲律宾、泰国人。战后迅速膨胀的石油产业使海湾地区成为世界最大的劳工输入地。但海湾战争中劳工的大量撤退使中东国家意识到劳动力本国化的重要性，外籍劳工的引入大幅减少。西欧国家也是外籍劳工输入的重要地区，由于欧洲一体化进程的不断加快和欧洲统一市场的形成，外来劳工不仅可以找到满意的工作，而且可以更方便地在西欧各国间流动。同时，欧洲各国的人口增长率长期为负数。它们必须引进外来劳动力解决发展中面临的劳动力不足问题。但欧洲国家多以合同工方式引进外来移民，并规定合同期满后，劳工要回国，不能定居下来成为永久移民。有学者认为欧洲的这种做法"完全将移民当作调节劳动力需求的'安全阀'，具有很强的功利性"。[①] 劳务移民与劳工移民所做的工作多是脏（dirty）、险（dangerous）、难（difficult）（即"三D"）的下层工作。如菲律宾、泰国的女子就有很多到日本从事家政业和娱乐业。一些国家对这类无技术的人员监控非常严格，如新加坡就规定，无技能工人必须定期调换，不得定居，不得携带家庭其他成员，不得嫁娶新加坡人，外国女工还要接受定期的受孕检查。

（2）家庭团聚类移民。指本国公民或永久居留民可以将在外国的近亲属迁入本国，实现家庭团聚。一般情况下，家庭团聚移民除受年龄和亲属关系限制外，不受文化程度、职业专长、工作安排等条件的限制，只要本人提出申请，担保人具备担保条件，本人身体健康、品行端正，基本上都能获得

---

① 张善余：《世界人口地理》，上海：华东师范大学出版社，2002，第116页。

移民输入国的批准。西方许多国家，特别是美国、加拿大、澳大利亚及西欧各国原则上都承认家庭团聚类移民的合法性。这样，既可以彰显西方民主社会的人道主义，更重要的是定居移民可以为输入国提供长期的劳动力来源，防止劳动力来源的暂时性、多变性。

（3）留学移民。二战以后，第三次科技革命蓬勃发展，世界各国都意识到人才立国的重要性，特别是日本、德国等国能依靠高素质的国民劳动迅速崛起为经济强国的现实给他国提供了经验教训。很多摆脱殖民地地位的国家急需高素质人才，因而向发达国家派遣留学生成为最快捷的途径。除此之外，由于全球联系加紧，世界人们的交往日益频繁，人们的眼界开阔，并且经济状况转佳，自费留学也成为一支可观的留学队伍。这些移民毕业后并不是全都回到母国，很多人因为发达国家优越的生活、学习环境及先进的福利待遇，通过寻找工作，选择配偶等方式留在了迁入国成为永久性定居移民。澳大利亚战后已成为教育出口大国，包括中国、印度和东南亚国家在内的亚洲留学移民已成为其重要移民来源。

（4）技术和投资移民。二战后，传统移民国家对移民的素质要求越来越高，特别是二十世纪六十年代以来，移民大国纷纷调整移民政策，减少其他类型的移民比例，而对技术类和投资类移民格外欢迎。引进高素质人才和大量外汇对发达国家的经济社会发展愈益重要。另外，跨国公司的迅速发展也使各国社会精英跨国流动日益成为经常的现象，这样逐渐形成了一股"精英迁移"。20世纪80年代以来，包括台港澳在内的中国赴澳大利亚新移民中技术和投资移民就占了相当比例。

（5）难民。难民问题是长期困扰国际社会的一个大问题，难民的出现不仅是由于战争、政治迫害，还存在广泛的经济和环境原因。难民通常也是由发展中国家流向发达国家，经济的长期停滞倒退，人们基本的生活生产要求无法满足，促使人们以"经济难民"身份向有较好生活保障的国家迁徙。个别国家森林沙漠化，土壤贫瘠化、干旱和洪水等也会迫使人们背井离乡，部分人成为国际难民。越南战争结束后，澳大利亚就接受了一批包括华人在内的印度支那三国难民。"1989年春夏之交的政治风波"前后，澳大利亚等少数西方国家也以"政治因素"为由接受了一批中国所谓的"民主人士"。21世纪以来，国际难民问题日益突出，澳大利亚也陆续接纳了一部分来自西亚、中东和南太岛屿的难民。但其难民政策也和西方国家一样，面临着两难选择。

（6）非法移民。发展中国家向发达国家的移民规模往往超过发达国家的需求能力，移民类型也不尽相符，但由于"推力"和"拉力"的作用，很多移民往往通过非正常途径进入目的国，在不被目的国承认的情况下称为非法移民。非法入境或者是个人自发的行为，或者是通过中间人（通常称为"蛇头"）组织，越境进入目的国。这些人被称为"偷渡客"，偷渡的数量相当惊人。澳大利亚因环境优越、劳力缺乏，成为偷渡移民的重要选择国。非法移民选择留下来是希望有一天所在国会大赦非法移民。同时，他们也成为所在国一种重要的廉价劳动力资源。除非本国经济状况恶化、就业问题突出，所在国政府一般不会大规模驱逐非法移民。

总之，战后的国际移民呈现出以下趋势：

1. 移民流向基本是发展中国家向发达国家移民

从战后的世界人口迁移的四大主要迁移流向看，国际移民的迁出地大多是欠发达的亚非拉发展中国家，这些国家和地区在战后的经济发展中大多出现了人口增殖与经济发展不协调的困境，人口增长较快，而经济发展水平较低，使得人口出现过剩局面。同时包括澳大利亚、加拿大在内的发达国家和地区战后经济持续发展，对发展中国家移民有很大吸引力。

2. 移民原因主要由经济因素促成，经济全球化加速了国际移民进程

发展中国家向发达国家的移民或者是追求那里的较高的生活质量，如澳大利亚、加拿大等国免费的教育、完善的福利政策、齐全的公共设施等。或者是看中发达国家的高收入、更多的就业机遇。而经济的全球化使人们的视野更开阔，信息交流更快捷，人员来往也更频繁。

3. 移民类型更加多样，移民的文化水平更高，职业类型更广泛

战前的移民主要是劳工性质，战后发达国家根据自身的需要，逐步调整移民政策，出现了技术和投资移民等新型移民类型，相比来讲，传统的劳工移民减少。战后世界政治大背景也使移民与战前不同，国际移民的迁出地不再是殖民地、半殖民地，基本上是独立的国家，移民在迁移前就受到了较好的教育，文化素质更高，对不少人来说，出国是为了进一步深造，留学生移民就是证明。在移民的职业上，战后移民不再局限于社会下层的工作，开始进入迁入国的上层社会，积极参与所在国的经济、政治、文化建设等各个方面的工作，并能在异质文化中更好地适应，受到所在国人民的普遍认同。

三 战后澳大利亚的人口迁移

20世纪90年代以来，随着科学技术尤其是信息技术的迅速发展，全球化已是当今世界发展的客观进程，是现代经济和高科技发展国际化的历史新阶段。

人口迁移从来就是人类历史的一个组成部分。近代以来世界各国间之所以出现亿万人口国际大迁移，从根本上说，是科学技术进步、社会生产力水平提高、资本主义生产方式从欧洲向全球扩展的结果，也表现出阶段性特征。学术界有学者认为：自 15 世纪末以来，世界大规模的国际人口迁移有三次，15 世纪末到 19 世纪中叶的第一次，19 世纪中叶到 20 世纪中叶的第二次，二战后至今的第三次。而这几次大规模国际人口迁移的时间段，与全球化学者对全球化阶段的分期，如曾少聪的"四阶段说"——全球化分为前现代（1500 年以前）、现代早期（1500～1850 年）、现代（1850～1945 年）以及当代（1945 年以来）四个阶段，其历史分期是大致相当的。

世界人口大规模的国际移民，其核心与实质是劳动力在国际劳动力市场上的流动。而劳动力的全球流动不是孤立的，它是与商品、资金、信息在世界市场中的流动分不开的。经济全球化使资源和各种生产要素跨越国界在全球范围内进行配置。劳动力作为创造剩余价值的特殊商品，是生产力诸要素中不可或缺的要素。与 20 世纪 90 年代不断加剧的全球化浪潮相互呼应，国际人口迁移呈现出许多新特点。①早期资本主义时代的人口国际迁移的流向是由宗主国向殖民地迁移，20 世纪 60 年代后国际移民的主流是从发展中国家向发达国家的迁移，发达工业化国家成为国际移民的首选国；②劳动移民成为移民主体；③全球劳动力市场构建了多元化的新移民。① 这些新特点都表明了，在全球化背景下，劳动力的缺失是流动的一个很重要的原因，当然并不是唯一的因素。

人口迁移是全球化过程的重要因素。在全球化过程中，任何国家和民族，不管是否愿意都会被卷入进去，澳大利亚也不例外。掀开澳大利亚移民第一页的是英国人。1788 年 1 月 26 日，英国政府任命的澳大利亚第一任总督菲利普率领的流放犯船队在澳大利亚悉尼港登陆，拉开了澳大利亚移民的序幕。自从 1788 年以来，共有 600 多万名移民来到澳大利亚，其中 400 多万人是在第二次世界大战以后到达的。这些移民来自世界上 100 多个国家和地区，其中一半以上来自非英语国家。总的来说，澳大利亚的移民历史可以明显地分为四个阶段。第一阶段是从 1788 年第一批白种人抵达澳大利亚开

---

① 佟新：《全球化下的国际人口迁移》，《中国人口科学》2000 年第 5 期。

始，一直延续到 19 世纪末，在这个阶段进入澳大利亚的移民没有任何限制，而且大部分是来自英国；第二个阶段是 19 世纪 50 年代初，澳大利亚发现金矿，由此引发了大批的外来移民前来淘金；澳大利亚移民史的第三个阶段是在第二次世界大战以后，有大量的非英语背景的人进入澳大利亚；在 1973 年澳大利亚废除"白澳政策"后，迎来了更多的来自世界各地的移民，这是澳大利亚的移民的第四个阶段。应该说，作为世界移民潮中不可缺少的一部分——澳大利亚的移民潮所呈现的阶段性，与世界全球化的分期也是不谋而合的，从一定程度上说，也是经济全球化进程中的劳动力在国际劳动力市场流动的体现。

这些移民的出现与发展与经济全球化及世界体系演变的进程相适应并逐渐形成了世界移民网络。除此以外，经济的全球化使人们的视野更开阔，信息交流更快捷，人员往来也更频繁，人口的跨国流动已经成为常态。世界范围内或某一地区范围内已经形成了移民系统，例如已有学者建立了亚洲－澳大利亚移民系统模型，以深入研究亚洲与澳大利亚的移民跨国迁移的双向和多向动态流动（见图 1－1）。

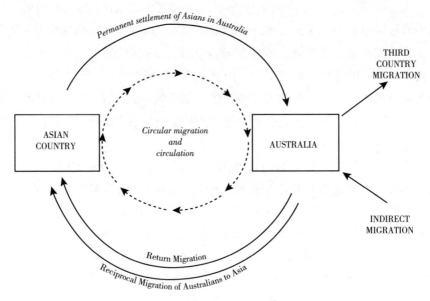

图 1－1　亚洲－澳大利亚移民系统模型

资料来源：Graeme Hugo，"In and Out of Australia：Rethinking Chinese and Indian Skilled Migration to Australia"，*Asian Population Studies*，Vol. 4，No. 3，2008，p. 269.

（一）二战以前的澳大利亚人口概况

在英国人来到澳大利亚以前，生活在南方这个神秘大陆上的是当地的土著人。1788 年英国人在此登陆后，不断地向这里输送罪犯，同时自愿来这里的移民也不断增多，其具体人数变化如表 1-4 所示。

表 1-4　1788~1950 年澳大利亚人口增长和实际移民人数

时期	期末（12 月 31 日）人口总数（人）	全期人口年增长率（%）	全期人口因实际移民的年平均增长率（%）
1788~1790	2056	—	—
1791~1800	5217	9.76	7.76
1801~1810	11566	8.29	6.29
1811~1820	33543	11.24	9.24
1821~1830	70039	7.64	5.64
1831~1840	190408	10.52	8.52
1841~1850	405356	7.85	5.85
1851~1860	1145585	10.95	8.95
1861~1870	1647756	3.70	1.37
1871~1880	2231531	3.08	1.11
1881~1890	3151355	3.51	1.60
1891~1900	3765339	1.80	0.08
1901~1910	4425083	1.63	0.11
1911~1920	5411297	2.03	0.46
1921~1930	6500751	1.85	0.56
1931~1940	7077586	0.85	0.05
1941~1950	8315791	1.63	0.46

资料来源：《人口统计》，1949 年版；《澳大利亚统计摘要季刊》，1952 年 3 月份；在"全期人口因实际移民而增长的年平均增长率"一栏内，1861 年以前的数字是按假设每年人口自然增殖率为 2% 计算的。王德华：《澳大利亚：从移民社会到现代社会》，上海：上海社会科学院出版社，1997，第 26~27 页。

从表 1-4 中我们可以明显地发现，在 1850 年以后澳大利亚人口有了飞速地增长，主要是因为"淘金热"的缘故。如华人移民澳大利亚的第一个高潮也是在这个时候。1852 年，澳大利亚发现黄金的消息传到了中国，到

1854 年为止，大约有 7000 名华人来到澳大利亚，到 1855 年，又有 8000 人抵达，使在澳的华人总数达到 18000 人。[①] 这 10 年澳大利亚共增长了 740229 人，而据保守数据估计，在 "淘金热" 的十年里，华人来澳最少有 5 万人，占整个移民的 6.76%。但同时了解到，在一战和二战之间，因为战争的缘故，移民数量减少，澳大利亚的人口增长率也相应地降低。

在表 1-5 中我们列出了 20 世纪 90 年代初除英语以外澳大利亚位于前 10 位的主要语言的使用情况。澳大利亚是一个典型的移民国家，也是一个多元文化的国家，从 1788 年开始，不断有移民移居到澳大利亚，但第一个真正的移民高潮开始于 19 世纪 50 年代的 "淘金热" 时期。有资料显示，意大利人、希腊人、日耳曼人、波兰人、华人等族群大批移居澳大利亚就是在这一时期，其中以华人的数量居多。上文中已经对这一时期华人移澳的数据进行了考察，据考证，1848 年 10 月 2 日是首批华工抵达澳洲的确切时间。[②] 在 19 世纪 50 年代 "淘金热" 的 10 年中，意大利人也开始大批地来到澳大利亚，但人数上没有华人多，第一批来澳的时间也比华人要稍晚一点。虽然都是在 19 世纪的 40 年代，但当时他们是以政治难民的身份来到澳大利亚的。1838 ~ 1839 年日耳曼人因为宗教迫害而来到澳大利亚，第一批就有 500 人。

表 1-5　1991 年澳大利亚居民使用英语以外的语言统计 （前十位）

语言	人数	语言	人数
意大利语	420442	越南语	110637
希腊语	286376	西班牙语	91117
广东方言、汉语	180530	马其顿语	64498
阿拉伯语（含黎巴嫩语）	163279	克罗地亚语	63192
日耳曼语	117450	菲律宾语	59697

资料来源：阮西湖：《澳大利亚民族志》，北京：民族出版社，2004，第 248 ~ 251 页。

（二） 二战后澳大利亚的人口迁移概况

探讨战后澳大利亚的人口迁移，应从全球化的角度分析资本主义市场经

---

① 李凯林、刘国强等：《澳大利亚国民素质考察报告》，南宁：广西人民出版社，1999，第 210 页。

② 张秋生：《澳大利亚华侨华人史》，北京：外语教学与研究出版社，1998，第 58 页。

济的发展。冷战结束后，资本主义生产方式从欧美、日本等国家不断渗透到
发展中国家和一些前社会主义国家。国际移民的增长是市场经济全球化的产
物，亚洲移民移居澳大利亚也具有同样的原因。而全球化劳动力市场的发展，
也对移民的增长有着重要影响。澳大利亚地旷人稀，人力资源匮乏，19世纪中
叶的"淘金热"时期就急缺劳动力，出现了大量欧洲移民和华人移民赴澳淘金
的浪潮。二战后的经济恢复与重建，需要大量劳动力和专业人才。为适应战后
经济发展的迫切需求，澳大利亚政府不断调整移民政策，吸收海外移民。

　　二战结束后澳大利亚的人口达到700多万人。澳大利亚在二战后从心
理上出现了与以往不同的变化，但吸收移民时，首先还是考虑英国人。第
二次世界大战以后海运力量严重不足，这使移民人口从英国向澳大利亚的
流动速度大为降低，澳大利亚政府不得不扩大移民的范围，先是扩大到中
欧和东欧，然后是南欧，后来又扩大到中东以及其他地方。[1] 战后移民的
数量波动也较大，总的来说，和澳大利亚的整体经济发展速度相当，其具体
变化如表1-6、表1-7、表1-8所示。

表1-6　1947~1969年澳大利亚接受的移民情况

单位：万人

地区	移民人数	地区	移民人数
英 国 人	78.8	东 欧	30.71
英联邦国家	8.29	南 欧	51.92
北 欧	24.8	亚 洲	5.5

　　资料来源：王宇博：《澳大利亚——在移植中再造》，成都：四川人民出版社，2000，第233页。

表1-7　1967~1985年澳大利亚移民简况

时间	移民数（万人）
1967~1970	15
1975~1976	5.3
1981~1982	10
1984~1985	7.6

---

① 王德华：《澳大利亚：从移民社会到现代社会》，上海：上海社会科学院出版社，1997，第
28页。

表 1 - 8　澳大利亚人口年龄结构变迁

总人口 （年龄）	1947		1966		1986		1991		1947～1992 增加比例	
	千人	百分比	千人	百分比	千人	百分比	千人	百分比	千人	百分比
0～14	1899.1	25.1	3392.5	29.5	3636.8	23.3	3727.4	22.1	1828.3	1.96
15～24	1204.6	15.9	1902.1	16.5	2598.9	16.7	2685.3	15.9	1480.7	2.23
25～44	2253.7	29.7	2971.7	25.8	4752.7	30.5	5290.6	31.4	3036.9	2.35
45～64	1611.9	21.3	2297.7	20.0	2967.0	19.0	3245.1	19.3	1633.2	2.01
65 岁以上	610.1	8.0	986.4	8.6	1646.7	10.6	1900.9	11.3	1290.8	3.12

资料来源：澳大利亚统计局：《人口资料》。

王德华：《澳大利亚：从移民社会到现代社会》，上海：上海社会科学院出版社，1997，第 28 页。

在表 1 - 9 中，我们不难发现，在战后的 60 年代移民人数大大增加，20 世纪 70 年代初澳大利亚废除了"白澳政策"，调整了移民规定，但由于 70 年代初开始澳大利亚本土出现经济衰退的原因，澳大利亚移民的数量在 1972～1976 年增长得不是特别迅速，同时在这一时期欧洲的经济又有所恢复，部分的欧洲移民在这时选择回归，所以移出的人数反而是各个时期中最多的，80 年代后移民人数一直持续增长。

表 1 - 9　澳大利亚人口：移入、移出、净增

年份	移入（千人）	移出（千人）	净增（千人）	每年净增百分比（%）
1947～1959	1448.8	—	—	—
1960～1966	808.4	112.1	696.3	99.5
1967～1971	807.0	170.8	636.2	127.2
1972～1976	494.7	188.0	306.7	61.3
1977～1981	402.7	114.6	288.1	57.6
1982～1986	450.0	108.5	341.5	68.3
1987～1991	645.3	212.0	524.3	104.9

资料来源：A. 勃罗斯基和 J. 舒：《澳大利亚人口趋势及前景》（1991 年）。

王德华：《澳大利亚：从移民社会到现代社会》，上海：上海社会科学院出版社，1997，第 29 页。

1. 华人

通过以上考察，可以得知在"淘金热"时期，赴澳华人数量较多。华人数量的猛增，随着"淘金热"的萧条而供大于求，形成巨大的反差，所以新南威尔士殖民区在 1861 年就通过了限制华人的法律。

表1-10　1861～1901年华人移居澳大利亚（新南威尔士、维多利亚）情况

单位：人

地区	1861	1871	1881	1891	1901
新南威尔士	12888	7220	10205	13157	10222
维多利亚	24732	17826	11959	8489	6347

资料来源：阮西湖：《澳大利亚民族志》，北京：民族出版社，2004，第174页。（说明：此材料包括在澳大利亚出生的华人）

通过新南威尔士和维多利亚这两个殖民区推行的排华措施，华人人数被有效地控制了，但这只不过是整个澳大利亚排华的缩影。从1888年起，澳大利亚各殖民区开始统一排华，并在1901年通过了《移民限制条例》，"白澳政策"作为澳大利亚的一项基本国策开始实施，直到20世纪70年代。《移民限制条例》已不是专门针对华人的条例，而是扩展到对待所有的有色人种。据统计，从1901年开始到二战结束，在澳的亚洲人大量减少，其中绝大多数是华人。

随着二战的结束，澳大利亚的移民政策也在不断地调整，移民的范围不断被扩大，包括对华和对亚洲移民政策的调整。1976年，受越南战争、西贡沦陷的影响，大批印支难民涌入澳洲，澳大利亚政府出于人道主义原因收容了大约9万名难民，其中华人占了大多数，约为80%。据资料统计，到1986年澳大利亚有华侨华人21.7万人。随着澳大利亚移民政策的不断调整，移民的选择标准也随之发生变化，但是技术移民和家庭移民是澳大利亚两大主要移民类别。因此，澳大利亚的华人新移民以经济移民（包括技术移民和商业移民）与家庭移民为主。澳大利亚之所以会选择以技术移民和商业移民作为移民澳大利亚的首选移民，和澳大利亚经济与社会的需求密切相关。

全球化劳动力市场的发展对移民的增长有着重要影响，劳动力是资本市场的一个重要因素，随着资本市场的全球化，劳动力市场也必将显现一个全球化的发展趋势。澳大利亚作为一个中等发达国家，一直以来就是地广人稀，当发现金矿时，需要大量的劳动力，而中国作为一个人口大国，从19世纪华工赴澳大利亚淘金开始，就呈现出劳动力人口向海外流动的趋势。战后经济的发展，对劳动力市场的需要，特别是专业人才的需求不断增加，澳大利亚通过不断调整本国的移民政策来平衡对移民需求的比例，不断增加对

技术移民的配额，特别设置了诸如"技术和商业移民"计划，以吸收海外技术移民。

2. 欧洲人

表1-11　1787~1988年澳大利亚居民的分类

单位：%

民族出生	1787	1846	1861	1891	1947	1988
原住民	100.0	41.5	13.3	3.4	0.8	1.0
盎格鲁-克尔特人		57.2	78.1	86.8	89.7	74.6
其他欧洲人		1.1	5.4	7.2	8.6	19.3
亚洲人		0.2	3.1	2.3	0.8	4.5
其他人			0.1	0.3	0.1	0.6
总计	100.0	100.0	100.0	100.0	100.0	100.0
人数(千人)	500	484	1328	3275	7640	16300

资料来源：阮西湖：《澳大利亚民族志》，北京：民族出版社，2004年。

我们这里要考察的欧洲人主要是意大利人、希腊人、日耳曼人、波兰人和乌克兰人。

（1）除华人外，意大利人在19世纪是非英国移民的最大民族集团，而且现在还是非英裔民族中最大的民族集团，几乎2/3的意大利人都在战后的1951~1961年移居澳大利亚。

19世纪50年代的"淘金热"时期，最早的一批意大利人来到了澳大利亚。但整个19世纪来澳的意大利人人数还是很少的，因为此时去美国的意大利人已达到上百万人，而到澳大利亚的意大利人却只有万人而已。到了二战后，情况发生了变化，1947~1980年，澳大利亚接受了2917055名在国外出生的新移民，其中，大不列颠及北爱尔兰联合王国的移民占37%，意大利移民占9%。[①] 此时，意大利人已经成为英国移民外的第二移民集团。

（2）希腊人和华人、意大利人一样，也是在19世纪"淘金热"时期来到澳大利亚的。但从1947年起，移民速度加快，成为战后移民澳

———————————

① 阮西湖：《澳大利亚民族志》，北京：民族出版社，2004，第190页。

大利亚最快的民族集团之一，有90％的希腊人都是在二战后移入澳大利亚的。

（3）日耳曼人比华人、意大利人和希腊人晚到澳大利亚。早在19世纪末，美国的社会学家莱文斯坦就试图对移民的迁移规律进行总结，同样，作为国际移民一个重要组成部分的日耳曼移民，也遵循着国际移民的普遍规律。在"推－拉理论"中，"推力"指原居地不利于生存、发展的种种排斥力，"推力"因素包括政局不稳、经济衰退、自然灾害以及其他特殊的因素。日耳曼人为避免宗教迫害，第一批有500人，于1838～1839年来到澳大利亚。20世纪90年代初，日耳曼人是澳大利亚第五大民族集团。

（4）19世纪30年代，第一批波兰人因政治原因来到澳大利亚。1830年11月29日在华沙举行的反抗俄国统治失败的政治犯，为躲避政治迫害移民澳大利亚。第二批来澳的波兰人在"淘金热"时期到达。接着，在19世纪的90年代和20世纪的30年代，又有不少波兰人陆续来到澳大利亚。但最大的移民浪潮发生在二战后，这一浪潮持续了5年左右，从1952年开始，波兰人民共和国政府开始限制向外移民。因此，移民行为明显受到原居国和移入国双方政府的制约。战后澳大利亚出现的移民潮，与澳大利亚政府扩大吸收移民的政策有关，而在1952～1979年，波兰人移民澳大利亚人数减少的原因则是因为国家政策的限制，只不过，一个是移出国的限制，一个是移入国的鼓励，结果显而易见。

1973年，移民部长格拉斯访问加拿大后，将多元文化概念带到了澳大利亚。1989年，澳大利亚政府制定了《一个多元文化的澳大利亚国家议程》，将多元文化上升为澳大利亚的基本国策。1999年《澳大利亚国家议程文件》重申多元文化主义政策是政府的一项长期政策。卡斯尔斯和密勒在《迁移的时代》一书中将人口国际迁移的政策模式分为三种：排斥模式、共和模式和多元文化模式。在澳大利亚的移民政策发展史中，同样经历了三种模式。而今天，在有利于移民迁移的多元文化模式下，澳大利亚营造了更加宽容的移民环境。在这样宽容的环境中，各个民族和睦相处，互相尊重，共同推进澳大利亚经济与社会的发展和繁荣。

3. 印度人

印度人移民海外与华人移民海外有着近乎相似的历史经历。与华人移民澳大利亚的时间大体一致，印度人移民澳大利亚也始于英国殖民时期，其移民史有 200 年。在近代史上，印度是英国的殖民地，19 世纪初，就有一批印度罪犯被英国殖民当局流放到新南威尔士，还有少量印度人是作为赴澳英国殖民者的家仆身份来澳的。[1] 随着澳大利亚腹地的开发，对劳动力的需求增加，从 19 世纪 30 年代开始，印度人开始以契约工的身份赴澳。1838 年，澳大利亚有亚洲人 1203 人，其中印度人有 250 人。1860～1901 年，印度移民人口持续增长，从 1857 年的 300 人增加到 1871 年的 2000 人，1880 年底有 3000 人，19 世纪末大约有 4500 人。[2]

与同期华人移民数量相比，印度移民规模较小。他们主要是来自印度北部旁遮普地区的锡克教徒、穆斯林教徒以及少量印度教徒。他们主要在边远地区劳作或从事种植园生产，或是做货郎，奔走于乡村城镇，只有少数人在金矿采金。[3] 这一时期留下来的印度移民后来多集中分布在新南威尔士北部、维多利亚和昆士兰的小城镇或农村地区。现在位于新南威尔士的卧龙岗锡克教徒社区就是从那时发展起来的，它是目前澳大利亚最大的印度移民乡村社区之一。1901 年澳大利亚《移民限制条例》的实施将印度人阻挡在澳洲大门之外，尽管当时印度还是英帝国的一部分。此后半个世纪，澳洲印度人数量逐渐减少，1911 年人口普查数据显示有 3698 名印度裔人口，1954 年人口统计显示只有 2647 名印度人。[4]

1947 年印度独立后，印度人赴澳数量开始增加，他们主要是出生在印度的英裔印度人。在"科伦坡计划"下，澳大利亚印度留学生的数量有所增加，1953 年澳大利亚只有 35 名印度留学生，1970 年增加到 1001 名，他们毕业后，约有 70% 留在澳大利亚。1966 年，澳大利亚开始实施新移民政策，至 1971 年的 5 年间有 6418 名印度人被允许入境。[5] 与殖民地时期移民不同，这批移民以技术移民为主体，主要来自旁遮普省和古吉拉特省，移民

[1] Marie M. de Lepervanche, *Indian in a White Australia: An Account of Race, Class and Indian Immigration to Eastern Australia*, Sydney: George Allen & Unwin, 1984, p. 36.

[2] Purushottama Bilimoria, *The Hindus and Sikhs in Australia*, Canberra: Australian Government Publishing Service, 1996. p. 11.

[3] Abhinav Patel, *Acculturation, Acculturative Stress and Coping among Asian Indian Immigrants in Australia*, thesis submitted for the degree of Doctor of Philosophy, Sydney University, 2011, p. 3.

[4] Purushottama Bilimoria, *The Hindus and Sikhs in Australia*, Canberra: Australian Government Publishing Service, 1996, pp. 11 – 12.

[5] R. S. Gabbi, *Sikhs in Australia*, Glen Waverley: Aristoc Ofiice, 1998, pp. 98 – 99.

澳洲后多从事医生、工程师或科研工作，他们的社会经济地位处于澳洲社会中上层。[①]

（三）澳大利亚人口迁移发展趋势

表 1-12　北欧与亚洲移民占移民总数比例

单位：%

时间	北欧	亚洲
1947~1951 年	7.5	1.6
1951~1961 年	26.3	2.3
1961~1966 年	0.8	5.2
1966~1971 年	4.9	11.2
1971~1974 年	0.5	22.7

资料来源：王宇博，《澳大利亚——在移植中再造》，成都：四川人民出版社，2000 年，第238 页。

20 世纪 60~80 年代的 20 年间，澳大利亚亚洲移民每 10 年翻一番，从 24750 人增至 114200 人；欧洲移民则变化较少，在前 10 年，一直保持在 60 万人左右，后 10 年反而有所下降，只有 14 万多人；美洲移民，在前 10 年人数翻了一番，后 10 年人数基本持平。到了 20 世纪 90 年代，欧洲经济的复苏，使得欧洲移民有了一个回归，在亚洲与澳大利亚的关系越来越密切的政治环境下，移民人数持续增长。总体来说，许多民族移民澳大利亚的浪潮都是在二战后，但各国的具体情况不同，所以呈现出不同的特征。按照国际人口迁移的理论解释，人口迁移的程度、速度在很大程度上取决于移民输入国和输出国的政策。在未来，澳大利亚政府仍将会为海外移民的到来提供良好的政治环境，多元文化政策将会被一如既往地执行下去。移民输出国，以中国为例，随着中国改革开放的不断深入和中澳关系的健康发展，澳大利亚"面向亚洲"政策的推行，两国在政治、经济、文化上将会有更加密切的联系。在这样的基础上，两国的人员交往也将进一步深入。

[①]　Arthur W. Helweg, "Social Networks among Indian Pofessionals in Australia", *Journal of Ethnic and Migration Studies*, Vol. 12, No. 3, 1985, p. 441.

20 世纪 80 年代开始，从中国大陆到澳大利亚自费留学的人数在不断增加，他们成为中国改革开放以来赴澳新移民的先驱，并构成了亚洲赴澳新移民大军中的独特一支。

表 1－13　20 世纪 80 年代中国自费留学澳大利亚的人数

时间	人数	时间	人数
1984 年	245 人	1987 年	4000 人
1985 年	423 人	1988 年	10000 人
1986 年	876 人		

资料来源：侯敏跃：《中澳关系史》，北京：外语教学与研究出版社，1999，第 247 页。

有学者认为，这样一批留学生将是未来移民澳大利亚的主流。换句话说，留学生就是潜在的新移民。用国际移民理论中的新古典主义经济理论和新经济移民理论来解释，移民取决于当事人对于付出与回报的估算，如果移民后预期所得明显高于为移民而付出的代价时，移民行为就发生了。[1] 中国学生留学澳洲的动机也是类似的。人民币与澳元的汇率一直很稳定，相对于留学欧洲、美洲的费用，留学澳大利亚的花费要少很多。在澳大利亚学习的话，平均来说，本科生每年的学费为 9 万～10 万元人民币，硕士生每年的学费约为 10 万～12 万元人民币。生活费各个城市有所区别，悉尼和墨尔本每年的生活费需要 7 万～8 万元人民币，其他城市的生活费每年大约 5 万～6 万元人民币。[2] 同时，澳大利亚政府规定，留学生平时可以每周工作 20 小时，可以从事的职业种类也很多。政府还规定最低工资是 10 澳元/小时，澳大利亚的学校也给留学生提供校内工作，工资一般在人民币 60 元/小时以上。[3] 到 2006 年，在网上的调查得出，中国学生留学最想去的 23 个国家，澳大利亚排第二位。中国驻澳大利亚大使馆前教育参赞李振平教授认为，澳大利亚针对中国越来越大的就业压力，推出了 TAFE 等职业教育项目，吸引学生前往。[4] 所以，留学澳大利亚的人数不断增加，这些未来潜在移民的数量也在不断

---

[1]　李明欢：《20 世纪西方国际移民理论》，《厦门大学学报》2000 年第 4 期。

[2]　http：//www. yangtse. com/jypd/lxgw/200701/t20070131_ 248205. htm.

[3]　http：//www. yangtse. com/dzbpd/jysd/200612/t20061227_ 227631. htm.

[4]　http：//www. yangtse. com/jypd/lxgw/200703/t20070307_ 264024. htm.

增加。

除中国留学生外，澳大利亚其他以印度、菲律宾和越南为代表的亚洲新移民也在不断增加。1976 年后，大量印度计算机软件技术人才移民澳大利亚。1971~1980 年印度赴澳新移民为 11596 人，1981~1990 年上升到 17660 人，而 1991~2000 年更攀升至 36765 人，比前十年翻了一番多；① 越战结束后，澳大利亚在 1977 年实行了新的难民政策，大批越南移民开始涌入澳洲。1985 年开始，以家庭团聚类型的移民方式迁入澳大利亚。越南移民的历年移入澳洲数量也由此迅速增加，并在 20 世纪 90 年代一度达到顶峰。据统计，1990~1991 年，到达澳大利亚定居的越南人总数高达 13248 人；② 20 世纪 70 年代中期以来，菲律宾移民增长速度也在加快，1976 年菲律宾赴澳移民总人数仅为 5800 人，而到 1986 年，就猛增至 33737 人，1996 年更增至 94700 人，20 年时间里就增长了 16 倍多。③ 1996 年，进入澳大利亚前 12 位的亚洲移民国家为：越南、中国（大陆）、菲律宾、印度和马来西亚，占移民总比重的 11.24%。④

在可预见的未来，澳大利亚人口迁移的基本趋势是：①随着全球经济的发展，越来越多的国家经济和世界接轨，全球范围内的移民人数一定会大规模地增加。而中国、印度和东南亚国家等传统的亚洲人口大国和发展中国家，在一定时期内仍将是移民的重要来源国，但在移民的类型和方式上则会有相应的变化。②作为一个传统的迁入国，依然会有很多的移民选择澳大利亚作为自己移民的一个重要目的地，因为澳大利亚是一个成熟的传统移民吸纳国，这里有着良好的移民环境、移民政策等条件吸引着他们。③在全球经济快速增长的时代，地广人稀依然是澳大利亚一个重要的国情，接受大量亚洲移民，尤其是商业移民和技术移民，依然会是国家移民政策倾向的重点，将会出现大量像 20 世纪 80 年代中国香港、中国台湾大量商业、技术移民的移

① Australian Bureau of Statistics （ABS）, *2011 Census of Population and Housing*, *Basic Community Profile* （*Australia*）, 见澳大利亚统计局网页 http://www.abs.gov.au/。

② Melvin Ember, Carol R. Ember, Ian Skoggard, *Encyclopedia of Diasporas*: *Immigrant and Refugee Cultures around the World*, New York: Springer US, 2005, pp. 1141 – 1149.

③ Australian Bureau of Statistics （ABS）, *2011 Census of Population and Housing*, *Basic Community Profile* （*Australia*）, 见澳大利亚统计局网页 http://www.abs.gov.au/。

④ Department of Immigration and Multicultural and Indigenous Affairs 2003, *The People of Australia*: *Statistics from the 2001 Census.*

入，给澳大利亚注入更多的资金和技术，推动澳大利亚经济加速发展。④澳大利亚有着良好的教育资源和教育环境，将不断吸引大批留学生的到来。留学生群体被称为"准移民"，这些人也是日后移民澳大利亚的潜在增长点。经济快速增长、社会繁荣稳定的澳大利亚在21世纪必然会迎来又一个移民高潮。

第二章 战后至20世纪70年代澳大利亚对亚洲移民政策的演变

澳大利亚幅员辽阔，地旷人稀，资源丰富，人力的匮乏一直制约、影响着澳洲资源开发、经济发展和国防安全等诸多方面。因而，无论在澳洲历史上，还是战后直至今日，移民政策一直是澳洲的一项重要的基本国策。由于历史、政治、社会和文化背景方面的种种原因，在100多年来澳大利亚对亚洲移民政策史上，不管是工党执政，还是自由党或乡村党掌权，以种族歧视为核心的"白澳政策"长期占据主导地位。这一肇始于淘金时代的历史怪圈一直延续到20世纪70年代，形成了澳亚关系史上的灰色一页。尽管在澳大利亚政府的官方文件中很少提及"白澳政策"一词，仅承认有所谓"移民限制政策"，但长期以来"以种族为标准而定移民之取舍乃为澳洲移民史上之事实"，[①] 况且战后澳洲许多移民史学者早已坦率不讳地以"白澳政策"为重要课题来加以研究，撰写了许多学术专著，系统地阐述"白澳政策"的起源、发展与演变、规律与特点等，澳洲移民史学者多从自己的角度来考察亚裔移民问题和"白澳政策"，往往自觉不自觉、或多或少地为澳洲移民政策和白人辩护，这是我们在探讨澳洲对亚洲移民政策演变时必须指出的。

一 "白澳政策"的历史演变

（一）"白澳政策"的起源与发展

澳大利亚与亚洲的交往可以追溯到远古时期，中外学者对此进行了广泛

---

① 刘渭平：《澳洲华侨史》，台北：星岛出版社，1989，第119页。

探讨。① 但真正意义上的澳亚接触，一般认为开始于 19 世纪中叶以华人为主的亚洲人移民澳洲的淘金热时期。文化是由人创造的，构成文化的载体是人。从某种意义上说，早期亚洲移民入澳是一种东方文化的迁移传播，并产生了东西方价值观的碰撞、交汇与融合。早期澳大利亚人主要是通过移民来认识亚洲的，因而移民对澳大利亚人亚洲观的形成和早期澳亚关系的建立起了至关重要的作用。

亚洲移民输入澳洲兴起于 19 世纪 40 ~ 50 年代。当时，英、德、荷等西方资本主义国家不断向东扩张，争夺海外殖民地和劳动力市场。由地理大发现以来的人口迁移引发的亚洲、非洲等地区的大迁移突破了亚洲人传统的自身相对封闭的活动空间，将以中国东南沿海省份农民为主体的亚洲过剩人口强迫性或自发性地引入世界人口迁移大潮。

"白澳政策"发端于 19 世纪中叶，它以维多利亚殖民区通过澳洲历史上第一个排华立法作为标志。所谓"白澳"是指"通过禁止亚洲人和太平洋岛屿居民移居澳洲，驱逐喀纳喀（波利尼西亚语，意为'男人'——笔者注）劳工出境以及歧视居住在澳洲的亚洲人和太平洋岛屿居民（包括毛利人）等办法，维持欧洲人在澳大利亚社会中的绝对优势"。② 这种种族中心主义可以上溯到 19 世纪 40 年代，当时在部分牧地借用人提出用苦力以取代罪犯劳动力时，就有人以"澳大利亚只属于澳大利亚人"的宗旨进行反击。③

19 世纪 30 年代，随着工业革命的进展，英国本土纺织业发展迅速，世界市场上羊毛价格的上涨刺激了羊毛生产，澳洲人和绵羊也在向蓝山腹地推进，澳洲殖民地的罪犯劳动力已不适应养羊业的需要。1829 年，澳大利亚殖民地理论家 E. G. 威克菲尔德在其著名的《悉尼通讯》中，向政府建议：在新南威尔士"雇佣贫穷的中国人作为契约工人开发澳大利亚"，同时还可

① 关于早期澳亚交往，参见 P. S. 贝尔伍：《太平洋的早期居民》，《科学》1981 年第 3 期；石林秀三：《波利尼西亚人的来源问题》，《世界民族探险旅行志》，1977 年第 1 卷，第 147 页，张小华：《中国与大洋洲、美洲古代交往的探讨》，《中央民族学院学报》1984 年第 7 期；卫聚贤：《中国人发现澳洲》，香港，1960；C. P. 菲茨杰拉尔德：《是中国人发现了澳洲吗？》，《中外关系史译丛》第 1 辑，上海：上海译文出版社，1984；Russel Word, *Australian since the Coming of Man*, Sydney：St Martin's Press, 1989；张秋生：《澳大利亚华侨华人史》，北京：外语教学与研究出版社，1998。

② Manning Clark, *A Short History of Australia*, American New Library Press, 1980, p. 186.

③ 张秋生：《澳大利亚华侨华人史》，第 124 页。

以"运进印度人或太平洋岛屿土人。"[1] 由于 1830 年又有不少英国移民进入澳洲，所以这个建议仅得到了广泛的注意，而没有付诸实施。1834 年 4 月 19 日《悉尼先驱晨报》又撰文提出，"有必要着手把中国华南地区的居民有组织地输送到新南威尔士。可以雇佣华人充当农工、园丁、机器匠、细木工、建筑工等"。[2]

当时奴隶贸易时代已经结束，英法又相继在其所属西印度群岛殖民地废除奴隶制度，英国从 1839 年逐渐停止向澳洲放逐罪犯，廉价劳动力供应日趋紧张。澳洲各殖民地在 19 世纪 30 年代曾雇佣过印度劳工，但印度政府鉴于印度劳工在南非遭受虐待，并不鼓励印度人入澳。1841 年，新南威尔士殖民地政府接受了牧场主马克亚赛斯的建议，成立了一个专门委员会，研究政府是否应帮助亚洲移民入澳并制定相应的移民政策。该委员会调查后认为"畜牧场主可以私人雇佣劳工进口，不必由政府津贴"。[3] 由于当时引用印度人和新赫尔伯特斯岛土人来澳垦殖效果并不理想，输入华工的问题又被提上日程。

著名澳亚关系史学者安德鲁斯指出："在澳大利亚，对华人的态度与整个外交事务，尤其是与亚洲的事务紧密相连。"[4]

1842 年，清政府在鸦片战争失败后，被迫开放东南沿海的 5 个通商口岸，英国等西方国家的苦力商人开始大量输入华工去美国、澳洲、拉丁美洲等地区，华工开始大批进入澳洲。根据 1848 年 10 月 3 日的《悉尼先驱晨报》海运消息栏的记载，第一批华工 121 人于该年 10 月 2 日到达悉尼，从事垦殖。[5] 悉尼大学图书馆东方部主任王省吾先生的《1848～1888 年的中国移民机构》一书对此做了较为详细的介绍："通过驻厦门的中国劳工代理商英国人德滴之手，120 名中国劳工乘宁波号于 1848 年 7 月 7 日从厦门出发，于同年 10 月 2 日到达悉尼港。宁波号吨位 234 吨，它于 1848 年 11 月 16 日又载 56 名中国劳工去莫尔顿湾。"又说，1848 年以来到澳洲的"华工明显缓和了劳动力紧张问题。然而，当地政府一直想停止这种贸易，但费智

① *Letter From Sydney*, *Postscript*, p. 202. See Myra Willard, *History of the White Australia Policy to 1920*, Melbourne: Melbourne University Press, 1974, p. 2.

② *Sydney Morning Herald*, 19 April, 1834.

③ 刘达人、田心源：《澳洲华侨经济》，台北：海外出版社，1958，第 31 页。

④ E. M. Andrews, *Australia and China*: *The Ambiguous Relationship*, Melbourne: Melbourne Press, 1985, p. 46.

⑤ 参见张秋生：《首批华工赴澳时间考》，《世界历史》1992 年第 6 期。

洛总督在阻止华工输入方面，没采取什么措施。1849 年，当地政府最终允许从厦门输入华工。1848 年以后，运送华工的船只便一艘接一艘地到达新南威尔士"。① 以华工为主的亚洲移民入澳在 19 世纪 50 年代初淘金热时期达到高潮。在这一时期"到澳洲的亚洲人通常是在本国地位低下的中国和印度劳工"，而以中国人居多。② 仅维多利亚金矿场的华人就从 1854 年的 2341 人上升到 1858 年的 42000 人。华人等亚洲移民大量入澳引起了澳洲白人移民和欧洲矿业界的惊恐、怀疑和误解。白人和华人之间的差异和摩擦日益增加，酿成了白人使用暴力驱赶华人的悲剧。

关于排华排亚的原因，主要是经济利益冲突，还有种族文化差异和社会历史方面的原因。

如白人认为亚洲人口过剩，"从亚洲来的廉价劳动力将会有损于澳洲白人工人的生活水平"。③ 当时华工虽是在挖欧洲人丢弃的废坑，也往往能获得成功。他们每月工资仅为欧洲矿工的一半，却仍能节省出几先令，并经常把黄金带回中国。据统计，1854～1870 年，有价值 3531956 英镑的 886065 盎司的黄金和价值 560627 英镑的黄金制品从维多利亚输往中国。④ 这引起了白人淘金者的妒忌和不满，白人消费水平高，常常生活拮据，便迁怒于华工，认为华工抢了他们的饭碗。

另外，亚洲移民受教育程度低，卫生习惯差，"在 19 世纪人们普遍将疾病的流行归结于亚洲移民，中国移民则被认为造成了麻风、天花等疾病的流行"。⑤ 此外，华人不通英语，与白人老死不相往来，且大多数是年轻力壮的单身汉，常年过着"禁欲主义者"的生活，不信西方宗教，不被西方人所了解，被误认为是白人妇女的威胁，加上少数人有偷渡逃税的行为，一些人染上了吸食鸦片和赌博的陋习，特别是脑后辫子成了欧洲人讥笑的对象，加深了种族歧视。

---

① Sing-wu Wang, *The Organization of Chinese Emigration 1848 – 1888*, Chinese Materials Center, Inc., San Francisco, 1978, pp. 260 – 261.

② G. White, Peter Young, *Australia's Relations with Asia*, Sydney: MG Row-Hill Book Company, 1988, p. 15.

③ 戈登·福斯主编《当代澳大利亚社会》，南京大学出版社、迪金大学出版社联合出版，1993，第 16 页。

④ Myra Willard, *History of White Australia Policy to 1920*, Melbourne: Melbourne University Press, 1974, p. 19.

⑤ 戈登·福斯主编《当代澳大利亚社会》，第 17 页。

当然，排华排亚还有亚洲人口众多、会对澳洲造成"经济掠夺"和"入侵威胁"的误解。1857 年白人移民约翰·帕斯科福克纳曾要求维多利亚立法会议指派一个委员会制订法案，以"控制涌入该殖民区的中国移民洪流，并有效地防止澳大利亚福地的金矿场变成中国皇帝和亚洲的蒙古鞑靼部落的财产"。[①] 到"80 年代末，在澳大利亚人心目中，在澳华人已不仅是异国文化的代表和经济竞争者，而且是第五纵队"。[②]

从 1854～1861 年，澳大利亚多次发生排华风潮，其间在 1855 年维多利亚殖民政府通过了澳洲历史上第一部移民限制法令，规定来澳船只每 10 吨位限载华人一人；每一入境华人须交人头税 10 镑。[③] 1876 年，昆士兰殖民政府又颁布了种族歧视特征更为明显的金矿区管理条例，它所限制的移民范围已从华人扩大到亚洲和非洲所有有色人种。该条例规定，中国、亚洲或非洲矿工须交较重的采矿税和保护税。[④] 淘金热时期澳大利亚对亚洲有色人种的排斥与前来淘金的美国移民有很大关系，他们"不仅把要求平等政治权利等自由民主的思想带入澳大利亚，也带去了美国内战以前的种族歧视态度"。[⑤] 澳洲两次重大的排华事件，即 1854 年的本迪戈事件和 1857 年的巴克兰事件，都发生在 7 月 4 日——《美国独立宣言》发表的纪念日，即证明了这一点。

19 世纪 80 年代，澳大利亚进入了经济繁荣时期。随着澳大利亚民族的形成和资本主义经济的确立，民族主义和种族主义情绪普遍高涨，兴起了建立统一国家的联邦运动。"白澳政策"的鼓吹者和拥护者即为联邦运动中的一支主要力量。他们希望六个殖民地统一联合，制定统一的移民政策，以阻止亚洲移民和太平洋岛屿有色劳工的涌入，实现建立"白色澳大利亚王国"的理想。不可否认，这种民族情绪与思想有利于澳洲摆脱英帝国的统治，建立独立国家，但其实质是种族优越论和种族歧视观。

澳洲史学家曼宁·克拉克认为：这种对亚洲"有色人种劳工的恐惧，

---

① Manning Clark, *A Short History of Australia*, p. 131.

② П. M. 伊凡诺夫：《从移民问题看中澳关系的发展》，《国外中国近代史研究》第 23 辑，北京：中国社会科学出版社，1993。

③ A. T. Yarwood, M. J. Knowling, *Race Relations in Australia*, Melbourne：Melbourne University Press，1982，p. 169.

④ 刘达人、田心源：《澳洲华侨经济》，台北：海外出版社，1958，第 37 页。

⑤ 吴祯福主编《澳大利亚历史 1788～1942》（一），北京：北京出版社，1992，第 186 页。

经济利益和 1890 年代的沙文主义思想——提供了需要成立联邦的动力"。①
1880～1900 年，对有色劳工的恐惧心理在东部各殖民区变成了一种歇斯底里症。白人移民害怕有色劳工入境将危害他们的生活水平和其他各种权利。工党领袖沃森指出："白澳政策是争取并维持澳大利亚工人阶级生活高标准的必要条件。"② 中产阶级担心来自中国进口商和家具制造商的竞争，亚洲有色人种入境将威胁欧洲文明和英式政治机构，并会带来因异族通婚引起的各种弊端。他们偏执着种族混血是一种恶行的认识，确信使中国人、日本人、太平洋岛屿的居民和印度人在澳洲居住，但他们并不信仰中产阶级自由民主的政治传统。

澳洲殖民地时期最有影响的一位政治家明确表达了民族主义在国家统一中作用的观点。他说："个人或国家最基本的本能——自我求生存的本能——因为处在生死关头的正是国家尊严、国家性质和国家前途。以前，人为的而且带有任意性的政治划分曾把我们分隔开来，要消除这种划分，没有别的动力能比下述愿望起到更广泛、更强有力的作用。这种愿望就是：我们应该是一个民族，而且永远是一个民族，没有其他种族的掺杂。"③

1891 年 3 月，起草联邦宪法草案的会议在悉尼召开，以确定联邦宪法的基础。大会主席帕克斯说："我们有证据证明亚洲国家，尤其中国人正在觉醒，他们从战争中体会到人口众多的力量。"④

"澳大利亚民族主义的要求，其实不外乎是对社会构成的控制。这个狭小而孤立的社会直觉地意识到澳洲北部的人口日益增加"，⑤ 这种要求影响到移民限制条例的制定。到 19 世纪末，澳大利亚白人社会一致赞成进一步强化种族歧视政策。因而，随着澳洲内部统一过程加快，排斥亚洲移民的问题日益突出，而华人首当其冲。各殖民区华人纷纷要求清政府设领护侨，"令去苛例，以敦邦交。"⑥ 清政府遂于 1887 年 6 月派总兵王荣和、候补知府余瑸，以访查华民商务侨情的名义抵达澳洲，这是当时亚洲大国中国的政

① Manning Clark, *A Short History of Australia*, pp. 184－185.

② 吴祯福主编《澳大利亚历史 1788～1942》（一），第 266 页。

③ Manning Clark, *A Short History of Australia*, p. 185.

④ N. Meaney, *The Search for Security in the Pacific 1901－1914*, Sydney: Sydney University Press, 1976, p. 31.

⑤ 戈登·格林伍德：《澳大利亚政治社会史》，北京：商务印书馆，1960，第 274 页。

⑥ 《新金山华商梅光达请于澳大利亚奏派领事保护华工致总署禀文》，光绪十五年三月初六日，总署清档。

府官员首次到达澳洲，它在中澳关系史和澳亚关系史上产生了极其重要的影响。王、余二人在澳洲停留两个多月，先后到达雪梨（悉尼）、美利滨（墨尔本）、叭拉辣（巴拉腊特）、纽加士（纽卡斯尔）、庇里市槟（布里斯班）、大金山（本迪戈）、亚都律（阿德雷德）等 18 座城市，遍访各埠"华民商务情形"，洞察华工的疾苦与要求和澳洲限制华人的苛例，回国后，向两广总督张之洞报告了考察情况，提出了"在雪梨大埠设总领事"的建议。由于种种原因，后拖至 1909 年清政府终在墨尔本派驻总领事，第一任总领事梁兰勋于 1909 年 3 月赴任，中澳两国始有了领事外交关系。[①]

（二）《移民限制条例》的颁布及其对亚洲移民的影响

1901 年澳大利亚联邦成立后，在社会舆论的强烈支持下，"白澳政策"不仅被正式提出，而且得到系统化、法律化，在整个联邦范围内全面实施。1901 年 9 月，联邦议会通过了自由党议员迪金提出的《移民限制条例》（Immigration Restriction Act），其中规定：

> 1. 凡入澳移民必须参加语言测验，听写任何一种欧洲语言的 50 个单词，不及格者不得入境。
> 2. 任何在澳居住期未满 5 年的移民也必须参加语言测验，不及格者应驱逐出境。[②]

该法案虽不提种族肤色，但其要阻止亚裔人入境的目的是显而易见的。因为对欧洲移民，事实上不需要测验，而有色人种考试的语种则由澳方决定，即使亚裔移民懂一门或更多的西语，也照样可以被拒之门外。澳大利亚外务部秘书艾德利·亨特在给弗里曼特尔海关的公文中就直言不讳地说："允许那些人通过考试是不可取的，在任何测验之前，主考官应明白他不会及格。假如考虑到应考者极有可能通过英语考试，那就应该用他所不懂的语种去考他。"[③]《移民限制条例》实施后的 1902 年，有 33 人考试及格，1903 年降至 13 人，1904 年只有 1 人，1907 年则无人通过测验。《移民限制条例》

---

① C. F. Yong, *The New Gold Mountain: The Chinese in Australia*, 1901 – 1921, Richmond: Raphael Arts Pty. Ltd., 1977, p. 22.

② Manning Clark, *A Short History of Australia*, p. 198.

③ *Australian Archives*, CP253 03/977.

的 "目的在于避免因种族混杂而发生的社会问题和劳动市场上廉价竞争的危险"。它所针对的在 "一般人心目中的对象是中国人"，其实在那个时候，他们为数不超过 29027 人，只占人口总数的 1.25%，然而那些关怀工人生活水平的人感觉到这种潜在的威胁，并且认为威胁主要是来自亚洲。①

澳洲政府对待不同亚裔民族的态度是有所区别的，其根据是各种族的人数、职业、其母国的地位和影响力等。华人因占亚裔人口绝大多数，在经济上被认为是有损白人福利的廉价竞争者，加上清政府国际地位的低下，故所受歧视最为严重。而在远东太平洋地区的日本，正处上升地位，日本政府强烈反对澳洲颁布的《移民限制条例》。1902 年，英日为对付沙俄在远东的扩张，曾签订同盟条约，相互保障英国在华和日本在华及朝鲜权益。日俄战争后，英日又于 1905 年 8 月签订第二次同盟条约。鉴于日本的强大和英日同盟的加强，澳大利亚为避免激怒日本人，于 1905 年修改了《移民限制条例》，将 "任何一种欧洲语言" 改为 "任何一种指定语言"。② 同年，印度、日本的学生、游客获准入境，但居留期限不得超过 5 年，而华人到 1912 年才得以享受这种权利。③

20 世纪初，联邦和各州还通过了许多带有歧视包括亚洲人在内的有色人种的内容的立法。如 1901 年《新南威尔士剪羊毛工待遇条例》，规定华人不得与白种人同室居住。1902 年的《联邦选举权条例》禁止将任何澳洲、亚洲、非洲或太平洋岛屿（新西兰除外）的土著居民的姓名列入选民名册，另外澳大利亚工会的章程则禁止亚洲人、土著居民和混血儿加入工会。1903 年推出的《入籍法》，更直截了当地阻止亚洲或太平洋岛屿（新西兰除外）的土著居民申请入籍。1908 年颁行的《养老金法》，将国外出生的亚洲人排除在外。

新的移民限制条例的实施，使亚洲移民的生活与澳洲社会隔离开来，使澳大利亚与亚洲关系长期处于不正常的误解、歧视和隔阂状态，这一历史怪圈一直延续到第二次大战之后。据统计，1901~1947 年，旅居澳洲的亚洲移民日趋减少，从 47014 人减少到 13000 人，④ 而其中大多数是华人，1901~

---

① 戈登·格林伍德：《澳大利亚政治社会史》，北京：商务印书馆，1960，第 283~284 页。
② Myra Willard, *History of the White Australia Policy to 1920*, p. 125.
③ Myra Willard, *History of the White Australia Policy to 1920*, p. 127.
④ 刘达人、田心源：《澳洲华侨经济》，台北：海外出版社，1958，第 45 页。

1947 年在澳华人则从 29627 人减至 9144 人，不到 50 年间，竟减少了近 70%。① 二战前，在澳的日本人和印度人也仅分别为 2700 人和 2000 人左右。②

A. T. 雅伍德指出：“亚洲少数民族所遭受的待遇与他们的人数、人种特点、职业、兴趣，他们祖国的外交力量及利益、移民部与这些国家政府以及个人的接触都有关系。”③ 19 世纪末 20 世纪初，亚洲国家除日本成为后起的资本主义国家外，大多数国家都处在积贫积弱的殖民地半殖民地状态，成为列强宰割、瓜分的对象。弱国无外交，落后的亚洲国家根本谈不上以正常的外交手段与英国及其殖民地澳大利亚交涉移民问题。此外，当时的亚洲赴澳移民也多为失去土地、家境贫困、受教育程度低的农民、贫民和手工业工人，澳洲白人以“白人至上”的种族主义眼光去看待亚洲移民和亚洲，因而更得出了排斥亚洲、歪曲亚洲的印象和结论。

亚洲移民为澳亚关系的建立与发展，为东方文化的传播，为澳大利亚经济与社会发展做出了重要贡献，然而由于历史与社会原因，澳大利亚社会以狭隘、偏执的种族主义观点去对待亚洲移民、认识亚洲社会，形成了扭曲的亚洲观，并在以后很长时期内影响了澳大利亚政府亚洲政策的制订和澳亚关系的正常发展。“青山遮不住，毕竟东流去”。战后全人类经济文化交往的发展，经济全球化和区域一体化的推进，不断撞击着种族主义筑成的“白澳”屏障。

1973 年，澳大利亚政府在历史潮流推动下，废除“白澳政策”，对亚洲敞开移民大门，并正式提出多元文化政策，④ 致力于建设多元文化的移民国家，以“宽容和开放”的态度去对待亚洲和亚洲移民，澳亚关系进入了一个新的历史时期。澳洲著名学者罗尔斯在其新著《中澳百年关系史》中的一段评论，真实地反映了澳洲社会对亚洲移民的新认识与新态度。他说：“我们需要增加中国和其他亚洲移民，他们没有耗竭我们的资源，他们创办了自己的商业使澳大利亚受益。澳大利亚在下一个世纪将很少有机遇，除非我们总人口中至少有 30% 的中国和亚洲移民。到那时，我们将会接受这种情况，并因此获得繁荣。我们的新民族将创造我们的未来。”⑤

---

① 张秋生：《澳大利亚华侨华人史》，北京：外语教学与研究出版社，1998，第 138 页。

② 张天：《澳洲史》，北京：社会科学文献出版社，1996，第 384～385 页。

③ A. T. Yarwood, *Asian Migration to Australia: The Background to Exclusion, 1896 – 1923*, Melbourne: Melbourne University Press, 1964, p. 4.

④ 张秋生：《澳大利亚华侨华人史》，北京：外语教学与研究出版社，1998，第 236 页。

⑤ Rolls Eric, Citizens: *The Epic Story of China's Centuries Old Relationship with Australia*, Queensland: Queensland University Press, 1996, p. 599.

二 战后澳大利亚对亚洲移民政策的重大调整

澳大利亚史学家琼·比又蒙特和加利·渥大德说："移民构成了澳洲的历史和社会，也改变了澳洲的历史和社会。"[①] 同样，从国际关系的角度也可以说，移民在不同时期也制约、影响和推动了澳大利亚与亚洲关系的发展。

1901 年澳大利亚联邦建立，移民问题正式成为具有国家意义的大事，然而，由于历史的原因，以排斥有色人种为核心的"白澳政策"却在澳大利亚推行半个世纪之久，到 20 世纪 60 年代末才有所松动，开始允许一小部分非白种人移民澳洲，直至惠特拉姆政府上台、中澳建立之后的 1973 年，"白澳政策"才正式废止，代之以平等与非歧视性的移民原则与政策。

在任期间将"白澳政策"最终送进坟墓的澳大利亚总理惠特拉姆指出：澳大利亚是一个移民国家，其土著人祖先即为 4000 年前的移民。然而，澳大利亚"社会最大的矛盾之处就是大量的历史移民受非欧洲人种族观念的限制和政府不愿通过制定进步的社会政策来吸引移民"。[②] 从发展经济和改善与亚洲关系及适应战后国际反种族歧视潮流的现实需要出发，惠特拉姆对澳洲历史上长期存在的"白澳政策"非常不满和憎恨，一直想加以改革和废除。他说："在 60 年代，我们具有的许多政治能力就是用于直接反对白澳和政府不加干预的传统习惯。"[③]

（一） 艰难缓慢的变革

由于传统势力及其影响的存在，从 20 世纪初到战后，澳大利亚对亚洲移民政策的调整是一个十分缓慢、渐进和充满争论乃至斗争的过程，它集中反映了种族文化观对澳大利亚亚洲移民政策的影响。

从 1901 年实行严格的《移民限制条例》以来，澳洲移民在大量减少。在 1901 年，澳大利亚尚有海外出生的亚洲人和波利尼西亚人 47000 人左右，占澳洲总人口的 1.25%，而到 1947 年，这一数字减少到 22000 人，而其中

[①] 戈登·福斯主编《当代澳大利亚社会》，第 33 页。

[②] Gough Whitlam, *The Whitlam Government*, *1972 – 1975*, Melbourne：Australia Penguin Books Ltd.，1985, p. 485.

[③] Gough Whitlam, *The Whitlam Government*, *1972 – 1975*, Melbourne：Australia Penguin Books Ltd.，1985, p. 485.

仅有 6400 人是海外出生的定居者。其余的则是澳大利亚出生的和临时定居者，他们共占总人口的 0.21%。如果仅考虑海外出生的定居者，人数仅占 0.07%，"白色化"政策影响极大。① 到 1966 年，澳大利亚非欧裔人口，包括混血种人口数字有所增加，接近达到 56000 人，约占澳大利亚总人口的 0.43%。②

总之，1901～1966 年，从各种实际目的出发，"很少有例外的澳洲移民政策就是一种排斥政策"。③ "白澳"对工党和自由党两党来说都是"神圣不可侵犯的"，"大量的工党成员沉迷在维持他们所设想的澳洲的'种族纯洁'中"。联邦议会领导人 J. C. 沃森在关于《移民限制条例》的辩论中表达的"禁止有色人种移民澳洲，防止种族混杂、通婚"的思想，代表了早期工党对移民问题的典型态度。④

迪金总理宣称："种族的单一对澳大利亚的人是绝对必要的。"⑤ 1905 年工党形成的基本目标是"培养澳洲人建立在维护种族纯洁基础上的情感"。二战爆发后，由于盟军中有大量有色人种士兵的存在和联合反对法西斯的需要，在 1941 年底，柯庭政府曾停止使用"白澳"一词。⑥ 但就像丘吉尔政府对美国黑人士兵到达英国表露了不安一样，澳大利亚也有类似的担心。1942 年 1 月 9 日，驻美大使凯西曾致电澳外务部，征求对 2000 名黑人士兵可能即将赴澳的官方态度，而外务部谴责了这项计划，由于西南太平洋战争形势的变化，澳大利亚外务部才被迫改变了立场。⑦

同时，战争也确实曾在一定程度上改变了澳大利亚坚持"白澳"的一贯态度。如在太平洋战争爆发后的 1941 年 12 月 31 日，澳大利亚驻新加坡官方代表 V. G. 鲍登"要求政府允许当地几千名华人和欧洲人在新加坡陷落后到澳洲避难"。15 天后，澳大利亚政府通知鲍登说："内阁已同意象征性地接受战争期间一些中国人、欧洲妇女、儿童和非适龄服兵役者，第一批安

---

① W. J. Hudson, *Australia in World Affairs 1971 – 1975*, Sydney: Allen & Unwin and Australian Institute of International Affairs, 1980, p. 98.

② W. J. Hudson, *Australia in World Affairs 1971 – 1975*, p. 98.

③ W. J. Hudson, *Australia in World Affairs 1971 – 1975*, p. 99.

④ Gough Whitlam, *The Whitlam Government*, *1972 – 1975*, p. 487.

⑤ Greg Sheridan, *Living with Dragons*: *Australia Confronts its Asian Destine*, Sydney: Allen & Unwin, 1995, p. 96.

⑥ Gough Whitlam, *The Whitlam Government*, *1972 – 1975*, p. 487.

⑦ Gough Whitlam, *The Whitlam Government*, *1972 – 1975*, p. 488.

置的数字包括 50 名中国人和 50 名欧洲人。"① 如果说在二战结束前，"白澳政策"对亚洲人有所松动的话，这也许就是第一次，尽管其作用影响有限，却不能不认为是在严格的移民限制的坚固牢笼上开了一个口子。

第二次大战给澳大利亚留下的深刻历史教训之一就是应大量增加人口、加快移民，以重建工业，发展经济。1945 年 7 月卡尔韦尔就任第一任移民部长后，开始了大规模的移民，他制定每年增加 2% 人口的目标，并希望非英国移民占英国移民的 1/10。同时，澳大利亚还在战后欧洲难民援助计划中发挥了作用，战后初期接受了 1 万名难民，1948 年又制定三年接受 17 万名移民的计划，1951 年成为欧洲政府间移民委员会的基本成员。② 尽管卡尔韦尔任职期间为增加移民发挥了重大作用，但至 1973 年 7 月去世前，仍在尽力为"白澳政策"辩护，如他曾拒绝允许在美军中服役的菲律宾人萨金特·盖姆波特和妻子在澳大利亚团聚，而盖姆波特的妻子——一位马尼拉姑娘战时曾在布里斯班美军司令部担任秘书并随军开赴菲律宾。卡尔韦尔还驱逐了战时在澳洲寻求避难并希望战后留在澳洲的数千亚洲人。③ 一个主张吸收移民的移民部长种族偏见如此之深，可见废除"白澳政策"的阻力与困难之大。尽管如此，在 20 世纪 50 年代澳大利亚移民政策还是有了渐进的调整。

如 1956 年澳大利亚政府颁布的法令规定：已居住澳洲的非欧洲人，有资格成为公民；公民的直系亲属也可以得到永久居留的入境许可；"有特别资格者"亦可取得"临时入境许可"，获得无定期的居留权。

1957 年的法令又放宽了条件，规定：凡取得"临时入境许可"、在澳居住 15 年以上者，可以成为澳大利亚公民。1958 年正式废除听写测验，以"入境许可"替代。④

澳大利亚驻华使馆官员施罗杰指出，澳大利亚在修改和废除限制性移民政策方面有不少因素在起作用，其中最重要的有两条：一是澳大利亚正在同亚洲国家结成紧密联系；二是当地澳大利亚人的态度日益明显地发生了变化。⑤ 而移民改革团体的出现正反映了这种变化。在历史潮流推动下，20 世纪 50 年代末澳大利亚出现了要求改革移民政策的呼声和团体。1959 年，墨

---

① Gough Whitlam, *The Whitlam Government*, 1972 – 1975, p. 488.

② Gough Whitlam, *The Whitlam Government*, 1972 – 1975, p. 489.

③ Gough Whitlam, *The Whitlam Government*, 1972 – 1975, pp. 489 – 490.

④ 张秋生：《澳大利亚华侨华人史》，北京：外语教学与研究出版社，1998，第 140 页。

⑤ 澳大利亚海外新闻局：《澳中关系》，1986，第 5 页。

尔本建立了"移民改革团",后又扩大为"移民改革协会",并在各州成立了分会。① 墨尔本大学讲师肯尼特·利韦特在墨尔本大学领导建立了"移民政策改革小组",宣传用有限制有选择地从亚非国家接受移民的政策来取代"白澳政策",并多次进行了有关移民问题的民意测验,其测验结果充分显示"白澳政策"已渐失人心,势在必改,但在种族歧视有深厚社会思想基础的澳洲,彻底废除还需要假以时日和与之斗争。调查结果如表 2 - 1 所示:

表 2 - 1   1954 ~ 1959 年澳大利亚对待有色人种的态度

单位：%

年份 \ 类别	主张禁止有色人种入境	主张允许有色人种入境	无意见
1954	61	31	8
1956	51	42	7
1957	55	36	9
1958	45	44	11
1959	34	55	11

资料来源：Russel Ward, *A Nation for A Continent*：*The History of Australia*（*1901 - 1975*），Melbourne：Heinemann Educational Books Ltd. , 1977, p. 318。

改革团体要求废除"白澳政策",接受非欧洲移民。他们在其移民政策方案中提出："现在该是公开和过去决裂的时候了。我们应宣布'白澳政策'的死亡。"② 1962 年一个移民改革组织发表了一项针对"白澳政策"的研究,题为《移民——控制还是种族隔阂？白澳政策的背景和革新建议》。他们认为"支持白色澳洲政策的观点充满了偏见,我们有责任消除这种偏见","白澳政策"损坏了我们与亚洲的关系"。当这种"价值观融入国家政策时,就会毁损澳洲在亚洲的前途"。"亚洲对澳大利亚有着越来越重要的意义。"这篇文章的发表标志着澳大利亚公众对澳洲种族观念认识进程中的一个重要转折。③

20 世纪 60 年代中期,改革和废止"白澳政策"已成为澳洲社会各界人士普遍关注的议题,以工党为代表的各个政党相继改变了本党种族主义的移民政策。在工党议会成员中,惠特拉姆、邓斯坦、凯恩斯等人认为："一个

---

① 张秋生：《澳大利亚华侨华人史》,北京：外语教学与研究出版社,1998,第 140 页。

② 沈已尧：《海外排华百年史》,北京：中国社会科学出版社,1980,第 90 页。

③ 戈登·福斯主编《当代澳大利亚社会》,第 20 页。

社会主义政党拥护一个种族歧视政策，这在思想上是不能容忍的，在道德上也是不可原谅的。"① 他们因在反对"白澳政策"的工党人士道丁事件上公开表示沉默，而面临被开除出党的威胁。西澳工党成员道丁是一所长老会的教长，1960 年一些"移民改革协会"成立后，他作为教会代表参加该组织，而工党负责人张伯伦则组织了一批工党西澳执行委员会成员宣布那些参加谴责"白澳政策"组织的成员为非法。道丁加以抵制，张伯伦接着将问题提交到全国执行委员会，全国执行委员会决定，任何参加移民改革组织的工党成员将面临被开除的境遇。②

受宗教和道德观念影响的道丁没有屈服，结果被开除出党。然而废除种族歧视的移民政策是大势所趋。在 1965 年工党全国会议上，通过了从其党纲中删除"白澳政策"的决议。邓斯坦提出现存的移民政策应从党纲中删除，并提出："增加人口对澳大利亚未来发展是至关重要的，澳大利亚工党将支持和拥护一种有活力的带有同情、理解和宽容而实行的移民扩展计划，它应建立在以下基础上：1. 澳大利亚国家与经济安全；2. 福利与所有公民的同化；3. 维持民主制度和国家的平衡发展；4. 避免因不同生活水平、传统和文化的人民大量涌入所带来的困难的社会与经济问题。"③ 方案得到了卡尔韦尔的坚定支持，并以 36 票对 0 票通过。

在 1966 年 1 月 18 日于堪培拉召开的公民权利与义务大会开幕式上，惠特拉姆代表工党做了重要发言，其中提出了国际社会对澳大利亚矛盾的移民政策的关注、多元文化的初步含义和从亚洲吸引移民等许多为以后调整亚洲移民政策奠定基础的问题，他指出"澳大利亚的移民政策已达到了引起国际上关注的程度。因为它在一个时间既鼓励移民，又限制移民"（指吸收欧洲移民，排斥亚洲等有色移民——笔者注）。全世界"所有国家都必须朝着经济和社会平等的目标前进……澳大利亚必须坚信，移民能够被融合——而不是同化——经济和社会上的。我们不想让每一个人都变成一样，但想让每个人都适应这个社会，这就是同化和融合之间的区别"。④ 特别重要的是，惠特拉姆强调"澳大利亚应每年从亚洲国家吸收比任何国家都更多的移民"。⑤ 然而，

① Gough Whitlam, *The Whitlam Government*, 1972 – 1975, p. 490.
② Gough Whitlam, *The Whitlam Government*, 1972 – 1975, p. 491.
③ Gough Whitlam, *The Whitlam Government*, 1972 – 1975, p. 492.
④ Gough Whitlam, *The Whitlam Government*, 1972 – 1975, pp. 492 – 493.
⑤ Gough Whitlam, *The Whitlam Government*, 1972 – 1975, p. 493.

由于历史的惯性，孟席斯政府执政时期的移民改革非常缓慢和艰难，直到 1965 年 9 月，孟席斯仍表示"决不改变白澳政策"。[①] 在其执政的 16 年中，他除不断出访英国外，从未越过奥得 – 里斯河出访东欧和东南欧国家，更不用说亚洲国家了。惠特拉姆则完全不同，他在担任工党副党魁期间就多次出访有移民来源的国家。[②]

在澳大利亚国内移民改革派、有识之士和世界进步潮流推动下，澳大利亚政府逐步加快了移民政策的调整，接替孟席斯担任总理的霍尔特于 1966 年 3 月 9 日在国会宣布实行新移民政策，强调了澳大利亚与亚洲之间的密切关系；同时移民部长奥波曼在报告书中提出了吸收亚洲等非欧洲移民的标准，其主要规定如下。

> 1. 非欧洲裔澳籍公民的配偶、子女、父母未婚夫（妻）均得以公民资格入澳。
>
> 2. 以"临时入境许可"入澳的非欧洲人，居住澳洲满 5 年后，有资格申请为居民和公民。
>
> 3. 有特殊专长和一定资本的非欧洲人，可申请"临时入境许可"。[③]

20 世纪 60 年代末 70 年代初，执政的自由党和在野的工党都认识到吸引移民对赢得选民的重要性。1970 年 4 月 25 日，新任移民部长林奇提出了加强移民教育的计划，以对付工党的竞争。为准备大选，工党从 1971 年 10～11 月发动了攻势，抓住移民政策大做文章，在同年召开的工党年会上，以 44 票对 1 票通过了实行新移民政策的决议，保证在移民问题上不再有种族歧视。惠特拉姆对工党的移民纲领做了三点修改。

（一）强调国家的基本目标必须是增加人口，扩大移民计划；（二）提出改善已有移民和未来移民的工作、住房、教育和社会服务条件；（三）消除以种族、肤色和国籍为借口的种族歧视，宣布工党政府将"取消影响非欧洲移民的所有种族歧视条款，并为他们移民提供方便"。[④]

---

① Gough Whitlam, *The Whitlam Government, 1972 – 1975*, p. 494.

② Gough Whitlam, *The Whitlam Government, 1972 – 1975*, p. 496.

③ Australia Bureau of Census and Statistics, *Official Yearbook*, No. 50, 1966, p. 220.

④ Gough Whitlam, *The Whitlam Government, 1972 – 1975*, p. 498.

（二）"白澳政策"的最终废除

1972年，工党在大选中获胜，澳大利亚著名政治家惠特拉姆作为该党领袖组阁，出任政府总理。随即与中国正式建立了外交关系，对亚洲移民政策做出了重大调整，修订了移民政策和单一社会政策，正式推行多元文化政策，取消了对白人移民的优待办法，关闭一个世纪之久的澳洲移民大门终于开启了。该年12月，新任工党移民部长埃尔·格莱斯公开宣布接受并资助非欧洲裔移民入境，从而正式废除了"白澳政策"。1973年，澳大利亚接收了2.5万名移民，其中1/2为来自亚非两洲的有色人种移民。①

1973年，澳大利亚政府公开声明其移民政策是"全球一致，无人种、肤色或国籍之歧视"，并颁布新移民法，"白澳政策"终于成为历史的陈物，澳亚关系进入了一个新阶段。联邦议会通过的新移民法规定：

1. 凡澳大利亚居民的直系亲属只要身体健康，品格良好，可优先入澳。
2. 澳大利亚居民的旁系亲属须根据其经济能力、身体和健康等情况，经过批准方可入澳。
3. 澳大利亚居民可担保其远亲和友人入澳，但须符合有关条件。
4. 凡澳大利亚所需人才无须他人担保即可申请入澳。②

从20世纪70年代以后，澳大利亚为构建一个"多元民族、多元文化"的国家，不断补充、完善其移民政策。

惠特拉姆在就任总理后，他本人和其他政府要员多次出访亚洲国家，在改善外交关系的同时，也努力促进亚洲国家对澳大利亚新移民政策的了解。如1973年，移民部长格莱斯在访问菲律宾时，曾在记者招待会上，解释了澳大利亚对亚洲移民政策的变化，受到了菲律宾等亚洲国家的欢迎。当被问及有关"白澳政策"的问题时，他不加思索地回答说："白澳政策死亡了——给我一把锹，让我来埋葬它！"③ 1974年，惠特拉姆访问了许多东南亚国家，在菲律宾他想起了战后初期曾被拒绝在澳团聚的菲律宾人萨金奇·

---

① Russal Ward, *The History of Australia: The Twentieth Century 1901 – 1975*, London: Heinemann Educational Publishers, 1978, p. 400.
② *Yearbook Australia 1977 – 1978*, pp. 161 – 162.
③ Gough Whitlam, *The Whitlam Government, 1972 – 1975*, pp. 500 – 501.

盖姆波特和他的妻子，于是在菲律宾大学做了重要演讲，向菲律宾人介绍了澳大利亚对亚洲移民政策的变化，并对调整移民政策的原因做了分析。

惠特拉姆说："工党由于澳大利亚社会与经济历史方面的深层原因，一直是传统的所谓'白澳政策'的前卫者，变革的斗争在工党内部进行了最长的时间，但最后在党内取得最完满的胜利。而从整体上看，澳大利亚人开始重新思考他们、政府和所有政党对移民问题的态度。我们已经取消了长期存在的被称为建立在种族基础上的种族歧视的一套立法。"[1]

惠特拉姆执政时期颁布的新移民政策和法案，彻底埋葬了长期影响澳亚关系的种族歧视的移民政策——"白澳政策"，从法律制度上确保澳亚不同肤色、种族之间的平等关系与移民选择。从 20 世纪 70 年代起，亚洲赴澳移民大量增加，并逐渐形成为一种不同洲际之间的正常的人口流动，它为以后澳亚关系的进一步改善、发展及澳大利亚本身多元文化架构的建立奠定了基础。关于 50 年代末至 70 年代末，亚洲赴澳移民不断增加的趋势及其和各洲赴澳移民的比较可从表 2 - 2 得到反映。

表 2 - 2　1959～1980 年澳大利亚亚洲移民与其他各洲移民数量变化比较

地区 ＼ 年份	1959～1965	1965～1970	1975～1980
亚　洲	24750	55000	114200
欧　洲	635790	646850	140850
美　洲	11990	24070	24300
大洋洲	15940	27610	49120
非　洲	15820	21930	16260
	—	—	—
总　计	715260	781010	344780

资料来源：Bureau of Immigration Research, See Michael Byrnes, *Australia and the Asia Game*, Sydney: Allen & Unwin, 1994, p. 262.

1979 年，澳大利亚开始实行"积分制"的移民政策。积分表分为经济因素和个人因素两种。每表最高积分为 50 分，总分达到 60 分者为合格。经济因素包括 9 项：有居留权者可得 6 分，所需人才 14 分，带入财产者 6 分，另外有工作安排、年龄及经济状况等项目。个人因素共 10 项：受教育程度 4 分，英语程度 5 分，独立能力 6 分，另外有识字、个人仪表、家庭团聚等项目。公

① Gough Whitlam, *The Whitlam Government*, *1972 - 1975*, p. 500.

民的直系亲属只要身体健康、品格良好，无须批准，获准后即可入境。①

此后十几年来，澳洲移民法虽屡有修订，"积分制"的移民政策一直沿用，只是在积分不同项目上进行增删调整，所需专门人才的类别也在根据国内需要进行变动。1982年推行了浮动计分制，同年又开始实行商业移民方案，规定商业移民如来澳做生意，或定居必须带有相当数量资金。该方案紧缩后，又增设了一个商务技术类别。澳大利亚亚洲移民政策的不断调整为亚洲新移民进入澳洲和澳亚关系的改善提供了新的机遇和条件。

三 战后澳大利亚调整亚洲移民政策的原因

为什么产生于一个多世纪前并长期影响澳亚关系的种族歧视法律难以废除直至战后仍得以维持，著名学者袁中明先生在其所著《澳洲文化论集》中这样认为："一个根据以往种族偏见（澳洲多数人不承认这是偏见）而造成的社会秩序，不能在修改这种偏见时而轻易将这个既成社会秩序加以破坏。这个偏见（白澳）的继续保存，成为维持这个社会的必要条件。"② 然而，澳大利亚移民政策是否调整，进行多大程度的调整，亦要取决于政治形势和经济发展的需要。第二次世界大战及战后以来国际形势的巨大变化，大大改变了澳洲人长期带有种族偏见的心态，不断动摇着"白澳政策"的基础，导致其在20世纪60~70年代寿终正寝。究其主要原因，大致有这样几个方面。

（一） 二战的深刻影响

太平洋战争爆发后，日本军队大举南下，直逼澳洲，北方门户达尔文惨遭轰炸，澳洲赖以依靠的英国远东舰队遭到致命打击，美军驻菲律宾司令麦克阿瑟也兵败如山倒，退守澳洲。被视为劣等民族的日本打败了自认高贵的英、美、澳，这种奇怪的历史现象促使澳洲人对种族歧视问题加以认真反思。当时澳大利亚面临人口稀少、兵源缺乏的严重威胁，从迷惘中清醒过来的澳洲人认识到和自己同种同宗的英美诸国是远水难救近火，倒是以中国为首的亚洲国家牵制了日本军队的有生力量，亚、非、大洋洲各种肤色的人民

---

① 国务院侨办：《澳大利亚华人社会》，《侨情》1990年第15期。

② 袁中明：《澳洲文化论集》，第179页。转引自雷振宇：《澳洲华侨概况》，台北：台湾正中书局，1981，第58页。

共同战斗，为最终战胜日本法西斯起了决定作用。从地理位置上看，大洋洲距亚洲最近，必须正视澳大利亚是亚太地区的一部分这一现实，澳大利亚未来经济贸易的发展离不开人口众多、市场广阔的亚洲，因而必须和包括中国在内的亚洲人建立友好关系。

（二） 亚洲国家在国际事务中地位的提高

第二次世界大战后一系列亚洲国家的独立，以亚洲国家为主要成员的第三世界的崛起，彻底摧毁了西方殖民主义体系，推动了世界历史的发展进程，对世界政治经济产生了重大而深远的影响。朝鲜和印度支那三国人民抗美斗争的胜利，中国在联合国合法地位的恢复，促使世界政治力量重新分化与改组，冲击了两极对峙的雅尔塔格局；20 世纪 60～70 年代以来，日本经济的起飞和"亚洲四小龙"韩国、新加坡、中国香港、中国台湾经济的崛起，为亚太和世界经济注入了活力，令世界刮目相看，澳大利亚看到了亚洲国家的力量和潜在市场，并将自己的未来和亚洲联系起来，首先从调整亚洲移民政策着手，改善澳亚关系。

（三） 世界进步历史潮流的推动

经过 100 多年的开拓、发展，澳大利亚的立国基础日趋强固。以英国移民为主体的欧洲移民已形成澳大利亚占统治地位的新民族，脱离了殖民地时代先辈的自卑心理，不再担心"黄祸"袭来，传统的民族利益和矛盾已日益淡化。战后，在世界进步历史潮流推动下，联合国大会于 1948 年 12 月10 日通过并颁布了昭示种族平等的《世界人权宣言》，美国、加拿大等国也相继对其亚洲移民政策做出调整，这对澳大利亚形成了压力。特别是在1966 年 3 月 7 日，联合国大会通过了关于消除任何形式种族歧视的公约，澳大利亚也于同年 10 月 13 日签署，并在惠特拉姆执政期间予以批准，[1] 种族歧视日益失去人心并为历史潮流所抛弃。

（四） 发展澳洲经济的需求

澳大利亚地旷人稀，中西部大批土地有待开发，需要大量劳动力，只有大量吸收移民，才能加速发展经济。澳大利亚新闻部长因此提出了这样的口

---

① Gough Whitlam, *The Whitlam Government*, *1972－1975*, p. 505.

号："增加人力，否则亡之！"此外澳洲四面环海，海防力量有限，偷渡难以避免，移民立法漏洞又多，难以完全排斥亚洲人入境，与其紧守国门，不如放开吸收移民，调整移民政策，改善与亚洲国家的关系。1945年，澳大利亚政府增设了移民事务部，由亚瑟·卡尔韦尔任首任部长。亚瑟·卡尔韦尔发起制订大规模的移民方案。他"希望将总人口每年递增2%，其中1%为自然增长，另外1%则依靠移民"。①

（五）亚洲移民素质的提高

一代代以华人为主体的亚洲移民，在澳大利亚遵纪守法，筚路蓝缕，胼手胝足，辛勤劳动，和白人移民和睦相处，为澳大利亚资本主义工业化和民族经济的发展洒尽了血汗。尤其是战后，赴澳大利亚的亚洲移民人数增加，素质提高，在澳洲人心目中已非百余年前的廉价劳工形象，而且亚洲人刻苦勤劳，善于经营、管理，从事工商业致富者层出不穷，他们为澳大利亚历史的发展和社会经济的繁荣做出了重要贡献，逐步赢得了澳洲人的理解和信任。亚洲移民已成为澳大利亚建设多元文化国家的重要组成部分。

（六）惠特拉姆政府与有识人士的勇气

以惠特拉姆为代表的有识人士顺应了历史发展潮流，与历史上形成的根深蒂固的白人至上的种族歧视心理、思想与政策进行了长时期的斗争，推动了"白澳政策"的废除和对亚洲移民政策的调整。尽管惠特拉姆的前任孟席斯政府与霍尔特政府也曾在20世纪60年代中期悄悄地改变了移民政策并接受少量亚非移民入澳，但许多意义深远的重大调整都是在惠特拉姆执政时期完成的。从1972年公开接受并资助非欧移民入境到1973年废止"白澳政策"，直至1975年10月通过澳大利亚历史上第一个反种族歧视法并建立相应的机构，充分显示了惠特拉姆及其政府的决心与信念，正如他在回忆录中所说："我的政府决定澳大利亚应当成为世界上消除种族主义的主要国家。"反种族主义写进法律的主要目的是使"澳大利亚成为真正的多元文化国家"。在这个国家里，土著人和来自世界各地的移民都会发现这是"一个光荣的地方。"②

---

① 戈登·福斯主编《当代澳大利亚社会》，第34页。
② Gough Whitlam, *The Whitlam Government, 1972–1975*, pp. 505–506.

第三章 20世纪80~90年代澳大利亚移民政策的调整与亚洲新移民结构特征分析

一 20世纪70年代以来移民政策的变化与亚洲新移民入澳

（一）"亚洲新移民"的概念定位

20世纪90年代以来，世界经济全球化进程持续加速。得益于全球化的积极影响，中国改革开放获得了极大成功，使得中国经济与社会得以全面繁荣与发展。而在中国经济积极对接世界，纳入全球化过程中，国际移民人口迁移逐渐成为时代发展的一个标志，从而吸引了越来越多学者的关注，并产生了为数众多的学术研究成果。而作为传统移民国家，澳大利亚移民问题，尤其是包括华人新移民在内的亚洲移民问题一直是国内外学界关注的重点。但是，由于"移民"是一个语义内涵相对庞杂、模糊的词汇，从人口迁移的地理范围来说，大致可分为国际移民、地区移民、国内移民；从时间范畴来说，又可含糊地分为老移民、新移民；从移民性质来说，又可大致分为永久移民、临时性移民；从移民类型来看，又可分为技术移民、商业移民、亲属移民、劳工移民等；从移民原因来看，又可分为生态移民、经济移民、人道主义移民、政治移民等；而按照移民的来源地，又可分各大洲、地区或国别移民，如欧洲移民、亚洲移民、大洋洲移民等，或亚太地区移民、南亚移民、中东移民等，或中国移民、印度移民、菲律宾移民，等等。总之，目前有关移民研究成果甚多，但许多研究对移民本身的关注重点不同，导致其实质的研究内容可能不尽一致，因此，这里有必要对本课题的研究对象"亚洲新移民"做一概念界定。

（1）时间维度上的"亚洲新移民"。本课题研究的新移民是指澳大利亚废除"白澳政策"、实行多元文化政策以后由移民而来的海外移民，而之前的移民皆为传统移民（老移民）。

（2）空间维度上的"亚洲新移民"。这里的新移民是指由亚洲各地区或国家迁移至澳大利亚居住生活的移民人口。

（3）新移民的性质定位。由于移民类别太多，这里仅研究的是20世纪七八十年代以来由亚洲移民而来的永久居民，临时移民不在研究之列。

总之，本书研究的亚洲新移民，主要是指澳大利亚废除"白澳政策"、推行多元文化政策以来从亚洲各地区或国家迁移至澳大利亚定居生活的永久移民。

然而，作为一个开放、多元的传统移民国家，澳大利亚接纳了几乎来自亚洲各地区或国家的移民人口，从而使得其亚裔族群及其文化亦呈现异常纷繁多元的状况，这便给课题研究带来了很大困难。为此，本课题研究的"亚洲新移民"需做宏观和个案两方面的界定：

1. 就亚洲移民来源区域的研究方面，本课题将以亚洲的东南亚、东北亚和南亚为重点开展研究，而不涉及西亚中东地区及中亚地区，换言之，本课题所研究的亚洲移民，主要是指来自东南亚、东北亚和南亚的移民。主要原因是：

其一，西亚中东地区属于阿拉伯穆斯林文化，与北非许多国家一体，学术习惯上一般不纳入传统亚洲研究，且澳大利亚移民统计，也是将中东地区列为单独的统计对象。而中亚地区则在20世纪90年代之前属于苏联范围，难以统计其数据，且受冷战意识形态影响，无法从常规国际移民的视角展开研究。而在冷战结束后，中亚地区对澳移民人口亦十分寥寥，几可忽略不计。

其二，长期以来，澳大利亚社会所谓的"黄祸"和亚洲危机，其实本质上就是指上述三个地区对澳移民给澳洲社会带来的心理威胁。而澳大利亚移民政策的调整，尤其是废除种族歧视，影响最为直接的，也是这几个亚洲地区的移民，换言之，研究这几个地区移民，便能在相当程度上直观反映出澳大利亚移民政策的整体变化特点和逻辑。

其三，就移民人口数量比例来说，多年来，中东地区对澳年度移民仅1万人左右，这个数字还包括了北非地区的中东文化圈的移民；中亚的移民就更少了，直至新千年，也不过在 2000 人上下浮动。真正对澳移民的人口主流，主要是来自东北亚、东南亚和南亚地区，新千年以来，这几个地区对澳年度移民人口总量高达近 10 万人。综上所述，为利于课题实际研究需要，且综合考虑亚洲各区域文化差异性及其各自历史与现实情况，这里所研究的亚洲移民，便主要是指来自东南亚、东北亚、南亚三大区域板块的亚洲移民。

2. 为进一步方便阐述澳大利亚移民政策对亚洲新移民的影响，本课题研究将进一步从东南亚、东北亚和南亚三大亚洲区域板块中分别选取中国大陆（以大陆为主体，兼及中国香港、中国台湾）、印度、越南和菲律宾 4 个重要移民来源国为例，具体解读澳大利亚移民政策对亚洲移民的影响，从而达到管中窥豹的研究效果。选取这几个国家为例的主要原因如下：

其一，这 4 个国家皆为澳大利亚亚洲移民来源地排名前十的国家，其对澳移民人口数量较大，代表性较强；

其二，这 4 个国家的移民群体各有特色。印度移民和菲律宾移民绝大多数为宗教信徒，分别主要信奉印度教和天主教，且因英语为其母国官方语言，故而其移民群体英语水平相对较好；而中国大陆移民信仰宗教者较少，越南多一些，亦多为佛教徒。

其三，这 4 个国家对澳移民的传统亦有不同。菲律宾和越南对澳大规模移民时间较早，20 世纪七八十年代便几乎是澳大利亚最大的几个亚洲移民来源地国家，其中菲律宾主要是以亲属移民方式入澳，越南移民则主要是以难民身份移民澳洲；相比较而言，印度移民和中国（大陆）移民虽则在 20 世纪七八十年代亦有不少人移民澳洲，但真正大规模移民潮流的到来是在 20 世纪 90 年代，且这些移民大多数是以技术移民方式入澳。综言之，尽管作为亚洲国家移民，澳大利亚的中国（大陆）移民、印度移民、越南移民和菲律宾移民有其人口结构、社会特征、经济与社会生活各方面的共通之处，但亦有其各自异质之处，故而选取这几个重要移民来源国，透视 20 世纪七八十年代以来澳大利亚移民政策的调整与变革对亚洲移民的影响，是具有典型性和代表性的，这既有助于综合考察 40 年来亚洲移民群体的整体变化特性，亦可深入探讨和比较典型移民族群的不同特点，这种研究方法的学术价值和意义不言自明。

（二）20 世纪 80 年代后半期以来澳大利亚移民政策的调整

战后 40 年间，澳洲共输入移民 350 万人左右，其中 6% 是 60 年代中期放宽对非欧洲人入境限制之后来自亚洲各国的移民。据统计，1966 年中国血统的移民有 3.5 万人。20 世纪 70 年代以后，随着欧洲一些国家经济状况好转，澳洲对欧洲人的吸引力大大减弱，很多已定居澳洲的欧洲移民，特别是来自联邦德国和荷兰的移民纷纷离去，而来自亚洲的移民却不断增加，在整个 70 年代已占澳洲移民总数的一半。而从 80 年代中期以来，澳大利亚对华和对亚洲移民政策又有了新的调整。

1. 商业移民计划的制定

为吸收更多的外资和有经验的商业人员，澳大利亚霍克政府又于 1987 年 10 月颁布了新的商业移民计划，规定从 1988 年 6 月 1 日起，每年从世界各地吸收 1.2 万名商业移民入境。

所谓商业移民指申请者需要具备一定的个人资产，或一定的经商与管理背景，并愿意对前往国做出一定的投资行为，其本人、配偶及未成年子女即可获得前往国永久或长期居住签证的移民计划。霍克政府颁布的新的商业移民计划中特别欢迎香港商人，但规定每一商业移民申请者至少要在澳洲投资 50 万澳元。这一计划不仅没有一点"白澳政策"的痕迹，反而把亚洲人放到了重要的位置上。根据商业移民计划入澳的华人移民来源除中国香港、中国台湾、马来西亚和其他东南亚国家和地区，中国大陆也已成为重要来源，1990、1991 年度曾达 700 人。① 商业移民的入澳，为华人社群增添了新的社会特征和经济特征。

2. 特殊的中国留学生的居留问题

以留学生为主体和先导的中国大陆新移民大规模移居澳大利亚始于 1978 年改革开放之后。1978～1995 年的 17 年时间里，中国大陆公民因私出国人数达 400 万人，其中移民海外的约有 80 万人。1985 年 11 月，全国人大常委会颁布了《中华人民共和国出入境管理法》②，为中国公民出国提供了法律保障和制度保障，极大地方便了中国公民的出国活动，中国批准因私出境的人数明显增加。另一方面，中国改革开放取得了巨大的成就，经济持续快速发展，这使得中国人走向海外寻求发展，成为一种现实。随着世界经济的全球化，中国人也逐步开始走向世界。此外，中国国门封闭已久，国门洞

---

① 戈登·福斯主编《当代澳大利亚社会》，南京大学出版社、迪金大学出版社联合出版，1993，第 41 页。

② 《中华人民共和国出入境管理法规汇编》，北京：群众出版社，1987。

开，人们迫切地希望了解外面的世界，于是寻求机会出国，中国大陆出现了持续的"出国热"，从而形成了新移民现象。可以说，来自中国大陆的澳大利亚华人新移民在一定程度上是改革开放的产物。另外，1972年中澳正式建立了外交关系。1973年，中澳两国就中国公民赴澳家庭团聚、探亲问题达成了原则性的谅解协议。澳大利亚政府承诺，对中国公民的家庭团聚，尽可能提供便利，对移民申请尽量给予批准。中澳两国关系的正常化是中国大陆新移民赴澳的又一动因。

1986年5月9日，澳大利亚总理霍克访问中国时，向中方提出送中国学生到澳洲学习的建议，其后澳大利亚教育部长瑞安（Susan Ryan）访华，商议中国学生留学澳洲事宜。此为中国留学生大批赴澳之开端。[①]

20世纪80年代中期以来，随着中国改革开放的深入，大批中国留学生进入澳洲，构成当代世界人口的正常国际性流动的一部分。他们人数高达6万人，仅1987年一年中国留澳学生就达7000人，这引起了当时处于经济不景气状态下澳洲社会的关注。1989年6月4日，北京发生了春夏之交的政治风波，波及澳洲中国留学生。6月16日，澳洲移民部长雷（Senater Ray）表示，澳洲政府已经给予超过10600名中国留学生以延期学生签证，其中的8000名属短期留学，其余则属长期留学。[②]

1993年11月1日，基廷政府做出最终决定，一揽子解决中国留学生的居留问题。移民申请分为四个类别：815、816、817和818。规定凡是1989年6月4日之前进入澳洲的中国公民，通过身体检查和无犯罪记录，均可以按照815类别申请在澳永久居留；凡是1989年6月20日以后进入澳洲的中国公民，申请过难民、通过澳洲规定的学历认可、通过英语语言能力测验、年龄低于45岁的，均可按照816类别申请在澳永久居留；已获得难民资格的，则按照817类别申请在澳永久居留；818类别在中国留学生群体中则占比例很小。这四个类别的申请，使高达45000人的绝大部分中国留学生在其后的一年之中陆续改变了身份，成为澳大利亚的永久居民。[③]

澳大利亚基廷政府于1994年初宣布给1989年6月20日抵澳的19000名中国留学生及其家属共28000人以永久居留权，还有其他符合澳洲条件的

---

①　冯团彬：《澳洲：留学岁月》，香港：中国新闻出版社，2014年1月，第6页。

②　冯团彬：《澳洲：留学岁月》，香港：中国新闻出版社，2014年1月，第7页。

③　冯团彬：《澳洲：留学岁月》，香港：中国新闻出版社，2014年1月，第14~15页。

8000 人也将获永久居留。这样澳洲 30 万人华裔人口，实然增加了近 4 万人，而且估计此后 10 年内至少还有 4 万名大陆人士在家庭团聚计划下来澳。

澳大利亚政府在做出这一决定之前，曾动员 7 个政府部门，用 6 个月的时间，对大陆移民的背景进行了调查。结果发现，大陆留学生中 75% 的人自称有大专学历，其中 32% 的人有学士或以上学位，84% 的人在 40 岁以下。利用国民保健医药福利的人，也只有澳洲全国平均比率的一半。① 移民部长鲍格斯说：大陆移民一般教育程度较高，其中许多是训练有素的专门人才，已融入澳洲社会，将来必能继续积极贡献社会和经济。②

3. 亚裔移民的显著增长

1990 ~ 1991 年财政年度中，121688 人移民澳洲，其中 33%，即 40555 人来自中国香港、越南、马来西亚、中国台湾、中国大陆及新加坡，据估计该年度大陆移民总数超过 3 万。目前，澳洲移民总数中，亚裔占 1/2 以上，而在亚裔移民中，又差不多有半数是华人血统。③

根据澳大利亚有关移民研究数据显示，在 1990 ~ 1991 年财政年度中，121688 人移民澳洲，其中 33%，即 40555 人来自中国香港、越南、马来西亚、中国台湾、中国大陆及新加坡，据估计该年度大陆移民总数超过 3 万人。1991 ~ 1992 年，澳洲移民总数中，亚裔占 1/2 以上，而在亚裔移民中，又差不多半数是华人血统。④ 香港华人新移民赴澳的原因主要体现在香港公民对于 1997 年后香港政局变动的过分焦虑上。1996 年的一项调查显示，83% 的在澳大利亚定居的香港华人新移民承认，其离开香港移民澳洲的原因是出于对 1997 年后政权移交所带来的政治波动的焦虑。⑤ 直到 1997 年中国对香港恢复行使主权之后，这一导致移民的推力因素才逐渐消失。对于台湾华人新移民来说，移民的推力因素似乎并不明显。20 世纪 80 年代以来，台湾地区由于经济较为繁荣、居民所得收入提高等原因，移民政策由早期的限制转为"不鼓励、不禁止"。因此 20 世纪 90 年代以来，向外移民人数大幅度增长，澳大利亚成为中国台湾华人新移民的主要目的地之一。

---

① 周亚：《澳洲华人社会新动力》，《编译参考》1994 年第 4 期。
② 周亚：《澳洲华人社会新动力》，《编译参考》1994 年第 4 期。
③ 戈登·福斯主编《当代澳大利亚社会》，南京大学出版社、迪金大学出版社联合出版，1993，第 41 ~ 42 页。
④ 戈登·福斯主编《当代澳大利亚社会》，南京大学出版社、迪金大学出版社联合出版，第 41 ~ 42 页。
⑤ 杨光：《二战以后从香港向澳大利亚人口迁移的历史变动及原因分析》，《人口与经济》1999 年第 1 期。

从 1990～1991 年和 1991～1992 年财政年度中，亚洲移民进入澳洲达到 10 年中的历史最高峰。而欧洲和其他地区则呈下降趋势。到了 1996 年，亚洲移民占澳大利亚海外出生人口总数的 21.9%，其中越南、中国大陆、菲律宾、印度和马来西亚已经成为澳大利亚最大的亚洲移民来源地（见图 3 - 1、图 3 - 2）。

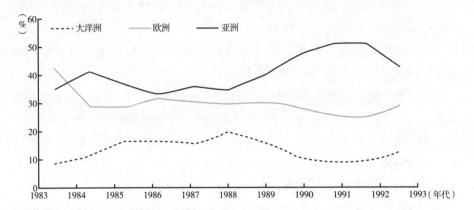

图 3 - 1　1983～1993 年澳大利亚移民来源地分布比例

资料来源：ABS, Overseas Arrivals and Departures, Australia Updates, 1985 - 1994。

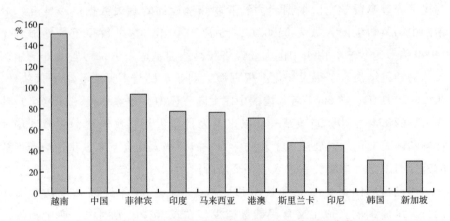

图 3 - 2　1996 年澳大利亚亚洲移民主要来源国人数

资料来源：Dimia, Australian Immigration Consolidated Statistics, 1999 - 2000, 2002, p. 15。

4. 技术移民政策的重新定位

1996 年霍华德联合政府上台执政后，开始将澳大利亚移民计划的天平偏向技术移民一端。政府将技术移民政策重新定位，技术移民正在以每年较大的规模涌入澳大利亚。到 1999 年，澳大利亚移民选择积分制中的非经济因素已经在很大程度上消失殆尽。

澳大利亚联邦政府在 2002 年已注意到，近 12 个月以来，入境的独立技术移民具有如下的特征：

（1）更年轻化：近 63% 的主要申请者的年龄在 18～29 岁，1994～1995 年这一年龄段移民的比重只有 51%；

（2）具有更好的英语水平：近 90% 的主要申请者得到了英语水平的最高分，1994～1995 年这一比例约为 81%；

（3）拥有澳大利亚紧缺的职业资格认证：40% 的移民的职业在国家紧缺职业表上；有近一半的移民在澳大利亚教育机构获得了为政府所承认的资格认证。

在上述独立技术移民中，华人移民已占了相当部分。20 世纪 90 年代以来的中国赴澳移民，除中国大陆华人移民外，其他基本属于投资移民和技术移民。他们大多来自中国香港、中国台湾。除了富豪巨商之外，中小企业主和大学刚毕业不久的技术人员也为数不少。1993～1994 年，来自台湾的商业移民占申请赴澳商业移民的 12%。近年来，由于技术移民的花费不多，大学毕业并且拥有专长的港台青年成为移民澳洲的主要对象。中国大陆的新移民多为赴澳留学生。根据澳大利亚联邦统计局的有关数据，1994 年，赴澳的中国留学生的人数为 2500 人，到了 2000 年，这个数字更是增加到了14000 人。近年来，由于中国大陆经济和科技的迅速发展，移居澳洲的中国大陆的移民结构有了很大变化。根据澳大利亚移民与多元文化事务部统计，2002～2003 年，在 6664 名入澳的中国大陆移民中，技术移民（3150 名）约为总数的 47%。中国自改革开放以来的大批华人新移民入澳，为澳洲华人社群和多元文化的发展注入了新的活力，澳洲华人社会不断发生适应新形势的整合与嬗变。中澳关系进入了一个新阶段。

印度家庭团聚类移民和技术移民从 20 世纪 80 年代以来也在逐渐增加，寻求庇护的人道主义移民数量很少。在技术移民类别中，雇主担保类移民和商业技术移民数量在逐年减少，独立技术移民人数增加迅速，一减一增对比鲜明。1990～1991 年，技术移民总数是上一年度的 2.5 倍，并且超过了家庭团聚类移民，占该年度移民总数的 58.4%；1991～1992 年度技术移民占比达到 60%，技术移民已经取代家庭团聚类移民成为印度移民的主体。

二　亚洲新移民主要结构特征的变化与分析

(一) 亚洲新移民主要结构特征概况

20 世纪 70 年代以来，随着大量以中国、印度、越南和菲律宾为代表的亚洲新移民的到来，澳大利亚亚裔移民群体不仅在规模上发生了量的改变，社会结构特征方面也在发生质变。

20 世纪 70 年代以来，澳大利亚越来越坚定地走上了多元文化主义道路，多元文化主义在 1989 年成为澳大利亚的基本国策。由于多元文化政策为亚洲人移民澳洲提供了公平、公正的机会，且澳洲地缘上临近亚洲，经济发达、自然环境优美、福利保障体系完善，使得二十世纪七八十年代以来亚洲各国移民人口源源不断地涌来，进而令澳大利亚的亚洲移民人口数量及人口结构发生了巨大变化，这主要表现在如下几个方面。[①]

其一，亚洲移民人口数量增长迅速，使得澳大利亚移民人口地区来源结构发生重大变化。随着多元文化政策的执行，越来越多的亚洲移民涌入澳洲，使得澳大利亚亚裔移民人口数量不断上升，其所占澳大利亚移民人口比例亦持续走高：1975~1976 年度，东南亚、东北亚和南亚等亚洲地区对澳移民人口为 8085 人，年度澳洲移民人口总量为 52752 人，亚洲移民占澳移民人口总量比例仅为 15.3%；1978~1979 年度时，亚洲对澳移民人口已翻番，达 20736 人，占澳大利亚全部移民人口总数比例已达 30.9%；1984~1985 年度，亚洲移民人口总数再升至 30612 人，增幅达 50% 左右，其占澳移民人口总数比例则达到 39.5%；而至 1991~1992 年度，亚洲移民人口总量已达 54392 人的历史最高水平，其占澳全部移民人口总数比例亦高达 50.6% 的历史最高点。亚裔移民人口数量及其所占澳洲移民人口总数比例不断提升，则意味着澳大利亚传统移民来源地欧洲的对澳移民人口比例在持续下降。亚洲，正取代欧洲成为澳大利亚的主要移民人口来源地区。

其二，亚洲移民地区来源构成变化明显。20 世纪 70 年代以来，不仅亚洲对澳移民人口总量有大幅增长，亚洲的东南亚、东北亚和南亚等地区对澳移民人口亦皆有较大增长。1975~1976 年度，东南亚对澳移民 4704 人，东

---

① 下文内容请参阅表 3-1 "澳大利亚亚洲移民情况"。

北亚对澳移民 1782 人，南亚对澳移民 1564 人，而至 1995～1996 年度，这三大亚洲地区对澳移民已分别增至 13147 人、18668 人、7709 人，20 年间，这三大地区对澳年度移民人口分别增长了 179%、948% 和 393%，平均对澳年度移民人口增长率为 8.95%、47.4% 和 19.65%。然而，由从 20 世纪 70 年代中期至 90 年代中期这 20 年间，东南亚、东北亚和南亚对澳移民人口年度增长率差异较大，使得亚洲对澳移民人口地区来源结构发生了十分醒目的变化。

20 世纪 70 年代初，澳大利亚亚洲移民大多来自东南亚，尤其是 70 年代末 80 年代初东南亚移民甚至占全部亚洲移民人口的七八成。但从 20 世纪 80 年代中后期以来，东南亚移民人口比例持续下滑，至 1995～1996 年度已仅占亚洲移民人口的 33.3%。与此同时，东北亚和南亚移民人口比例则稳步上升：20 世纪 80 年代初，东北亚移民人口仅占澳大利亚亚洲移民人口 10% 左右，南亚移民甚至一度低至 5%～6%。但至 20 世纪 90 年代上半期，东北亚移民人口占比已达 30%～50%，南亚移民人口占比亦达 20% 左右。[①] 可见，至 20 世纪 90 年代中期，东北亚地区已成为澳大利亚主要的亚洲移民人口来源地。

表 3 - 1　澳大利亚亚洲移民情况

单位：人，%

年度	亚洲各区域移民人口			亚洲移民总量	澳移民总人口	各区域移民占澳亚洲移民人口总数比例			亚洲移民占澳移民人口总数比例（%）
	东南亚	东北亚	南亚			东南亚（%）	东北亚（%）	南亚（%）	
1975～1976	4704	1782	1564	8050	52752	58.4	22.1	19.4	15.3
1976～1977	6355	2788	1544	10687	70916	59.5	26.1	14.4	15.1
1977～1978	12329	3251	1829	17409	73171	70.8	18.7	10.5	23.8
1978～1979	16531	2860	1345	20736	67192	79.7	13.8	6.5	30.9
1979～1980	19975	2644	1331	23950	80748	83.4	11.0	5.6	29.7
1980～1981	21908	2711	1636	26255	110689	83.4	10.3	6.2	23.7
1981～1982	22243	3774	2335	28352	118031	78.5	13.3	8.2	24.0
1982～1983	19604	3504	2558	25666	93011	76.4	13.6	10.0	27.6
1983～1984	18299	4567	3318	26184	68813	69.9	17.4	12.7	38.1
1984～1985	18216	7631	4765	30612	77508	59.5	24.9	15.6	39.5

①　参阅表 3 - 1 "澳大利亚亚洲移民情况"。

续表

年度	亚洲各区域移民人口			亚洲移民总量	澳移民总人口	各区域移民占澳亚洲移民人口总数比例			亚洲移民占澳移民人口总数比例（%）
	东南亚	东北亚	南亚			东南亚（%）	东北亚（%）	南亚（%）	
1985~1986	17906	8191	4486	30583	92590	58.5	26.8	14.7	33.0
1986~1987	23042	8937	6256	38235	113541	60.2	23.4	16.4	33.7
1987~1988	29444	12672	6716	48832	143466	60.3	26.0	13.7	34.0
1988~1989	31702	15847	7025	54601	145316	58.1	29.0	12.9	37.6
1989~1990	28201	16395	6011	50607	121277	55.7	32.4	11.9	41.7
1990~1991	29417	22100	9389	60906	121688	48.3	36.3	15.4	50.1
1991~1992	22325	21473	10594	54392	107391	41.0	39.5	19.5	50.6
1992~1993	13853	12504	6632	32989	76330	42.0	37.9	20.1	43.2
1993~1994	14239	8045	5482	27766	69768	51.3	29.0	19.7	39.8
1994~1995	14861	9899	7616	32376	87428	45.9	30.6	23.5	37.0
1995~1996	13147	18668	7709	39524	99139	33.3	47.2	19.5	39.9

资料来源：Department of Immigration & Border Protection, Historical Immigration Statistics, Commonwealth of Australia, 2016。

其三，亚洲移民人口的国别与地区结构变化较大。[①] 从 20 世纪 70 年代以来，亚洲对澳移民人口整体呈增长趋势，但具体到亚洲各国对澳移民人口数量增长来说，情况则各有不同。这里分别以 1975~1976 年度、1985~1986 年度及 1995~1996 年度三个相互间隔约 10 年的移民年度探讨亚洲各国对澳移民情况的变化。在 1975~1976 年度，亚洲各国家和地区对澳移民人口数量皆偏少。按照对澳移民人口数量排序，分别为马来西亚、菲律宾、印度、香港、中国大陆、新加坡、越南、斯里兰卡、缅甸和老挝。其中马来西亚和菲律宾对澳移民人口数量最多，亦不过分别为 1201 人、1111 人。至 1995~1996 年度，情况发生了较大变化，主要情况如下：（一）中国大陆人口增量较大，排位迅速上升。1975~1976 年度中国大陆排名仅为第五位，1985~1986 年度便上升至第三位，而至 1995~1996 年度便升至第一位。（二）越南对澳移民人口数量变化反差巨大。在 1975~1976 年度，越南对澳移民仅 539 人，排名第七位；至 1985~1986 年度，对澳移民人口增至 7168 人，暴涨 12.3 倍，排名第一位；至 1995~1996 年度，移民数量降至

---

① 参阅表 3-2 "亚洲各国和地区对澳移民人口数量排名"。

3567，排名则降至第四位。（三）马来西亚、菲律宾对澳移民人口不增反降，排名位次亦不断下滑。马来西亚对澳移民从1975～1976年度的1201人增至1985～1986年度的2284人之后，在1995～1996年度反而降至1081人，其排位更是一路下滑，从1975～1976年度的第一名，降至1985～1986年度的第五名，再降至1995～1996年度的第十名。菲律宾对澳移民从1985～1986年度的4128人降至1995～1996年度的3232人，排位则从1975～1976年度及1985～1986年度稳定的第二名下滑至第五名（见表3-2）。总之，整体来说，在1975～1976年度至1995～1996年度这20年中，对澳移民人口数量及排名变化较大的是中国大陆、马来西亚及越南等国。当然，这里不得不提到的是，香港的情况也甚为特殊。在20世纪80年代末90年代初的数年中，香港对澳年度移民曾一度高达1万多人，高居亚洲各国对澳移民人口数量之首，但至1995～1996年度时，其对澳年度移民人口数量暴降，故该年度香港对澳移民人口数量仅排亚洲各国和地区对澳移民人口数量第二位。但总体来说，这20余年中，就亚洲各国和地区对澳移民人口变化来说，中国大陆的表现尤为亮眼。

表3-2　亚洲各国和地区对澳移民人口数量排名

单位：人

	1975～1976			1985～1986			1995～1996	
1	马来西亚	1201	1	越　南	7168	1	中国大陆	11247
2	菲律宾	1111	2	菲律宾	4128	2	香　港	4361
3	印　度	907	3	中国大陆	3138	3	印　度	3700
4	香　港	897	4	香　港	3118	4	越　南	3567
5	中国大陆	639	5	马来西亚	2284	5	菲律宾	3232
6	新加坡	620	6	印　度	2135	6	斯里兰卡	1951
7	越　南	539	7	斯里兰卡	1648	7	印　尼	1793
8	斯里兰卡	515	8	韩　国	1212	8	台　湾	1638
9	缅　甸	361	9	印　尼	1083	9	柬埔寨	1357
10	老　挝	310	10	新加坡	870	10	马来西亚	1081

资料来源：Department of Immigration & Border Protection, Historical Immigration Statistics, Commonwealth of Australia, 2016。

　　总之，20世纪七八十年代以来，由于澳大利亚放弃了种族主义移民政策，坚定不移地走多元文化道路，从而使得澳大利亚移民人口结构发生了根本性变化，亚洲逐渐成为澳大利亚海外移民人口的主要来源地，而澳大利亚亚洲移民来源结构也发生了诸多变化。当然，这种移民政策的革命性变化，不仅导致了澳大利亚整体海外移民人口的来源结构、亚洲移民来源结构的重大变化，也给澳大利亚各亚洲国家移民族群人口结构带来了重大影响。下文便以亚洲新移民中具有代表性的中国大陆移民、印度移民、越南移民和菲律宾移民人口结构的变化来做一阐释。

（二）华人新移民主要结构特征的变化与分析

自 1972 年中澳建交、澳大利亚废除以种族歧视为核心的"白澳政策"以来，赴澳华人移民不断增多。20 世纪 80 年代以来，随着澳大利亚移民政策的逐步调整，来自中国大陆、香港和台湾的华人新移民成为赴澳移民的重要组成部分。澳洲华人的社会特征发生了重大而深刻的变化，这一变化日益引起中外关系史学者和华人史学者的密切关注。笔者多年来从事澳大利亚华侨华人史的研究，因研究工作需要，曾多次赴澳查阅相关档案资料。下面拟从澳大利亚移民与多元文化事务部（Department of Immgration and Multicultural Affairs，DIMA，简称移民部）所查阅到的有关历史档案资料为依据，对 20 世纪末近20 年来澳大利亚华人新移民的基本社会特征做一简要分析。

1. 人口数量特征

根据澳大利亚移民部的有关统计资料，20 世纪 80 年代以来，赴澳大利亚的华人新移民逐年增多（见表 3-3）。

表 3-3　澳大利亚华人新移民数量一览

年份 ＼ 来源地	中国大陆移民	香港移民	台湾移民	亚洲移民总数
1982～1983	1193	1373	122	25946
1983～1984	1650	2040	132	26690
1984～1985	3163	3296	241	30890
1985～1986	3138	3117	381	30583
1986～1987	2690	3398	804	38183
1987～1988	3282	5577	1146	48889
1988～1989	3819	7307	2100	54601
1989～1990	3069	8054	3055	50607
1990～1991	3286	13541	3491	60906
1991～1992	3388	12913	3172	54392

续表

来源地 年份	中国大陆移民	香港移民	台湾移民	亚洲移民总数
1992 ~ 1993	3046	6520	1434	32989
1993 ~ 1994	2740	3333	785	27766
1994 ~ 1995	3708	4135	794	34952
1995 ~ 1996	11247	4361	1638	39642
1996 ~ 1997	7761	3894	2180	32194
1997 ~ 1998	4338	3194	1518	25339
1998 ~ 1999	6133	1918	1556	27174
1999 ~ 2000	6809	1467	1699	31128

资料来源：DIMA：Australian Immigration Consolidated Statistics （1990 – 2000）。

从表 3 – 3 中，我们可以得出以下两个结论。

其一，在整个 20 世纪 80 年代和 90 年代中期，香港华人移民一直是澳洲华人新移民的主要来源。在 1982 ~ 1995 年赴澳的华人新移民中，有 38.9% 来自香港。直到 1996 年，香港移民的优势地位才被来自中国大陆的移民所取代。

其二，每年在澳大利亚定居的华人永久移民数量呈现出较大的波动。台湾和香港移民的数量在 1990 ~ 1991 年达到了峰值，而来自中国大陆的移民数量在 1995 ~ 1996 年达到了峰值。

出现上述现象的主要原因在于：

（1）在澳大利亚走出 1981 ~ 1982 年的经济衰退之后，对移民的需求增长，赴澳的华人数量在逐年增加。

（2）自 80 年代末以来，澳大利亚的移民政策开始转向吸收技术移民。中国香港和中国台湾的技术移民受到了澳大利亚政府的青睐。

（3）到了 90 年代早期，包括澳大利亚在内的大多数发达国家的经济衰退日益深化，澳大利亚华人新移民的数量也随之下降。

（4）在 1994 年春，澳大利亚基庭政府做出决定，1989 年 6 月 20 日前抵达澳洲的 19000 余名留学生及其 9500 名亲属将获准定居，其余留学生 8000 余人如符合年龄、资历等相关条件，也可获准永久居留。这一决定导致 1995 ~ 1996 年度中国大陆新移民数量在 1995 ~ 1996 年达到了高峰。

（5）1996 年霍华德联合政府上台后，开始大幅度削减家庭移民的数量，实行更加严格的技术移民政策，加之东南亚金融危机的影响，赴澳的华人新移民的数量开始呈下降之势。

2. 移民类别特征

自从20世纪80年代以来，澳大利亚的移民政策发生了深刻的变化，移民选择的标准也随之发生变化，尽管如此，我们仍然可以将20年中进入澳大利亚的华人新移民划分为三个主要类别：经济移民（包括技术移民和商业移民）、家庭团聚类移民和人道主义移民。对于香港和台湾的华人新移民来说，经济移民一直占支配地位。而中国大陆华人新移民的情况却有所不同。在20世纪80年代，留学生是移民的主体。进入90年代，随着中国大陆经济和科技的发展，技术移民所占的比重越来越大（见表3-4）。

表3-4 1990～2000年澳大利亚华人新移民中的技术移民数量

来源地＼年份	1990～1991	1991～1992	1992～1993	1993～1994	1994～1995	1995～1996	1996～1997	1997～1998	1998～1999	1999～2000
中国大陆	3143	2873	1396	1107	1343	2217	2759	2362	2803	2542
香港	12053	9028	2809	2612	2597	2294	2889	2332	1015	722
台湾	3590	2294	803	505	507	1320	1670	1282	1141	1077

资料来源：DIMA：Australian Immigration Consolidated Statistics（1990-2000）。

值得注意的是，移民类别的差异对华人新移民的家庭团聚方式产生了一定的影响。因中国香港、中国台湾经济移民较多，他们把妻儿首先送到澳洲定居，然后自己做"太空人"。[1] 中国大陆移居澳洲的多为留学生，他们出国多是没有家庭随行的男性，待取得了永久居留权后，才把自己的妻儿带到澳洲。因移民的类别不同，他们的家庭团聚方式呈现出一定的差异，然而这种团聚的方式，逐渐改变了澳洲华人男女的比例（见表3-5）。

表3-5 在澳华人移民性别比例的变化（男性为100）

性别比（%）＼时间	1981	1991	1996
大陆、台湾华人新移民	100	113	93
香港华人新移民	107	96	96

资料来源：DIMA：Immigration Federation to Century's End（1901-2000）。

---

[1] 本文中指中国香港、台湾的华人到澳大利亚做投资移民，因原居住地的资产、企业仍需打理，暂时不能全家移居，只能先将妻儿送到澳大利亚定居，自己两地飞来飞去，故称"太空人"。

3. 年龄构成与教育背景特征

2001 年，澳大利亚的中国大陆、香港和台湾移民的平均年龄分别是 40.9 岁、33.9 岁和 26.2 岁。从年龄构成来看，华人新移民的年龄多在 25 ~ 44 岁，台湾移民的平均年龄最为年轻。这在一定程度上反映了澳大利亚追求年轻技术移民的移民政策，其结果导致在澳大利亚的华人新移民更加年轻化。

澳大利亚华人新移民的总体教育水平较高。2001 年，中国大陆、香港和台湾的新移民中，分别有 47.1%、48.1% 和 46.1% 的新移民拥有某种形式的教育或职业认证，分别有 33.7%、35.7% 和 34.7% 的新移民具有大学本科及以上的学历。这反映了中国改革开放以来的经济发展和教育水平的提高，也显示了 1996 年澳大利亚霍华德政府上台执政后移民结构调整的趋势与导向。[1]

4. 经济生活特征

澳大利亚华人的经济生活特征集中反映在就业率和在澳从事的职业上。就业率是衡量华人经济生活状况的一个重要指标。2001 年，香港出生的华人就业情况最好，中国大陆的移民次之，台湾移民最差。但是华人新移民的就业情况均不如澳洲整体人口的就业情况（见表 3 – 6）。

表 3 – 6 2001 年澳大利亚华人新移民的就业情况

单位：%

来源地	就业率	失业率
中国大陆华人移民	53.0	10.2
香港华人移民	56.6	7.7
台湾华人移民	39.6	15.7
澳大利亚整体人口	63.0	7.4

资料来源：DIMA：COMMUNITY TODAY。

从在澳大利亚所从事的职业来看，中国大陆、香港和台湾出生的华人移民从事的职业也呈现出很大的差异性。20 世纪 90 年代中期以前，来自中国大陆的移民大多是留学生（其中又以自费语言生居多），他们英语水平有限，其教育文凭得不到澳大利亚当地政府的承认，因此，多从事地位低下、

---

[1] DIMA：COMMUNITY TODAY 2001.

不需要技术的蓝领职业。1996 年，在他们中间，有 1/4 的人从事着普通工人的职业，1/10 的人是机器操作工，1/5 的人从事一般的技术性行业，主要是当地华人开办的餐馆。与之相反，1996 年，1/3 的香港移民从事专业技术性工作或半专业技术工作（尤其是会计、计算机和其他与商业有关的职业），1/6 的香港华人移民还从事着管理者的工作。台湾移民和香港移民的情况十分类似，但是台湾移民更多地从事管理者的工作，而不是专业技术性工作。但是，如前所述，1996 年以后，随着中国大陆经济和科技的迅速发展，尤其是澳大利亚霍华德政府执政后进一步调整了技术移民政策，上述情况发生了较大变化。2001 年，中国大陆新移民中从事技术性行业的人数已超过了其总人数的一半多，高于澳大利亚整体人口的同类水平。同时，香港移民中从事技术性工作的人数也有所增加（见表 3 - 7）。

表 3 - 7　2001 年澳大利亚华人移民从事职业统计

单位：%

	技术性职业	半技术性职业	非技术性职业
中国大陆移民	55.2	24.6	20.3
香港移民	63.6	25.1	11.4
台湾移民	58.5	26.1	15.3
澳大利亚整体人口	52.6	28.9	18.6

资料来源：DIMA：COMMUNIT YTODAY。

5. 在澳分布特征

影响华人新移民在澳大利亚分布的因素很多。对于家庭移民来说，其先期抵澳的家庭成员在澳大利亚的居住情况对后来的家庭成员在澳选择居住地有直接的影响。人道主义移民多集中在墨尔本和悉尼的移民宾馆以及志愿者和亲朋好友较多的社区中。经济移民集中于经济较为发达和教育资源相对丰富、容易就业的地区。此外，亲戚朋友的推荐以及移民本人对于澳大利亚的了解情况，也是影响移民在澳分布的因素之一。

华人新移民主要集中在新南威尔士、维多利亚、西澳和昆士兰等地的人口稠密的城市和郊区，呈现出鲜明的特点和差异性。中国大陆和香港的新移民超过半数居住在新南威尔士（主要集中于悉尼）。2001 年，新南威尔士的中国大陆和香港华人新移民人数分别为 85450 人和 37590 人，而在维多利亚和其他州的人数较少。这主要是因为香港移民大部分是经济移民，新南威尔士和其他地区相比，具有得天独厚的经济和教育资源优势。此外，新南威尔士的华人社区最多，成为中国大陆家庭移民的首要选择。来自台湾的华人新移民则比较偏爱昆士兰，2001 年，有 8440 名台湾华人新移民居住在昆士兰。这在一定程度上反映了澳大利亚的经济和教育资源的分布情况和华人人际关系网络情况，从而形成了华人新移民在澳大利亚的聚居模式。

6. 宗教信仰特征

澳大利亚华人新移民的宗教信仰特征从一个侧面反映了海外华人文化生活变迁的新特点和澳大利亚民族同化的渐进进程。佛教和基督教是澳大利亚华人新移民信奉的两大宗教，2001 年，中国大陆、中国香港和台湾信奉佛教的华人新移民人数分别为 27740 人，7860 人和 9820 人，信奉基督教的分别为 6620 人，11340 人和 4820 人。①

（三） 印度、越南与菲律宾新移民主要结构特征的变化与分析

1. 印度新移民的人口特征与人文特征

（1） 人口规模与构成

从 20 世纪 70 年代以来，澳大利亚印度移民数量一直处于增长趋势，印度人群体规模渐趋庞大。从表 3 – 8 中的 1961～1996 年澳大利亚人口普查数据我们可以发现：从 20 世纪 70 年代起，澳大利亚的印度移民数量相比 60 年代已经有了显著增长，1961 年澳大利亚有印度移民 14166 人，1971 年印度移民增加到 29211 人，比 10 年前增加 1.5 万人，所占澳洲人口总数由 0.13% 上升到 0.23%。这主要是因为 1966 年移民限制条例放松，促进了英裔印度人以及印度技术移民从印度移民到澳大利亚。1981 年，印度移民突破 4 万人，占所有移民总数的 1.4%，占澳洲人口总数 0.29%。从 1981～1991 年，印度移民数量持续增长，这 10 年印度移民数量总数增加了 1.95 万人，1991 年达到 6 万人。进入 20 世纪 90 年代，印度移民数量增长速度加快，至 1996 年，印度人口达到 77521 人，5 年中人口就增加了 1.7 万人，几乎是上一个 10 年的印度移民增加数量，占移民总数的 2.0%，与 1971 年相比所占份额增加一倍，在澳洲总人口中占 0.44%，是 1971 年的 2 倍。总的看来，从 20 世纪 70 年代至 90 年代中期，澳大利亚的印度移民数量在持续增加，群体规模在逐渐增大，而且增长速度加快，但是其增长速度不及亚洲

---

① DIMA：COMMUNITY TODAY 2001.

其他国家移民增长速度，因为印度移民在亚洲移民中的比例在此期间逐渐下降，从 1971 的 17.5% 降至 1996 年的 9.1%。

表 3-8 1961~1996 年澳大利亚印度移民人口数

时间	印度移民	亚洲移民	比重（%）	移民总数	比重（%）	澳大利亚总人口	比重（%）
1961	14166	79056	17.9	1778780	0.8	10508186	0.13
1971	29211	167226	17.5	2579318	1.1	12755638	0.23
1981	41657	371588	11.2	3003834	1.4	14576330	0.29
1991	60958	672049	9.1	3689128	1.7	16770635	0.36
1996	77551	856144	9.1	3908267	2.0	17752882	0.44

资料来源：根据澳大利亚 1961~1996 年人口普查统计数据资料整理制成。

需要注意的是，以上澳大利亚人口普查数据中印度移民是指在印度出生的移民，不包含在其他国家出生的印度移民以及第二代移民，因此实际上澳大利亚的印度裔移民群体规模要更大些。1991 年人口普查时，澳大利亚第二代印度移民有 36801 人，加上第一代移民，印度移民总数在亚洲移民中居于第 4 位。[①] 值得一提的是，来自斐济的印度移民也是重要组成部分，1987 年和 2000 年，斐济内部政治局势不稳定，导致政变的发生，大量斐济印度人移民澳大利亚。据统计，大约有 35000~40000 名印度人从斐济移民澳大利亚，此外还有 10000 多名印度人是从乌干达、肯尼亚、坦桑尼亚、南非、英国和马来西亚等国家移民来的。[②]

（2）年龄与性别结构

澳大利亚 1971 年人口普查时，印度移民的年龄中位数是 35 岁，比 1961 年下降 4 岁，这主要是因为 1966 年后大量英裔印度人以及印度年轻的技术移民到来导致的。他们移民澳洲后，可以很快进入劳动力市场，为澳洲社会经济发展做出贡献。但是 10 年后，印度移民的年龄中位数又回升到 39 岁，在这 10 年中，印度移民数量相比上个 10 年减少，但是之前的移民赴澳时间越久，年龄中位数就会越大，因而总体上导致印度移民年龄中位数回升。从 1981 年

---

① S. P. Awasthi and Ashoka Chandra, "Migration from India to Australia", *Asian and Pacific Migration Journal*, Vol. 3, No. 2-3, 1994, p. 397.

② High Level Committee on the India Diaspora, Report of the High Level Committee on the India Diaspora, 2002, pp. 277-280, http: //indiandiaspora. nic. in/diasporapdf/chapter21. pdf.

到 1996 年，印度移民年龄中位数从 39 岁递增到 41 岁。尽管澳大利亚总人口的年龄中位数也一直处于增长趋势，二者年龄中位数差距在缩小，但是到1996 年印度移民的年龄中位数还是要比澳洲总体水平大 7 岁（见表 3 - 9）。

表 3 - 9　1961 ~ 1996 年澳大利亚印度新移民年龄中位数

年份	1961	1971	1981	1991	1996
印度移民	39	35	39	40	41
所有海外移民	37	36	41	42	44
澳大利亚总人口	29	28	30	32	34

资料来源：根据澳大利亚 1961 ~ 1996 年人口普查统计数据资料整理制成。

图 3 - 3 的 1991 年印度移民年龄结构金字塔结构一目了然，这是一个中间粗两头细的金字塔结构，因为其中处于 25 ~ 49 岁中青年年龄段的人口最多，而处于青少年和老年段的人口比例较少导致的。

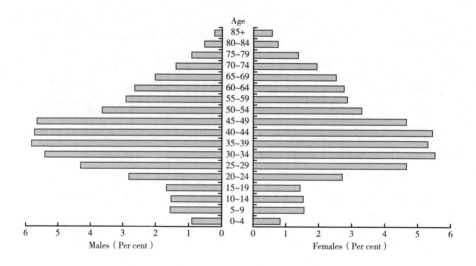

图 3 - 3　1991 年澳大利亚印度新移民的年龄与性别结构

资料来源：BIPR, *Community Profiles 1991 Census: Indian-born*, Canberra: Australia Government Publishing Service, 1995, p. 12。

自 20 世纪 70 年代以来，澳大利亚印度移民的性别比例也在发生变化，1961 年人口普查数据显示男女比例是 130:100，到 1971 年，随着大量自由移民的到来，性别比例降为 107:100，1981 时男女比例已经持平，这种平衡

持续到90年代初。但是20世纪90年代后，随着更大规模的印度新移民的
到来，性别比例开始失衡，1996年人口普查时，男女性别比例为105∶100，
男性移民总数大于女性移民。而澳大利亚所有海外移民以及澳大利亚总人口
的男女性别比例从1961至1996年呈下降趋势，至1996年时，女性人口已
经大于男性人口。从性别比例可以分析，20世纪90年代以后的印度移民中
男性占优势地位，而且这种男性占优势地位的趋势还将加强（见表3－10）。

表3－10　1961～1996年澳大利亚印度新移民性别比例（男性人数/100名女性）

年份	1961	1971	1981	1991	1996
印度移民	130	107	100	100	105
所有海外移民	125	114	108	102	99
澳大利亚总人口	102	101	99	99	98

资料来源：DIMA，*Immigration：Federation to Century's End 1901 - 2000*，October 2001，p. 29。

（3）来源地与在澳地理分布

与早期移民相比，印度新移民的来源地分布更加广泛。早期移民主要来
自印度北方或西北边境的旁遮普、古吉拉特等省邦，而且多为农村地区。而
印度新移民的来源地已经扩大到印度全国，并且多为发达城市地区。另外，
还有从世界其他国家或地区移民到澳洲的二次移民，如斐济动乱时期，有大
量的印度裔移民移居澳大利亚，此外还有从乌干达、肯尼亚、坦桑尼亚、南
非、英国和马来西亚等国家移民来的。

与来源地分布广泛相比，在选择移民居住地方面，印度新移民则相对集
中。一直以来，新南威尔士和维多利亚是印度新移民最青睐的目的地，这两
个州的印度移民数量超过60%，西澳是印度移民的第三大分布地。自20世
纪80年代以来，随着大量印度人移民澳大利亚，他们在澳大利亚各州的分
布人数都有所增加，但增加程度不尽相同。相比中国移民在居住地选择方面
较为稳定的倾向性，印度移民在地理分布上的变化较大，尤其是在新南威尔
士和西澳。1986～1996年，印度移民在新南威尔士的分布比例逐渐增加，
从1986年的30.4%上升到1996年的37%左右。在维多利亚州的分布比例
也在逐渐增加。而西澳的印度移民比例逐渐下降，1996年比1986年少了
6.2%（见图3－4）。前文提到，1970年前后，大量的英裔印度人移民澳大
利亚，虽然很多人选择的也是维多利亚和新南威尔士州，但是更多的英裔印

度人移民到西澳州。① 所以导致20世纪70~80年代西澳所占比例较高。虽然80年代后有大量印度裔移民群体到来，但是选择西澳的移民比例很少，导致西澳印度移民比例大幅下降。还需注意的是，印度移民在各州内的分布情况也是不均衡的，印度新移民大多集中在各首府城市，墨尔本、悉尼是他们的首选。

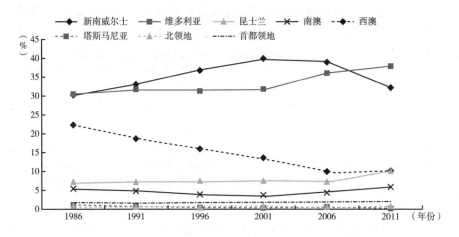

图3-4　1986~2011年印度新移民在澳大利亚各州分布情况

资料来源：根据澳大利亚统计局人口统计数据整理制成。

　　总体而言，印度移民在澳洲各州的地理分布变化与20世纪70年代以来大量印度移民赴澳密切相关，移民类型、在澳社会网络以及澳洲的经济教育资源分布情况都是他们选择居住地的重要考虑因素。此外，这种地理分布的变化也受到澳大利亚移民政策的宏观影响。

　　（4）移民类别

　　"白澳政策"废除以后，澳大利亚的移民政策不断调整，以适应国家社会经济的发展。自20世纪80年代以来，澳大利亚的移民类别主要包含三大类：家庭团聚类移民、技术移民和人道主义移民。其中家庭团聚类又分为优先类（preferential）和让步类（concessional）；技术移民分为雇主担保类、商业技术移民和独立技术移民；人道主义移民分为难民和特殊援助类。

　　从80年代以来，印度家庭团聚类移民和技术移民逐渐增加，寻求庇护

① S. P. Awasthi and Ashoka Chandra, "Migration from India to Australia", *Asian and Pacific Migration Journal*, Vol. 3, No. 2 - 3, 1994, p. 395.

的人道主义移民数量很少，可以忽略不计。在家庭团聚类移民中，让步类移民人数逐渐增多，从1988年开始，他们超过了优先类家庭团聚移民。这主要是因为自80年代开始，澳大利亚政府不断放宽家庭团聚类移民政策。1982年澳大利亚政府新政策表明，已经成年的子女也可以以家庭团聚类移民到澳大利亚。1983年，又取消了对家庭团聚类移民的英语语言要求。1986年，该类移民政策继续放宽标准，使更多的家庭成员可以移民澳大利亚，包括侄子侄女等。尽管这次移民政策的改革最初是因为受到来自北欧移民的压力而进行的，但是最大的受益者却是亚洲移民。[①] 印度移民很好地利用了此项政策。在技术移民类别中，雇主担保类移民和商业技术移民数量在逐年减少，独立技术移民人数增加迅速，一减一增对比鲜明。从1990年开始，技术移民总数是上一年度的2.5倍，并且超过了家庭团聚类移民，占该年度移民总数的58.4%，1991~1992年度技术移民占比达到60%，技术移民已经取代家庭团聚类移民成为印度移民的主体（见表3-11）。

表3-11 1988~1992年澳大利亚印度移民类别

单位：人

移民类别	1988~1989	1989~1990	1990~1991	1991~1992
家庭团聚类移民	1898	1775	2044	2180
优先类移民	859	818	787	782
让步类移民	1039	957	1257	1398
技术移民	1119	1178	2969	3361
雇主担保类移民	466	208	171	111
商业技术移民	84	57	46	47
独立技术移民（含特殊技能人才）	569	913	2752	3203
人道主义移民及其他	92	63	68	67
总数	3109	3016	5081	5608

资料来源：S. P. Awasthi and Ashoka Chandra，"Migration from India to Australia"，*Asian and Pacific Migration Journal*，Vol. 3，No. 2-3，1994，p. 400。

（5）语言情况

移民对移入国家语言的使用熟练程度会影响他们获得公共服务、教育、就业的机会以及融入当地社会的能力。澳大利亚是英语语言国家，因此，对印度新移民的英语熟练程度进行考察具有重要意义。印度曾是英国的殖民

---

① S. Chandrasekhar，*From India to Australia*，California：Population Review Books，1992，p. 43.

地，在印度英语非常普及，是印度官方语言，学校教育尤其是高等教育采取的是英式教育，英语是教学使用语言。因此尽管英语不是他们的第一语言或者母语，但是印度新移民的英语水平普遍较高，几乎人人会说英语，甚至在家中也说英语。1981 年人口普查数据显示，印度移民 15 岁及以上人口中会说英语的比例高达 96.8%，普遍高于亚洲其他国家移民，当时亚洲移民中会说英语的比例是 79.2%。1991 年澳大利亚人口统计数据显示，非英语背景国家移民中只说英语的比例是 21.8%，英语水平非常好或好的比例占58.3%。但是印度移民的英语语言水平远远高于这一平均水平，97% 的印度移民能够熟练掌握英语，而且其中有 66.9% 只说英语，这一高比例主要是因为这部分印度移民中有很多属于母语是英语的英裔印度人。英语水平不好或者不会说英语的比例只有 2.5%（见表 3 - 12），这一比例明显低于亚洲其他国家或地区移民。印度人熟练的英语语言能力为他们在申请移民过程中加分，并且在移民澳大利亚后能够较为顺利地进入劳动力市场。

表 3 - 12　1991 年澳大利亚印度新移民英语语言能力

单位：%

英语能力	比重
只 说 英 语	66.9
非常好或好	30.1
不好或不会	2.5

资料来源：根据澳大利亚人口普查统计数据资料整理制成。

英语语言能力可以用来衡量印度移民在澳洲的适应情况，而使用母语对加强与本民族的文化联系和认同具有重要作用。在印度移民中，说各种母语的人数和比例也在发生变化，其中说印度语和旁遮普语的人数和比例越来越大。1991 年人口统计时，只有 32.8% 的人口在家中说英语以外的其他语言，说印度语占 9.8%，其次是泰米尔语占 3.3%，说乌尔都语的不到 1%，说其他各种语言的占 18.7%。① 总体而言，印度移民在家中说母语的比例在逐渐增加。从语言的变化中也可以发现印度新移民的来源地在发生变化。总体而言，20 世纪 70 年代以来印度新移民在家中说各种母语的人数和比例都在

---

① Bureau of Immigration and Population Research （BIPR）, *Community Profiles 1991 Census*: *Indian-born*, Canberra: Australia Government Publishing Service, 1995, p. 38.

不断增加。不同母语使用比例的变化是由印度新移民的来源地发生变化而造成的。同时，超过 90% 的印度新移民都具有较好的双语能力，这体现了澳大利亚印度新移民语言的多样性。

（6）教育程度

教育水平是衡量人口素质的重要指标之一，会影响到一个族群的就业率、职业结构、收入状况和经济地位等方面。通过人口普查数据，我们发现印度新移民的受教育水平普遍很高。1981 年人口普查统计时，具有本科生学历的比例达到 14.4%，获得其他资格学历的比例占 23.7%。同比中国移民，具有本科学历的比例只有 8.8%，亚洲移民平均水平为 13.6%，因此印度移民的受高等教育水平要略高于亚洲移民平均水平。1991 年澳大利亚人口普查时，印度移民受教育水平又上一个台阶，普遍拥有高学历背景，接近 60% 的人口具有某种学历或资格认证，其中本科及以上学历的比例超过 30%，具有技术资格认证和一般资格认证的比例也超过 10%。同比中国移民，印度移民受教育水平更高（见表 3-13）。

表 3-13　1991 年澳大利亚印度新移民和中国新移民的教育水平

单位：%

教育水平	印度新移民	中国新移民
研究生学历	9.4	3.8
本科学历	22.3	14.1
专科学历	1.5	1.1
技术资格认证	6.9	3.1
一般资格认证	3.6	2.2
其他	15.5	17.7
合计	59.2	42

资料来源：根据澳大利亚统计局 1991 年人口普查统计数据整理制成。数据参见 BIPR，*Community Profiles 1991 Census：Indian-born*，Canberra：Australia Government Publishing Service，1995，p. 23；BIPR，*Community Profiles 1991 Census：China-born*，Canberra：Australia Government Publishing Service，1994，p. 19。

（7）就业与职业

一般来讲，并不是所有的移民到达移居国后就能够马上进入劳动力市场。通常情况下，技术移民能够较快地融入当地劳动力市场，但是对家庭团聚类移民、难民或人道主义移民来说这并非易事。他们通常在寻找工作前，需要花费一段时间进行相关工作技能的培训或学习英语。他们融入当地劳动力市场的程度也是衡量他们适应当地经济生活的一种指标。[①]

劳动参与率是衡量人们参与经济活动状况的重要指标，参与劳动力市场的人口包括就业者与失业者。20 世纪 70 年代以来，印度新移民大规模赴澳带来的结果之一就是改变了印度裔族群的社会经济特征。1981 年人口统计时，澳大利亚印度移民中 15 岁及以上人口有 38877 人，其中就业的有 24626 人，就业率达到 63.3%。在失业率方面，1981 年印度移民失业率为 4.8%，显著低于同期亚洲移民的总体失业率（9.1%），也低于澳大利亚出生人口失业率（5.9%）。到 1991 年印度移民的就业率为 68.7%，其中北领地的就业率最高，为 74.3%，[②] 1991 年，印度移民的失业率是 13%，稍稍高于同期的澳大利亚出生人口的失业率水平（11.6%），而这种高失业率主要是由当时澳大利亚的经济衰退导致的（见表 3 - 14）。

移民的职业类型也可以作为衡量他们在劳动力市场中地位的一个指标，移民的职业结构和行业分布能够反映出他们融入移居地劳动力市场的程度。[③] 20 世纪 70 年代以来的大规模印度新移民的教育、经济与职业等背景较老移民更为复杂多样，移民类别和移民模式也是多样的，因此他们移民后对澳大利亚的印度族群的职业结构都产生了深远影响，使职业结构逐渐发生改变。1991 年人口统计数据显示（见表 3 - 15），印度移民从事高级职业领域的比例相对较高，专业人员和辅助专业人员的比例为 28.7%，大大高于澳大利亚总体水平的 19.2%，其次是一般职员，占 21.1%。另外，管理行

表 3 - 14 1991 年澳大利亚印度新移民就业状况

单位：%

就业情况	比重
市场参与率	68.7
失 业 率	13.0

资料来源：根据澳大利亚人口普查数据整理制成。

---

① Siew-Ean Khoo, Kee Pookong, "Asian Immigrants Settlement and Adjustment in Australia", *Asian and Pacific Migration Journal*, Vol. 3, No. 2 - 3, 1994, p. 345.

② Bureau of Immigration and Population Research (BIPR), *Community Profiles 1991 Census*: *Indian-born*, Canberra: Australia Government Publishing Service, 1995, p. 24.

③ Siew-Ean Khoo, Kee Pookong, "Asian Immigrants Settlement and Adjustment in Australia", *Asian and Pacific Migration Journal*, Vol. 3, No. 2 - 3, 1994, p. 353.

政人员的比例也较高。与中国新移民相比,印度新移民中从事低端职业领域的比例低,体力劳动者、工人或司机的比例都不足中国移民的1/2。

表3-15 1991年澳大利亚中国新移民与印度新移民职业构成

单位:%

职业	中国新移民			印度新移民		
	男性	女性	总体	男性	女性	总体
管理/行政人员	8.1	5.2	7.0	13.5	6.0	10.4
专业人员	10.1	8.4	9.5	24.8	17.7	21.9
辅助专业人员	2.3	4.1	2.9	6.7	7.0	6.8
贸易人员	25.3	6.1	18.3	13.1	1.4	8.3
职员	2.4	10.6	5.4	9.6	37.6	21.1
销售/服务人员	6.2	15.0	9.4	8.8	12.4	10.3
园丁/机械操作工/司机	10.5	15.3	12.2	7.7	1.9	5.3
体力劳动者	24.5	24.3	24.4	9.4	9.2	9.3
其他	10.6	11.0	10.8	6.4	6.8	6.6

资料来源:BIPR, *Community Profiles 1991 Census*: *China-born*, Canberra: Australia Government Publishing Service, 1994, p. 23; BIPR, *Community Profiles 1991 Census*: *Indian-born*, Canberra: Australia Government Publishing Service, 1995, p. 27。

经济收入可以更直观地来衡量印度移民的社会经济状况,反映印度移民的社会经济地位。1981年人口普查数据显示,人均年收入超过1.8万澳元的比例占12.5%,远高于澳大利亚本土出生的人口中的这一比例(7.7%)但是低于同期亚洲移民中这一收入比例(17%)。图3-5是1991年印度新移民与澳大利亚总人口的个人年均收入状况。从整体上看,印度新移民的收入水平要远高于澳大利亚总体水平。具体地来看,印度移民中处于低收入水平的比例要低于澳大利亚总体水平。在高收入水平比重上,印度移民又占有极大优势,人均年收入在2.5万澳元以上的比例占32%,同比澳大利亚总人口中该比例为22.6%。此外,印度移民中还有5%的人口年收入高于5万澳元,而澳大利亚总人口中有3.3%。从人均年收入中位数来看,1991年澳大利亚总体人均年收入中位数是1.42万澳元,中国移民是1.22万澳元,而印度移民则高达1.86万澳元,比澳洲总体水平高0.44万澳元,比中国移民高0.64万澳元。由此可见,1991年时印度移民的收入水平要澳洲平均水平,也高于中国新移民水平。

总体而言,印度新移民的社会经济状况趋向良好方向发展,印度新移民

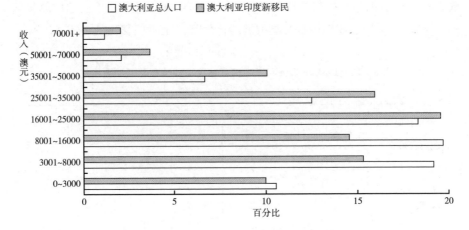

图 3 – 5　1991 年澳大利亚印度新移民人均年收入状况

资料来源：BIPR, *Community Profiles 1991 Census*：*Indian-born*, Canberra：Australia Government Publishing Service, 1995, p. 32。

的劳动参与率从 20 世纪 70 年代以来一直处于较高水平，并且进入高级劳动力市场的移民比例也较高，从而收入水平也高。分析原因，一是澳大利亚的移民政策倾向于技术移民，印度移民中技术移民的比例在逐渐上升，他们移民后能够较为顺利进入劳动力市场；二是印度移民的受教育水平普遍较高，高学历的教育背景有助于帮助移民进入移居地的高级劳动力市场，从而获取更丰硕的回报。同时，印度新移民从事高收入行业的比例较高，有 13.7% 从事医疗、计算机、金融行业，从事餐饮服务业的人只有 6.6%；最后，英语语言能力在一定程度上也会影响就业率，印度移民对英语的熟练掌握，有助于他们在工作上的沟通交流，获得更好的发展机会和更高的收入。

（8）宗教信仰

海外移民的宗教信仰特征从一个侧面反映了移民社会文化生活变迁的新特点和澳大利亚民族同化的渐进进程。与中国新移民相比，印度新移民在宗教信仰方面差异性较大。在印度，很难找到一个无宗教信仰的人。印度教是第一大教，超过 80% 的人口信仰印度教，其次是伊斯兰教，另外还有信仰基督教、锡克教、佛教、耆那教等。当这些宗教信仰者移民澳大利亚后，并没有斩断与祖籍国的联系，这种根植于内心世界的宗教信仰被移植过来。因此，移民到澳洲的印度人也几乎都有宗教信仰。1981 年人口普查时，印度移民中信仰基督教的比例达到 75.9%。1991 年人口普查数据显示，印度移民信仰基督教仍是最多的，这主要是因为当时澳大利亚的印度移民中信仰基督教的英裔印度人还占有很高的比例。但是信仰其他宗教的比例在逐渐增加，从1981年的14%上升到1991年的29%，增加了15%，其中信仰印度教（18.6%）和锡克教（6.3%）的移民最多（见表3－16）。此后，随着大规模印度新移民的到来，澳大利亚印度移民的宗教信仰情况发生变化，基督教徒的比例逐渐减少，印度教徒与锡克教徒的比例在增加，印度教徒比例20年间增加了近30%，锡克教徒的比例也增加了12.4%。尽管伊斯兰教在印度是第二大宗教，但是澳大利亚印度移民中的伊斯兰教徒比例却很小，反而锡克教成为印度移民中的第二大宗教。

表3－16　1991年澳大利亚印度新移民主要宗教信仰情况

单位：%

宗教	基督教	印度教	锡克教	伊斯兰教	犹太教	佛教	无宗教信仰
比重	62.2	18.6	6.3	1.9	0.6	0.2	3.8

资料来源：根据澳大利亚统计局1991年人口普查统计数据整理制成。

随着印度移民的增加，他们在澳大利亚各大城市都建立了自己的寺庙，定期集会礼拜。澳大利亚第一座锡克教寺庙于1968年6月在卧龙岗开放，至20世纪90年代大约有20～25座锡克教寺庙建立，目前，在澳大利亚有30座锡克教寺庙。澳大利亚第一座传统的印度教寺庙于1985年在悉尼开放，而在此以前，印度教徒都是在私人家中进行集会祷告。① 这些寺庙的主要活动除进行传教外，还会兴办语言学校、建立图书馆、创办报刊等。印度移民往往通过宗教组织来庆祝民族节日、开展文化活动，以此加强彼此之间的联系。因此可以说印度人的宗教信仰和宗教活动是他们对民族文化认同的重要体现。

2. 越南新移民的人口特征与人文特征

（1）人口数量特征

20世纪70年代以前，澳大利亚越南移民数量相对较少。据统计，1975年，全澳仅有约1000名越南人。其中，约540人是被澳大利亚家庭收养的越南孤儿，另有400多人是通过澳大利亚援助东南亚的"科伦坡计划"而赴澳学习的留学生（多数学生其后又离开了越南，因此他们并不算严格意义上的

---

① Jayaraman R, "Indian Society and Culture in Australia", in *The Australia People*, J. Jupp (ed.), Angus & Robertson, North Ryde, NSW, 1988, p.545.

移民）。余下极少数越南移民多为与澳大利亚军人结婚的妇女或者少数商人。[①] 由于总体数量较少，1975年之前，这一群体在澳大利亚的影响力也非常有限。

而自1977年开始，在经济全球化和澳大利亚相关政策调整等因素的拉动，以及越南战争和国内政治变动等推力的综合影响下，越南移民开始大批涌入澳大利亚，并在20世纪90年代达到顶峰。

澳大利亚当地社会一般习惯将这些越南移民迁入澳大利亚的过程概述为三波"移民潮（wave）"，由于其中以难民居多，故也可称其为"难民潮"。第一波移民潮是1975~1978年，其中绝大多数的移民是在越南战争的影响下被迫迁入澳洲的南越战争难民。第二波移民潮从1979年开始，受越南在东南亚地区的一系列侵略战争以及国内特殊的政治环境的影响，在联合国的协调下，又有一大批包括越南境内，以及之前已经逃入老挝、柬埔寨、马来西亚及中国香港等地的越南难民迁入澳大利亚，其中不乏许多华人。而第三波移民浪潮则主要由之前移入澳大利亚的越南移民的海外亲属组成，他们从1985年开始，以家庭团聚类型的移民方式迁入澳大利亚。越南移民的历年移入澳洲数量也由此迅速增加，并在20世纪90年代一度达到顶峰。据统计，1990到1991年，到达澳大利亚定居的越南人总数高达13248人。[②] 而1992年以后，随着澳大利亚移民政策的调整，越南移民迁入澳大利亚的人数迅速减少。其总人口数开始趋于平稳。

表3-17　1976~1996年澳大利亚越南移民人口与总人口

单位：人

年份	越南移民人口总数	澳大利亚人口总数
1976	2373	14033083
1981	40725	14923260
1986	82705	16018350
1991	121813	16770635
1996	151053	18224767

资料来源：数据引用自澳洲统计局网站：http://www.abs.gov.au。

[①] James E. Coughlan, "Occupational Mobility of Australia's Vietnamese Community: its Direction and Human Capital Determinants", *International Migration Review*, Vol. 32, No. 1, Spring, 1998, pp. 175-201.

[②] Melvin Ember, Carol R. Ember, Ian Skoggard, *Encyclopedia of Diasporas: Immigrant and Refugee Cultures Around the World*, New York: Springer US, 2005, pp. 1141-1149.

同时，男性人口远多于女性人口也是越南移民的特征之一。数据显示，1976～1996年，男性移民数量基本上都远远超过女性移民，尤其是在1986年，男性移民的比例比女性移民多出了10.6个百分点，性别比例失衡很容易造成各种社会问题，并对于该族裔的发展产生不利影响（见表3-18）。

表3-18　1976～1996年澳大利亚越南移民男女性别比例

单位：%

年份	男性移民	女性移民
1976	48.88	51.20
1981	54.12	45.88
1986	55.29	44.71
1991	52.32	47.68
1996	49.81	50.19

资料来源：数据引用自澳洲统计局网站：http：//www.abs.gov.au。

表3-19　1961～1990年澳大利亚越南移民及所有海外移民抵澳时间

抵澳时间	越南移民（人）	%	海外移民总计（人）	%
1961～1970	386	0.2	642355	12.1
1971～1980	28950	15.6	571828	10.8
1981～1990	68012	36.8	782926	14.8

资料来源：数据引用自澳洲统计局网站：http：//www.abs.gov.au。

（2）移民类别特征

从移民类别上看，澳大利亚越南移民与其他亚洲移民有较大区别，尤其是20世纪70～90年代的三波移民潮中，越南移民基本是由人道主义移民以及家庭团聚移民的类别组成。

1975～1978年，澳大利亚越南移民基本都是人道主义移民；1979年，也就是第二波移民潮开始后，澳大利亚的越南移民仍主要是由难民组成的，包括越南境内，以及之前已经逃入老挝、柬埔寨、马来西亚及中国香港等地的越南难民以人道主义移民的方式迁入澳大利亚；而从1985年开始，随着国际形势的转变，以及澳大利亚国内移民政策的调整，越南移民的类别有了一定的变化，这一时期以家庭团聚类型的移民方式迁入澳大利亚居多。但总体而言，到20世纪90年代中期，绝大多数的越南移民都是人道主义移民或者家庭团聚式移民（见表3-19）。

（3）年龄构成与教育背景特征

在移民澳大利亚之初，越南移民是一个相对较为年轻的移民群体。从年龄构成来看，其整体的年龄结构较为年轻化。1986 年的数据资料显示，越南移民的平均年龄为 26.2 岁，同年所有澳大利亚海外移民的平均年龄则为40.7 岁，而澳大利亚总体的平均年龄为 31.1 岁。到 20 世纪 90 年代，随着时间的推移和移民政策的调整，尤其是家庭团聚式移民的增加，越南移民的年龄构成出现变化，中年人口比例显著提升。15 ~ 44 岁的人口占越南移民总人口的比例从 1981 年的约 65%，增长到了约 74%。[①]

同时，从受教育状况看，越南移民的受教育程度相对较低，无学历及各类资格证书的人数超过了总移民数量的 70%。虽然 1996 年的统计状况相对有所提升，拥有各类资格证书的移民比例达到了 25%，但是直到 20 世纪 90年代中期，移民总体受教育状况仍与其他移民，或者其他族裔存在着较大的差距。其中，女性移民受教育水平与男性移民更低（见表 3 - 20）。

表 3 - 20　1986 ~ 1996 年澳大利亚 15 岁以上越南移民受教育情况

单位：%

学历	1986			1996		
	男	女	合计	男	女	合计
更高学历	0.7	0.2	0.5	1.1	0.3	0.7
研究生	0.3	0.2	0.2	0.5	0.5	0.5
本科	3.2	1.8	2.5	8.4	6.1	7.2
大专	1.4	1.5	1.4	1	1.2	1.1
职业教育	2.2	0.5	1.5	2.5	2.7	2.6
其他资格证书	2.3	2.7	2.5	3.2	1.2	2.2
无分类	0.1	0.1	0.1	1	1.4	1.2
其他	6.8	6.1	6.0	9.4	9.5	9.4
各类学历与证书总计	17.1	12.9	15.3	27.1	22.8	25
无学历与证书	72	76.7	74.1	72.1	76.2	74.1
未统计	10.9	10.4	10.7	0.8	1	0.9

资料来源：BIR，*Community Profiles：Vietnam-born*，Canberra：Australian Government Publishing Service，1990，p.15；Christine Mcmurray，*Community Profile 1996 Census Vietnam Born*，Melbourne：Department of Immigration and Multicultural Affairs，1999，p.17。

---

① Christine Mcmurray，*Community Profile 1996 Census Vietnam Born*，Melbourne：Department of Immigration and Multicultural Affairs，1999.

（4）经济生活特征

自20世纪70年代后期，越南移民大批移居澳大利亚以来，这一群体长期为高失业率及低就业率问题所困扰。数据显示，虽然澳大利亚政府一直试图通过颁布政策，举办职业培训等方式帮助越南族裔就业，20世纪80年代，这一群体的整体失业率还是超过了20%（其中女性的失业率要明显高于男性）。① 而随着大批越南移民的亲属通过家庭团聚型移民的方式来到澳大利亚，这一族裔的失业率依然居高不下。90年代中期，官方统计越南移民失业率为26.8%，是全国平均失业率的3.3倍。甚至一些调查人员认为，由于调查的中存在着种种问题，该族裔的实际失业率可能高达35%以上。②

另外，从职业分布看，大部分越南移民从事技术性要求相对较低的劳动密集型行业或者零售、服务业。1986年的统计显示，有约34%的越南移民从事制造业、采矿业，远高于澳大利亚平均水平。另有大量的越南移民在服务业、零售业等行业中担任雇员。多数越南移民从事技术性相对较低的职业，从事管理与行政岗位（2.6%）或者专业技术行业（5%）的比例偏低。到1996年，制造业（44%）和零售业（11.6%）仍然是越南移民主要从事的产业。

同时，从收入水平的角度分析，许多越南移民以难民的身份到达澳大利亚，很多人在定居的最初阶段都要依靠澳洲政府的补助和社会福利生活。这一族群中的无收入人群也占有很高的比例。20世纪80年代，在越南移民群体中，约10.5%的男性移民和24.2%的女性移民为无收入人群（澳大利亚的平均水平为5.8%和7.7%）。越南移民平均收入仅为澳大利亚人均收入的78.8%。1986年，58.6%的越南移民年收入低于12000澳元，远低于澳洲平均水平。而到了1996年，仍然有62.7%的越南移民的周薪低于300澳元，这一比例远高于其他族裔的移民（52.8%）。③

（5）在澳分布特征

数据显示，越南移民在移民到澳洲起就一直保持着相对较高的聚居度。从20世纪80年代开始，新南威尔士州和维多利亚州的越南移民人数长期维

① 理查德·T. 杰克逊著，魏兴耘译：《澳大利亚的东南亚移民》，《亚洲研究评论》1991年4月第14卷第3期。

② James E. Coughlan, "Occupational Mobility of Australia's Vietnamese Community: its Direction and Human Capital Determinants", *International Migration Review*, Vol. 32, No. 1, Spring, 1998.

③ Christine Mcmurray, *Community Profile 1996 Census Vietnam Born*, Melbourne: Department of Immigration and Multicultural Affairs, 1999.

持在该族裔总人口数的 70% 以上。据统计，1986 年有 33792 人居住在新南威尔士州，27778 人居住在维多利亚州。其中绝大多数移民都居住在悉尼和墨尔本这两大城市。

20 世纪 90 年代以后，越南移民在新南威尔士和维多利亚州的人口比例更是增长到了约 76%。1996 年，新南威尔士州和维多利亚州的越南人口数量分别为 61133 和 55217。而在昆士兰、南澳和西澳也分别有 10998、10657、10080 名越南移民 (见表 3 - 21、图 3 - 6)。

表 3 - 21 1976~1996 年澳大利亚越南移民人口分布状况

	新南威尔士	维多利亚	昆士兰	南澳	西澳	塔斯马尼亚	北领地	堪培拉	总计
1976	968	369	461	238	71	45	21	163	2373
1981	16583	12619	3448	3772	2749	209	189	784	40725
1986	33792	27778	6235	6973	5886	242	433	1366	82705
1991	49017	44230	8598	9208	8165	249	426	1918	121811
1996	61133	55217	10998	10657	10080	202	517	2247	151053

资料来源：数据引用自澳洲统计局网站：http://www.abs.gov.au。

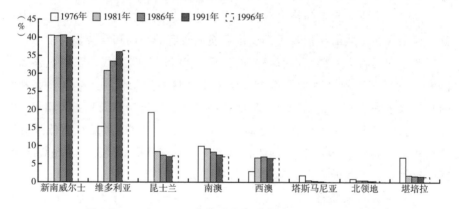

图 3 - 6 1976~1996 年澳大利亚越南移民人口分布比例

资料来源：数据引用自澳洲统计局网站：http://www.abs.gov.au。

(6) 宗教信仰特征

从宗教信仰上看，越南移民在移居澳洲的过程中，形成了自身独有的特点。在特殊的历史背景与传统文化的影响，澳大利亚越南移民在移居澳大利亚之前以信仰天主教、佛教和其他传统宗教居多。在 1975 年后大规模移居澳洲后，他们也把自己的宗教信仰带到了当地。1975 年，澳大利亚第一位越南裔天主教神父在悉尼被正式赋职。1979 年，澳大利亚就已出现了地方性的越南移民佛教团体。1981 年，越南佛教联合会正式成立，这对于澳大利亚佛教的发展有着重要意义。1986 年，19.6% 的越南移民是天主教徒，36.7% 的移民信仰佛教。到了 20 世纪 90 年代，随着其他亚洲移民，尤其是中国移民的增多，澳大利亚移民中佛教徒的数量不断提升，越南移民佛教团体也与这些信众以及社团组织的联络也在不断加深，到 1996 年，澳大利亚的越南佛教信众比例高达越南移民群体的 41.1%。可以说，澳大利亚越南移民对于澳大利亚佛教的发展起了非常重要的作用（见表 3 - 22、图 3 - 7）。

表 3 - 22　1986～1996 年澳大利亚越南移民宗教信仰状况

单位：%

	1986	1996		1986	1996
天　主　教	19.6	22.5	其　　　他	1.9	1.6
基　督　教	3.9	4.9	无宗教信仰	30.5	24.3
佛　　　教	36.7	41.1	未　统　计	7.4	5.6

资料来源：BIR, *Community Profiles*: *Vietnam-born*, Canberra: Australian Government Publishing Service, 1990, p.33; Christine Mcmurray, *Community Profile 1996 Census Vietnam Born*, Melbourne: Department of Immigration and Multicultural Affairs, 1999, p.33。

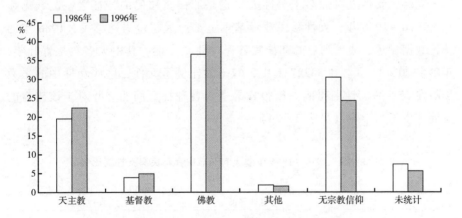

图 3 - 7　1986～1996 年澳大利亚越南移民宗教信仰状况

资料来源：依据表 3 - 22 的统计数据整理制成。

3. 菲律宾新移民人口特征与人文特征

（1）人口数量特征

20 世纪 70 年代以前，澳大利亚菲律宾移民数量相对较少。1901～1971 年的统计数据显示：菲律宾出生人口只占澳大利亚人口中的极少数量，到 1971 年大概只有 2550 人，其中大多数是有西班牙血统的混血人（meztizos）。由于总体数量较少，1975 年之前，这一群体在澳大利亚的影响力也相对有限。

而自 1972 年开始，随着澳大利亚废除"白澳政策"以及菲律宾积极的海外劳工移民政策的影响，菲律宾移民开始大批涌入澳大利亚。据澳大利亚人口统计数据显示，自 1991 年以来，菲律宾成为澳大利亚十大移民来源国之一（见表 3 – 23）。

表 3 – 23　1976～1996 年澳大利亚菲律宾移民人口与总人口

单位：人

	菲律宾移民人口总数	澳大利亚人口总数
1976	5800	14033083
1981	15800	14923260
1986	33727	16018350
1991	73144	16770635
1996	94700	18224767

资料来源：Janet Phillips and Michael Klapdor，*Migration to Australia since Federation：A Guide to the Statistics*，Canberra：Department of Parliamentary Serives，2011，p. 28。

同时，女性人口远多于男性人口也是菲律宾移民的特征之一。数据显示，1976～1996 年，女性移民数量基本上都远远超过男性移民，1986 年的统计数据显示，澳大利亚的菲律宾移民主要是女性。其中大多数是青壮年，年龄在 20～44 岁。在 33727 人中，67% 的比例是女性，这些女性中的半数年龄在 25～39。性别比例失衡很容易造成各种社会问题，并对于该族裔的发展产生不利影响（见表 3 – 24）。

表 3 – 24　1976～1996 年澳大利亚菲律宾移民男女性别比例

单位：%

	男性移民	女性移民
1976	39	61
1981	37	63
1986	33	67
1991	36	64
1996	35	65

资料来源：该数据引用自澳洲统计局网站：http：//www. abs. gov. au。

（2）移民类别特征

从移民类别上看，澳大利亚菲律宾移民主要由技术移民和家庭团聚移民组成。

在 20 世纪 70 年代初，来自菲律宾的移民大多数是富有的和有高文凭的；许多女性以护士的身份移入，她们以独立移民的身份到达，填补了护士领域的缺口。随着惠特拉姆的移民开放政策出台以后，她们中的大多数成了澳大利亚的永久居民。① 移民评估显示在 1976 年有 700 名菲律宾妇女嫁给有澳大利亚国籍的丈夫，通过家庭团聚移民的方式获得移民签证。

（3）文凭和英语熟练程度

根据 1986 年统计数字，菲律宾移民中 9833 人或 60.1% 的劳动人口有学术或技术的资格证书。其中 32% 的人也有本科学位，2.2% 的人有更高学历，1.4% 的人有硕士文凭。8.9% 的人有技能测试证书，26.2% 的人有其他证书。另外，已经移民澳大利亚的菲律宾人多是精通英语的。统计数字显示 46.4% 的人讲非常熟练的英语。93.4% 的劳动人口英语讲得好或非常好。

（4）经济生活特征

从就业状况看，根据 1986 年统计数据显示：菲律宾总移民人口中的 48.7%、16438 人为劳动人口，占劳动年龄人口的 58.1%，其中大部分是女性，占总比例的 65.4%。但是男子中参加工作的比例更高，为 74.7%，女性仅为 52.1%。16438 名劳动人口中 14365 人或 87.4% 的人被雇佣，其中大多数从事白领工作，占总数的 60.7%。这一比例尤其适用于女性，但是在男性中，从事白领工作的仅为 50.2%。

从受雇者经济收入的分层看，有 20.6% 或 2944 人年收入为 15000~18000 澳元；有 17.6% 或 2513 人的年收入为 12000~15000 澳元；17.4% 或 2495 人的收入为 18000~22000 澳元。平均来说，菲律宾移民的个人年收入为 17000 澳元。但是男性平均收入远高于女性，为 20597 澳元对 15320 澳元。大约 7687 人或 22.7% 的菲律宾移民没有收入，其中 86.4% 为女性。②

① James E. Coughlan （ed.）, *The Diverse Asians: A Profile of Six Asian Communities in Australia*, Queensland: Griffith University Press, 1992, p. 57.

② James E. Coughlan （ed.）, *The Diverse Asians: A Profile of Six Asian Communities in Australia*, Queensland: Griffith University Press, 1992, p. 71.

（5）宗教信仰特征

历史上，菲律宾长期是西班牙的殖民地，天主教在菲律宾人中占绝对地位。因此，移民澳大利亚的菲律宾人中信仰天主教的比例极高。在 1996 年达 87.2%，这在澳大利亚亚洲移民中占有较高比例，远远超过华人、印度人和越南人等亚洲移民，这也成为菲律宾移民易于融入澳大利亚社会的原因之一。

综上所述，20 世纪 70 年代以来，澳大利亚逐渐摒弃传统的种族主义政策，多元文化主义成为其基本国策，并用以指导澳大利亚的移民和民族政策，从而带来了澳大利亚亚洲移民人口的迅猛增长及移民人口结构的巨大变化，同时也对各亚裔族群的社会特征产生了重大影响。总体而言，虽然这种影响在各亚裔族群身上表现会有所差异，但整体趋势大致类似，即族群人口迅速增加、移民人口文化教育水平普遍提升、英语语言水平有所改善、移民群体中技术移民人口比例在提高、移民群体更加年轻化，等等。而随着 20 世纪 90 年代霍华德政府上台之后移民政策的进一步调整与改革，这种发展趋势将表现得更为明显。

第四章 1996～2007 年霍华德政府时期
移民政策的调整及其对
亚洲新移民的影响

一 霍华德政府时期移民政策的调整

（一）霍华德政府前期移民政策的主要调整（1996～1999 年）

1. 移民政策调整的国际背景与国内因素

首先，全球化与国际移民。

国际移民是全球化的一个不可分割的重要组成部分。20 世纪 90 年代以来，国际移民伴随着全球化进程的加速而迅速扩展。随着贸易、金融的全球化流动，人口的跨境迁移也迅速地涌动于世界各个角落。"大规模的人口流动是由于全球化的加速引起的……移民不是一个孤立的现象：货物和资本流动的几乎同时，产生了人口的流动。"[①] 这种现象被当代一些理论家描述为继商品、资本之后的"全球化的第三大浪潮"。当今时代被认为是"移民的时代"。一方面，全球化进程的加速，全球经济联系的日益密切，信息通信和交通工具的进步，全球劳动力市场的逐渐形成，国际移民产业的发展以及移民社会网络的扩展等等，促使国际移民的性质、规模、流动方向等方面发生了改变。另一方面，伴随着当今世界商品、资本、信息的大规模跨国流动，势不可当的全球化趋势不仅开拓了人类视野，导致劳动力市场的跨国化，进而促使人们在就业上呈现高度的流动性，国际劳动力市场方兴未艾，

---

① Stephen Castles and Mark Miller, *The Age of Migration*: *International Population Movements in the Modern World*, London: Palgrave Macmillan, 2009, p. 4.

青壮劳动力特别是那些拥有较高的教育背景和专业技能的技术人才备受各国政府的青睐，逐渐成为世界各国竞相争夺的焦点。

其次，国际移民与知识经济。

自 20 世纪 90 年代以来，随着全球化的加速发展，以信息技术为先导的知识经济逐渐兴起。根据 1996 年国际经济合作与发展组织 （OECD） 的定义：知识经济是 "以知识为基础的经济" 的简称。知识经济是这样一种经济，即知识的生产、分配和使用成为推动经济增长、财富创造以及促进所有行业就业的主要推动力。[1] 与传统经济不同，知识经济的社会生产力决定性要素不再是机器、设备、能源等实体物质，而是人的智力、知识、创新、技能等脑力因素，产业价值和利润也大部分流入这一环节。知识经济的兴起与发展，导致发达国家的经济开始发生转型，由生产、制造为主的传统经济向以知识为基础的新经济转变。从社会层面上看，由工业社会向后工业社会转型。各国相继调整其经济结构，导致劳动力市场需求的性质逐渐发生改变，教育期望值上升，学历更加重要，人力资本的重要性日渐凸显，对专业技术的劳动力需求急剧增加。[2] 据统计，到 1999 年 6 月底，美国有 195580 人从事 IT 及相关行业，比 1995～1996 年度增加了 34%。此外，大约有四十万 IT 人才工作在其他行业领域。[3] 技术人才是创新发展最为重要的战略性资源，在知识经济时代下，"人才是第一资源" 已成为世界各国的共识。

再次，澳大利亚经济转型。

20 世纪八九十年代以来，随着经济全球化的加速发展，世界各国经济相互依赖程度日益加深，全球经济一体化趋势日益明显。为了更好地融入世界经济发展的潮流，澳大利亚自 20 世纪 80 年代中期开始，对其经济结构进行大刀阔斧的改革，以 "降低关税、减少贸易保护、开放国内市场，使澳大利亚市场与国际市场接轨，积极参与国际竞争"[4] 为重点的改革，促使澳

① Heather Davis, Terry Evans and Christopher Hickey, "A Knowledge-based Economy Landscape: Implications for Tertiary Education and Research Training in Australia", *Journal of Higher Education Policy and Management*, Vol. 28, No. 3, November, 2006, p. 231.

② OECD, *The Knowledge-based Economy*, Paris, 1996, p. 7.

③ Prime Minister's Sinence, Engineer and Innovation Council, *Driving The New Economy-Australia's Information and Communications Technology Research Base*, Occasional Paper, No. 6, 2000, p. 18.

④ Anthony Stokes, "The Impact of Globalisation on the Australian Economy", *Economic*, Vol. 37, No. 2, 2001, p. 26.

大利亚的经济开始发生转型，澳大利亚的产业结构发生了变化。（见表 4 - 1）传统产业部门如农业、矿业、制造业在国内生产总值中所占的份额越来越少，而现代服务业的发展则相当迅速，其在国内生产总值中所占的比重越来越大。到 20 世纪末，服务业产值约占国内生产总值的 80%。澳大利亚服务业成为吸收就业人员的主要行业。《2007 年度澳大利亚服务业发展趋势报告》公布的数据显示，1984～2006 年，澳大利亚服务业产值平均每年增长3.5%，服务业的就业人数平均增长 2.2%，超过了 1.7% 的平均增长水平。

表 4 - 1 澳大利亚经济产业占 GDP 的百分比

单位：%

年份	农业	矿业	制造业	服务业	总计
1900～1901	19.3	10.3	12.1	58.3	100
1955～1956	15.9	2.3	28.0	53.8	100
1968～1969	9.6	2.4	26.1	61.9	100
1980～1981	5.4	6.5	20.6	67.5	100
1991～1992	3.1	4.4	15.3	77.2	100
1999～1900	3.3	4.6	13.1	79.0	100

资料来源：John Nieuwenhuysen, Peter Lloyd and Margaret Mead, *Reshaping Australia's Economy*: *Growth with Equity and Sustainability*, Cambridge：Cambridge University Press, 2001, p. 37。本表根据原表翻译制成。

此外，进入 20 世纪 90 年代，新经济逐渐兴起，澳大利亚意识到科学技术对经济发展的重要性，重视科技创新，加大了高科技领域研究与开发的力度。1999 年，OECD 公布的数据显示，澳大利亚在信息、科技领域的支出占其国内生产总值的比重在 27 个 OECD 国家中排名第三。一些与高科技密切相关的高附加值产业部门，如计算机、电子通信、信息技术等工业得到迅速的发展，促使澳大利亚劳动力市场需求发生变化，对拥有专业知识和技能的劳动力的需求剧增。战后澳大利亚实施的以家庭团聚类移民为主的移民政策，已经无法满足澳大利亚现实经济转型发展的需要，澳大利亚移民政策的改革势在必行。

最后，澳大利亚的移民政治问题。

移民政策作为澳大利亚的一项国家政策，其制定与实施，受澳大利亚国内政治体制之形塑，利益集团之左右，公众舆论之导向以及宗教文化之制约。

战后，澳大利亚公众对移民尤其是亚洲移民的看法逐渐发生了改变。特别是 20 世纪 70 年代"白澳"政策的废除以及多元文化政策的推行，澳大利亚公众对移民的态度发生了重大转变。1996 年，澳大利亚政府就移民问题向社会进行一份问卷调查，结果显示 44% 的澳大利亚人认为目前的移民人数合适，31% 的澳大利亚人认为目前的移民人数太多，还有 10% 左右的澳大利亚人认为目前的移民人数太少。由此可以看出，霍华德联合政府上台之际，"全球一致、无人种、肤色或国籍之歧视"的移民政策和"多语言、多种族、多文化"的多元文化政策已经深入人心，一半左右的澳大利亚人支持政府的移民计划，至少对其不予以反对。

然而，就在霍华德政府上台执政之际，澳大利亚政界平静的水面下涌动着一股反对移民的逆流。1996 年 3 月，一族党领袖保琳·汉森（Pauline Hanson）当选为议会议员，同年 9 月，她在议会发表首次演讲中就警告说，"我们正处于被亚洲移民吞没的危险之中"，亚洲移民"有他们自己的文化传统和宗教，以及独特的聚居形式，他们不能被同化"。① 因此，为了保持澳大利亚主流社会的正统性，她要求对目前的移民政策进行彻底的检查，减少移民尤其是亚洲移民人数以及废除多元文化政策。汉森带有强烈的种族主义色彩的演讲立即引起澳洲社会舆论的哗然。霎时间，澳大利亚社会掀起一股关于移民问题的争论。

移民问题的政治化使移民问题再度成为澳大利亚公众舆论关注的焦点。社会主流评论猛烈抨击澳大利亚政府，尤其是霍华德总理对汉森的议会演讲没有进行谴责，指出此举释放出一个十分危险的信号，极易误导澳大利亚民众而且给澳大利亚的国际声誉带来了不可估量的负面影响。与此同时，澳大利亚国内的经济利益集团，尤其是以信息技术产业部门为代表的高技术企业集团坚决反对汉森关于严格限制移民的做法。他们对霍华德联合政府施加了巨大压力，宣称："如果没有技术移民，那么，在知识经济条件下，将削弱澳

---

① James E. Coughlan and Deborah J. McNamara, *Asians in Australia: Patterns of Migration and Settlement*, South Melbourne: Macmillan Education Australia Pty Ltd, 1997, p. 9.

大利亚企业的国际竞争力"。① 并且指出，美国已经制定并实施吸引技术人才的移民政策，澳大利亚应该效仿美国。

面对社会各界的压力，霍华德政府认为，在国际国内新形势下，任何带有种族主义色彩的政策都不得人心，澳大利亚应该以国家利益为重，在经济理性主义的指导下，对澳大利亚的移民政策进行适当调整。

2. 移民政策调整的主要措施

（1）技术移民政策

鉴于国内外形势的变化，霍华德政府上台后，重新平衡移民计划，将澳大利亚移民计划的重心转移到技术类移民。首先，增加技术移民的份额。1995～1996 年度，澳大利亚吸收的技术移民数量为 24100 人，到了 1998～1999 年度，其人数增至 35000 人。其次，制定技术移民职业清单。1999 年 4 月，澳大利亚移民局制定技术移民职业清单（Skills Occupation List，SOL），对规定的职业划分为 60 分（第一类别职业）、50 分（第二类别职业）和 40 分（第三类别职业）三种职业类别。随后，澳大利亚移民局在出台的《关于独立类和澳大利亚依亲技术移民类别的评审报告》（*Review of the Independent and Skilled-Australian Linked Categories*）中又制定了技术移民优先职业清单（Migration Occupation in Demand，MODL），MODL 的制定，"有助于工业部门和州及领地政府获得它们发展所需要的技术移民"，其基本目标是"为长期一直处于技术工人短缺的职业引进技术移民，并且确保大规模入境的技术移民不会导致当地劳动力过剩的局面的发生"。② 最后，完善技术移民选择标准。推行强制性英语语言测试（Mandatory English Language Testing），其范围几乎覆盖了当时所有行业的职业清单；实行移民前资格筛选（Pre-Migration Qualifications Screening），霍华德政府将移民审查的权力逐渐转移到专业机构手中，以便客观、公正、合理、有效地评估技术移民申请者的技能。

（2）家庭团聚移民政策

虽然"家庭对个体成员在物质、情感和精神支持等方面发挥着重要的作用，……一个完整的家庭有助于家庭成员以饱满的热情创建美好的

---

① Bob Birrell，"Immigration Policy and the Australian Labour Market"，*Economic Papers*，Vol. 22，No. 1，March 2003，p. 41.

② Bob Birrell，Lsleyanne Hawthorne and Sue Richardson，*Evaluation of the General Skilled Migration Categories*，Canberra：Department of Immigration and Multicultural Affairs，March 2006，p. 119.

生活"，① 但国内外形势的变化迫使霍华德政府不得不对家庭团聚类移民计划进行调整。

首先，限制家庭团聚类移民入境。霍华德政府规定，所有的家庭团聚类移民在入境后两年内不再享有福利，特别救济金也被取消。其次，对作为移民配偶或未婚配偶的所有签证进行严格审查，以保证申请者的婚姻状况的真实性和持续性。最后，霍华德政府于 1997 年将"让步家庭移民"更改为"依亲技术移民"。这样绝大多数的让步家庭移民必须通过英语语言能力测试。由于霍华德政府对家庭团聚移民类别的限制，导致家庭团聚移民人数不断下降。其人数从 1995～1996 年的 56700 人下降至 1998～1999 年的 32040人，其中移民配偶签证从 1995～1996 年的 33550 人下降至 1998～1999 年的25000 人。

（3）短期类移民政策

20 世纪 90 年代以来，随着交通运输和通信技术的进步、全球化的加速发展、国际劳动力市场的逐渐形成以及国际移民产业的发展等原因，促使移民的跨国流动方式发生了重大变化，移民的跨国流动越来越多的是短期类移民而不是永久性移民。霍华德政府上台后，大力发展短期类移民，制定和推行许多新的签证吸引大批短期类移民来澳工作、学习和生活。

澳大利亚短期类移民签证主要包括 457 类签证、访问者（包括旅游、商务访问等）、假期工作签证以及留学生签证等。其中，457 类短期技术移民签证和留学生签证尤为引人注目。457 类签证于 1996 年创建，该签证主要将澳大利亚雇主提名的外国技术工人来澳工作的时间从 3 个月延长至 4年，使澳大利亚雇主更方便快捷地担保海外技术工人，在一定程度上满足澳大利亚经济发展对技术工人的需求。另外，霍华德政府鼓励留学生申请技术移民。规定从 1999 年 6 月开始，凡在澳大利亚获得文凭、贸易类资格证书或者相关学历的外国留学生，如申请的职业在技术移民优先职业清单（MODL）上，则可以优先申请移民，并且无须工作经验。同年 7 月又规定，对完成学业获得相关证书的外国留学生申请技术移民给予 5 分的加分。

（4）人道主义移民政策

与其他的移民政策相比，这一时期的人道主义移民政策则没有显著的变

---

① RCOA, *Family Reunion and Australia's Refugee and Humanitarian Program*: *A Discussion Paper*, NSW: Refugee Council of Australia, 2009, p. 2.

化。主要是继续沿用前工党政府时期实行的"强制拘留"政策，只是在 1999 年引入了一项新的临时保护签证，这种签证给予那些政府不予认可却以难民身份进入的申请者给予 3 年的保护期，期满后视情况而定，或回国或移民澳大利亚。

霍华德政府前期对移民政策的调整主要是在经济理性主义的指导下，抛弃前工党政府"失衡、失控"的移民计划，根据本国经济发展需求和劳动力市场供求状况的变化，将移民计划的重心由家庭团聚类移民转移到技术类移民，增加永久性技术移民名额的同时削减家庭团聚类移民人数，发展短期类移民计划，接受人道主义难民但有所选择，限制新进移民的社会福利，不断提高移民政策的完整性。

（二）霍华德政府后期移民政策的主要调整（2000~2007 年）

1. 移民政策调整的基本因素

首先，澳大利亚人口结构正在发生转型，人口老龄化加剧。

20 世纪 70 年代以来，随着澳大利亚人口出生率的下降以及人口预期寿命的延长，澳大利亚的人口结构开始悄悄地发生变化。1975 年的"柏里报告"（Borrie Report）就曾注意到，澳大利亚人口开始出现老龄化现象，并呼吁社会各界对人口老龄化现象给予必要的关注。

进入 21 世纪，澳大利亚人口老龄化速度加快，人口年龄结构发生改变。图 4-1 深色部分清楚地显示，自 2000 年以来，澳大利亚的人口老龄化速度明显加快。另据澳大利亚生产力委员会（Productivity Commission）在 2005 年发布的一份研究报告中称，联邦成立初期，澳大利亚老龄化人口很少，大约 25 个澳大利亚人中才有 1 个 65 岁或以上的人。目前，澳大利亚每 8 个人中就有 1 个 65 岁或以上的人，预计到 2044 年，澳大利亚平均每 4 个人中就有一位老龄化人口。[①] 人口老龄化导致了澳大利亚人口的年龄结构发生了显著变化。

图 4-2 显示，1925 年，澳大利亚的人口年龄结构呈金字塔形状，老年人口占总人口的比例很小，65 岁或以上人口的比例不到 1%。到了 2000 年，澳大利亚人口的年龄结构呈现蜂箱式形状，青少年人口的比例明显下降，老

---

① Productivity Commission, *Economic Implications of an Ageing Australia*, Research Report, Canberra, 24 March 2005, xiii.

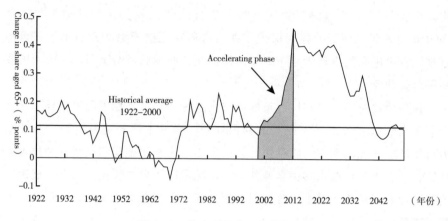

图 4 - 1　澳大利亚人口老龄化年代

资料来源：Productivity Commission, *Economic Implications of an Ageing Australia*, Research Report, Canberra, 24 March 2005, p. 9.

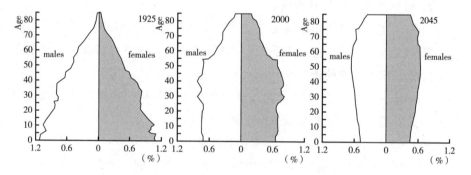

图 4 - 2　1925 ~ 2045 年澳大利亚人口年龄结构变化情况

资料来源：Productivity Commission, *Economic Implications of an Ageing Australia*, Research Report, Canberra, 24 March 2005, xiv.

年人口的比例有所上升。预计到了 2045 年，澳大利亚人口的年龄结构将呈棺材形状，老龄化人口的数量增加，其比重将明显超过中青年人口在总人口中所占的比重。

　　澳大利亚人口老龄化对澳大利亚经济繁荣产生了重要影响。2002 年，澳大利亚政府发布一份 "人口代际报告"（the Intergenerational Report），最后得出澳大利亚人口老龄化是澳大利亚目前经济繁荣的最大挑战。[①] 劳动力

---

① Jessica Brown and Oliver Marc Hartwich, *Populate and Perish? Modelling Australia's Demographic Future*, Policy Monographs, Population and Growth Series 1, 2010, p. 5.

的增长规模与生产率是澳大利亚经济增长的决定性因素。[①] 在假定的劳动力
增长速度情况下，人口老龄化减少促进澳大利亚未来经济发展所需的劳动力
供给，进而导致国内生产总值的单位资本增长率在未来一段时间将持续下
降。如图 4 - 3 所示，由于老龄化问题，澳大利亚 GDP 的单位产值在未来十
几年内将持续下降。

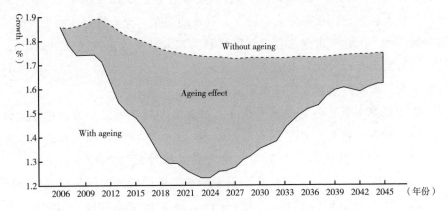

图 4 - 3　澳大利亚经济增长与老龄化的关系

资料来源：Productivity Commission, *Economic Implications of an Ageing Australia*, Research Report, Canberra, 24 March 2005, p. 127.

　　针对目前人口老龄化发展的现状，"我们应该调整我们的移民政策，
减少人口老龄化的规模或其增长速度。"[②] 拥有比澳大利亚本国人口更高
出生率以及年龄更年轻的移民的大规模涌入，可以延缓澳大利亚人口老
龄化的进程。数据表明，如果移民人数到 2012 年下降为零并一直保持
这个水平，那么到 2050 年，27.3% 的澳大利亚人口的年龄将为 65 岁或
以上。假设每年有 10 万移民，那么这一比例将降至 24.5%，若每年有
18 万移民入澳，则此比例将降至 22.7%，若每年有 30 万移民，则此比
例将会进一步下降至 20.7%。如果没有移民，澳大利亚适于工作年龄的
人口与老龄人口的比例为 2∶1，如果每年移民 30 万，上述的比例则会变成

---

① Peter McDonald, Jeromey Temple, *Immigration*, *Labour Supply and Per Capita Gross Domestic Product*: *Australia 2010 - 2050*, Final Report, Australian Demographic and Social Research Institute, Australian National University, Canberra, May 2010, p. 1.

② P. McDonald and R. Kippen, *The Impact of Immigration on the Ageing of Australia's Population*, Canberra: Department of Immigration and Multicultural Affairs, May 1999, p. 3.

3∶1。因此，移民在减轻人口老龄化对澳大利亚带来的负面影响方面作用甚大。①

总之，移民对我们的社会有利。一个老龄化社会是一个没有创造力和活力的社会，而一个年轻化的澳大利亚社会却截然相反。移民以及与其密切相关的移民政策和计划在延缓澳大利亚老龄化进程，及其产生的影响方面发挥着重要作用。② 澳大利亚前移民部部长伊文斯曾直言不讳地指出，"我们必须记住澳大利亚正在面临着人口转型，更多的澳大利亚人将退休而更少的人将参加工作。因此，永久性技术移民计划为澳大利亚未来发展提供稳定的、持久的以及更有针对性需求的技术移民来源。"

其次，矿业持续繁荣对技术劳动力的需求。

矿业是澳大利亚经济的重要产业。纵观澳大利亚历史，每次矿业繁荣都对澳大利亚经济社会产生深刻的影响。③ 进入 21 世纪，澳大利亚正在经历着历史上的第五次矿业的繁荣。澳大利亚统计局 （Australian Bureau of Statistics，ABS） 的统计数据显示，由于能源、矿产资源的国际市场价格不断上涨，澳大利亚矿业产值占国内生产总值额比重由 2000 ~ 2001 年的 5.5% 上升至 2006 ~ 2007 年的 8.5%。矿业的固定资本投资占澳大利亚固定资本投资的比重由 2000 ~ 2001 年的 6.2% 上升至 2006 ~ 2007 年的 12.7%。④ 澳大利亚矿业是出口导向型产业。每年大约一半以上的矿产品用于出口，矿产品出口产值成为澳大利亚外汇收入的重要来源。据统计，2000 ~ 2001 年至 2006 ~ 2007 年，矿产品出口产值占澳大利亚货物和服务出口产值

① Peter McDonald, Jeromey Temple, *Immigration*, *labour Supply and Per Capita Gross Domestic Product*: *Australia 2010 – 2050*, Final Report, Australian Demographic and Social Research Institute, Australian National University, Canberra, May 2010, p. 3.

② G. Withers, *The Power of People*, Melbourne: CEDA Bulletin, October 1998, pp. 19 – 20.

③ 自第一批欧洲殖民者移民澳大利亚以来，在 200 多年的时间里，澳大利亚历史上共经历过 5 次矿业的繁荣。第一次是 19 世纪 50 年代的淘金热；第二次是 19 世纪晚期的矿业繁荣；第三次是 20 世纪 60 年代至 20 世纪 70 年代早期的矿业繁荣；第四次是 20 世纪 70 年代晚期至 20 世纪 80 年代早期的能源繁荣；目前澳大利亚矿业正在经历着历史上的第五次繁荣。详见 Bob Gregory and Peter Sheehan, *The Resources Boom and Macroeconomic Policy in Australia*, Australian Economic Report: Number 1, Centre for Strategic Economic Studies, Melbourne: Victoria University, November 2011, pp. 1 – 3; Ric Battelline, *Mining Booms and the Australian Economy*, Address to The Sydney Institute, Sydney, 23 February 2010, pp. 63 – 68。

④ Topp, V., Soames, L., Parham, D., and Bloch, H., *Productivity in the Mining Industry*: *Measurement and Interpretation*, Productivity Commission Staff Working Paper, December 2008, p. 8.

的比重从 31.8% 上升至 40.7%，超过服务业成为澳大利亚最大的出口创汇产业。（见表 4-2）

表 4-2 2000~2001 年和 2006~2007 年澳大利亚产业出口份额和就业比例情况
（出口份额 就业人数比例）

类别	2000~2001	2006~2007	2000~2001	2006~2007
农业、林业和渔业	18.7	11.7	4.1	2.9
矿业	31.8	40.7	0.9	1.3
制造业	17.5	13.6	12.3	10.2
服务业和其他	32.0	34.1	82.8	85.6
经济总量	100.0	100.0	100.0	100.0

资料来源：ABS, International Trade in Goods and Services 2008, Cat. No. 5368.0 Table 3，根据原表整理翻译制成。

澳大利亚矿业是资本密集型产业。[1] 随着中国等新兴经济体对能源矿产资源需求的不断增加，澳大利亚不断加大对矿业的投资力度以增加产能。据统计，矿业部门的投资额占澳大利亚 GDP 的比重从 2001~2002 年的 1% 上升至 2007~2008 年的 3%，预计到 2013~2014 年，这一比例将达到 7% 左右。[2] 大量矿业新项目上马或在建，对技术工人的需求急剧增加。澳大利亚农业和资源经济部的数据显示，大约有 74 个矿业项目完成或在建，其价值约为 1125 亿澳元，而这些矿业项目的建设大约需要新增 100000 个技术劳动力。[3] 澳大利亚矿业部门的就业率年均增长约 10.4%，而 2000~2001 年至 2006~2007 年，矿业部门的就业率实际增长了只有 0.4%（见表 4-2）。技术工人短缺严重影响了矿业部门生产力的提高。2000~2001 年到 2006~2007 年，澳大利亚矿业部门的多因素生产力（Multifactor Productivity, MFP）

---

[1] 资本密集型产业是指需要较多的资本投入的行业和部门。据统计，在澳大利亚矿业部门中，资本投资占单位成本的比重约为 76%，高于制造业的 38%、建筑业的 30% 以及农业的 60%。

[2] Bob Gregory, Peter Sheehan, *The Resources Boom and Macroeconomic Policy in Australia*, Australian Economic Report: Number 1, Centre for Strategic Economic Studies, Melbourne: Victoria University, November 2011, vii.

[3] NRSET, *Resourcing the Future: National Resources Sector Employment Taskforce*, Discussion Paper, Australian Government, March 2010, p. 13.

下降了 24.3%。① 澳大利亚国立大学的人口学家彼特·麦克唐纳（Peter McDonald）写道，"在未来几年内，澳大利亚矿业将继续繁荣，许多矿业项目合同已经签订。矿业繁荣直接或间接地成为推动劳动力需求增加的主要推动力，澳大利亚矿业部门正面临着劳动力短缺的严峻形势。"② 如果没有技术移民，不仅直接影响澳大利亚矿业的持续繁荣，而且严重制约着澳大利亚经济的长远发展。很明显，澳大利亚没有足够的人口满足其发展需求，为了未来的发展与繁荣，我们需要移民。③

最后、"坦帕"事件对人道主义移民计划的影响。

2001 年 8 月 26 日，一艘载有 400 余名避难寻求者的小船从印尼前往澳大利亚圣诞岛的途中沉没。一艘名为"坦帕"（Tampa）的挪威货船营救了小船上的所有人。起初，坦帕号船长阿恩·瑞纳（Arne Rinnan）打算将这些获救者送回印尼，但却遭到获救者的粗暴拒绝。无奈之下，坦帕号只好掉航继续开往圣诞岛。然而，霍华德政府却公开宣称，不允许坦帕号进入澳大利亚水域，并且封闭港口，禁止任何人登陆。此举一出，世界舆论哗然，纷纷谴责霍华德政府，然而霍华德政府的态度却非常强硬，迅即颁布《2001 年边境保护法》以及实施拦截计划等措施，"坦帕"事件发生。经过多方势力数周斡旋，最终霍华德政府出台了"太平洋解决方案"（Pacific Solution），事件才得以暂时平息。

2. 移民政策调整的主要内容

（1）技术移民政策

首先，调高独立类技术移民通过分。2002 年，霍华德政府将独立技术移民的通过分由 1998 年规定的 100 分调升至 115 分；2004 年 4 月 1 日，澳大利亚移民局又宣布，独立类技术移民通过分在 2002 年规定的 115 分的基础上再增加 5 分，即 120 分。这在一定程度上增加了技术移民申请者的难度。其次，修改技术移民职业清单。自 1999 年制定 MODL 清单以来，鉴于

---

① Topp, V., Soames, L., Parham, D., and Bloch, H., *Productivity in the Mining Industry: Measurement and Interpretation*, Productivity Commission Staff Working Paper, December 2008, p. 7.

② P. McDonald, *Demand for Workers will Outstrip Fears about Resources*, The Australian, 10 May 2010, p. 14.

③ C. Bowen, *Immigration Paves Our Way into the Asian Century*, The Australian, 9 March 2012, viewed 19 March 2012, http://parlinfo.aph.gov.au/parllnfo/search/display/dispaly.w3p; query = ld%3A%22media%2Fpressclp%2F1484417%22.

澳大利亚劳动力市场需求的变化，霍华德政府分别于 2002 年和 2005 年连续两次对其做出重大修改，尤其是 2005 年的修改将优先职业种类增至近 60种。（见表 4 - 3）

表 4 - 3　2002 年、2005 年澳大利亚公布的技术移民优先职业清单

时间	职业	手艺人
2002 年 10 月	IT 类、会计、医院药剂师、零售药剂师、理疗师、助产士、注册护士、医疗诊断、放射科技师	理发师、厨师、家电修理工
2005 年 11 月	IT 类、会计、土木工程师、牙医、化学工程师、全科医生、麻醉师、皮肤科医师、妇产科医师、理疗师、眼科医师、内外科医师、放射科技师、注册护士、药剂师、精神科医师	厨师、理发师、家电维修工、汽车修理工、机器制造工、电子仪表类技工、管子工、泥水匠、木工、家居装饰工、金属类技工

资料来源：Bob Birell，Lsleyanne Hawthorne and Sue Richardson，*Evaluation of the General Skilled Migration Categories*，Canberra：Department of Immigration and Multicultural Affairs，March 2006，p. 125. 本表根据原表翻译整理制成。

（2）商业投资移民政策

为了吸引更多的海外精英来澳投资创业，改善澳大利亚的投资环境，推动澳大利亚经济发展，2003 年 3 月 1 日，霍华德政府对商业投资移民政策进行全面调整。主要内容包括：取消原来的打分制度，取而代之的是以商业背景和个人资产来检验申请者的资格；只要符合澳大利亚州或地区政府担保的条件，则无须雅思成绩；获得审批成功的申请者可获得为期 4 年的临时居留签证，之后赴澳定居并创业成功 2 年后即可申请永久移民签证。

（3）短期类移民政策

首先，规范和完善 457 类技术移民签证。主要措施包括：提高 457 类技术移民的最低年薪。2002 年 11 月，霍华德政府将 457 类技术移民的最低年薪从 2001 年的 34075 澳元调升至 35828 澳元；从 2001 年 7 月开始实施劳动力市场测试制度（Labour Market Testing）。确保能够雇用到符合澳大利亚劳动力市场需求的技术工人的同时不会降低本国人从事相类似工作的薪酬水平和工作条件；规定 457 类技术移民的职业。2001 年，移民局规定 457 类技术移民只能从事经营管理者、专业人员、手艺人和专业人员助理四类职业，旨在满足澳大利亚劳动力市场对某些技术工人的需求；加快 457 类技术移民审批程序。为了便利 457 类移民的申请，2003 年，移民局开通了 457 类网上电子版的雇主提名和签证申请程序，目的是加快简化其入境手续，缩短移

民审批时间。

其次，进一步支持留学生申请技术移民。霍华德政府于 2001 年 7 月正式规定，允许在澳完成规定学业或获得澳大利亚学历、相关从业资格证书的外国留学生无须离开澳洲即可申请技术移民。2003 年 7 月，澳大利亚移民局又宣布，海外留学生在澳期间完成 2 年学业并获得学位或者相关从业资格证书，即可获得 5 分的加分；在澳获得学士学位与硕士学位或相同学历者，即可获得 10 分的加分；而对于在澳居住至少攻读 2 年并获得博士学位的海外留学生给予 15 分的加分。2007 年 9 月，澳大利亚政府再次提高留学生的学历加分，将后两者的分数分别提高到 15 分和 20 分。

（4）人道主义移民政策

"坦帕"事件发生后，霍华德政府立即对人道主义移民计划进行诸多调整，这就是众所周知的"太平洋解决方案"（Pacific Solution），后来又改称为"太平洋策略"（Pacific Strategy）。首先，制定和完善相关的法律和法规。这些法律包括《2001 年边境保护法》《2001 年移民修正法案》以及移民法的一些补充方案。其次，在瑙鲁和马努斯建立境外拘留中心，将非法入境人员关押至此。此举标志着澳大利亚人道主义移民政策发生重大转变，由"境内拘留"转为"境外关押"。最后，实施拦截计划。霍华德政府授予澳大利亚皇家海军在澳大利亚水域阻拦非法船只入境的权利。

总之，"坦帕"事件是霍华德政府时期人道主义移民计划调整的重要转折点。之前，霍华德政府主要是继承前工党政府时期实施的以境内关押为主的"强制拘留"政策，"坦帕"事件之后，霍华德政府调整人道主义移民计划，由"境内拘留"转为"境外关押"，澳大利亚人道主义移民计划由宽松转为严厉。

二 亚洲新移民主要社会特征变化与分析

（一）概况

1996 年 3 月，以约翰·霍华德（John Howard）为首的自由党—国家党联盟赢得了澳大利亚大选的胜利。面对国际、国内形势的新变化，原有的移民政策已经无法适应澳大利亚经济与社会发展的现实需要。上台执政后的新政府，以澳大利亚国家利益为根本出发点，在经济理性主义的指导下，对澳大利亚的移民政策进行行之有效的调整。这一调整必然会对澳大利亚亚洲移民人口和社会产生重大影响。概括而言，这种影响主要存在于两个层面：其一，对亚洲移民整体人口结构的影响；其二，对各亚裔族群人口结构及主要社会特征的影响。

1. 对亚洲移民整体人口结构的影响

（1）亚洲移民人口数量持续增长，较之 90 年代之前更加迅猛。

1996~1997 年度澳大利亚接受亚洲移民共计 39742 人，至 2006~2007 年度已增至 88711 人，十年内人口增量高达 594892 人，平均每年度亚洲对澳移民近 6 万人，而这段时间内澳洲全部移民人口增量为 1478298 人，平均每年度移民人口近 15 万人，其中亚洲移民人口占比高达 40.2%，且这些年里每年度亚洲移民占澳洲移民人口总量整体呈稳定上升趋势，其平均年增长率为 12.3%。[1] 而在 20 世纪 90 年代中期之前的十年，亚洲共对澳移民 470811 人，平均每年对澳移民人口仅为 4.7 万左右，平均年增长率仅为 3%。[2]

（2）亚洲移民地区来源结构形成了东北亚、东南亚、南亚三分天下之势。[3]

1996~1997 年度至 2006~2007 年度这段时间，亚洲各区域对澳移民人口总量增长基本情况如下：东南亚从 13610 人增至 26192 人；东北亚从 18958 人增至 31584 人；南亚从 6695 人增至 28475 人；中亚从 479 人增至 2460 人。十年间，各区域人口增长率分别为 92.4%、66.6%、325.3%、413.6%，各自平均增长率为 9.2%、6.7%、32.5%、41.3%。由于亚洲各区域对澳人口增长率差异较大，使得这十余年澳大利亚亚洲移民地区来源格局出现了不同于以往的格局：东南亚移民占比总体呈下滑趋势，尤其是新千年以后；东北亚移民人口亦因中国香港、台湾对澳移民人口的下滑亦有下降；南亚移民人口则迅猛增长，至霍华德政府执政末期已超过 30%；中亚移民人口虽增幅最大，但因其基数太小，故在亚洲移民人口份额中的比例几乎无足轻重。

由此而来，这十余年，澳大利亚亚洲移民人口地区来源结构大致形成了三足鼎立之势。亚洲移民地区来源结构之所以能够形成如此格局，根本上还

---

① 参见"澳大利亚亚洲移民人口基本情况"表。
② 根据第三章"澳大利亚亚洲移民人口"计算得出。
③ 下文相关数据参见"澳大利亚亚洲移民情况"表。

是由于霍华德政府执政以来，越来越欢迎技术移民而限制亲属移民和人道主义移民，这一方面限制了各国人口可赖以移民澳洲的亲属移民和人道主义移民这种便利通道，而迫使诸如越南、菲律宾、日本、中国香港、中国台湾等对澳移民较早的国家或地区人口不能再方便地使用这种宽松移民路径，从而限制了这类移民人口在澳移民数量的增长；另一方面，也为没有在澳亲属关系，亦无法诉求于人道主义移民方式的移民人口移民澳洲提供了新出路，使得他们可以依靠技术，而非亲属关系移民澳洲，而这样的人群大多来自经济正处于蓬勃上升期的发展中国家或地区，诸如中国大陆、印度等国。而这很大程度上也使得新千年初期，澳大利亚亚洲移民来源国结构变化呈现与以往不一样的特点。

表4-4 澳大利亚亚洲移民情况

单位：人，%

亚洲各区域移民人口					亚洲移民总量	澳移民总人口	亚洲各区域移民占澳亚洲移民人口总数比例				亚洲移民占澳总移民人口比例
年度	东南亚	东北亚	南亚	中亚			东南亚（%）	东北亚（%）	南亚（%）	中亚（%）	
1996~1997	13610	18958	6695	479	39742	104551	34.2	47.8	16.8	1.2	38.0
1997~1998	12040	12901	5952	708	31601	94198	38.1	40.8	18.8	2.2	33.5
1998~1999	13554	13535	5581	893	33563	101016	40.4	40.3	16.6	2.7	33.2
1999~2000	13987	15590	8837	999	39413	111310	35.5	39.6	22.4	2.5	35.4
2000~2001	17218	19836	12243	563	49860	131162	34.5	39.8	24.6	1.1	38.0
2001~2002	19668	17045	12626	742	50081	121174	39.3	34.0	25.2	1.5	41.3
2002~2003	21037	17084	12905	1094	52120	125862	40.3	32.8	24.8	2.1	41.4
2003~2004	22881	21171	16662	1403	62117	149992	36.8	34.1	26.8	2.3	41.4
2004~2005	23685	25342	19692	1693	70412	167319	33.6	36.0	28.0	2.4	42.1
2005~2006	24460	27540	22506	2766	77272	179807	31.7	35.6	29.1	3.6	43.0
2006~2007	26192	31584	28475	2460	88711	191907	29.5	35.6	32.1	2.8	46.2

资料来源：Department of Immigration & Border Protection, *Historical Immigration Statistics*, Commonwealth of Australia, 2016。

（3）亚洲移民人口国别结构变化。[①]

20世纪90年代以来，亚洲对澳移民增幅甚大，但亚洲各区域、各国对

---

① 见表4-5"亚洲各国和地区对澳移民人口数量排名"表。

澳移民人口增长却各有不同，由此使得亚洲移民人口国别结构也发生了一些变化。整体来看，与以往相比，主要出现如下几个方面的不同：（1）南亚大国印度成为仅次于中国大陆的澳大利亚海外移民来源国。1996～1997 年度，印度仅排名第五位，年度移民仅 3067 人，但之后强势增长，至 2006～2007 年时印度对澳年度移民已达 19823 人，而当年度中国大陆对澳移民亦不过 2 万多一些，且其与排名第三位的菲律宾年度移民数量相差 2 倍多。（2）发展中国家成为澳大利亚亚洲移民主要来源地。在 1996～1997 年度，澳大利亚亚洲移民来源国移民人数最多的国家和地区中，尚有中国香港、中国台湾、日本、韩国等发达国家和地区，但之后十年的发展变迁，发达国家或地区对澳移民人口增长普遍难以堪比发展中国家对澳移民的人口增长，使得中国香港、中国台湾、日本在 2006～2007 年度时皆已退出对澳移民前十排行榜，而仅有韩国、新加坡，从而使得 2006～2007 年度亚洲对澳移民排行榜上发展中国家或地区占了八席。即便如此，新加坡排名亦仅为第十位，至次年即 2007～2008 年便又被孟加拉国超过，落至十名之外。[①] 可见，在澳大利亚亚洲移民来源国结构中，已彻底变成以发展中国家移民为主导力量。（3）中国大陆、印度成为澳大利亚主要亚洲移民来源国。新千年以来，中国大陆和印度已经成为澳大利亚主要的亚洲移民来源国，2006～2007 年度二者对澳移民人口已经占澳大利当年度全部亚洲移民人口总数的 47%，且这两国当年度对澳移民人口甚至超过排名前十的其他八个国家和地区当年度对澳移民人口总和（超万余人）。

表 4 - 5　亚洲各国和地区对澳移民人口数量排名

单位：人

1996～1997			2001～2002			2006～2007		
1	中国大陆	9945	1	中国大陆	9888	1	中国大陆	21820
2	中国香港	4191	2	印　度	7787	2	印　度	19823
3	菲律宾	3536	3	印　尼	5821	3	菲律宾	6368
4	越　南	3284	4	菲律宾	3619	4	马来西亚	4837
5	印　度	3067	5	马来西亚	2659	5	韩　国	4255

①　参见 Department of Immigration & Border Protection, Historical Immigration Statistics, Commonwealth of Australia, 2016 中的 "Permanent additions, 1996 - 1997 to 2007 - 2008" 数据模块。

续表

1996～1997			2001～2002			2006～2007		
6	中国台湾	2354	6	越　　南	2634	6	斯里兰卡	3771
7	斯里兰卡	2171	7	斯里兰卡	2526	7	越　　南	3547
8	印　　尼	2149	8	中国台湾	2140	8	印　　尼	3166
9	韩　　国	1234	9	韩　　国	2044	9	泰　　国	2965
10	日　　本	1119	10	新加坡	1985	10	新加坡	2512

资料来源：Department of Immigration & Border Protection, *Historical Immigration Statistics*, Commonwealth of Australia, 2016。

2. 对各亚裔族群人口结构及主要社会特征的影响

20 世纪 90 年代以来，由于霍华德政府一方面全方位推进以技术移民引进为核心的移民政策改革，另一方面执行大量移民政策，使得澳大利亚移民人口总量逐年大幅度增长，从而使得澳大利亚亚洲移民人口增量及来源构成发生了很大的变化。然而，在澳大利亚亚洲移民人口大幅增长、移民人口地区和国别来源结构亦发生诸多变化的同时，各亚裔族群的基本社会特征也随着时代的变迁而发生了诸多不同以往的变化：在移民人口越来越年轻化，移民群体地区分布越来越多元化的同时，亦有向经济发达地区尤其是大都市继续聚集的趋势；移民人口大多为技术移民、文化素质和受教育水平更高、英语语言沟通能力更好，等等。下文仍旧以中国大陆华人移民（必要时兼及中国香港和台湾移民）、印度移民、越南移民和菲律宾移民的基本情况为例进行阐释说明。

（二）华人新移民主要社会特征的变化与分析

1. 人口特征

（1）人口规模与构成

霍华德政府执政时期，澳大利亚华人总数不断增加，中国赴澳新移民的规模不断扩大。澳大利亚统计局 2006 年的人口普查报告显示，澳大利亚华人有 669890 人。与 2001 年的人口普查相比，5 年间，澳大利亚华人数量增加了 115326 人，年均增长约 4.07%，是澳大利亚总人口年均增长率的 3.52 倍。

澳大利亚华人总数的不断增加，除当地华人人口的自然增长之外，主要是由于中国赴澳新移民人数增加引起的。（见表 4 - 6）

表4－6 1996～2007年澳大利亚华人新移民的人数情况

单位：人

年份	家庭团聚类				技术类				总计
	大陆	香港	台湾	总人数	大陆	香港	台湾	总人数	
1996～1997	5381	736	292	6409	2065	2830	1712	6607	13016
1997～1998	3015	665	245	3925	1890	2816	1359	6065	9990
1998～1999	3965	442	187	4594	2547	1473	1221	5241	9835
1999～2000	3633	510	182	4325	2417	955	1153	4525	8850
2000～2001	3060	404	235	3699	3713	1106	1481	6300	9999
2001～2002	3608	435	283	4326	4963	916	1299	7178	11504
2002～2003	3912	523	263	4698	5628	1364	1111	8103	12801
2003～2004	4681	713	291	5685	8741	1532	524	10797	16482
2004～2005	4871	569	313	5753	8953	1904	650	11507	17260
2005～2006	5008	58	350	5416	12672	1939	710	15321	20737
2006～2007	6037	673	330	7040	14688	1515	678	16881	23921

资料来源：根据澳大利亚统计局（ABS）相关数据整理制成。

从表中可以得出两个结论：其一，霍华德政府时期中国赴澳新移民中，家庭团聚类移民人数所占比例越来越小，而技术类移民人数则不断增加，其中主要是来自中国大陆的新移民。1996～1997年，技术移民占移民计划的比例仅为37％，而到了2006～2007年，这一比例上升至66％。其主要原因在于，霍华德政府时期将移民政策调整的重点由家庭团聚类移民转移到技术类移民，增加技术移民配额的同时限制家庭团聚类移民人数；其二，与香港、台湾地区的新移民人数相比，大陆新移民成为赴澳华人新移民最重要的组成部分，尤其是技术移民人数逐年上升。造成这一现象的原因主要是"内推外拉"。一方面，中国大陆实行改革开放之后，经济持续高速发展，人们的富裕程度提高，有力地推动赴澳华人新移民人数的增加；另一方面，霍华德政府将移民政策的天平向技术移民倾斜，增加技术移民名额，对大陆技术移民产生巨大的吸引力。

（2）年龄与性别构成

在澳大利亚，华人新移民的特点是年轻化。2006年的人口统计数据显示，中国大陆新移民的平均年龄为 39.3 岁，香港和台湾地区的新移民的平均年龄分别为 35.8 岁和 29.6 岁。而同期海外移民和澳大利亚人的平均年龄分别为 46.8 岁和 37.1 岁。

表 4 - 7 华人新移民的年龄情况（2006 年人口统计数据）

单位：人，%

年龄组	大陆		香港		台湾		澳大利亚	
	人数	百分比	人数	百分比	人数	百分比	人数	百分比
0～14 岁	7231	3.5	4021	5.6	1730	7.1	3490092	24.8
15～64 岁	173948	84.2	64117	89.3	22055	90.6	9020761	64.2
65 岁及以上	25411	12.3	3662	5.1	585	2.4	1562097	11.1
总计	206590	100	71800	100	24370	100	14072950	100

注：表中数据是以出生地为准进行统计的。
资料来源：根据澳大利亚统计局（ABS）的统计数据整理制成。

从表 4 - 7 中可以看出，来自中国台湾的新移民中，适于工作年龄段（15～64 岁）的人数比例最高为 90.6%，其次是香港的 89.3%，大陆最低仅为 84.2%，但仍明显高于澳大利亚适于工作年龄段的比例（64.2%）。这不仅说明澳大利亚华人新移民整体上比较年轻，而且还充分体现了霍华德政府时期，移民政策调整选择年轻移民这一目的。

2006 年的人口统计数据显示，无论是来自中国大陆，还是香港、台湾地区，女性移民人数普遍高于男性移民，其性别比分别为 82.3%、78.3% 和 92.6%。而澳大利亚的性别比为 97.1%，高于中国大陆、香港和台湾的华人新移民的性别比例。（见表 4 - 8）

表 4 - 8 华人新移民性别情况（2006 年人口统计数据）

单位：人，%

性别	大陆		台湾		香港		澳大利亚	
	人数	百分比	人数	百分比	人数	百分比	人数	百分比
男性	93280	45.2	10700	43.9	34530	48.1	6931760	49.3
女性	113310	54.8	13660	56.1	37270	51.9	7141190	50.7
总计	206590	100	24360	100	71800	100	14072950	100

注：表中数据是以出生地为准进行统计的。
资料来源：根据澳大利亚统计局（ABS）的统计数据整理制成。

（3）来源地分布

来自中国大陆、香港和台湾地区的新移民人数不断增加（见表4－9）。澳大利亚2006年人口统计数据显示，来自中国大陆地区的新移民人数为206589人。与2001年人口普查的142780人相比，增加了63809人，增幅达44.7%，5年间，中国大陆赴澳新移民年均增加1万多人，成为继英国和新西兰之后，澳大利亚第三大海外移民群体。与此同时，来自香港和台湾地区的新移民人数分别为71803人和24368人。与2001年的人口普查结果相比，分别增加了4682人和1950人，增幅达7.0%和8.7%。

表4－9　中国大陆、香港和台湾地区新移民人数统计情况

单位：人，%

出生地	2006年人口统计	2001年人口统计	2001～2006年移民人数变化	增长率
大陆	206589	142780	63809	44.7
香港	71803	67121	4682	7.0
台湾	24368	22418	1950	8.7

资料来源：DIAC，*The People of Australia—Statistics from the 2006 Census*，2008，p. 3，p. 4，p. 7，本表根据原表整理制成。

华人新移民居住比较集中，主要集中在大城市。来自中国大陆、香港和台湾地区的新移民主要聚居在新南威尔士州、维多利亚州和昆士兰州。其人数分别为160449人、78800人和32412人。以居住城市而言，中国大陆、香港的新移民主要集中在大城市，有一半左右的人口居住在悉尼和墨尔本市等。

（4）移民类别的变化

1996年，霍华德政府上台后，在经济理性主义的指导下，对澳大利亚的移民政策进行调整。调整之一，重新平衡移民计划，将移民政策的重点由家庭团聚类移民转移到技术类移民。这一时期，在赴澳的华人新移民中，虽然家庭团聚类移民人数有所增加，但技术移民逐渐占据支配地位。（见表4－10）

表 4 - 10　1996～2007 年澳大利亚华人新移民的人数情况

单位：人，%

年份	家庭团聚类				技术类				总计
	大陆	香港	台湾	总人数	大陆	香港	台湾	总人数	
1996～1997	5381	736	292	37176	2065	2830	1712	34676	73587
1997～1998	3015	665	245	31281	1890	2816	1359	34446	66840
1998～1999	3965	442	187	32038	2547	1473	1221	34895	67821
1999～2000	3633	510	182	32017	2417	955	1153	35352	70237
2000～2001	3060	404	235	33461	3713	1106	1481	44721	80597
2001～2002	3608	435	283	38082	4963	916	1299	53507	93054
2002～2003	3912	523	263	40794	5628	1364	1111	66053	108072
2003～2004	4681	713	291	42229	8741	1532	524	71243	114362
2004～2005	4871	569	313	41736	8953	1904	650	77878	120064
2005～2006	5008	585	350	45291	12672	1939	710	97336	142933
2006～2007	6037	673	330	50079	14688	1515	678	97922	148200

资料来源：根据澳大利亚统计局（ABS）相关数据整理制成。

值得关注的是，移民类别的差异对华人新移民的家庭团聚方式产生了一定的影响。来自香港和台湾地区的技术移民，他们先把妻儿送到澳洲定居，然后自己做"太空人"。而来自中国大陆的技术移民，他们出国多是单身男性，待取得居留权之后，才把自己的妻儿带到澳洲。因此，移民类别的不同，导致他们的家庭团聚方式呈现一定的差异。

调整之二，学生签证数量的增加。霍华德政府为了鼓励外国留学生移民澳洲，规定从 2001 年 7 月起，允许在澳大利亚完成学业获得澳大利亚学历、相关从业资格证书的外国留学生无须离开澳洲即可申请技术移民。"留学—移民"模式使澳洲中国留学生人数一路攀升。据统计，2000 年，澳大利亚的中国大陆留学生人数仅为 14948 人，而到了 2001 年，其人数已升至 26844 人。在短短的一年时间里，来自中国大陆的留学生人数增加了 11896 人，增幅达 80%。从此，中国成为澳大利亚海外留学生的第一生源地。2007 年，中国留学生人数已达到 45106 人，占澳洲留学生总数的 18%。

总之，霍华德政府时期对澳大利亚移民政策的调整，导致其移民类别发生相应的变化，进而对各类赴澳华人新移民产生不同的影响。

2. 人文特征

（1）语言情况

2006 年人口统计数据显示，一半以上的华人新移民有纯熟的英语语言能力，即他们的英语口语很好，甚至只讲英语。其中，来自香港的新移民的英语能力最高，其比例与澳大利亚总体人口水平保持一致，其次是台湾和大陆。（见表4-11）

表4-11　华人新移民的英语语言能力（2006年人口统计数据）

单位：人，%

英语能力	大陆		台湾		香港		澳大利亚	
	人数	比例	人数	比例	人数	比例	人数	比例
说英语好或非常好	128125	64.7	17354	74.9	54005	84.9	805573	86.2
说英语不好或一点也不会	68518	34.6	5653	24.4	9287	14.6	98127	10.5
合　计	198030	99.3	23170	99.3	63610	99.5	934540	96.7

注：表中数据是以出生地为准进行统计的。
资料来源：根据澳大利亚统计局（ABS）的统计数据整理制成。

此外，华人新移民在家说各种中文的人数和比例都在不断增加。最近三次人口普查结果显示，1996年有344319人；2001年有401357人，比上次普查增加了16.57%；2006年有500467人，比上次普查增加了24.69%。在澳大利亚说各种中国话的华人新移民中，讲广东话的人最多，说普通话的人稍微少一些，还有少量讲方言的人。在2006年的人口统计中，在台湾出生的绝大多数新移民（88.6%）在家讲普通话，而在大陆出生的人在家说普通话的比例只有59.4%。另外，近30%的在大陆出生的新移民在家说广东话，而在香港出生的新移民在家讲广东话的比例高达84.5%。还有2.5%的台湾出生的新移民在家讲闽南话。这不仅表明一半以上的华人新移民具有较好的双语能力，而且还体现了澳大利亚华人新移民语言的多样性。

（2）教育程度

霍华德政府时期，华人新移民的总体受教育水平较高。（见表4-12）2006年人口统计数据显示，来自中国大陆、香港和台湾地区的新移民中，分别有42.2%、45.7%和50.2%的新移民拥有高等教育背景，几乎占华人新移民人数的一半左右，远远高于澳大利亚人口的平均教育水平（21.9%）。这不仅反映了中国改革开放以来经济发展和教育水平的提高，同时也显示了1996年霍华德政府上台后移民结构调整的趋势和导向。

表4-12　华人新移民的受教育情况（2006年人口统计数据）

单位：人，%

受教育情况	大陆	香港	台湾	澳大利亚
本科及以上	31.9	36.1	41.3	14.7
高级文凭	10.3	9.6	8.9	7.2
3、4级证书	3.6	4.1	3.8	15.6
12年教育或同等教育学历	30.4	28.2	6.2	18.1
少于12年教育	20.1	19.9	18.9	40.0
无教育经历	3.7	2.1	20.9	4.4

资料来源：DIAC，*The People of Australia—Statistics from the 2006 Census*，2008，pp. 57 – 59，本表根据原表翻译整理制成。

（3）就业与职业状况

就业率是衡量澳大利亚华人新移民经济生活状况的一个重要指标。2006年澳大利亚人口统计数据显示，澳大利亚华人新移民的失业率均高于澳大利亚人口的平均水平。（见表4-13）在就业方面，香港出生的华人新移民的就业率最好，接近于澳洲人口的平均就业水平，中国大陆的新移民次之，台湾新移民的就业率最差。

表4-13　澳大利亚华人新移民的就业情况（2006年人口统计数据）

单位：人，%

出生地	市场参与率	失业率
大　　陆	56.3	11.2
台　　湾	50.3	11.2
香　　港	63.3	6.6
澳大利亚	64.6	5.2

资料来源：根据澳大利亚统计局（ABS）的人口统计数据整理制成。

从在澳大利亚所从事的职业来看，华人新移民的职业选择突破了老华人移民从事传统行业的取向，朝着多元化方向发展。（见表4-14）自20世纪80年代以来，来自香港和台湾地区的新移民中，经济移民一直占支配地位。因此，接近一半的人从事管理类和专业类职业，高于澳大利亚人口的平均水平。而来自大陆的新移民从事专业类和技工、贸易类的职业所占的比重较大，主要与霍华德政府对技术移民政策调整，重点吸收海外技术移民有关。与老华人移民相比，华人新移民的职业取向出现两种发展态势：一是从事服务性或无技术工种的华人新移民的比例下降；二是越来越多的华人新移民从事专业类、管理类和技术性职业。

表4－14　澳大利亚华人新移民的职业情况（2006年人口统计数据）

单位：人，%

职业	大陆	香港	台湾	澳大利亚
管理类	12	10.7	15	13.2
专业类	21.8	35.9	32.9	18.8
技工和贸易类	14.3	10.6	7.5	14.8
行政和文职类	10.1	15.3	14.3	15.1
销售类	9.8	8.0	12.8	10.8
劳动类	14.2	5.1	5.2	10.0

资料来源：根据澳大利亚统计局（ABS）的人口统计数据整理制成。

从上表中我们还可以看出，来自中国大陆的新移民从事劳工类职业的比重远远高于香港和台湾地区，甚至高于澳大利亚人口总体的平均水平。这主要是由于大陆新移民赴澳时多为单身，待取得永久居留权之后，将自己的配偶带到澳洲，而通过家庭团聚类移民的这部分人，一般不具备专业的技能和熟练的英语语言能力。因此，他们一般只能从事一些简单的劳工类的工作，导致来自大陆的新移民从事劳工类的比例比较高。

（三）印度新移民主要社会特征的变化与分析

1. 人口特征

（1）人口规模与构成

霍华德政府上台执政后进一步调整移民政策。20世纪90年代末期，霍华德政府放弃了传统上对家庭团聚移民和人道主义移民的人文关怀，转而强调对移民"质量"的经济理性关注，从而形成了一种以技术移民选择为核心的新移民政策体系。[①] 这为印度人移民澳大利亚进一步打开了方便之门，使得印度移民以惊人速度涌入澳大利亚。1996～1997年度只有3196人移民澳大利亚，2000～2001年度对澳移民增加至5813人，2006～2007年度更增

---

① 颜廷：《移民与回流：近十余年澳大利亚华人与印度人跨国人口迁移比较研究》，《南亚研究》2016年第1期，第129页。

至 19505 人，这与十年前相比，印度年度移民人口增长了 5 倍（见表 4 -
15）。大量印度移民的到来，使得该群体规模逐渐扩大。1996 年澳大利亚人
口普查时，印度移民人口有 77551 人，2001 年有 95452 人，2006 年印度移
民规模已经扩大到 147111 人，占澳大利亚总人口的 0.7%，这与 10 年澳大
利亚印度人口规模相比，增长了 89.7%。这仅仅是印度出生移民数，加上
从其他国家移民来的印度人以及在澳大利亚本土出生的印度人，澳大利亚印
度裔群体规模更大，2001 年，澳大利亚印度裔人口 156628 人，在澳大利亚
所有族裔中排名第 11;① 2006 年，澳大利亚印度裔总人口增长为 234720 人，
占澳大利亚总人口的 1.2%，排名第 10。②

表 4 - 15　1996 ~ 2007 年印度人年度移民澳大利亚人口

单位：人，%

年度	人口	年度	人口
1996 ~ 1997	3196	2002 ~ 2003	9749
1997 ~ 1998	3095	2003 ~ 2004	11225
1998 ~ 1999	3231	2004 ~ 2005	11823
1999 ~ 2000	5042	2005 ~ 2006	16661
2000 ~ 2001	5813	2006 ~ 2007	19505
2001 ~ 2002	7573	合计	96913

资料来源：DIBP, Australian Government, "Country Profile-India", https: //www. border. gov. au /
about/reports - publications /research - statistics /statistics /live - in - australia /country - profiles /india.

（2）年龄与性别比例

霍华德政府时期，随着大规模印度移民的入境，澳大利亚印度移民年龄
结构逐渐发生变化。进入 21 世纪，印度移民年轻化程度大大加快，移民的
总体平均年龄越来越小，年龄中位数大幅下降，2006 年降至 35 岁，比 1996
年减少 6 岁。而同期海外移民和澳大利亚人的年龄中位数分别为 47 岁和 37
岁。从下面 2001 年、2006 年澳大利亚印度移民年龄金字塔结构图可以看
出，处于 20 ~ 44 岁年龄层的占很大比重，尤其是 2006 年，25 ~ 29 岁年龄

---

① Department of Immigration and Multicultural and Indigenous Affairs (DIMIA), *The People of
Australia: Statistics from the 2001 Census*, Outsource Australia Print and Copy, 2003, p. 55.

② Department of Immigration and Citizenship (DIAC), *The People of Australia: Statistics from the
2006 Census*, SGS Economics and Planning, 2008, p. 52.

层的人数最多，从而从整体上拉低印度移民的平均年龄。印度这种突出年轻化的年龄结构分布特点正反映出来自印度的新移民多为技术移民（技术移民对年龄有严格要求，要求在 18～45 岁）和留学生。这批新移民更具活力，为澳大利亚提供了大量可以直接参与劳动力市场的人力资本，并对延缓澳大利亚社会的老龄化趋势具有一定积极作用。

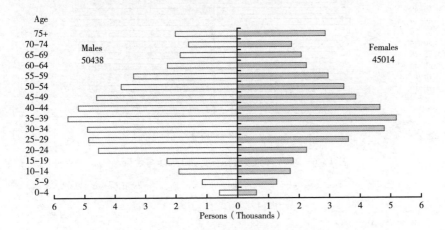

图 4 - 4　2001 年澳大利亚印度新移民的年龄与性别结构

资料来源：DIMIA，*The People of Australia：Statistics from the 2001 Census*，Outsource Australia Print and Copy，2003，p. 15.

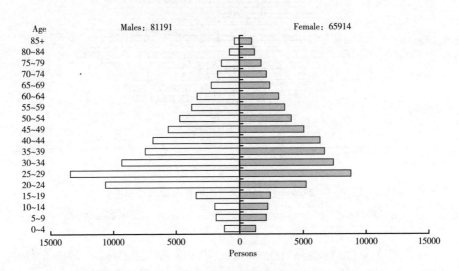

图 4 - 5　2006 年澳大利亚印度新移民的年龄与性别结构

资料来源：DIAC，*The People of Australia：Statistics from the 2006 Census*，2008，p. 23.

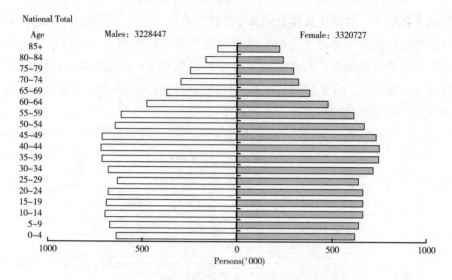

图 4 - 6　2006 年澳大利亚总人口年龄与性别结构

资料来源：DIAC, *The People of Australia*：*Statistics from the 2006 Census*, 2008, p. 21.

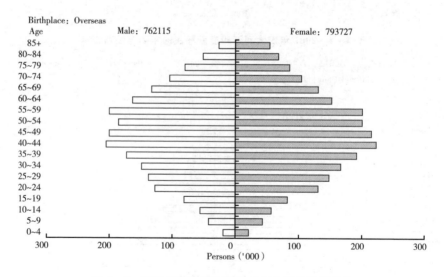

图 4 - 7　2006 年澳大利亚海外移民年龄与性别结构

资料来源：DIAC, *The People of Australia*：*Statistics from the 2006 Census*, 2008, p. 21.

　　在性别结构上，印度移民在 20 世纪 70～90 年代初保持了 20 年的性别比例平衡，但是从 20 世纪 90 年代以来，印度移民在性别比例上又开始失衡。1991 年人口普查时，印度移民男女比例基本持平，此后，男性移民数量超过女性移民，2001 年人口普查时，印度男性移民 50438 人，女性移民 45014 人，比男性少 10.7%，男女比例 10∶9。2006 年时，男性移民数量占 55.2%，女性移民占 44.8%，男女比例 11∶9，男女性别结构失衡更加明显。

表 4 - 16　1996～2006 年澳大利亚印度移民男女性别比例

时间	男性移民（人）	比重（%）	女性移民（人）	比重（%）	总数（人）
1996	39677	51.2	37874	48.8	77551
2001	50438	52.8	45014	47.2	95452
2006	81196	55.2	65915	44.8	147111

资料来源：根据澳大利亚 1996～2006 年人口普查数据整理制成。

（3）来源地与在澳地理分布

2001 年澳大利亚人口普查数据显示，表明自己有印度裔血统的人口有 156639 人，其中来自印度的人口最多，66081 人，占 42.2%，其次是在澳大利亚出生的印度裔，占 22.4%；第三大来源地是斐济，占 17.3%，这主要是因为 1987 年和 2000 年斐济国内政乱，导致大量印度移民二次移民，其中部分人口移民到澳大利亚。

表 4 - 17　2001 年澳大利亚印度裔出生地分布

出生地	印度	澳大利亚	斐济	马来西亚	南非	新加坡	英国	其他	总数
人数	66081	35089	27048	4402	2836	2797	2620	15766	156639
比重	42.2%	22.4%	17.3%	2.8%	1.8%	1.8%	1.7%	10%	100

资料来源：DIMIA，*The People of Australia*：*Statistics from the 2001 Census*，2003，p. 63.

在选择移民居住地方面，随着大规模印度移民的到来，尽管各州印度移民群体规模都在扩大，但是增幅不尽相同，在澳大利亚的地理分布比例悄然发生变化。印度移民对新南威尔士和维多利亚的喜爱程度依然不减。尽管 2006 年时，新南威尔士的印度移民在全澳所占比例比 2001 年略有下降，但是人数增加了近 2 万人；维多利亚州的印度人数量从 2001 年开始快速增加，到 2006 年 5 年中印度移民人数增加了 2.2 万人，比新南威尔士新增印度移民要多，其印度移民数量占全澳的 35.8%，比十年前增加了 4.5%。

此外，选择南澳的印度移民也越来越多，尽管 2001 年时比例有所下降，但 2006 年时又有所回升。西澳是印度人分布变化较大的另一个州，印度人所占比例还在逐年减少，2006 年时比 1996 年减少了 6%。昆士兰州以及其他州的印度人数量各有增加，但在全澳所占的比例变化不大。此外，2006 年时，超过 90% 的印度移民居住在各大首府城市，其中悉尼和墨尔本最多，36% 的印度移民居住在悉尼，34% 的人选择居住在墨尔本；其他首府城市拥有澳大利亚 21% 的印度移。①

表 4 - 18　2001 ~ 2006 年澳大利亚印度移民在各州分布情况

分布地	2001 年				2006 年			
	男性	女性	总数	比重(%)	男性	女性	总数	比重(%)
新南威尔士	20467	17420	37887	39.7	31335	25701	57036	38.8
维多利亚	16348	14280	30628	32.1	29988	22742	52730	35.8
昆士兰	3926	3381	7307	7.7	6123	5028	11151	7.6
南澳	1931	1757	3688	3.9	4057	2795	6852	4.7
西澳	6346	6739	13085	13.7	7493	7659	15152	10.3
塔斯马尼亚	234	283	517	0.5	415	401	816	0.6
北领地	260	263	523	0.5	309	296	605	0.4
首都领地	929	885	1814	1.9	1473	1288	2761	1.9

资料来源：根据澳大利亚 1996 ~ 2006 年人口普查数据整理制成。

（4）移民类别

霍华德政府时期，在经济理性主义的指导下，澳大利亚移民政策逐渐将天平偏向注重人才质量的技术移民。在这一时期，澳大利亚家庭团聚类移民和技术移民数量都有增加，但技术移民增加速度更为迅猛，所占比重逐渐加强（见图 4 - 8）。1996 ~ 1997 年度，家庭团聚类移民有 1056 人，技术移民有 2098 人，技术移民人口数是家庭团聚类移民人口数的 2 倍。1997 ~ 1998 年度到 2006 ~ 2007 年度家庭团聚类移民数量增长缓慢，平均每年增加 258 人，在 1997 ~ 1998 到 1999 ~ 2000 年度期间甚至出现负增长，每年不足 1000 名家庭团聚类移民。相对的技术移民却得到澳大利亚政府的偏爱，尤其是 2000 年以后技术移民数量成倍增加，增长劲头强势，从 1996 ~ 1997 年度至 2006 ~ 2007 年度十年间平均每年增加 1377 人。2006 ~ 2007 年度技术移民数量是 15865 人，是十年前的 7.6 倍。该年度技术移民数量已经是家庭团聚类移民数量的 4.4 倍，比十年前的差距翻一番。

① ABS, *Expanding links with China and India*, *Australia Social Trends 2009*, Cat. 4102.0, 2009.

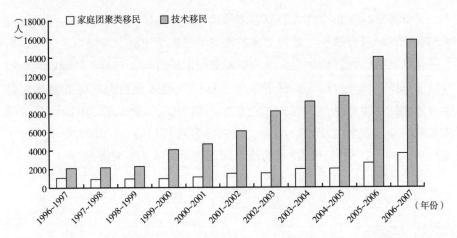

图 4 - 8　1996~2007 年澳大利亚印度家庭团聚类与技术移民数量

资料来源：DIBP，Australian Government，"Historical Migration Statistics"，表中数据根据其中的"Migration Programme Outcome by Stream and Citizenship，1996 - 1997 to 2013 - 2014"数据模块中相关数据整理制作。

　　霍华德政府时期，澳大利亚印度留学生数量显著增加。从表 4 - 19 中，可以看出 2000 年以后，印度留学生数量增加快速。1999 年，澳大利亚印度留学生数量 8608 人，占澳大利亚国际留学生总数的 6.9%，排名第五。至 2007 年，印度留学生 35804 人，占国际留学生总数的 13.5%，和 1999 年相比，人数上增长了 316%，所占比重增加一倍，已经成为澳大利亚最大的国际留学生群体之一。

表 4 - 19　1999~2007 年澳大利亚印度留学生数量

时间	印度留学生（人）	国际留学生总数（人）	比重（%）
1999	8608	120555	6.9
2000	5481	130801	4.2
2001	2744	102331	2.7
2002	2903	110572	2.6
2003	6529	186102	3.5
2004	11523	204794	5.6
2005	17256	213892	8.1
2006	22869	234844	9.7
2007	35804	265999	13.5

资料来源：Hugo，Graeme，"In and out of Australia：Rethinking Chinese and Indian Skilled Migration to Australia"，*Asian Population Studies*，Vol. 4，No. 3，2008，p. 275.

　　大量印度学生留学澳大利亚有多种因素：一是澳大利亚政府为了发展澳大利亚的国际教育事业，鼓励更多的海外学子留学澳洲，对留学生政策做出了一定的调整，允许留学生在澳洲获得相应学历后可以直接在澳洲就地申请移民而不需在境外申请，这种"留学－移民"模式吸引大批海外留学生赴澳，他们往往将留学澳大利亚作为移民的第一步。1999 年，中印两国留学生数量占海外留学生总量的 13%，分别排名第六和第五；2007 年，二者比重达到 34.4%，中国和印度成为澳大利亚最大的留学生来源地。①

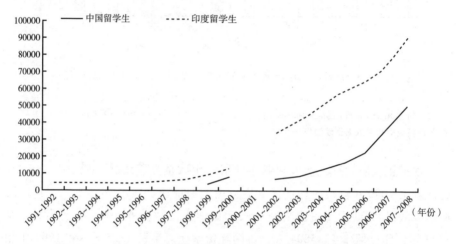

图 4 - 9　1991 ~ 2008 年澳大利亚中国与印度留学生数量增长趋势

　　资料来源：Graeme Hugo, "The Indian and Chinese Academic Diaspora in Australia: A Comparison", *Asian and Pacific Migration Journal*, Vol. 19, No. 1, 2010, p. 93.

　　二是 2001 年美国"9·11"事件对美国国际留学教育产生了影响，美国收缩学生签证比例，使得留学美国之路变得艰难，原先打算留学美国的部分学生转向其他国家，一部分留学澳大利亚。②

　　此外，澳大利亚各类私立教育机构扩大招生规模，澳大利亚政府在国际留学政策上也积极吸引印度留学生，增加印度留学生签证比例；另外澳大利亚的留学费用相比英美国家要更便宜，这也是印度留学生选择原因之一。当然最直接的原因就是印度社会中上层阶级拥有大量财富，非常重视对子女的

---

①　Hugo, Graeme, "In and out of Australia: Rethinking Chinese and Indian Skilled Migration to Australia", *Asian Population Studies*, Vol. 4, No. 3, 2008, p. 273.

②　Hugo, Graeme, "In and out of Australia: Rethinking Chinese and Indian Skilled Migration to Australia", *Asian Population Studies*, Vol. 4, No. 3, 2008, p. 274.

教育的投资。

在印度移民类别中，还有一类需要注意，那就是持 457 签证入境的临时性技术移民。1996 年，澳大利亚政府引入 457 签证，这是一种商务工作签证，由雇主担保申请资格，可在澳洲工作 4 年，以弥补澳大利亚劳动力人才市场的短缺以及对特殊人才的需要。1998~2007 年，印度人持 457 签证进入澳大利亚的人数逐渐增加，1998 年，持 457 签证移民数量只有 943 人，2007 年，这一数量增加到 9943 人，比 1998 年增长了 943%。2007 年时，印度成为澳大利亚 457 签证第二大来源国，这与他们拥有良好的英语语言基础有一定关系。这些持有 457 签证的临时性技术移民在期满后很多人会申请永久居住，从临时性移民转变为永久性移民。

表 4-20 1998~2007 年澳大利亚印度人持 457 签证移民数量

年份	1998	1999	2000	2005	2006	2007	1998~2007 增长率(%)	2006~2007 增长率(%)
人数	943	1618	2607	4007	5889	9943	954	69

资料来源：Hugo, Graeme, "In and out of Australia: Rethinking Chinese and Indian Skilled Migration to Australia", *Asian Population Studies*, Vol. 4, No. 3, 2008, p. 276.

2. 人文特征

（1）语言情况

2006 年人口普查时，澳大利亚印度移民中有 93.5% 的人口可以很熟练地使用英语。在家庭语言使用中，英语也是印度移民使用最多的语言，有 34.4% 的印度移民在家庭中使用英语，另外两大语言是印地语和旁遮普语，分别占 19.9% 和 10.3%。[①]

此外，随着大量印度新移民的到来，印度裔族群中在家说各种母语的人数也在增加。印度本身民族众多、语言复杂，向海外移民后，在家庭用语中延续使用母语。在澳大利亚使用的印度语言中，使用印地语和泰米尔语的最多，2006 年人口普查时，使用印地语人数为 70008 人，占澳大利亚总人口的 0.4%；使用泰米尔语 32701 人，其次使用旁遮普语、乌尔都语、古吉拉特语和泰卢固语的移民人数也在增加。从家庭语言使用变化情况也可以分析

---

① ABS, "Census 2006-People Born in China and India", http://www.abs.gov.au/AUSSTATS/abs@.nsf/Lookup/3416.0Main+Features22008#Anchor10.

印度新移民的来源地。印地语和乌尔都语主要在北印度使用，而泰米尔语、泰卢固语主要在南印度使用。

表 4 - 21　澳大利亚印度语言使用情况

语种	1996 年	2001 年	2006 年	1996 ~ 2006 年增长率(%)
印地语	33989	47817	70008	106
泰米尔语	18690	24074	32701	82.5
旁遮普语	10943	14896	23163	112
乌尔都语	7689	12483	19289	151
古吉拉特语	5497	5497	11875	116
泰卢固语	1920	3484	8278	331

资料来源：根据澳大利亚移民局统计资料整理制成。DIAC, *The People of Australia*：*Statistics from the 2006 Census*, 2008, pp. 27 - 30；DIMIA, *The People of Australia*：*Statistics from the 2001 Census*, 2003, pp. 21 - 23.

（2）教育程度

受教育程度是影响就业和收入的重要因素。霍华德政府时期，澳大利亚印度新移民的受教育水平远高于澳洲本土出生人口受教育水平。2006 年人口统计数据显示，来自印度的新移民中，有 52.5% 的移民拥有本科及以上学历，占印度新移民人数的一半以上，而澳大利亚出生人口的这一水平仅有 14.7%。此外，在低学历水平上，印度新移民所占比例很低，只有 10.8%，而澳大利亚本土人口中 40% 的人处于低学历水平。澳大利亚印度新移民平均受教育水平高，可以说是霍华德政府的移民政策以技术移民为导向的结果。

表 4 - 22　2006 年澳大利亚印度移民学历水平

单位：%

学历水平	印度移民	澳大利亚出生人口
学士及以上	52.5	14.7
高级文凭	7.7	7.2
3、4 级证书	6.2	15.6
12 年教育或同等教育学历	19.8	18.1
少于 12 年教育	10.8	40.0
未说明	3.1	4.4

资料来源：DIAC, *The People of Australia*：*Statistics from the 2006 Census*, 2008, pp. 57 - 58.

（3）宗教信仰

霍华德政府时期，随着大量印度新移民的到来，印度教和锡克教在澳大利亚得到了广泛传播。2001 年人口普查时，澳大利亚印度新移民中信奉印度教的人数为 31938，占印度新移民总数的 33.5%[①]，比 1991 年增长了14.9 个百分点；锡克教徒人数为 9736，占 10.2%[②]，比 1991 年增长了 3.9个百分点。相应地，信仰基督教的人数比例在逐渐下降。

大量来自印度以及其他国家的印度教徒和锡克教徒，总体上使澳大利亚印度教徒与锡克教徒的规模在逐渐扩大。1996～2006 年，澳大利亚的印度教和锡克教规模分别增长了 120%，成为澳大利亚除基督教、伊斯兰教以外信仰最多的两个宗教。

表 4 - 23　1996～2006 年澳大利亚印度教与锡克教人数

单位：%

宗教	1996	2001	2006	1996～2006 增长率（%）
印度教	67279	95473	148117	120
锡克教	12017	17401	26428	120

资料来源：根据澳大利亚统计局统计资料整理制成。DIMIA，*The People of Australia*：*Statistics from the 2001 Census*，2003，pp. 44 - 45；DIAC，*The People of Australia*：*Statistics from the 2006 Census*，2008，p. 48.

（四）越南与菲律宾新移民主要社会特征的变化与分析

1. 越南移民

霍华德政府执政时期（1996～2007）的越南移民主要社会特征变化有以下几个方面：

（1）人口数量特征

20 世纪 90 年代后期，澳大利亚移民政策有了一定的调整。1996 年，霍华德政府颁布了致力于吸引更多技术性移民的新移民政策，并对家庭团聚型移民做出了更加严格的限制。在此影响下，越南移民历年迁入澳大利亚的人

---

① DIMIA，*The People of Australia*：*Statistics from the 2001 Census*，Outsource Australia Print and Copy，2003，p. 50.

② DIMIA，*The People of Australia*：*Statistics from the 2001 Census*，Outsource Australia Print and Copy，2003，p. 53.

数迅速减少。

数据显示，1991～1995 年，有 27314 名越南人移居澳洲，但 1996～2000 年，这一数字已下滑到 12490 人，而到了 2001 年到 2005 年期间，仅有 11269 名越南移民移居澳大利亚。随着历年移民人数的不断减少，越南移民人口增速也开始逐渐降低。

表 4－24　1996～2006 年澳大利亚越南移民人口情况

项目 年份	男性人口（人）	女性人口（人）	总人口（人）
1996	75247	75806	151053
2001	74954	79876	154830
2006	75290	84559	159849

资料来源：该数据引用自澳洲统计局网站：http：//www. abs. gov. au。

同时，越南移民的性别比例较之前出现了很大变化。90 年代初期越南移民中家庭团聚式移民的基数增加，澳大利亚经济转型带来的服务业飞速发展，都促使女性移民的数量迅速增加。1996 年的人口统计显示，越南女性移民人口首次超越了男性移民，达到了 75806 名，其所占的比例为该族裔总人口的 50.19%。这一趋势在新移民政策的影响下逐步增强，到 2006 年，越南女性移民占总人口的比例达到了 52.9%，这与 20 世纪 70～90 年代中期的情况有着很大不同。

表 4－25　1996～2006 年澳大利亚越南移民性别比例

单位：%

项目 年份	男性移民	女性移民
1996	49.81	50.19
2001	48.41	51.59
2006	47.10	52.90

资料来源：该数据引用自澳洲统计局网站：http：//www. abs. gov. au。

表 4－26　1991～2005 年澳大利亚越南移民抵澳时间

抵澳时间	越南移民
1991～1995	27314
1996～2000	12490
2001～2005	11269

资料来源：该数据引用自澳洲统计局网站：http：//www. abs. gov. au。

（2）移民类别特征

20 世纪 90 年代中期，随着国际局势的变化和澳大利亚的移民政策的深刻转变，越南移民选择的标准也随之发生变化，其主要特点为：

一方面，人道主义移民和家庭团聚式移民方式被迅速缩紧，随之而来的是所谓越南移民的"第三波移民浪潮"的结束；另一方面，经济移民（包括技术移民和商业移民）等方式开始逐步成为越南人移民澳大利亚的主流方式。

（3）年龄构成与教育背景特征

自 20 世纪 90 年代中期开始，澳大利亚越南移民的平均年龄处于逐年提升的态势，这与该族裔 80 年代显现的年龄特征与年龄构成有着较大差异（1986 年的数据资料显示越南移民的平均年龄为 26.2 岁）。数据显示，1996 年，越南移民的平均年龄为 33.41 岁，而到了 2006 年，该族裔的平均年龄已提升到 40.7 岁，远远超出了澳大利亚的平均年龄（36.67 岁）。从年龄构成的变化趋势来看，虽然澳大利亚居民整体的平均年龄都在逐步提升，但在提升速度上，越南移民显然更快，移民群体的老龄化趋势也在不断增强。可见，随着霍华德政府移民政策的调整、历年移民人数的迅速减少、90 年代中期家庭团聚式移民基数的增加，以及随着时间的推移，澳大利亚越南移民已不再是一个年轻的族裔群体。相反地，从年龄结构上看，其老龄化的趋势要远高于澳大利亚平均水平。

表 4-27　1996~2006 年澳大利亚越南移民与当地平均年龄状况

年份	越南移民平均年龄	澳大利亚平均年龄
1996	33.41	34.02
1997	34.19	34.40
1998	35.04	34.78
1999	35.83	35.12
2000	36.69	35.42
2001	37.54	35.69
2002	38.22	35.93
2003	38.79	36.13
2004	39.46	36.33
2005	40.13	36.52
2006	40.70	36.67

资料来源：该数据引用自澳洲统计局网站：http://www.abs.gov.au。

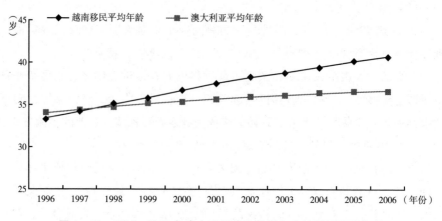

图 4 - 10 1996 ~ 2006 年澳大利亚越南移民与当地居民平均年龄

资料来源：该数据引用自澳洲统计局网站：http：//www. abs. gov. au。

同时，随着霍华德政府对于移民政策的大幅调整，越南移民受教育水平也开始发生改变。一方面，受教育水平相对较低的人道主义以及家庭团聚式越南移民移居澳大利亚的数量开始大量减少；另一方面，大批受过高层次教育的、语言水平相对较好的越南新移民的数量开始增加。同时，虽然由于年龄、文化及价值观等种种原因，很多第一代移民也不愿意在澳洲接受新的教育，其整体的受教育水平也相对偏低，但他们反而因此更加重视子女的受教育情况，越南移民高度重视子女接受大学教育，并对教师和接受过大学教育的人表现出极大的尊重，但同时对于职业教育或者职业培训的重视程度不足。2001 年的数据显示，越南出生的 15 岁及以上人口中，29% 的人拥有某一类的教育或职业资格证书，而澳大利亚的平均水平则为 46.2%；16.5% 的越南移民具有较高的学历（如研究生），5.5% 的拥有其他资格水平的证书（certificate-level qualifications），另有 15.2% 的越南移民正在接受高等教育或者职业教育等。这在一定程度上也表明，自 20 世纪 90 年代初以来，越来越多的澳大利亚的第二代越南移民接受了高水平的高等教育，并正在为许多包括学术研究、法律和医学等各个领域做出重大贡献。①

（4）经济生活特征

从就业率和失业率上看，越南移民一直受到失业问题的困扰，虽然这一

---

① Melvin Ember, Carol R. Ember, Ian Skoggard, *Encyclopedia of Diasporas*：*Immigrant and Refugee Cultures Around the World*, New York：Springer US, 2005, pp. 1141 - 1149.

问题在霍华德政府时期有逐步改善的趋势,但仍与当地平均失业率存在一定差距。20世纪90年代,随着大批越南移民的亲属通过家庭团聚型移民的方式来到澳大利亚,这一族裔的失业率仍然居高不下。20世纪90年代中期,官方统计的越南移民失业率为26.8%,是全国平均失业率的3.3倍。甚至一些调查人员认为,由于调查中存在着种种问题,该族裔的实际失业率可能高达35%以上。① 到21世纪,随着澳大利亚经济的发展、整体就业水平的提升以及越南移民社会融入程度的加深,其就业问题得到了相应的解决,2001年,越南移民整体的失业率为17.7%。然而,同期的澳大利亚平均水平为7.4%②,可见,该族裔总体的失业率在霍华德执政时期仍然是一个严峻的社会问题。

同时,随着越南移民社会融入程度的加深,以及历年来移民类型的变化,尤其技术移民的增多,越南移民的职业分布开始出现专业化、多样化的趋势。2001年,越南移民就业中技术人员的比例(42.6%)明显提升,半熟练工及非技术工的比例分别为30.7%和26.8%。这些技术人员的专业多集中于与工程学、自然科学及商业相关的领域。而医疗、社工和教育方面的专业性人才也在逐渐增加。

(5)在澳分布特征

1996年到2007年期间,澳大利亚越南移民的人口分布特征的发展仍保持着之前的态势,新南威尔士州和维多利亚州依然是该族裔的主要聚居地和越南新移民最主要的流入地。数据显示,1996年新南威尔士和维多利亚州的越南移民人口分别为61133人和55217人,占澳大利亚越南移民总人口的40.5%和36.6%;而到了2006年,这一比例仍然高达39.9%和36.8%。和之前相比,越南移民聚居在这两个州,尤其是悉尼和墨尔本这两大主要城市的趋势没有改变。同时,2006年的数据显示,越南移民在昆士兰州的居住比例有所提升,较1996年提高了0.7个百分点,占该族裔总人口的8.2%。高聚居度和低流动率依然是越南移民分布的主要特点,并容易导致族群飞地现象的出现。

---

① James E. Coughlan, "Occupational Mobility of Australia's Vietnamese Community: its Direction and Human Capital Determinants", *International Migration Review*, Vol. 32, No. 1, Spring, 1998.

② Melvin Ember, Carol R. Ember, Ian Skoggard, *Encyclopedia of Diasporas: Immigrant and Refugee Cultures around the World*, New York: Springer US, 2005, pp. 1141 - 1149.

表 4 - 28   1996 ~ 2006 年澳大利亚越南移民各州人口分布情况

年份	新南威尔士	维多利亚	昆士兰	南澳	西澳	塔斯马尼亚	北领地	堪培拉	总计
1996	61133	55217	10998	10657	10080	202	517	2247	151053
2001	63025	56664	11619	10472	10124	157	558	2211	154830
2006	63786	58878	13082	10547	10489	140	553	2373	159849

资料来源：该数据引用自澳洲统计局网站：http：//www. abs. gov. au。

表 4 - 29   1996 ~ 2006 年澳大利亚越南移民各州人口分布比例

单位：%

年份	新南威尔士	维多利亚	昆士兰	南澳	西澳	塔斯马尼亚	北领地	堪培拉
1996	40. 5	36. 6	7. 3	7. 1	6. 7	0. 1	0. 3	1. 5
2001	40. 7	36. 6	7. 5	6. 8	6. 5	0. 1	0. 4	1. 4
2006	39. 9	36. 8	8. 2	6. 6	6. 6	0. 1	0. 3	1. 5

资料来源：该数据引用自澳洲统计局网站：http：//www. abs. gov. au。

（6）宗教信仰特征

1996 年以后，越南移民的宗教信仰基本保持之前的特征，这一移民群体还是以信仰佛教和天主教为主。据统计，2006 年，超过 55% 的越南移民信仰以佛教为主的越南传统宗教，30% 的越南移民信仰天主教，3.1% 的越南移民信仰基督教，另有 11% 的越南移民没有特别的宗教信仰。该族群同时也成了全澳最广泛的佛教信众来源，据统计，澳大利亚约有 1/3 的佛教信众是越南裔[1]。同时，在越南移民中，祖先崇拜占有非常重要的地位，并且常常与其他宗教相结合，形成越南移民所独有的宗教文化。例如在越南"和好教"（Hoa Hao）"高台教"（Gao Dai）等宗教。

2. 菲律宾移民

霍华德政府执政时期（1996 ~ 2007）的移民政策改变主要表现为向技术移民倾斜，菲律宾移民主要社会特征变化有以下几个方面：

（1）人口数量特征

20 世纪 90 年代后期，澳大利亚移民政策有了一定的调整。1996 年，霍华德政府颁布了致力于吸引更多技术性移民的新移民政策，并对家庭团聚型移民做出了更加严格的限制。霍华德政府的移民政策对菲律宾移民的影响体

---

[1]   郎友兴：《澳大利亚佛教的历史与现状》，《佛学研究》2002 年第 1 期。

现在澳大利亚的菲律宾移民数量增长趋势趋于平缓。

如数据显示，1986～1996 年，澳大利亚的菲律宾移民总人口从 33727 增长到 94700 人，但 1996～2001 年，澳大利亚的菲律宾移民总人口从 94700 人增长到 123000 人，人口数量增长趋于平缓。菲律宾移民的性别比例较之前没有出现很大变化，女性移民仍然占移民澳大利亚的菲律宾移民中的大多数。

表 4 – 30　1996～2006 年澳大利亚菲律宾移民人口情况

年份	总人口（人）
1996	94700
2001	123000
2006	141000

资料来源：该数据引用自澳洲统计局网站：http：//www. abs. gov. au。

表 4 – 31　1996～2006 年澳大利亚菲律宾移民性别比例

单位：%

	男性移民	女性移民
1996	36	64
2001	36	64
2006	37	63

资料来源：该数据引用自澳洲统计局网站：http：//www. abs. gov. au。

（2）移民类别特征

20 世纪 90 年代中期，随着澳大利亚移民政策的深刻转变，澳大利亚菲律宾移民的类别也随之发生变化。这主要表现在：（一）人道主义移民和家庭团聚式移民方式被迅速缩紧，随之而来的是所谓菲律宾的"邮购新娘"——即菲律宾妇女以家庭团聚移民的方式移民澳大利亚的人数逐渐减少；（二）经济移民（包括技术移民和商业移民）等方式开始逐步在菲律宾人赴澳大利亚移民的签证类别中占据主要地位。

（3）年龄构成特征

自 20 世纪 90 年代中期开始，澳大利亚菲律宾移民的平均年龄处于逐年提升的态势，这与该族裔 80 年代显现的年龄特征与年龄构成有着较大差异。数据显示，1996 年，菲律宾移民的平均年龄为 37 岁，而到了 2006 年，该族裔平均年龄已提升到 41 岁，大大高于澳大利亚的平均年龄（36.67 岁）。从年龄构成的变化趋势来看，和越南移民类似，菲律宾移民群体的老龄化趋势也在不断增强。这显示了霍华德政府移民政策调整以来，菲律宾历年移民人数迅速减少和 90 年代中期家庭团聚式移民基数的增加所带来的影响。

表 4 - 32　1996～2006 年澳大利亚菲律宾移民与当地平均年龄状况

年份	菲律宾移民平均年龄（岁）	澳大利亚平均年龄（岁）
1996	37	34.02
2001	40	35.69
2006	41	36.67

资料来源：该数据引用自澳洲统计局网站：http：//www.abs.gov.au。

三　霍华德政府时期澳大利亚亚裔社会的整合与嬗变

（一）亚洲移民经济与政治文化生活概况

20 世纪 90 年代以来，澳大利亚亚洲移民人口增长迅猛，而且这些移民大多为技术移民，受过良好的教育或拥有较好的专业技能，又比较年轻，这就为澳大利亚亚洲移民族群补充了大量新鲜血液。这些新移民来到澳洲之后，很大程度上也逐渐地影响，乃至改变了以往澳大利亚亚洲移民的经济、政治与文化社会生活。其主要表现是：（1）在经济生活方面，尽管大多数人依然从事传统的低技能、主要依靠体力劳动的行业，诸如制造业、餐饮酒店业、交通运输、批发零售业、仓储业等，且职位也相对较低，大多为普通文员、产线工人、普通服务员、一般销售人员、搬运工、出租司机、厨师、理发师、导游等，但也有越来越多的亚洲移民开始从事专业技术工作及管理工作。（2）融入主流社会生活的状况有了明显改善。与 20 世纪 90 年代之前的移民相比，霍华德移民政策改革以来的亚洲移民更年轻、更有活力、更开放，且语言沟通能力普遍较好，并拥有澳大利亚劳动力市场急需的专业技能。因此，他们更容易适应澳洲经济社会生活，而这也便在很大程度上改善了亚洲移民对澳大利亚主流社会生活的融入状况。（3）亚洲移民主动参与澳洲公共生活的意识有了明显提高。20 世纪 90 年代以来，随着亚洲移民人口数量的迅速增长，族群人口文化素质水平的提升，越来越多的亚洲移民意识到必须积极参与澳大利亚社会公共生活，在社区服务、公共服务、政治参与各方面主动发声，并积极行动，才能在这样一个崇尚文化多元性的国家扩大自身的影响力，建立鲜明的族群形象，从而有助于维护自身政治、经济与社会利益。因此，在这段时间里，亚洲各族移民纷纷通过组建各种公共社团或其他方式，积极参与公共生活，并在澳大利亚的民主政治生活中努力发声，甚至推选自己的代表参与各级各类议会或政府公职人员竞选。总之，与20 世纪 90 年代以前亚洲移民在澳洲经济政治与文化生活中相对边缘化、相对沉闷的情况相比，20 世纪 90 年代中后期至新千年初澳大利亚亚洲移民的整体经济政治与文化生活正在发生着积极的变化。

（二）　澳大利亚华人社会的整合与嬗变

自 1972 年中澳建交以来，两国关系总体上保持着健康、稳定的发展势头，在经贸、科技、教育文化等领域广泛地开展合作与交流，中澳之间的人员往来也开始频繁起来。特别是中国实行改革开放以后，大量的华人新移民源源不断地涌入澳洲。到 20 世纪 90 年代中期，来自中国大陆、香港和台湾地区的移民明显构成了华人新移民的主体，成为赴澳移民的重要组成部分。20 世纪 90 年代中期以降，在经济全球化加速、知识经济兴起以及澳大利亚经济转型的背景下，为适应国内外形势发展的需要，新上台的霍华德政府立刻对澳大利亚移民政策进行一系列的调整。移民政策的调整，不仅对赴澳华人新移民的规模、移民方式及其构成产生深远影响，而且还推动着澳洲华人经济、政治和文化生活产生重大而深刻的变化。

1. 华人经济模式的重构

传统的华人经济主要以谋生为手段，由于缺少技术和资本，只能从事最为简单的谋生职业，即所谓的"三把刀"（菜刀、剪刀、剃头刀）。随着时代的变迁，特别是霍华德政府对移民政策调整之后，大量拥有较高学历背景和专业技能的华人新移民到来，逐渐改变了华人移民的构成与内涵。与老一代移民最显著的区别是，他们移民的动机不再是谋生，而是求发展。

（1）澳洲华人从事的传统行业继续发展与繁荣

具有较高的教育背景和一定经济能力的华人新移民的到来，为澳洲华人经济注入了新的力量。他们采用新技术、改善管理以及加大投入等方式，借助业已形成的社会关系网络以及华人社区人口增加为契机，将华人传统产业做大、做强。有关资料显示，截至 2006 年，澳大利亚华资杂货店和贸易公司约有 6000 多家。华资经营的餐馆达到 9000 余家，其中中餐馆占绝大多数。华资经营的蔬菜、水果种植和海产养殖等，为 400 余家。普遍高于 1996 年时统计的数量。（见表 4-33）

表 4-33　2006 年澳大利亚华商开设店铺的数量

单位：家，%

行业	数量（约数）		增长百分比
	2006 年	2001 年	
杂货商店和贸易公司	6000	5600	7.1
餐馆	9000	8600	4.7
蔬菜、水果种植等	400	320	25

值得注意的是，中国留学生在杂货店、百货业中取得了不俗的成绩。如留学生张燕波兴办的"亚洲食品公司"，卢学峰开设的"肆十干果蔬菜店"，何辉开办的"好运来食品店"等，成为澳洲华人新移民经济中的重要力量。

（2）华人新移民在专业技术领域表现突出

由于来自中国大陆的新移民，本身具有较高的教育背景，来澳后又选择进一步深造，继续攻读硕士、博士学位，毕业后大多开办独立的会计师、律师事务所，成为大学讲师、医生、高级技术人员等。而来自香港和台湾地区的新移民，绝大多数也是具有高学历和专业技能的商业移民和技术移民，他们有知识、有头脑、有技能、开拓进取，逐渐在澳大利亚商界、学界乃至政界崭露头角，取得了可喜的成就。例如，以经济移民身份移民澳大利亚的傅显达，1992 年创办了裕丰有限公司，之后投身于澳洲地产业。目前，旗下拥有 16 个大型购物中心，个人资产达到 3.55 亿澳元，在澳大利亚富人排行榜上名列第 47 名。华人企业家、政治家沈霄洋，1999 年赴新西兰留学，2005 年到澳大利亚悉尼大学读研究生，主攻金融和银行专业，毕业后，成为一家房地产开发公司的总经理。后来，具有较好的职业，经济基础坚实，在社会上享有一定信誉的他，凭借自身努力，当上了墨尔本市市议员，在澳大利亚政界开始施展拳脚。澳大利亚华人中医药学家杨伊凡，1989 年自费赴澳大利亚留学。先后在悉尼唐人街、澳大利亚传统医疗中心麦哥理大街开设中医门诊部。经过多方努力和艰苦答辩，澳大利亚政府首家正规医院同意接受采用中成药试行治疗丙型肝炎，此举被誉为"中医药在澳大利亚实现了历史性突破"。从此，中医药逐渐得到澳大利亚社会的认可。澳大利亚华人企业家汪人泽，1988年移居澳大利亚后不久就创办了一家电脑公司。由于经营得当，很快在澳洲市场站稳脚跟。1993年，他又将其目光瞄准海外，到1996年，已在东南亚、中亚、北美和西欧等地设立10余家海外分公司。10年内，其公司营业额达到6亿澳元，被誉为"商业奇才"，1996年，荣获澳大利亚国民银行颁发的新南威尔士州民族商业成就奖。还有电脑业"巨子"潘人杰，荣获1996年度澳大利亚杰出的商业成就奖，等等。

华人新移民在专业技术领域取得可喜成就的例子不胜枚举，正是他们的努力，使澳大利亚华人的经济模式逐渐发生改变，澳洲华人经济呈现多元化、科技化和资本密集型的发展趋势。

2. 华人政治与文化生活的变迁

（1）各类华人社团的快速崛起

由于澳大利亚华人新移民人数的大量增加以及从事职业的多元化，导致各类商会、中医药协会、教育协会、科技协会等行业性的社团迅速发展。据不完全统计，1978年至2005年间，澳大利亚华人新移民新成立的各类社团组织超过60个，而20世纪90年代以后成立的华人社团数大约为29个，几乎占到了华人新移民团体的一半。其中，商会团体约10个，中医药团体约3个，教育文化类约7个，科技类约5个，妇女类团体约为4个。

澳大利亚华人社团数量的大量增加，是澳大利亚华人社团的重要特征之一，它在一定程度上反映了澳大利亚华人社会的变化。这些华人新团体大多是非政治性、非营利性的公益机构。它们除了加强自身的发展外，还注意加强与老侨团的联系，保持信息互通，建立友谊，增进感情，以期站在更高的起点上，实现对当地侨团资源的整合。此外，通过承办或协办等形式，举办一些重大活动，搭建华人新移民与澳大利亚主流社会沟通的桥梁，同时在促进澳中两国经贸、文化科技的交流与合作中发挥其建设性的作用。

（2）华人新移民的政治参与意识和参与程度明显提高

20世纪90年代中期以来，赴澳华人新移民的数量日趋增加，群体规模不断壮大，澳洲华人社会的人口数量和构成发生了很大的变化。由于这些华人新移民的素质普遍较高，政治参与的主动性相对也高，并且在新移民中涌现出一大批知识水平高，经济实力雄厚，工作能力强，奋发有为，开拓进取的专业人才。专业上的成就、经济上的支持以及精英阶层的产生，推动了华人参政议政的势头。与此同时，华人新移民为了自身更好地发展，大多积极地参加当地的政治、经济和文化事务，并且组织各种团体维护自己的权益。

自1988年沈慧霞律师当选新南威尔士州上议院首任华人议员，揭开华人新移民参政史上的新篇章之后，澳大利亚华人参政意识开始高涨，一批华人参政的代表活跃于澳大利亚政坛。1992年，曾筱龙当选悉尼市副市长，成为悉尼建市150年来的第一位华裔副市长，并于1995年获得连任。马利民，连续三届当选为澳大利亚新南威尔士州少数民族议会执行委员，成为代表新移民进入澳大利亚联邦国会大厦与政府移民部部长、参众两院议员会晤的第一人。刘威廉，15岁加入昆士兰州国家党，20世纪90年代代表国家党当选联邦参议员，被《每日镜报》誉为"沉倦老党中的新鲜血液"。2004年，著名华商、墨尔本龙舫集团苏震西当选澳大利亚第二大城市墨尔本市的市长。2005年，澳大利亚华人著名医生蒋天麟，当选戴瑞滨市市长，等等。澳大利亚全国六个州，几乎每个州都有华人当选议员。如南澳州上议员余瑞莲、北领地下议员林顺发、维多利亚州下议员林美丰等。至于州以下的市镇议会，华人新移民参政数不胜数。这一系列杰出成就充分说明了20世纪90年代以来，华人新移民的参政热情不断高涨，政治参与意识和参与程度明显提高，预示着澳洲华人参政运动已进入一个新阶段。

（3）澳大利亚华文媒体的空前繁荣

20世纪80年代中期以后，澳大利亚联邦政府逐步制定和完善了鼓励投资移民和技术移民的政策，此后大批携带资本或技术的东南亚华人、中国大陆、香港和台湾地区一批文化层次较高的青年赴澳留学、定居，使澳大利亚华人人口增长迅速。到2006年，澳大利亚华人人口已由20世纪80年代初的15.1万人猛增至66.8万人，为华人报刊业的兴起和发展打下了基础。1992年，中国大陆留学生创办的周报《华联时报》的发行，揭开了澳洲华人报业繁荣发展的序幕。

首先，华人报刊纷纷创立。进入20世纪90年代，特别是21世纪以来，华人媒体发展迅猛，兴起了办报、办杂志、设电台和电视台之风。按照澳大利亚官方的统计，就传媒业而言，华人传媒在澳大利亚各少数民族中最为发达。如最大的少数民族族群意大利裔，至今还没有一份意文日报，仅有周报和月刊，而华人媒体不仅数量可观，而且品种齐全，堪称一枝独秀。据不完全统计，20世纪80年代中期至21世纪初，全澳大利亚曾经出版过的华文报刊达60余种。其中一半以上是在20世纪90年代以后创立的。澳大利亚华人报刊纷纷创立的主要原因，一是中国大陆、香港和台湾地区以及东南亚的华人新移民人数迅速增加，为华文报刊提供了前所未有的庞大读者市场；二是中国大陆留学生中一批文学青年选择了从文办报这条路，成为以文为生的自由撰稿人，为澳大利亚华文报业的发展增添了新的活力；三是澳大利亚多元文化政策的支持，为华文报刊的发展创造了有利的条件。

其次，华文报刊形式多样，内容丰富。澳大利亚华人新移民创办的报刊形式多种多样，既有如《自立快报》《布市华人社区报》《澳洲新快报》等日报，又有如《澳华时报》《新时代报》《大洋时报》等周报，还有月刊如《多元文化时报》《新移民》《英汉双语文摘》等。这些华文报刊大多以了解澳洲风情、弘扬中华文化、团结澳洲华人、增进澳中友谊为主要宗旨，内容涵盖面广，不仅包括澳洲新闻、澳洲经济、时政专题、澳华社区动态、澳华风貌等专版，而且还报道中国时事、神州风采、体坛文风、文艺漫笔等众多栏目以及国际时评、热门话题、世界风情等专页。

再次，华文报刊以文化传承、促进澳中关系发展为主要目标。"文化传承是华文报刊与生俱来的特点，这是因为远离中国的华文报纸如果想更好地服务华人，就必须传播华族文化，这是保证它的生存与发展的条件。"[1] 文化因传播而存在，传播以文化为灵魂。澳大利亚绝大多数的华文报刊，通过各种途径和方式，致力于弘扬中国传统的民族文化。比如，随着中国大陆留学生以及新移民的增多，《星岛日报（澳洲版）》自 1986 年起，其内容主要以中国大陆新闻、时政动态、体坛快讯、经贸活动等为主，设有专门的版面刊登文化活动和文艺界人士的专访，评论探讨华文教育和华族文化发展，副刊对于推广和介绍中国文化、艺术的内容则更为丰富。关于中国的内容约占 10 个版面（共 16 个版面），而有关澳大利亚的新闻仅占 1 个版面。以"中国元素"为主题的《星岛日报（澳洲版）》为澳洲华人社会提供了重要的精神食粮，深受澳洲各地华人新移民的喜爱。2000 年，《星岛日报（澳洲版）》的分销处已达 50 余个，销量始终居于澳大利亚各华文报刊前列。

此外，新移民创办的华文报刊，还是澳洲看中国的一个窗口。"让澳洲认识中国，让中国了解澳洲"，通过借助自身在澳中两方的各种社会关系，充当联系两国友好合作的桥梁，进而促进双边关系的健康发展。例如，澳大

---

[1]　彭伟步：《新马华文报文化、族群和国家认同比较研究》，广州：暨南大学出版社，2009，第 126 页。

利亚的华文媒体就多次承担澳中两国经贸合作的报道工作。2002年，澳大利亚"澳华国际商会"主办的"2002澳大利亚澳华节–澳中经贸洽谈会""江西省经贸投资说明会""南京开发区投资说明会""黄河三角洲东营市招商投资洽谈会"等，这些政府或商业机构赴澳参访活动的举办和开展，离不开澳大利亚华文媒体的介绍和推广。

最后，由于华人新移民在澳大利亚社会地位的提高以及人数的大量增加，伴随着华文报刊的繁荣，澳洲华人电台、电视台也随之迅速发展起来。澳洲华人拥有自己的华文电台，例如，澳洲中文广播电台，澳大利亚第一座24小时全天候播音的私营华语广播电台，使用普通话和广东话两种语言进行广播；悉尼中文电视台，澳大利亚第一座华语无线电视台，主要节目有社区新闻、时事评述、华人政论、经济信息、移民服务、电视剧和电影等。还有2AC澳洲华人电台、21世纪电视等。这些华语电台和电视台主要是尽力为日益壮大的华人社区提供全方位的信息服务，同时，将华人社区与当地主流社会有效结合起来，互通有无，增进了解，以便使华人新移民在澳大利亚主流社会中获得更好的发展。

（4）中国传统文化的继承与发展——唐人街文化

海外华侨华人聚居之地通常被称作"唐人街"（China town）。唐人街又叫中华街、中国城、华人区或华埠，是华侨华人集生产、生活和社交为一体的社区活动中心。目前，澳大利亚有三大最具影响力的唐人街，分别分布于澳大利亚最大的城市悉尼，第二大城市墨尔本以及昆士兰州首府所在地布里斯班。

澳大利亚的"唐人街文化"是中国传统文化在澳洲的传承与扩展。其以中华民族的民俗文化为重点，主要体现在节令、饮食、建筑、服饰、习俗、婚丧嫁娶等方面。每一个移民身上都深刻烙印着特定的文化标记。华人移民澳洲，必然带去中国的传统文化。随着华人新移民的大量增加，澳洲华人社区的不断壮大，越来越多的华人愿意将中国的传统文化传承下来并发扬光大。例如，每逢春节，澳大利亚华人都要在唐人街营造喜庆的节日气氛，进行中国民间传统的娱乐活动，如舞龙舞狮、传统的中式服装秀、合家团聚吃饺子等。悉尼每年举行盛大的"中国城嘉年华会"活动，以及"澳华公司"也在此举办。它们的形式类似于北京的大庙会，颇具特色的中国风味小吃、中国地方戏曲和中国歌舞表演以及中国小商品的展销，吸引着越来越多的当地华侨华人与游客。中国传统文化的继承与发展还体现在建筑风格上。例如，唐人街两旁的石狮牌楼、民居建筑、旅馆酒楼、店招广告牌等都极具浓郁的中国风情。进入唐人街，看到中国传统古色古香的建筑，就会产生一种幻觉，仿佛置身于中国的某座城市的繁华地段。

除此之外，饮食文化也是唐人街文化的重要组成部分。大大小小的餐馆酒楼林立于唐人街两旁，在这里不仅可以使新移民吃到正宗的家乡菜，尝到中国各地的特色菜肴，而且许多新移民投入到传统的餐饮业中，将中国的饮食文化进一步推广。如华人新移民余金晃开设的皇冠海鲜酒楼，坐落于悉尼唐人街入口处，目前成为澳洲中华美食文化发展的缩影。20 世纪 90 年代以来，随着华人新移民人数的增加，唐人街的规模不断扩大，滚滚的客流为其带来了无限的商机。余金晃大胆地从香港、澳门和自己的家乡聘请 30 多位在中菜、点心等方面有专长的著名厨师，研究中餐西吃，将澳洲特产海鲜与中国烹饪相结合，开创饮食业之先河。经过十几年的发展，如今"皇冠"已成为澳洲一个响亮的餐饮品牌。"皇冠海鲜酒楼"的中国美食不仅吸引澳洲华人前来品尝，而且对当地人也产生了很大诱惑，不仅丰富了澳洲的饮食文化，同时也成为澳洲人了解中华文化的视窗。

（三）印度新移民群体与社会生活的变迁

1. 就业与职业状况的变化

20 世纪 70 年代以来印度新移民的就业情况一直较好，甚至优于澳大利亚本土出生人口的就业情况。2006 年人口普查数据显示，澳大利亚印度新移民市场参与率达到 72.3%，高于澳大利亚本土出生人口（67.1%）。但是在失业率方面，印度新移民略高于澳洲本土出生人口。

表 4 - 34　2006 年澳大利亚印度新移民的就业情况

单位：%

就业情况	印度新移民	澳大利亚出生人口
市场参与率	72.3	67.1
失业率	7.2	4.9

资料来源：DIAC, *The People of Australia: Statistics from the 2006 Census*, 2008, p. 57 - 58.

从在澳大利亚所分布的行业来看，印度新移民在朝多元化方向发展，而且更加集中地分布在高端行业。其中近 30% 的人分布在医疗保健、科学技术和金融保险行业。而在澳大利亚本土出生的人口中，分布在零售业比例最高，其次是医疗保健业，科技行业所占比例只有6.3%，显著低于印度新移民这一比例。

表4-35 2006年澳大利亚印度新移民前六大行业分布情况

单位：%

行业	印度新移民	澳大利亚出生人口
制造业	11.7	9.6
医疗保健和社会援助	11.5	10.1
科学技术业	10.2	6.3
零售业	9.7	12.0
金融保险业	8.0	3.6
交通邮储业	7.0	4.6

资料来源：DIAC, *The People of Australia*：*Statistics from the 2006 Census*, 2008, pp. 57-58.

从在澳大利亚所从事的职业来看，30.3%的人从事专业技术类职业，其次是行政文职类职业，占16.9%，再次是管理类职业，占10.6%。总体来看，印度新移民进入高级劳动力市场的比例较高，大多从事技术类高薪职业。当然，这与霍华德政府的技术移民政策导向密切相关，因为印度新移民中80%左右的人都是技术移民。

表4-36 2006年澳大利亚印度新移民职业情况

单位：%

职业	印度新移民	澳大利亚出生人口
管理类	10.6	13.4
专业类	30.3	19.0
技术和贸易类	9.0	14.5
社区和个人服务类	6.4	9.0
行政和文职类	16.9	15.4
销售类	9.5	10.6
机械工和司机	6.7	6.4
体力劳动者	8.2	10.0

资料来源：DIAC, *The People of Australia*：*Statistics from the 2006 Census*, 2008, pp. 57-58.

印度新移民所分布的行业和从事的职业也就决定了他们的收入。印度新移民的收入水平普遍较高，且高于澳大利亚本土出生人口以及亚洲其他国家移民，印度新移民在周收入高于 800 澳元以上的比例（33.2%）要高于澳大利亚本土出生人口所占比例（28.1%）。因此印度移民群体在澳大利亚基本属于高收入群体。

表 4 - 37　2006 年澳大利亚印度新移民周收入情况

单位：%

收入	印度新移民	澳大利亚出生人口
零或负收入	14.0	6.8
1～399 澳元	26.2	34.9
400～799 澳元	23.5	26.3
800～999 澳元	9.5	8.6
1000～1599 澳元	14.9	13.1
1600 澳元及以上	8.8	6.2
未说明	3.3	4.2

资料来源：DIAC，*The People of Australia：Statistics from the 2006 Census*，2008，p.57 - 58.

总体看来，霍华德政府执政时期，印度新移民在澳大利亚的社会经济状况是非常良好的，他们积极参与劳动力市场，分布在医疗、科技等上层行业的比例较高，多从事技术类与管理类等高薪职业，经济收入处于较高层次水平，普遍拥有较高的社会经济地位。他们能够获得较高的社会经济地位一是源于他们接受了非常好的教育，高学历的教育背景可以帮助他们进入较高级劳动力市场，从而获取更丰硕的回报；二是印度新移民具有娴熟的英语语言能力，有助于他们在工作中的交流沟通以及融入澳大利亚主流社会，从而获得更好的发展机会。

2. 印度移民社团的发展

20 世纪 70 年代以来，随着大量印度移民的到来，在澳大利亚的各大城市几乎都成立了印度人社团组织。这些社团组织基于地缘、种族、语言、宗教、行业等不同性质建立起来，这些社团协会多为非政治性和非营利性的组织。他们积极宣传印度文化，在重要节日或场合举办社会活动或宗教活动。例如印度国庆日、独立日，通常会由几个社团共同主办或者由社团组织联合会来主办，这些活动为澳大利亚印度移民提供集会交流、共度印度节日的场合。这种联合组织方式也可以为那些处于澳大利亚社会边缘的移民提供活动空间。此外，他们也是从官方层面代表了澳大利亚印度人的利益，在这些场合中，他们会邀请澳大利亚政府的主要成员和其他党派领袖来参加活动。在庆祝印度重要的国家事件活动时，这些社团组织机构通过文化表演、服装和食物展示印度民族文化以及他们对印度的国家认同。

除了举办文化活动外，这些社团组织还会为印度移民提供帮助和扶持，尤其是对那些新移民，帮助他们适应澳大利亚社会生活，以及对印度移民中的老人、妇女或儿童提供援助和服务。一些社团联合会还会帮助下面的社团与政府官方组织建立联系。还有印度移民商会组织，在建立加强印度与澳大利亚的商业贸易联系方面也积极做出努力。由于印度是一个语言和宗教差异性很大的国家，在澳大利亚的印度移民还建立了很多语言协会和宗教组织，将说同一种语言或同一种宗教信仰的印度移民密切联系在一起。通过这些宗教组织，把他们的宗教认同在澳大利亚得到延续或重建。

在这里需要注意的是，印度人社团的组织方式在大量新移民到来后也在逐渐发生变化。社团成立早期，领导人几乎是由当医生的印度移民担任，如果他不是医生，基本上就别想在澳大利亚的印度人社团组织中成为领导者。这主要是因为，在 20 世纪 70 年代大量的印度技术移民中，医生占有优势地位。但是从 20 世纪 80 年代开始，特别是 90 年代以后，社团领导人的位置越来越多地被新来的、有工程学学历背景的人们占据。原因主要在于：首先，这部分人成了原有社团组织的主体部分，领导人的变化是这一成员构成变化的反映；其次，这部分人和较早抵澳的印度移民产生分歧，从而创建新的社团组织，当然也就成了领导人。印度社团领导人转变的同时，社团组织活动的关注焦点也渐渐发生了变化。

这一变化的关键是从原先的政治关怀转向了对文化的强调。早期的印度社团热衷于与澳大利亚主流社会进行交流与互动、发展与印度政府部门的联系、同时以代表现代印度国家的整体形象为己任。从 20 世纪 90 年代开始，这些方面的努力有所减弱，取而代之的是对文化和宗教的热情。同时，人们越来越按照地域关系和地区性语言组成地域性的社团组织，整体的印度民族国家的意识被逐步削弱。社团组织负责人的角色也不一样了，新的领导人更适宜被称为组织者而不是"领导者"。如果说一个"领导者"的权威是建立在权力、资源或者个人魅力的基础之上，那么一个"组织者"则更多地要依靠广泛的关系和实际表现来动员其他成员。这也恰恰反映了社团组织能够倾向从"政治型"到"文化型"、从"全国型"到"地方型"的转变。作为地区型、文化型团体的组织者，他们在社团内部发展了广泛而深入的个人关系，而不像以前的领导者那样，高高在上，关心如何和澳大利亚政府、印度大使馆以及印度政府搞好关系。因此很多社团成员认为，现在的社团组织比以前更加"民主"和"以人为本"。[①]

3. 印度移民媒体的变化

澳大利亚印度移民的纸质媒体与广播媒体的发展，在印度文化与价值的传承方面发挥着重要作用。早期印度移民在这两方面的贡献几乎是空白的。直到 1975 年，悉尼开通了 2EA 印度广播电台，墨尔本开通了 3EA 印度广播电台。这两个广播频道的建立是为了帮助印度人清楚他们的文化认同，保护他们的语言和文化。随着印度移民的大量增加，从 20 世纪 90 年代起，印度广播媒体发展更加繁荣。澳大利亚国家民族电台就有以印度语和旁遮普语制作的节目，2000 年电台又开播旁遮普语言类节目。

在澳大利亚各大城市，出现了很多当地社区广播节目，用印度语或其他民族语言播放。例如：Mehal，1990 年成立，每周日下午播放印度语节目。Darpan，1992 年成立，依附于多元文化无线广播协会，播放新闻、赞歌以及对宗教人物和社区领袖的访谈。Monikka Geet Mala，成立于 1998 年，每个周日会播放 4 个小时的节目。Dhanak，在周日下午播放节目，主要宣传语言、流行文化以及女性朋友感兴趣的话题。Navtarang，通常播放歌曲、故事、厨艺、电影等节目，这是一个需要付费订购的广播。Amrit Kalash，从周一至周五每天早上 7~8 点会播放一些虔诚的歌曲。Jhankar，每天早上 6~9 点播放。Indian Link 广播每天上午 8~10 点播放。

此外，还有几家广播电台和几个电视频道，专为印度人播放一些流行的节目，包括宝莱坞音乐。例如，Peetlari 广播公司、Satrang 广播公司都有为印度人播放受欢迎的节目。一些电视台频道也专门为印度人播放印度语节目。众所周知，新南威尔士的 SBS（Special Broadcasting Service，特殊广播服务）公司，在澳大利亚的各大城市都能收听到，会定期播放包括印度语、古吉拉特语、旁遮普语、乌尔都语、泰米尔语等印度民族语言节目，播放内容包括澳大利亚当地新闻和印度新闻，也会有专题节目，如访谈和音乐等。

---

① 参见项飚：《全球猎身——世界信息产业和印度技术劳工》，北京：北京大学出版社，2012，第 124~126 页。

此外，印度移民还出版了几种较有声望和影响的印度报纸，如《印度风情》（*The Indian Down Under*）、《印度邮报》（*The India Post*）、《印度之声》（*India Voice*）、《印度连线》（*The India Link*）、《巴拉特时报》（*Bharat Times*）、《印度人民党报》（*Bharatiya Samachar*）、《印度观察》（*The Indian Observer*）等。这些印度语言广播节目或者报纸，为澳大利亚越来越多的印度移民提供丰富的信息服务，不仅帮助印度移民及时地了解印度国内发生的新鲜事，也帮助他们了解澳大利亚的社会生活、当下流行文化、娱乐方式等，以便更好地融入澳大利亚社会。

4. 印度文化的传承与发展

印度移民之间以及与其他澳大利亚人之间，进行日常文化交流的一个重要媒介是印度的音乐和舞蹈，包括古典的和流行的。音乐与舞蹈使他们穿越国界，形成对印度的文化认同。印度古典音乐和舞蹈表演往往能够迎合澳大利亚欧洲移民的喜好，当一些世界著名的印度古典音乐家访问澳洲，在澳洲举办音乐会的时候，常常吸引很多澳大利亚人来聆听。印度移民还开办印度舞蹈学校，开设印度古典舞蹈课程，来学习舞蹈的不仅有印度人，还有很多欧洲人。很多欧洲人在澳大利亚和印度献身于学习印度古典音乐或舞蹈。

除了印度古典音乐与舞蹈，印度的宝莱坞影片在澳大利亚社会也占有一席之地。印度电影在澳大利亚各城市有大量影迷，他们通过印度电影了解到印度的流行文化，包括流行音乐与舞蹈。澳大利亚有一个以舞蹈大赛为主的电视节目，舞蹈形式多样，有爵士、街舞、拉丁、说唱等，宝莱坞舞蹈也是其中一种。墨尔本的大学生和当地的音乐人曾举办一场慈善募捐活动，为在印度洋海啸中的受灾者筹集善款。这场活动的主要策划和表演，就是由一个宝莱坞的舞蹈工作室完成的，成功吸引了很多澳大利亚不同民族的人捐款，而且其中大部分具有西方文化背景。在澳大利亚各大主要城市，都有印度人举办的舞蹈学校，开设印度古典舞蹈和宝莱坞舞蹈课程等。一些娱乐场所为了迎合年青一代，也会定期安排宝莱坞音乐、彭戈拉混合舞曲（Bhangra，旁遮普地区的一种传统丰年祭舞曲）及其他印度流行的娱乐节目。此外，在墨尔本和悉尼有许多正规或非正规的印度音乐组织，他们由来自印度次大陆不同地区的印度人创建。这些音乐团队为来自南亚各地的印度族裔提供了聚集交流的文化空间，让他们在异国他乡同享印度古典的、半古典的音乐或流行音乐。通过音乐，他们穿越了印度分治后的国界，在文化方面得到自我认同。

5. 印度移民与澳大利亚社会的融合

丰富多彩的印度音乐和舞蹈形式是澳大利亚多元文化锦带上的一部分，但是这样的说法不能用来形容印度移民的婚姻。在第一代印度移民中，与非印度种族的通婚率是非常低的，尤其是与澳洲的欧洲移民和美国移民相比。因此，第一代印度移民对印度的文化认同意识并没有因为离开家园而减弱，而是通过同族通婚得到了加强。在澳大利亚，第一代印度移民如果在移民时还是单身，移民后通常是从印度国内、澳大利亚或其他国家印度移民中寻找结婚对象，这样能保证他们找到具有相同文化背景、种姓和宗教信仰的伴侣。

他们在找结婚伴侣时，来源地不同可以考虑，但如果宗教信仰不同，一般就不会考虑了。因此印度教徒和穆斯林之间的通婚是极少的，这种婚姻通常会遭到家庭其他成员的反对，尤其是当家庭其他成员非常在意宗教信仰时。即使在第二代移民中，他们的父母也会要求他们找一个有相似文化和宗教背景的人结婚。通常来讲，跨宗教通婚主要发生在那些思想比较开放自由的家庭。事实上，同族通婚的趋势在第二代和第三代印度移民那里已经发生改变。有数据表明，印度第二代或第三代移民与外族人通婚的比例远远超过了第一代移民。以第三代移民为例，有大量的印度裔男性或女性与非印度裔人通婚。第二代和第三代印度移民中与异族通婚现象的增加，表明印度文化认同并不是牢固可靠的，而是倾向于在态度和文化行为上发生代际改变。这也反映出印度移民与澳大利亚多元文化社会的融合过程。

另一个与澳洲社会融合的重要指标是英语的使用和成为澳大利亚公民。在印度移民中，英语掌握得熟练程度非常高，甚至很多人在家中也说英语。因为他们很多出生于中产阶级家庭，他们接受的是英语教学教育。熟练的英语语言能力，可以帮助他们在生活、工作中无障碍地沟通与交流，帮助他们较顺利地融入澳大利亚主流社会。此外，印度移民还热衷于加入澳大利亚国籍，他们的入籍率普遍高于其他国家移民的入籍率，他们已经成为澳洲社会非常重要的一部分。大多数印度移民都会庆祝印度国庆日和澳大利亚国庆日。在类似如澳大利亚国家庆典等重要场合中，参加活动的印度移民会表现出对澳大利亚和印度的双重国家认同。2005年，维多利亚印度人联合总会（Federation of Indian Associations of Victoria，FIAV）与其他种族团体一起游行庆祝澳大利亚日。他们双重国家认同的一个重要表现是重复喊口号"澳洲！澳洲！澳洲！"（Aussie Aussie Aussie）和"祖国万岁"（Long Liv Mother India）。

印度移民在宣传印度文化、组织重要活动时，比如庆祝印度国庆日或其他宗教节日，他们经常利用自己的人际关系，邀请澳大利亚主流社会的人群参加他们的文化活动，澳大利亚当地的党派领导人、政府官员、国会上议员、参议员甚至部长等经常出席由印度移民机构主办的各类重要活动。这些都说明印度移民这一群体很好地适应了澳大利亚社会，并与其他族群建立了较为稳定密切的联系。另外，印度移民并非只专注于文化活动，印度移民与澳大利亚人的联系还建立在商业贸易中。澳印之间的商贸问题是他们形成对印度国家认同感的另一个非常重要的纽带。他们通过商会组织，印度裔商人宣传印度在全球化经济中的重要性，将那些已经与印度建立贸易往来的或有兴趣扩大与印度商业联系的印度裔商人联合在一起。此外，他们还与大学或研究机构中的学者建立联系，这些学者通常是对印度和南亚发展研究感兴趣的人。这证明了印度移民与澳大利亚的联系已经超越了商业层面，正在向其他方面拓展，诸如教育，它也是文化内涵中重要的一部分。这些都表明印度移民在积极地融入澳大利亚社会，与澳大利亚社会建立更广泛的联系。

（四）越南新移民经济与社会生活的发展

1. 经济生活特征

从就业率和失业率上看，越南移民一直受到失业问题的困扰，虽然这一问题在霍华德政府时期有逐步改善的趋势，但仍与当地平均失业率存在一定差距。20 世纪 90 年代，随着大批越南移民的亲属通过家庭团聚型移民的方式来到澳大利亚，这一族裔的失业率仍然居高不下。20 世纪 90 年代中期，官方统计的越南移民失业率为 26.8%，是全国平均失业率的 3.3 倍。甚至一些调查人员认为，由于调查中存在着种种问题，该族裔的实际失业率可能高达 35% 以上。[①] 到 21 世纪，随着澳大利亚经济的发展、整体就业水平的提升以及越南移民社会融入程度的加深，其就业问题得到了相应的解决，2001 年，越南移民整体的失业率为 17.7%。然而，同期的澳大利亚平均水平为 7.4%[②]，可见，该族裔总体的失业率在霍华德执政时期仍然是一个严

---

① James E. Coughlan, "Occupational Mobility of Australia's Vietnamese Community: its Direction and Human Capital Determinants", *International Migration Review*, Vol. 32, No. 1, Spring, 1998.

② Melvin Ember, Carol R. Ember, Ian Skoggard, *Encyclopedia of Diasporas: Immigrant and Refugee Cultures around the World*, New York: Springer US, 2005, pp. 1141 - 1149.

峻的社会问题。

同时，随着越南移民社会融入程度的加深，以及历年来移民类型的变化，尤其技术移民的增多，越南移民的职业分布开始出现专业化、多样化的趋势。2001 年，越南移民就业中技术人员的比例（42.6%）明显提升，半熟练工及非技术工的比例分别为 30.7% 和 26.8%。这些技术人员的专业多集中于与工程学、自然科学及商业相关的领域。而医疗、社工和教育方面的专业性人才也在逐渐增加。

2. 公民身份与基本政治权利

平等的政治权利与公民身份获取，是社会融入视角中衡量移民政治生活状况的首要指标，从这一角度看来，越南移民正逐步地加快融入当地的步伐。在社会融入过程中，越南移民与澳洲社会的其他成员都是平等的。自 20 世纪 70 年代起，澳大利亚废除了"白澳政策"，逐步施行"多元文化主义"政策，包括越南公民在内，所有澳洲公民，不分年龄、性别或种族，其各项合法权利都受到保障。澳大利亚政府也出台了相关政策，对于这些刚刚迁入的难民进行语言、教育培训，很多越南移民也获取了澳大利亚的公民身份。到了 20 世纪 80 年代，越南移民等少数族裔的权利也得到了进一步的保障。1986 年，澳大利亚移民与多元文化计划与服务评论委员会明确指出："所有的社会成员应该有平等的机会参与澳大利亚的经济、社会、文化与政治生活……有权平等地参与和影响政府政策，计划和服务的决策与实施过程"。[1] 到 1996 年，超过 86% 的越南移民获得了澳大利亚的公民身份。而随着第二代越南移民的出生与技术移民的增加，到 2001 年，约 96% 的澳大利亚越南裔居民已经获取了公民身份。[2] 他们也平等地享有澳洲政府赋予的公民权，可以平等地参与选举。

3. 政府任职状况

从在澳大利亚联邦政府和州政府的任职状况上看，目前越裔移民通过这种方式直接参政的情况相对较少，但该族裔整体的政治参与程度在逐渐提升。由于多数越南移民通过人道主义移民方式或者家庭团聚式移民方式移居澳大利亚，在战争、传统文化及语言习俗等综合因素的影响下，越南移民在

---

① 杨洪贵：《澳大利亚多元文化主义研究》，成都：西南交通大学出版社，2007，第 160 页。

② Ernest Healy, Dharma Arunachalam, Tetsuo Mizukami, *Creating Social Cohesion in an Interdependent World*, London：Palgrave Macmillan Press, 2016, pp. 145 - 159.

很长时间内都鲜有通过在政府担任重要职务来直接参政的实例。但随着第二代移民整体的成长及新移民总数的增加，这一状况也在逐渐改善。20 世纪 90 年代，澳大利亚出现了第一位越南裔的女市长——胡梅。① 进入 21 世纪以来，更多的越南移民开始在政府中担任要职。据统计，自 2000 年起，共计有 4 名越裔在澳大利亚联邦政府或州政府中担任过参议院议员、州议员等职务。由此可见，在霍华德执政时期，越南移民参政的热情在逐渐提升。

4. 社团组织状况

澳大利亚越南移民内部存在着许多不同性质的社团组织。自 20 世纪 70 年代后期，位于悉尼、布里斯班等地的第一批越南人道主义移民已开始相应的社团组织的组建工作，并通过这些组织来帮扶其后抵达澳洲的越南移民。② 其中，悉尼是大多数越南移民社团的总部。许多与越南社团组相关的越南新闻报纸，包括 Chuong Saigon、Chieu-Duong 和 Viet-Luan 都首先在悉尼印刷。悉尼时至今日也仍然是众多越南社团组织的总部所在地。许多越南移民的社团具有较强的族群性质，并且由于绝大多数人因政治与战争问题移居澳洲，所以他们还特别关注越南国内政治局势的发展变化。20 世纪 90 年代起，随着该族裔人口数量的增加和影响力的扩大，相应的社团也在不断地增多。同时，这些社团组织的类型也趋向于多样化，并逐渐显示出他们的社会、经济及政治影响力。此外，相关社团的关注重点已经从越南国内局势转移到改善澳大利亚本土越南移民的生活状况之上。

5. 英语水平

大部分越南移民在 20 世纪 70 年代移居澳大利亚之初，只会说越南语，英语的使用率较低。为此，澳大利亚政府专门为他们开设语言班，帮助他们通过学习英语更好地融入当地社会。但由于移民时间短、聚居度高、受教育水平有限以及传统文化和主要移民类型（持续到 20 世纪 90 年代的大规模人道主义移民及家庭团聚式移民）等多方面因素的影响，在霍华德执政时期，越南移民整体的英语使用情况与其他族裔相比一直存在较大差距。

2001 年的调查显示，越南裔居民在家中使用的主要语言是越南语（77.2%），另外有约 16% 的移民使用中文（以广东话为主），而在家庭生

---

① 黄水莲：《从难民到市长——记首位担任澳大利亚市长的越南裔女性胡梅》，《东南亚纵横》1999 年第 4 期。

② Frank Lewins and Judith Ly, *The First Wave: The Settlement of Australia's First Vietnamese Refugees*, Santa Barbara: George Allen and Unwin Australia Pty Ltd, 1985, pp. 43 – 44.

活中英语的使用率则仅为 2.5%。这一定程度上也反映了澳大利亚越南裔居民和其他族裔的居民组建家庭的概率相对较低。而在这 150160 名在家中使用越南语或者其他语言的移民中，55.7% 的人英语较为流利，43.3% 的人英语水平有限或根本不讲英语。

（五）菲律宾新移民社会群体的变化

1. 就业层次有所提升，经济收入不断改善，但行业分布并无根本性改变

20 世纪 90 年代之前，很大程度上由于教育落后原因，移民澳洲的菲律宾移民教育学历层次不够，大多从事低技术工作，甚至是纯体力工作。但 20 世纪 90 年代以后至新千年，一方面澳大利亚移民政策越来越倾向于引进技术移民，而倾向于抑制亲属移民及人道主义移民，这就使菲律宾移民职业层次在提升，加之二十世纪七八十年代以来老移民的后代逐渐成人，进入劳动力市场，这些人在澳大利亚长大，接受当地的文化教育，更容易融入澳大利亚社会，使得菲律宾移民经济生活发生了诸多变化：其一，越来越多的移民从事工程师、医生、药剂师、电脑程序员等带有较高技术含量的职业，且在各种教育机构及政府中任职者亦屡见不鲜。其中，在政府或公司企业做管理工作的菲律宾移民比例分别为 5.2%，专业技术人员为 18%[1]。菲律宾移民的总体职业层次有所提升。其二，菲律宾人口就业率增长比较明显，收入水平较高。这段时期内，菲律宾移民就业率从 2001 年时的 62.5%[2]增至 2006 年的 73.1%[3]，增长了 10.6 个百分点。而同一时期，澳大利亚人平均就业率则从 60.1% 增至 67.1%，仅增长了 7 个百分点，且其经济收入水平也相对较高，在 2006 年时每周收入在 400 澳元以上的人口比例达 59.4%，超过澳大利亚平均水平的 54.2%。[4]

尽管与以往相比，菲律宾移民的经济状况有了较大变化，但就菲律宾移民所从事的行业来看，多年来并无太大的变化，大多数人口仍然在一些大量需要体力劳动或非技能性行业谋生，诸如，2006 年，在制造业领域，菲律宾移民人口从业比例为 18.3%；在批发零售行业，菲律宾移民人口比例为 12.7%；医疗保健和社会援助行业，菲律宾移民从业人口比例为 16.8%；

---

① The People of Australia, Statistics from the 2006 Census, p. 58.
② 2001 年人口普查数据：expanded。
③ The People of Australia, Statistics from the 2006 Census, p. 58.
④ The People of Australia, Statistics from the 2006 Census, p. 57.

在食宿服务领域，菲律宾移民从业人口比例为9%。[1] 由此可见，澳大利亚菲律宾移民所从事的行业大多为劳动密集型行业，较少在资本密集型或技术密集型行业扎根。

2. 移民群体文化教育水平有所提高

20世纪90年代之前，菲律宾大多数以亲属移民方式入澳，其文化教育水平普遍不高，但随着其第二代、第三代移民的成长，加之20世纪90年代中后期至新千年以来新入澳的移民大多数为技术移民，普遍接受过高等教育，使得这一移民族群的文化教育水平有了较大提高，2006年菲律宾移民中拥有学士学位以上的人口比例高达35.7%，而接受过高等教育及相应职业技术教育的人群比例则更高达51.6%。[2]

3. 移民融入主流社会的情况在改善

20世纪七八十年代，菲律宾移民和越南移民人口总体素质不高，但是20世纪90年代以来至新千年初，这种情况已经有了很大改变，2006年人口普查时，澳大利亚菲律宾移民人口中，仅说英语的人口数量高达86.3%，而相比较之下，中国移民仅为73.4%，印度移民则为79.7%。[3] 可见，若仅以语言沟通能力这一指标来看，菲律宾移民的主流社会融入能力比较高。而受其殖民历史文化的影响，菲律宾大部分人信奉天主教，这也使得移民至澳大利亚的菲律宾移民更容易在宗教信仰方面与澳洲主流社会实现衔接，同时这也有利于菲律宾移民在澳洲社会取得较高就业率，如在澳大利亚各种宗教信仰群体中，2006年天主教徒失业率仅有4.6%，处于较低水平，而无宗教信仰者则为5.8%，佛教徒失业率高达9.6%，而伊斯兰教徒则高达13.4%。总之，语言沟通能力是融入主流社会的基本工具，宗教信仰是搭建外流移民与主流社会文化沟通交流的平台，因之，随着菲律宾移民群体文化教育素质水平的提升及第二代、第三代移民的成长，其融入主流社会的情况亦在不断改善。

综上所述，20世纪90年代中后期以来至新千年，在经济理性主义思想指导下，澳大利亚霍华德政府展开了一系列移民政策改革，其核心就在于扩大技术移民数量，缩减亲属移民和人道主义移民，这对亚洲移民群体主要产

---

[1]　The People of Australia, Statistics from the 2006 Census, p. 58.

[2]　The People of Australia, Statistics from the 2006 Census, p. 57.

[3]　The People of Australia, Statistics from the 2006 Census, p. 37.

生了两个层面的影响：其一，在亚洲移民整体层面，移民人口大增，且移民人口来源地结构发生了巨大变化。就移民输出区域而言，南亚地区后来居上，与传统的澳大利亚主要移民输出地东南亚及东北亚形成了大致相当的移民量；就移民输出国来说，印度对澳移民输出量大增，并与中国大陆一起成为澳大利亚主要的亚洲移民来源国。其二，就亚洲移民各族群而言，澳大利亚移民政策的改革使得其人口结构及主要经济政治和文化生活状况发生了较大的变化。一般而言，从 20 世纪 90 年代至新千年初这段时期，亚洲各国每年度对澳移民数量皆呈上升趋势，只是增幅各有不同；这一时期来到澳洲的各亚洲族群人口大多以技术移民人口为主，且普遍拥有较高的学历教育背景和专业技能水平，而英语语言沟通能力亦普遍较以往的移民为佳。而恰恰是这段时期新来到澳洲的各国移民群体，逐渐改变了各亚裔族群在澳洲的经济政治与文化生活：所从事的行业更加多元、从事专业技能工作或管理工作的人口比例更大、更易于适应或融入主流社会生活、有些族群的传统文化得到了更好的发扬、政治参与意识更为浓厚，等等。总之，对澳大利亚各亚洲族群而言，虽然这一时期因其各自族裔移民人口的增加而带来的改变各有不同，但整体趋势大略是一致的，而这些变化必将引领新千年以后澳大利亚各亚裔族群的经济政治与社会生活发展的基本走向。

第五章 2007～2013年陆克文-吉拉德政府时期移民政策的改革及其对亚洲新移民的影响

一 陆克文-吉拉德政府时期移民政策的改革

(一) 移民政策改革的主要措施

1. 技术移民政策

首先，削减技术移民名额。金融危机爆发前，陆克文政府增加技术移民配额。在2008年5月13日宣布的2008～2009年度的移民计划中，将技术移民人数在2007～2008年度的102500个名额的基础上增加31000个，达到133500个名额。金融危机爆发后，陆克文政府立即削减技术移民配额。2009年3月16日，陆克文政府将之前计划的133500个名额减少至11500个名额，降幅达14%。这是澳大利亚近十年来第一次削减技术移民计划人数，目的是保护当地人的有效就业。① 随着金融危机的愈演愈烈，陆克文政府在2009年5月12日宣布的2009～2010年度的移民计划中，进一步削减技术移民配额至108100个，与2008～2009年度的技术移民计划数相比，下降了将近20%。此外，2010年2月8日，陆克文政府又宣布，自2007年9月1日之前递交的境外一般技术移民签证申请将被取消，估计大约有20000个此类签证受影响。由此可见，金融危机的爆发直接导致了陆克文政府削减澳大利亚技术移民的名额。

其次，平衡技术移民计划。为了尽快走出经济危机的阴霾，保护国内逐

---

① C. Evans, *Migration Program Gives Priority to those with Skills most Needed*, media release, Canberra, 17 December 2008, viewed 20 April 2010, http：/www. minister. immi. gov. au/media/media - releases/2008/ce08123. htm.

步恶化的劳动力市场，陆克文政府宣布将永久技术移民政策由"供给—导向"型转变成"需求—驱动"型，技术移民计划的重点是优先选择最适合澳大利亚经济发展需求的雇主和州及领地政府担保类技术移民。① 同时，收紧独立技术移民政策。主要包括：改革雇主担保类移民。陆克文政府时期增加雇主担保类移民的数量。2009 年，澳大利亚雇主担保类移民为 38030 人，比 2008 年的 23760 人增长约 60%，2010 年预计雇主担保类移民将保持在 35000 人的高位。吉拉德政府时期，将原来的雇主担保类六个签证子类别合并成两个新的签证子类别，其中，每一个子类别又包括三种新的种类，这是对雇主担保类移民进行的一次重要改革；进一步提高州及领地担保移民的权限。规定地方州及领地政府制订适合本地区发展需要的移民计划，可以增加技术移民名额，提名不在新 SOL 职业清单上的职业；调整技术移民优先申请顺序。规定从 2009 年 1 月 1 日起，雇主担保类移民签证最优先考虑，其次是州及领地政府担保类移民签证，而申请独立技术移民如果其提名职业不在 CSL 职业清单或 MODL 职业清单上，那么将得不到优先申请的考虑；严格申请独立技术移民的条件。2009 年 5 月 12 日，陆克文政府又宣布，对所有技工类职业的境内独立技术移民申请人，引入就业准备测试（Job Ready Test）计划，目的是测试申请人是否拥有他们宣称的技能，保证移民后可以有效进入劳动力市场。2009 年 7 月 1 日，陆克文政府规定，所有技工类职业技术移民申请人必须具有能力英语水平，即雅思成绩听、说、读、写四门均需达到 6 分而不是之前需要的职业英语能力。同时，澳大利亚最大的职业评估机构之一，职业教育培训与评估机构（VETASSESS）提高了职业评估标准，规定职业评估必须与学历高度相关，杜绝以前对某些提名职业要求学历不严格的现象发生，而且如果想要获得职业评估，必须拥有至少 1 年以上的相关工作经验，等等。

再次，修改技术移民职业清单。面对金融危机对澳大利亚劳动力市场带来的冲击，陆克文政府于 2009 年 1 月 1 日正式实施急需技术移民职业清单（Critical Skills List，CSL）。制定 CSL 职业清单是陆克文政府为了应对金融危机对澳大利亚劳动力市场冲击的权宜之计，为了更好地满足澳大利亚经济

---

① C. Evans, *Migration Program Gives Priority to those with Skills most Needed*, media release, Canberra, 17 December 2008, viewed 20 April 2010, http：/www. minister. immi. gov. au/media/media－releases/2008/ce08123. htm.

中远期发展对技术工人的需求,① 陆克文政府采纳了 "澳大利亚技能"
（Skills Australia）② 对现行的移民职业清单重新评估的建议，于 2010 年 2 月
8 日宣布，取消现行的 MODL 职业清单以及逐步废除 CSL 职业清单，取而代
之的是一份全新的移民职业清单 （SOL），并计划于 2010 年 7 月 1 日正式生
效。该清单改革目前的 "紧缺" 职业的选定标准，从以往注重短期的职业
需求的选定方式转向满足中远期经济发展目标的角度考虑，主要是甄别出与
国家劳动力发展战略相一致的，对未来经济发展具有高附加值技术的职业，
主要包括管理类、专业类、贸易类和技工类等 42 类职业，将原来的 400 多
个职业削减至 181 个。

最后，出台新的打分体制。全球性金融危机的冲击使澳大利亚劳动力市
场发生新变化，陆克文政府对霍华德政府 2007 年 7 月 1 日实施的打分体制
进行重新评估，吉拉德政府于 2010 年 11 月 11 日正式公布了新的打分体制
和打分标准。新的打分体制，更加注重申请者的学历、英语语言能力以及工
作经验，分别给予不同的评分。

2. 商业技术移民政策

为了增加商业技术移民对澳大利亚经济的潜在贡献以及为澳大利亚人创
造更多的就业岗位，同时提高商业技术移民签证的完整性，2010 年 4 月 19
日，陆克文政府宣布对商业技术移民政策进行改革，这是继 2003 年霍华德
政府对其调整以来所进行的最为全面的一次改革。主要内容为：首先，增加
商业技术移民申请者的个人净资产。规定州及领地政府担保的临时商业技术
移民的个人净资产从 25 万澳元上升至 50 万澳元；而一般的临时商业技术移
民的个人净资产则从 50 万澳元上升至 80 万澳元，以应对在澳商业投资和生
活成本的增加。其次，增加商业技术移民在企业中所有权的比重。对于年营
业额少于 40 万澳元的企业，商业技术移民所占的企业股份比重从之前的
10% 上升至现在的 51%；对于年营业额为 40 万澳元或以上的企业，商业技

---

① DIAC, *Future Skills: Targeting High Value Skills through the General Skilled Migration Program-
Review of the Migration Occupations in Demand List*, Canberra: Department of Education,
Employment and Workforce Relations and Department of Immigration and Citizenship, 2009, p. 4.

② "澳大利亚技能"（Skills Australia）是一个独立法定机构。2008 年 3 月正式成立，其成员主
要是由移民学者和工商业领袖构成。其职责是就澳大利亚现行的和未来对劳动力技能需求
以及劳动力发展需求向教育、就业和劳资关系部 （DEEWR） 或副总理提出一些成熟的、独
立的建议。关于 Skills Australia 的具体内容，见其官方网站 http：//www. skillsaustralia.
gov. au。

术移民必须占有企业 30% 的股份。最后，将高级管理者从州及领地担保的临时商业技术移民签证类别中剔除，目的是防止诈骗行为以及提高商业技术移民签证的完整性。

2012 年 7 月 1 日，吉拉德政府又在陆克文政府改革的基础上对其进行局部调整。首先，以商业创新与投资计划取代原来的商业技术移民计划，减少签证类别，从原来的 13 种减少至目前的 3 种。其次，引进新的技术移民选择机制。申请商业创新与投资签证的申请人必须先向移民局递交一份兴趣意向书（EOI），待通过创新积分测试之后，方能成为此类签证的申请人。这样可以使澳大利亚雇主、州及领地政府在变化的劳动力市场上雇用最符合自己需求的商业技术移民，同时避免了人力资本的浪费。最后，创建重要投资人签证。为了吸引海外资本投资澳洲，活跃澳洲经济，吉拉德政府于 2012 年 11 月 24 日创建该类签证。申请该签证的条件非常宽松，例如，没有年龄上限要求（18 岁以上），没有从商背景要求以及英语水平的要求；在技术移民选择系统中提交兴趣意向书，但无须创新积分；在符合要求的投资类别①中投资至少 500 万澳元以及只需在 4 年内在澳大利亚住满 160 天，即每年只需住满 40 天，也就是一个多月即可。

3. 短期类移民政策

首先，加强 457 类签证的监管力度。2008 年 4 月，陆克文政府授权工业关系领域专家巴巴拉·迪根（Barbara Deegan）对 457 类签证进行调研。2008 年 10 月，他向政府提交一份在三个问题建议报告基础上形成的《457 类签证整体评审》评审报告。② 该报告是自 457 类签证创建以来对其进行的最为全面的综合评审。主要措施包括：制定新的以市场为基础的最低薪酬标准。自 2009 年 9 月中旬起实施，对新老 457 类签证持有人一律适用。最低薪酬标准的提高目的是确保海外技术工人不被剥削或降低当地人的薪酬水平和工作条件；提高 457 类签证申请的英语语言要求。对申请贸易类和厨师职

---

① 重要投资人签证申请人需要在以下三类中投资：一、澳大利亚联邦、各州或各领地政府债券；二、澳大利亚股票和投资委员会（ASIC）监管及授权的在澳洲投资的基金；三、直接投资给非上市的澳大利亚私营或私人企业。

② 《457 类签证整体评估报告》是在三个问题建议报告的基础上形成的。三个问题建议报告分别是 2008 年 7 月公布的《劳动协议和最低薪酬标准》（Labour Agreements and Minimum Salary Levels），2008 年 8 月公布的《英语语言测试和职业健康与安全》（English Language Requirement and Occupational Health and Safety）以及 2008 年 9 月公布的《完整性与剥削》（Integrity and Exploitation）。

业的 457 类签证申请人从目前要求的雅思 4.5 分上升至 5 分。此举是为了提高非英语国家背景的技术工人的语言能力，以便更好地胜任目前的工作或找到新工作；对 457 类签证申请人的技能进行评估。2009 年 7 月 1 日起，对那些来自高风险国家的某些职业类别如厨师、理发师等专业的申请人进行技能评估；加强对 457 类雇主的监管力度。例如，457 类雇主如违反雇用海外短期工人权利将被罚款 33000 澳元以及可能取消其雇用海外技工的权利。除此之外，2009 年 9 月 14 日，陆克文政府颁布施行新的工人保护法，从法律上将上述原则予以确定。通过法律的形式约束 457 类签证雇主的雇用权限，保障本国工人的工作待遇的同时，确保海外技工免受剥削，维护他们的合法权益。

其次，"留学—移民"模式的分离。金融危机的爆发使澳大利亚就业市场形势严峻，越来越多的留学生转变成技术移民进一步挤压了澳大利亚人的就业空间。此外，近年来，大量留学生转变为技术移民虽有助于补充澳大利亚对技术工人的需求，但其弊端也日益暴露。例如，调查显示，留学生移民的平均年薪为 20000 澳元或更少；他们在工作中运用学历资格的比例仅为 46%，低于境外主要独立技术移民申请者的 63%；他们的英语语言能力较低，大部分留学生移民仅为职业英语水平。因此，陆克文政府改革技术移民政策，重点吸收反映劳动力市场需求的雇主、州/领地政府担保类移民，收紧独立技术移民政策，规定对完成某些职业课程而实际上又不在这些职业领域内工作的留学生申请技术移民时不再予以加分，对本科及以上学历予以加分；对于留学生在澳注册课程不在 CSL 职业清单表上，仍然可以申请技术移民，但是如果想优先移民，那么其职业提名必须在 CSL 职业清单、MODL 清单上或者雇主予以担保；留学生毕业后可以申请 485 签证，此签证允许留学生毕业后留澳 18 个月，在这段时间内找到相应的工作、提高英语语言能力或者找到雇主担保等。由此可见，技术移民政策改革仍然给予留学生移民澳洲的机会，但是对留学生移民的要求提高，那些通过完成某些低水平教育、语言或者职业课程培训的留学生，企图将留学当作移民跳板的"留学—移民"途径将被堵死。

4. 人道主义移民政策

2001 年发生的"坦帕"事件，是澳大利亚人道主义移民政策发展史上的一个分水岭。之后，霍华德政府出台了"太平洋策略"，主要是将关押非法入境人员的拘留中心由澳大利亚本土转移到海外，即由"境内居留"转为"境外关押"。

陆克文－吉拉德政府时期，在继承了霍华德政府后期实行的"太平洋策略"的基础上，为了减少政府的财政负担，关闭太平洋上的瑙鲁和马努斯等地的拘留中心，而将拘留中心集中在印度洋上的圣诞岛上，此举被称为"印度洋策略"。然而，无论是"太平洋策略"还是"印度洋策略"，二者在本质上都是一致的，就是严格限制难民和人道主义移民的入境。

（二）移民政策改革的主要原因

1. 全球金融危机的冲击

肇始于 2008 年下半年的全球金融危机（Global Financial Crisis），最先由美国的次贷危机（Sub-prime Mortgage Crisis）引起，并迅速地波及整个世界，进而导致全球经济陷入严重的衰退。其规模之大、波及范围之广、影响程度之深，仅次于 20 世纪 30 年代的大萧条。国际货币基金组织（IMF）预计，2009 年全球经济发展下降了 1.3%，然而许多经济分析师认为这一估计过于乐观。世界贸易组织（WTO）预测，2009 年全球贸易总量将史无前例地减少 9%。国际劳工组织（ILO）估计，2009 年金融危机将导致全球超过 2000 万人失业。① 在经济全球化时代，作为世界经济的组成部分，澳大利亚自然也不能幸免于难。金融危机爆发前，澳大利亚的经济连续多年保持着稳定的增长。2001～2007 年，澳大利亚经济年平均增长速度为 4% 左右。金融危机爆发后，股市下跌、外贸骤减，澳大利亚的经济增长速度下降至 2.1%，降幅达 47.5%。金融危机对澳大利亚最直接的影响是减少居民的资产、降低居民的消费水平、居民的储蓄有所增加以及居民的失业率的上升。② 仅 2008 年 7 月至 10 月间，澳大利亚居民的财产价值平均下降了 13%～14%，澳大利亚居民的储蓄 2008 年 5 月为 1.2%，而到了 2008 年底其储蓄蹿升至 8.5%。③ 在金融危机爆发前，由于澳大利亚经济保持多年稳定增长，澳大利亚人口的失业率已经平稳地从 2002 年 2 月的 6.6% 下降至 2008 年 2 月的 4.1%。金融危机爆发后，澳大利亚经济增长速度放缓，失业率上升。到

---

① Khalid Koser, *The Global Financial Crisis and International Migration: Policy Implications for Australia*, Lowy Institute for International Policy, July 2009, p. 5.

② Jenny Chesters and John Western, "The Impact of the Global Financial Crisis on Australia", *Swiss Journal of Sociology*, Vol. 37, No. 2, 2011, p. 287.

③ Green, H. Harper, I. and Smirl, L., "Financial Deregulation and Household Debt: the Australian Experience", *The Australian Economic Review*, Vol. 42, No. 3, 2009, p. 344.

2009 年 8 月，澳大利亚的失业率猛增至 5.8%。虽然，2010 年 2 月澳大利亚的失业率下降至 5.3%，但仍高于金融危机爆发前的 4.1%。（见图 5 - 1）

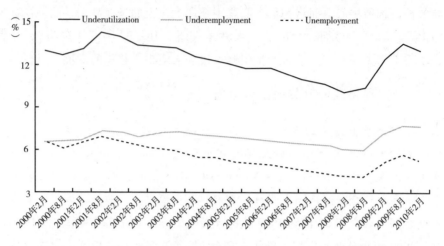

图 5 - 1　2000~2010 年澳大利亚人口的失业率、低就业率曲线分布

资料来源：ABS（2010）Labour Force Australia 2010 Cat. 6202. 0. 转引自：Jenny Chesters and John Western，"The Impact of the Global Financial Crisis on Australia"，*Swiss Journal of Sociology*，Vol. 37，No. 2，2011，p. 288。

面对突如其来的"金融海啸"，陆克文政府迅速采取有关措施，最大限度地降低金融危机对澳大利亚经济造成的破坏。一方面，政府及时调整国家的宏观经济政策，实施经济刺激一揽子计划。首先，实施积极的财政政策。2008 年 10 月，陆克文政府推出一项 100.4 亿澳元的经济安全战略计划。随后，2009 年 2 月，陆克文政府又实施一项 420 亿澳元的国家建设与就业计划，对澳大利亚的基础设施进行改造、升级，扩大有效需求，增加就业，推动经济增长。其次，实施松散的货币政策。澳大利亚联邦储备银行（RBA）大幅度降低利率。2008 年至 2009 年，澳元利率下调了 375 个基点，从 7% 下降至 3.25%，用来刺激消费需求。[①] 另一方面，受金融危机的影响，澳大利亚经济出现了下滑的趋势，失业率急剧攀升，澳大利亚人的生活水平下降，致使移民问题成为澳大利亚社会各界关注的焦点。著名移民学者鲍勃·贝拉（Bob Birrell）等人于 2009 年 2 月在莫纳什大学的人口与城市研究中心

---

① Bloxham，Paul and Christopher Kent，"Household Indebtedness"，*The Australian Economic Review*，Vol. 42，No. 3，2009，p. 337.

网站上发布的一篇文章中就指出，澳大利亚劳动力市场已经由长期劳动力短缺状态转变为饱和状态，金融危机导致失业率上升，因此，他们强烈建议政府应该减少技术移民（包括永久性和短期类）的数额，目的是保护澳大利亚人的工作。[①] 媒体评论家如皮尔斯·阿克尔曼（Piers Ackerman）担心在澳大利亚失业率上升时期，大量的移民可能对澳大利亚社会带来不稳定的因素。乔治·麦格罗根尼斯（George Megalogenis）在2009年5月的澳大利亚人报上写道，"澳大利亚目前的失业率上升类似于1990～1991年经济衰退时的情况，主要是年轻男性的失业率上升，……如果这种局势继续蔓延下去，下一个十年有可能出现比汉森主义（Hansonism）更严重的事件发生。"[②] 面对社会舆论的巨大压力，陆克文政府不得不对其移民政策进行必要的改革，目的是既要缓和在金融危机的影响下移民对澳大利亚当地就业市场带来的压力和冲击，同时又要保证澳大利亚未来发展的需求。

2. 陆克文－吉拉德政府对移民政策的重新评估

霍华德政府时期对移民政策特别是技术移民政策（无论是永久性的还是短期类的）调整的效果十分显著，澳大利亚的技术移民人数逐年上升。1999～2000年，澳大利亚的技术移民人数为35330人，到2006～2007年，其人数猛增至97920人，技术移民大量涌入澳洲，在一定程度上缓解了澳大利亚技术工人短缺的局面，满足了澳大利亚劳动力市场的需求，促进了澳大利亚经济的持续繁荣。

但是，霍华德政府时期的技术移民政策在实施的过程中也暴露出诸多弊端，技术移民政策的某些措施不合理，不能选择最适合澳大利亚劳动力市场需求的移民。例如，澳大利亚教育、就业和劳资关系部（Department of Education, Employment and Workplace Relations）在一份报告中指出，近十年来，虽然通过技术移民政策的调整吸收了大量的技术移民，但技术工人短缺的现象在澳大利亚的许多行业如工程技术、健康诊断与治疗、护理以及汽车、建筑等领域中仍然存在着，例如，会计行业，每年有40000名左右的会计在劳动力市场上寻找工作，但调查显示，不少企业主仍抱怨他们的企业缺少会计。移民局在公布的一份讨论文件中也指出，目前技术移民打分体制的

---

① B. Birrell, E. Healy and B. Kinnaird, *Immigration and the Nation Building and Jobs Plan*, Melbourne: Monash University, February 2009, p. 2.

② George Megalogenis, *Women Grab More Share of Unemployment Pie*, The Australian, 5 May 2009.

不合理性，按照现在的计分体制，一名哈佛大学毕业、有 3 年相关工作经验的环境科学学生可能通不过计分评定，而一名只完成了 92 周课程、属于 60 分职业范围并有 1 年工作经验的外国留学生就可以顺利通过计分评定而移民。从以上事例中不难看出，大量技术移民入澳，虽然在一定程度上弥补了澳大利亚技术工人短缺局面，但是由于技术移民政策存在着诸多不合理因素，导致通过技术移民政策选择的技术移民并不一定能满足澳大利亚劳动力市场的需求，而且还造成了技术人才资源的浪费。因此，陆克文－吉拉德政府时期，对前政府时期的技术移民政策进行了重新评估。

3. 霍华德政府时期"境外关押"的难民政策耗资巨大

从 2001 年开始，霍华德政府在瑙鲁和马努斯等地建立拘留中心等基础设施的花费估计超过 10 亿美金。这些支出不仅包括关押在瑙鲁和马努斯等地的避难寻求者的费用，还包括一长串的其他开支，例如边境监视和拦截船只的耗费，新的基础设施建设费用以及给关押者提供法律、医疗和其他的费用。2001 年 9 月发生的"坦帕"事件估计花费 1.2 亿美元。根据移民局的统计数据，从 2001 年 8 月到 2004 年 7 月，霍华德政府共耗资 2.18 亿美元，仅 2002～2003 年，就有 9000 万美元的钱花在了境外避难寻求者的管理上。[①]还有，在瑙鲁和马努斯等地建立的拘留中心的耗资更是惊人。仅 2000 年到 2002 年间，霍华德政府用于建造拘留中心的费用就超过 2.3 亿美元。除此之外，还包括海岸警卫队、海关以及澳大利亚海军监视的费用、调查超期滞留者签证的费用以及从偏远的拘留中心运送被拘留者到另一拘留中心的费用等等，不仅成为霍华德政府沉重的财政负担，而且还招致反对党以及社会各界的广泛批评与指责。因此，陆克文－吉拉德政府对人道主义移民政策也进行了改革。

二 亚裔新移民基本特征变化与分析

（一）亚裔新移民基本特征概况

2008 年下半年爆发的全球性金融危机，是澳大利亚移民政策发展史上

---

① Mary Crock，Ben Saul and Azadeh Dastyari，*Future Seekers II*：*Refugees and Irregular Migration in Australia*，2008，p. 130.

的一个重要转折点。它迫使陆克文政府及后继的吉拉德政府对澳大利亚移民政策进行大刀阔斧的改革。移民政策的改革，"牵一发而动全身"，必然对以华人、印度、越南和菲律宾移民为代表的亚洲新移民的数量、类别、迁移模式和分布流向等方面产生深刻影响。其影响的主要特点如下。

1. 中国大陆、越南和菲律宾移民保持增长，而印度增幅最快

这一时期随着全球经济一体化步伐的加快和中国大陆改革开放的继续深入，经济快速发展导致大陆赴澳新移民人数不断增加；另外，由于全球金融危机的打击，来自中国香港和台湾地区的新移民人数，无论是家庭团聚类还是技术类，其人数总体上呈下降的趋势，而 2011 年人口普查数据显示，澳大利亚印度移民数量有 295362 人，占所有海外移民总数的 5.6%。而澳大利亚所有具有印度裔血统的人数是 390894 人，在澳大利亚所有族裔中排名第 8。① 澳大利亚移民局 2011～2012 年度移民数据显示，印度已经超过中国成为澳大利亚永久性移民最大的来源国。澳大利亚统计局 2016 年统计数字显示，在过去 15 年内（2001～2015），海外出生的澳洲人比例持续上升，其中，出生在英国的所占比例为 5.1%，居第一位，新西兰出生的位居第二（2.6%），其后是中国（2%），印度（1.8%），以及菲律宾和越南（分别为 1%）②。出生地是印度的移民涨幅最大，过去 10 年翻了三倍，达到约 433000 人，而同期出生地在中国的澳洲人翻倍增长，达到约 482000 人。澳大利亚统计局女发言人指出："欧洲移民比例在减少，亚洲移民在增多。"③

2. 因技术移民政策的调整，亚洲移民结构出现新的变化

陆克文 - 吉拉德政府时期，在霍华德政府时期移民政策调整的基础上，继续以技术移民和商业投资移民为其移民政策改革的重点。受全球金融危机的影响，陆克文 - 吉拉德政府时期，来自中国香港和台湾地区的技术移民呈下降趋势，而来自中国大陆的技术移民人数虽有下降，但总体保持在高位水平上（见表 3 华人技术移民人数情况 2007～2012）。从 2011 年统计数据看，印度新移民所从事的职业前五位是专业类（28.6%）、行政和文职类（13.0%）、体力劳动者（11.0%）、技术和贸易类（10.4%）以及管理类（占 9.3%）。从职业结构看，印度新移民从事的职业呈现不断多样化及更加

---

① DIBP, *The People of Australia: Statistics from the 2011 Census*, 2014, p. 57.
② 《澳洲侨报》2016 年 3 月 31 日。
③ 《澳洲侨报》2016 年 3 月 31 日。

偏向技术、知识层面相关专业的发展趋势（见表 5 - 15 澳大利亚印度新移民职业构成 2011 年）。这一时期，随着越南国内经济政治状况的改善，澳大利亚越南移民中技术移民、经济移民的比例也在提升。澳洲第二代越南移民和越南新移民中，就职于澳洲各大高校，或从事工程师、医生及药剂师等行业的比例相对较高。

3. 性别因国而异，居住地分布仍集中经济发达地区，总体移民失业率增加

2011 年的人口统计数据显示，澳大利亚的中国女性移民在新移民中所占的比例为 55%，男性移民的比例为 45%，女性移民所占比例高出男性移民 10 个百分点。在印度移民中，男性移民人数约为 164200 人，所占比例高达 55.6%，女性移民人数约为 131150 人，所占比例只有 44.4%，男女比例为 100∶80，男性所占比例显著高于女性，说明印度社会重男轻女的传统，留学生中男性居多。而在越南和菲律宾移民群体中女性新移民所占的比例越来越高。与 2006 年的数据相比，2011 年，越南女性移民所占增长了约 1.3 个百分点，为 54.17%，其中很多越南新娘通过跨国婚姻来澳。而菲律宾女性移民的人数优势反映了其以护士和佣人为重要职业的特点。2011 年的人口统计数据显示，华人和印度、越南、菲律宾为代表的亚洲新移民首先选择居住在新南威尔士州，依次是维多利亚州和昆士兰州；2012 年 8 月，澳大利亚华人新移民的失业率比 2006 年的统计数据低 5.1 个百分点，几乎是 2006 年华人新移民失业率的一半。印度新移民的失业率为 6.2%，略高于澳洲本土出生人口。越南与菲律宾移民的失业率也高于当地的平均失业率。

4. 移民类别的差异显示了亚洲四国移民来源构成的区别

在 2012~2013 年度统计中，中国和印度在家庭类别、一般技术移民、雇主担保、技术移民、学生、457 临时工作签证和旅游 7 类移民类别中，除 457 临时工作签证（中国第 6）和旅游签证（印度第 9）外，基本都位列前 2 名，反映中、印两国经济实力的增长和以技术移民和留学生为代表的国际移民的增加。而菲律宾移民类别主要集中在雇主担保、家庭类别和 457 临时工作签证方面。留学生和旅游移民还较少，仅分别为 15 位和 19 位，说明依靠劳务移民输出增加外汇仍会在一定时期内成为菲律宾赴澳移民的传统特点。而越南移民除在家庭类别和学生签证分列第 5 和第 4 外，其余 4 项皆在 10 名之后。反映了越南近年来对外开放程度较高，移民增加，但经济发展仍然有较大差距的现状。

5. 亚洲移民总体体年龄偏小，而欧洲移民整体年龄偏大

在 2010 年澳大利亚前 50 名主要移民来源国移民年龄数据表［见第七章表 7－4：2010 年澳大利亚前 50 名主要移民来源国（地区）移民年龄的中位数、性别比例和大概人数表］中显示，印度、中国台湾、中国大陆、中国香港、菲律宾和越南分列第六、第八、第十二、第十四、第二十四和第三十一位，明显低于欧洲国家移民。反映了澳大利亚移民来源年龄的整体现状和趋势，即亚洲移民正取代欧洲成为澳洲移民的主力军的趋势和现状。比较明显的对比是：生于意大利的移民中位数年龄从 2005 年的 64.7 岁升至 2015 年的 69.3 岁。而同期印度出生的移民中位数年龄则从 37 岁降至 33.4 岁。①

以下主要以澳大利亚 2011 年的人口统计数据为依据，通过与 2006 年的人口统计数据进行比较，来具体分析陆克文－吉拉德政府时期（2007~2012）澳大利亚以华人移民、印度人移民和越南、菲律宾移民为代表的亚洲新移民基本社会特征的变化。

（二）华人新移民基本特征变化与分析

1. 人口特征变化

（1）人口的数量与构成

澳大利亚华人总数与中国新移民的人数继续增加。澳大利亚 2006 年的人口统计数据显示，澳大利亚华人有 669890 人。而 2011 年澳大利亚统计局公布的人口统计数据显示，澳大利亚华人总数为 749350 人。5 年间，澳大利亚华人总数增加了 79460 人，平均每年增加 15000 余人。

澳大利亚华人总数增长的同时，来自中国的新移民数量也在不断增加。其中，主要是来自中国大陆的新移民（见表 5－1）。

表 5－1 2007~2012 年澳大利亚华人新移民的人数情况

年份	家庭团聚类				技术类				总计
	大陆	香港	台湾	总人数	大陆	香港	台湾	总人数	
2006~2007	6037	673	330	50079	14688	1515	678	97922	148200
2007~2008	6131	604	342	49870	14924	1314	633	108540	158630
2008~2009	7901	785	376	56366	13927	918	375	114777	171318

① 《澳洲侨报》2016 年 3 月 31 日。

续表

年份	家庭团聚类				技术类				总计
	大陆	香港	台湾	总人数	大陆	香港	台湾	总人数	
2009~2010	10218	547	442	60257	14505	499	386	107868	168623
2010~2011	9077	530	369	54543	20441	631	402	113725	168685
2011~2012	9703	564	449	58604	15759	471	293	125755	184998

资料来源：根据澳大利亚统计局（ABS）相关数据整理制成。

从表 5-1 中我们可以清晰地看出，中国赴澳新移民数量的增加主要由大陆新移民人数增加引起的。这主要是因为，一方面，随着全球经济一体化步伐的加快和中国大陆改革开放的继续深入，经济快速发展导致大陆赴澳新移民人数不断增加；另一方面，来自香港和台湾地区的新移民人数，无论是家庭团聚类还是技术类，其人数总体上呈下降的趋势，这主要是由于全球金融危机对香港和台湾地区的经济发展造成了一定的冲击。

（2）年龄与性别构成

2011 年澳大利亚移民局公布的统计数据显示，澳大利亚中国出生的新移民的平均年龄为 33.9 岁，低于同期澳大利亚全国人口平均年龄 37.3 岁。而 2006 年的人口统计数据显示，澳大利亚中国出生的新移民平均年龄为 39.3 岁，高于同期澳大利亚全国人口的平均年龄 37.1 岁。

表 5-2 澳大利亚中国新移民的年龄情况（2011 年人口统计数据）

单位：人，%

年龄组	2006 年		2011 年	
	百分比	人数	百分比	人数
0~14 岁	22.9	47309	18.8	59966
15~64 岁	61.3	126639	68.9	219770
65 岁及以上	12.3	25411	10.5	33492
总计	96.5	206590	98.2	318970

注：表中数据是以出生地为准进行统计的。

资料来源：根据澳大利亚统计局（ABS）的统计数据整理制成。

表 5-2 中显示，2011 年适于工作年龄段（15~64 岁）的中国新移民人数及百分比明显高于 2006 年的人口普查结果。此外，两次人口统计数据

结果表明，澳大利亚的中国新移民呈年轻化的趋势发展。造成这一现象的主要原因与澳大利亚政府移民政策改革有关。一方面，澳大利亚移民政策改革的趋势是吸收海外年轻的、有专业技能的移民；另一方面，澳大利亚移民政策允许外国留学生毕业后申请技术移民，所以，大量中国留学生在完成学业后选择移民澳洲。

2011 年的人口统计数据显示，澳大利亚的中国女性移民在新移民中所占的比例为 55%，男性移民的比例为 45%，女性移民所占比例高出男性移民 10 个百分点，其性别比为 81.8。而 2006 年，在澳大利亚的中国新移民中，女性移民和男性移民所占比例分别为 54.8% 和 45.2%，女性所占比例也高于男性，其性别比为 82.3。由此可见，在两次人口统计数据中，澳大利亚的中国女性新移民比男性新移民人数略高一些，其性别比差别不大。

（3）居住地区分布

新南威尔士州仍然是最受澳大利亚华人新移民欢迎的地方。2011 年的人口统计数据显示，几乎一半（49%）的华人新移民选择居住在新南威尔士州，依次是维多利亚州和昆士兰州，分别占 29% 和 8%。三州的华人新移民人数占澳大利亚华人移民人数的比例高达 86%。这充分表明，澳大利亚的华人新移民的分布仍然呈现出高度集中的趋势。

新南威尔士州和维多利亚州是各类华人新移民的主要目的地。澳大利亚移民局公布的数据显示，在 2011～2012 年度的家庭团聚类移民中，50% 的华人新移民选择新南威尔士州。在技术类移民中，38% 的华人新移民选择新南威尔士州，其次是维多利亚州为 35%。在短期类移民中，由于新南威尔士州和维多利亚州大学众多，教育资源丰富，39% 的中国留学生选择新南威尔士州，32% 的中国留学生选择维多利亚州，两州的中国留学生人数占整个澳大利亚中国留学生人数的 71%。而在 457 类签证类别中，33% 的华人新移民选择到新南威尔士州工作，而 29% 的人计划前往西澳大利亚工作。出现这一现象的主要原因是，近年来，西澳矿业的持续繁荣，对技术工人的大量需求导致近 30% 的短期技术移民选择西澳大利亚。

总之，由于澳大利亚经济和教育等资源分布极为不均，气候环境、自然资源等区域差异性明显以及华人社会关系网络的既成事实等因素的影响，未来华人新移民仍然会首先选择新南威尔士州、维多利亚州和西澳大利亚州，这一高度集中的分布趋势在未来一段时期内仍然会持续下去。

（4）移民类别的变化

霍华德政府时期将澳大利亚移民计划的重点由家庭团聚类移民转移到技术类移民。移民政策发生了深刻的变化，移民选择标准也随之发生了改变。经济移民（主要是技术移民和商业投资移民）成为澳大利亚移民的首选。陆克文－吉拉德政府时期，在霍华德政府时期移民政策调整的基础上，继续以技术移民和商业投资移民为其移民政策改革的重点。

受全球金融危机的影响，陆克文－吉拉德政府时期，来自中国香港和台湾地区的技术移民呈下降趋势，而来自中国大陆的技术移民人数虽有下降，但总体保持在高位水平上。（见表5－3）

表5－3　华人技术移民人数情况（2007～2012）

年份	大陆	香港	台湾
2006～2007	14688	1515	678
2007～2008	14924	1314	633
2008～2009	13927	918	375
2009～2010	14505	499	386
2010～2011	20441	631	402
2011～2012	15759	471	293

资料来源：根据澳大利亚统计局（ABS）的统计数据整理制成。

此外，为了吸引外资，刺激澳大利亚经济的发展，陆克文－吉拉德政府时期，还对商业投资移民政策进行了改革，主要是进一步方便那些拥有大量资本的人移民澳洲。这一时期，来自中国大陆的商业投资移民人数有所增加。2011年，吉拉德政府共批准了7796个商业投资移民签证，其中，来自中国大陆的商业投资移民人数为4795人，约占总人数的61.5%。

2. 人文特征

（1）语言情况

英语语言水平对华人新移民的工作、学习以及生活等方面产生非常重要的影响。2007年霍华德政府执政末期曾对澳大利亚新移民的就业情况进行一系列的调研发现，"是英语而不是移民的职业技能需求，成为非英语国家背景的独立技术移民就业障碍的关键因素"。2012年7～8月，笔者在澳大利亚墨尔本市进行一项关于华人新移民职业、生活相关方面的社会调查活动。在一份问卷调查中，关于"你觉得你的英语语言水平如何"一项中，60%的被调查者声称他们具有纯熟的英语语言能力，即他们的英语口语很好，甚至只讲英语；30%的被调查者认为自己的英语水平不好或口语能力有限。在调查中还发现，英语口语很好的，甚至只讲英语的60%的被调查者中，几乎全部来自技术类移民和学生移民，这并不令人感到惊讶。因为，自霍华德政府执政后期以来，澳大利亚移民政策尤其是技术移民政策的选择标准越来越严格，对独立技术移民申请者的英语语言能力的要求进一步提高，其目的是让移民者尽快地适应澳大利亚劳动力市场。而英语语言水平不好或口语能力有限的30%的人中，绝大多数是家庭团聚类移民或其他短期类移民。

此外，澳大利亚各州使用中文的新移民人数也不断增加。（见表5－4）

表5－4 澳大利亚主要州、领地中文使用人数情况

单位：人，%

地区	2011年人口统计		2006年人口统计	
	人数	占各州人数的比例	人数	占各州人数的比例
新南威尔士州	139822	2.0↗	100598	1.5
维多利亚州	103743	1.9↗	84935	1.3
南澳大利亚州	16497	1.0↗	8954	0.6
西澳大利亚州	28037	1.3↗	16552	0.8
昆士兰州	38116	0.9↗	24447	0.6
塔斯马尼亚	2089	0.4↗	1165	0.2
总计	336410	1.6↗	220604	1.1

资料来源：根据澳大利亚统计局（ABS）的相关资料整理制成。

从表5－4中不难看出，相对于2006年的人口统计数据而言，2011年的人口统计数据显示，澳大利亚主要州及领地使用中文的人数普遍增加。这不仅反映了近年来赴澳华人新移民人数的不断增加，而且还体现了随着中国国际地位的不断提高以及"汉语热"的进一步升温，中文越来越受到澳洲人的喜爱，不少澳洲人学习使用汉语。

（2）教育程度

澳大利亚华人新移民受教育程度普遍偏高（见表5－5）。从表5－5中可以看出，相对于澳大利亚整体人口而言，华人新移民的受教育程度明显偏

高。澳大利亚人口中只有 14.9% 的人具有本科及以上学历，而华人新移民
该比例是澳大利亚的 2 倍还多，高达 46.8%。此差距在高级文凭中的人口
也有相似的体现。具体而言，华人新移民的教育水平分布接近沙漏形：两端
多中间少。在顶端的华人新移民持本科或专业学位的比例比澳大利亚人要多
许多，而沙漏底端有五分之一的华人新移民只接受 12 年教育或同等教育学
历。相比之下，澳大利亚人的教育水平呈金字塔形分布，超过 40% 的成人
受教育的年限低于 12 年。这种变化反映了澳大利亚人和华人新移民人力资
本水平之间的差异，同时也是澳大利亚移民政策调整在甄选高学历人才上的
充分体现。

表 5 - 5　2011 年澳大利亚华人新移民的受教育情况

单位：%

受教育程度	华人新移民	澳大利亚平均水平
本科及以上	46.8	14.9
高级文凭	20.1	8.5
3、4 级证书	5.7	13.5
12 年教育或同等教育学历	20.3	18.3
少于 12 年教育	3.2	40.2
无教育学历	3.9	4.6

资料来源：根据澳大利亚统计局（ABS）的相关资料整理制成。

（3）就业与职业状况

澳大利亚移民局的统计资料显示，截至 2012 年 8 月，澳大利亚华人新
移民的劳动力市场参与率为 58%，低于全国平均水平的 65%。华人新移民
的失业率为 6.1%，高出澳大利亚全国平均水平 1 个百分点。而 2006 年，
澳大利亚华人新移民的劳动力市场参与率和失业率分别为 56.3% 和 11.2%。
2012 年 8 月，澳大利亚华人新移民的失业率比 2006 年的统计数据低 5.1 个
百分点，几乎是 2006 年华人新移民失业率的一半。通过 2012 年和 2006 年
的数据比较可以得出，虽然华人新移民的就业率近年来有所提高，但仍低于
澳大利亚全国平均水平，表明澳大利亚华人新移民劳动力市场融入度较低，
就业率仍有待进一步提高。

从在澳大利亚所从事的职业来看，2012 年 8 月，大约有 185000 名华人新
移民工作在澳大利亚各行各业。其中，主要分布在以下几个行业。（见表 5 -6）

表 5 - 6　华人新移民的就业主要分布情况

单位：人，%

职业	2012 年		2006 年	
	人数	百分比	人数	百分比
专业类	44400	24	21589	22
技工和贸易类	25900	14	25900	14
行政和文职类	25900	14	9813	10
销售类	22200	12	9813	10
总计	185500	64	98130	56

资料来源：根据澳大利亚统计局（ABS）的相关资料整理制成。

从表5－6中可以看出，2012年，华人新移民的从业人数几乎是2006年从业人数的两倍。而华人新移民从事的主要行业，从表中2006年与2012年的百分比来看相差不大，只是2012年的从业总人数增加，各主要行业的人数也相应地增加。

（三）印度新移民人口特征与人文特征变化

1. 人口特征

（1）人口规模与构成

步入21世纪，印度人移民澳大利亚的热情似乎被激发，增长幅度明显上升（见表5－7），2011年人口普查前的五年中赴澳印度移民数量庞大，2006～2011年共有156326人移民澳大利亚，平均每年3万余人，是上一个五年移民数量的3.2倍，比20世纪70年代和80年代这20年的移民总数还要多，这五年移民数占澳大利亚印度移民总数的52.9%。根据此次普查数据，澳大利亚印度移民数量有295362人，占所有海外移民总数的5.6%。而澳大利亚所有具有印度裔血统的人数是390894人，在澳大利亚所有族裔中排名第8。[1] 澳大利亚移民局2011～2012年度移民数据显示，印度已经超过中国成为澳大利亚永久性移民最大的来源国，前十大来源国中有七个亚洲国家，分别是：印度、中国、菲律宾、斯里兰卡、马来西亚、韩国和越南。[2] 而根据最新的澳大利亚移民数据报告，截至2013年6月，居住在澳

---

① DIBP, *The People of Australia: Statistics from the 2011 Census*, 2014, p. 57.

② Department of Immigration and Border Protection, *Report on Migration Program 2011 - 2012*, p. 5.

大利亚的印度移民有 369700 人（其中包括没有获得永久居留权的移民），占澳洲总人口的 1.6% 。①

表 5 - 7 澳大利亚印度移民人口数量统计（按移民时间）

时间	印度移民	比重（%）	所有海外移民	比重（%）
1941 年以前	171	0.1	16681	0.3
1941 ~ 1950	2028	0.7	106647	2.0
1951 ~ 1960	1697	0.6	375076	7.1
1961 ~ 1970	10319	3.5	642356	12.1
1971 ~ 1980	11596	3.9	571828	10.8
1981 ~ 1990	17660	6.0	782926	14.8
1991 ~ 2000	36765	12.4	786778	14.9
2001 ~ 2005	48950	16.6	581597	11.0
2006 ~ 2011	156321	52.9	1190320	22.5
未说明	9855	3.3	239941	4.5
总计	295362	100	5294150	100

资料来源：此表数据根据澳大利亚 2011 年人口普查统计数据模块 2011 Census of Population and Housing, Basic Community Profile（Australia），"B10 Country of Birth of Person by Year of Arrival in Australia"整理制成。

（2）年龄与性别结构

2011 年澳大利亚统计局人口普查数据显示，澳大利亚海外移民的年龄中位数是 45，澳大利亚整体年龄中位数 37，而印度新移民的年龄中位数是 31（见表 5 - 8），显著低于澳大利亚所有海外移民和总体的年龄中位数。与 2006 年印度新移民年龄中位数相比，也降低了 4 岁。澳大利亚印度移民的年龄结构整体趋向年轻化，多集中在 20 ~ 40 岁之间，尤其是分布在 25 ~ 34 岁年龄层的数量显著突出于其他年龄层，处于该年龄层的印度移民比例约占 40%。从印度移民男女年龄金字塔结构分布图（见图 5 - 2）来看，可以很直观地看到在大部分年龄阶段印度男性移民数量明显要超过女性移民数量。另外，印度移民年龄分布图呈现两头小中间大的形态，这表明印度移民无论男女，在年龄结构上都呈现年轻化发展趋势。这一年轻化态势与澳大利亚的移民政策、移民申请条件和印度移民类别有关，印度移民中技术移民数量占大部分，而且移民政策对于

① ABS, *One-third of WA Born Overseas*, *Migration*, *Australia*, *2011 - 2012 and 2012 - 2013*, Cat. 3412.0, December 2013. 见澳大利亚统计局网页 http://www.abs.gov.au/。

技术移民年龄有明确的限制，一般不超过 45 岁，可以说澳大利亚移民政策的导向和印度移民的适应性选择是导致印度移民群体整体年轻化的重要原因。

表 5 - 8　2006 年、2011 年澳大利亚印度新移民年龄中位数

年份	2006	2011
印度新移民	35	31
所有海外移民	—	45
澳大利亚总体	37	37

资料来源：根据澳大利亚 2006 年、2011 年人口普查统计数据资料整理制成。

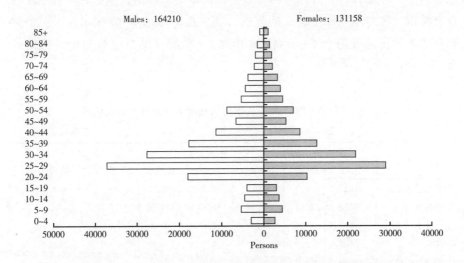

图 5 - 2　澳大利亚印度新移民的年龄与性别结构（2011 年）

资料来源：DIBP, *The People of Australia：Statistics from the 2011 Census*, 2014, p. 25.

澳大利亚统计局 2011 年人口普查数据显示，在印度移民中，男性移民人数约为 164200 人，所占比例高达 55.6%，女性移民人数约为 131150 人，所占比例只有 44.4%，男女比例为 100：80，男性所占比例显著高于女性。此外，印度移民在 20～24 岁年龄层面上的性别比失衡最为严重，男女比例接近 2：1。就其原因分析，这一年龄层的移民多为留学生，这有可能反映出印度社会的一种重男轻女的文化传统，更加重视男性教育。[1]

---

① Tilak, Jandhyala, B. G, *Education, Society and Development：National and International Perspectives*, New Delhi, 2003. 转引自 ABS, *Expanding links with China and India*, *Australia Social Trends 2009*, Cat. 4102. 0, 2009。

（3）地理分布

澳大利亚 2011 年人口普查统计数据显示，印度移民在各州的分布比例为：维多利亚 37.8%，新南威尔士 32.3%，昆士兰 10.2%，西澳 10.1%，南澳 6.3%，首都领地 2%，北领地 0.6%，塔斯马尼亚 0.5%。[1] 这一数据与 2006 年相比，维多利亚州和新南威尔士的排名已经互换，维多利亚州印度移民数量已经超过新南威尔士州成为印度移民分布最多的州。选择昆士兰州和南澳州为目的地的印度移民数量增长加快。2011 年时，南澳印度移民人口数比 2001 年增加了 4 倍之多，昆士兰州增加了 3 倍之多。此外，还需注意的是，印度移民在各州内的分布情况也是不均衡的，他们大多集中在各首府城市。墨尔本是印度移民的首选，居住在这里的有 106000 人，占维多利亚印度移民总数的 95%，占全澳的 36%。[2] 另外悉尼也是印度人偏爱的城市。

表 5 - 9   2001 ~ 2011 年印度新移民在澳大利亚各州分布情况

单位：%

分布情况	2001 年		2006 年		2011 年		2001 ~ 2011 年增长率
	人数	比重	人数	比重	人数	比重	
新南威尔士	37887	39.7	57036	38.8	95276	32.3	151.5
维多利亚	30628	32.1	52730	35.8	111573	37.8	264.3
昆士兰	7307	7.7	11151	7.6	30451	10.2	316.7
南澳	3688	3.9	6852	4.7	18740	6.3	408.1
西澳	13085	13.7	15152	10.3	29950	10.1	128.9
塔斯马尼亚	517	0.5	816	0.6	1477	0.5	185.7
北领地	523	0.5	605	0.4	1956	0.6	274.0
首都领地	1814	1.9	2761	1.9	5927	2.0	226.7

资料来源：根据澳大利亚统计局 2001 年、2006 年、2011 年人口统计数据整理制成。

（4）移民类别

在陆克文 - 吉拉德政府执政时期，移民政策的重心依然是技术移民。在此期间，赴澳印度新移民数量除 2010 ~ 2011 年度略有下降外，其他年度相

---

[1] DIAC, *Community Information Summary*：*India-born*，2011.

[2] 数据参见 ABS, *2011 Census of Population and Housing*，*Basic Community Profile*. 见澳大利亚统计局网页：http：//www.abs.gov.au。

比上年呈增长趋势，且技术移民数量增加明显，所占比例逐年增加（见表5-10）。2012~2013年度，印度新移民中技术移民人数超3.3万人，比例高达83.7%。相应地，家庭团聚类技术移民人数增加缓慢，所占比例在逐渐下降，2012~2013年度仅占16.2%。

表5-10　2009~2013年澳大利亚印度新移民类别及数量

单位：%

年份	技术移民		家庭团聚类移民	
	人数	比重	人数	比重
2009~2010	18042	77.9	5103	22.0
2010~2011	17331	79.6	4426	20.3
2011~2012	23512	81.0	5489	18.9
2012~2013	33515	83.7	6498	16.2

资料来源：根据澳大利亚移民局统计数据整理制成。资料来源：DIBP，*Country Profile*：*Republic of India*（2013）。

　　在陆克文-吉拉德政府时期，印度留学生依然在澳大利亚国际留学生中占有很大比重。2006年以后，尽管接受高等教育的印度留学生数量每年变化不大，但是赴澳接受职业教育的留学生数量增加显著，因此使澳大利亚印度留学生总量增加，并在2009年数量达到高峰。2008年，澳大利亚留学生政策收紧，印度留学生数量明显减少（见图5-3）。这些印度留学生在专业课程选择上，会参考澳大利亚技术移民职业技术清单来选择专业和课程，比如会计学、经济学、金融学、工商管理、信息技术、科学或工程学等专业，这样他们在毕业后能够较为容易地找到工作，实现从留学生身份到技术移民身份的转变。

　　2007年9月，澳大利亚移民局引入485签证（Temporary Skilled Graduate Visa），2013年3月，该签证又改为毕业生临时签证（Temporary Graduate Visa）。这种签证是专门为那些在澳大利亚完成学业后但是还不能满足移民条件的留学生而设，他们在毕业后成功申请该签证可以继续在澳大利亚居住18个月或者2~4年来提高英语语言能力或获得工作经验，最后达到满足澳大利亚的移民条件，由此可见该签证的设立具有一定的移民导向。2012~2013年度，有10641名印度留学生在毕业后获此签证，可以说申请该项签证的印度留学生一般具有移民目的或者有移民倾向。

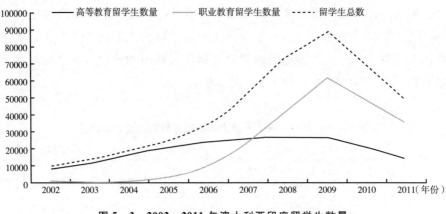

图 5-3　2002~2011 年澳大利亚印度留学生数量

资料来源：Bilal Rafi; Phil Lewis, "Indian Higher Education Students in Australia: Their Patterns and Motivations", *Australian Journal of Education*, Vol. 57, No. 2, 2013, p. 168.

2. 人文特征

（1）语言情况

2011 年澳大利亚人口普查统计，发现随着大量印度新移民的到来，印度移民的语言使用情况发生较明显变化。2011 年在印度移民中，只说英语的人口比例迅速下降，仅占 21.3%，甚至不及 1991 年的 1/3，但是英语能力非常好或好的比例大幅提升，因此在总体水平上，印度移民的英语语言能力并没有下降。印度移民在英语能力方面的优势主要得益于英语是其官方语言，学校教育中也以英语教学为主。

表 5-11　1991 年、2011 年澳大利亚印度新移民英语语言能力

单位：%

英语能力	1991 年	2011 年
只说英语	66.9	21.3
非常好或好	30.1	73.5
不好或不会	2.5	4.2

资料来源：根据澳大利亚 1991 年、2011 年人口普查统计数据资料整理制成。

2011 年人口普查数据显示，印度新移民的家庭语言使用情况也有所改变。其中说印地语的比例上升到 20%，其次是旁遮普语占 19.3%，再次是

古吉拉特语占 8.8%。此外，还有说其他非英语语言的占 30.6%，其中包括
印度各种地方语言。（见图 5－4）

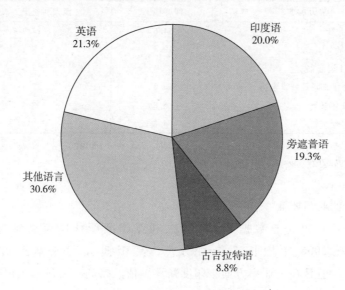

图 5－4 澳大利亚印度新移民家庭语言使用情况（2011 年）

　　资料来源：DIAC，*Community Information Summary 2011：India-born*.

（2）教育程度

2011 年澳大利亚人口普查统计数据显示，印度新移民的教育水平再次
提升（见表 5－12），年龄在 15 岁及以上的印度移民中，有 74.4% 的移民拥
有较高水平的教育学历或资格认证，其中超过 54.6% 的移民具有大学本科
及以上学历，比 2006 年增加了 2.1 个百分点，远远高于澳大利亚的总体水
平。少于 12 年教育所占比例由 2006 年的 10.8% 下降至 6.8%。此外，印度
新移民中没有获得过学历或资格认证的比例仅为 5% 左右。[1] 总体而言，从
纵向上看，2011 年时澳大利亚印度新移民的教育水平比 20 年前有了较大提
升；从横向上看，印度新移民的教育水平要高于澳大利亚总体水平，也高于
亚洲其他国家的移民水平，印度新移民中拥有高学历的比例是其他少数族群
不能相比的。

────────────

① DIAC，*Community Information Summary*，*India - born*，2011.

表 5 – 12　澳大利亚印度移民学历水平 （2011 年）

单位：%

学历水平	印度移民	澳大利亚出生人口
学士及以上	54.6	17.2
高级文凭	12.4	8.1
1、2、3、4 级证书	7.4	17.9
12 年教育或同等教育学历	14.4	17.1
少于 12 年教育	6.8	33.8
未说明	4.3	5.9

资料来源：Department of Immigration and Border Protection （DIBP）, *The People of Australia: Statistics from the 2011 Census*, 2013, p.63.

（3）就业与职业

2011 年人口普查数据显示，澳大利亚印度新移民市场参与率达到 77.3%，比 2006 年增长 5 个百分点，高于澳大利亚本土出生人口 （67.6%）。但是在失业率方面，印度新移民依然略高于澳洲本土出生人口。

表 5 – 13　澳大利亚印度新移民的就业情况 （2011 年）

单位：%

就业情况	印度新移民	澳大利亚出生人口
市场参与率	77.3	67.6
失业率	6.2	5.2

资料来源：DIBP, *The People of Australia: Statistics from the 2011 Census*, 2013, p.63.

从印度新移民从事行业看，2011 年人口普查时，印度新移民在澳大利亚的行业分布发生较大变化，前六大行业略有改变。2006 年时，印度新移民分布的前六大行业依次是制造业、医疗保健和社会援助、科学技术业、零售业、金融保险业和交通邮储业；2011 年，前六大行业依次是教育培训业、制造业、科学技术业、零售业、食宿业与交通邮储业 （见表 5 – 14）。其中变化最大的是教育培训行业，2006 年时，还不在前六大行业中，2011 年已经成为澳大利亚印度新移民分布最多的行业，占 14.1%；另外，分布在食宿行业的印度新移民人数增加明显，成为第五大行业。医疗保健和社会援助以及金融保险业已经不在前六大行业中。而澳大利亚本土出生人口所从事的排在前六位的行业为零售业、教育培训业、建筑业、医疗保健与社会援助业、制造业以及公共管理与安全。印度新移民所在行业结构分布上更加趋向于技术密集型行业且多为专业技术行业，澳大利亚本地出生人口所从事的更多是一些具有地方性传统的行业例如零售业、建筑业等，在一定程度上印度新移民所从事的行业结构与澳大利亚本地出生人口所从事的行业结构具有互补性。

表 5 - 14　澳大利亚印度新移民前六大行业分布情况（2011 年）

单位：%

行业	印度新移民	澳大利亚出生人口
教育培训业	14.1	11.0
制造业	10.2	8.3
科学技术业	10.1	6.7
零售业	9.0	11.2
食宿业	8.8	6.0
交通邮储业	8.5	4.6

资料来源：DIBP，*The People of Australia*：*Statistics from the 2011 Census*，2013，p. 63.

从表 5 - 15 中我们可以看到，印度新移民所从事的职业前五位是专业类、行政和文职类、体力劳动类、技术和贸易类以及管理类。从职业结构看，印度新移民从事的职业呈现不断多样化及更加偏向技术、知识层面相关专业的发展趋势。与澳大利亚本地出生人口相比，二者职业分布情况差别不大，仅仅是在专业类方面印度新移民所占比重远超澳大利亚本地出生人口所占的比重，这也是由澳大利亚主导选择移民类型以技术移民为主的结果。

表 5 - 15　澳大利亚印度新移民职业构成（2011 年）

单位：%

职业	印度新移民	澳大利亚出生人口
管理类	9.3	13.2
专业类	28.6	20.1
技术和贸易类	10.4	14.5
社区和个人服务类	8.4	9.8
行政和文职类	13.0	15.2

续表

职业	印度新移民	澳大利亚出生人口
销售类	7.9	10.2
机械工和司机	9.0	6.4
体力劳动者	11.0	8.9
未说明	1.3	1.0

资料来源：DIBP，*The People of Australia*：*Statistics from the 2011 Census*，2013，p. 63。

从图 5 - 5 看印度新移民的收入情况，至 2011 年人口统计时，印度移民人均周收入是 663 澳元，家庭平均周收入是 1674 澳元，分别高于澳大利亚的平均水平 577 澳元和 1234 澳元。当然，印度新移民较高的收入水平与其英语语言能力、受教育水平、职业结构和行业结构有着密切关系。由此可见，在社会经济地位方面，印度新移民在澳大利亚属于中等偏上水平。

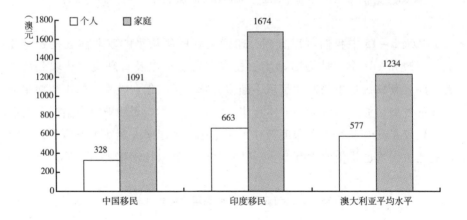

图 5 - 5　2011 年澳大利亚中国新移民和印度新移民人均/家庭周收入状况

资料来源：ABS，2011 Census of Population and Housing，Census Date，QuickStats Country of Birth：China，India. 见澳大利亚统计局网页，http：//www. abs. gov. au/。此图根据 2011 年澳大利亚人口普查统计数据整理计算绘制。

（4）宗教信仰

澳大利亚 2011 年人口普查统计数据显示（见表 5 - 16），印度新移民中信仰印度教的比例高达 47.3%，印度教成为印度移民中信仰人数最多的宗教。其次是基督教，占比 23.7%，再次是锡克教 18.7%。印度新移民的这种宗教信仰情况与印度国内的信仰状况大体一致。印度教作为印度国教，在印度国内是第一大宗教，因此随着大量印度新移民的到来，这种宗教信仰自然移植而来。印度教在澳大利亚发展壮大，并建立了一系列印度教组织，还修建了新庙宇。印度新移民以这种宗教载体加强印度教社区的凝聚力，并向年青的一代传递自己的语言、价值观念以及宗教习俗，可以说宗教在印度移民自身以及同印度的联系中是十分重要的道德和信仰纽带。

表 5－16　澳大利亚印度新移民宗教信仰情况（2011 年）

单位：%

宗教	比重
印度教	47.3
基督教	23.7
锡克教	18.7
伊斯兰教	3.4
佛教	0.4

资料来源：根据澳大利亚统计局 1991 年和 2011 年人口普查统计数据整理制成。

（四）越南新移民人口特征与人文特征变化

1. 人口数量特征

从 2007 年开始，随着澳大利亚政府对于技术性移民的重视程度不断增加，越南移民的总体增长率开始有小幅上升的趋势，新移民的数量开始增加。2011 年澳洲统计局的数据显示，越南移民的总人口数为 185038，比 2006 年增加了 25789 人，与 1996 年到 2006 年之间相比，上升趋势明显。

同时，男女性别的比例逐步扩大，女性新移民在越南移民群体中所占的比例越来越高。与 2006 年的数据相比，2011 年，女性移民占比增长了约 1.3 个百分点，为 54.17%。这在一定程度上体现出，由于移民政策的调整，越来越多的越南女性移民开始移居澳大利亚。此外，许多"越南新娘"通过与澳洲人通婚的方式移民澳大利亚也是女性移民数量迅速增长的重要原因。

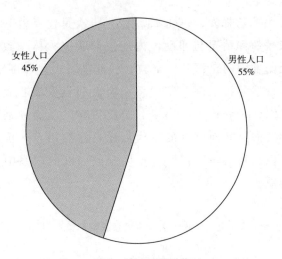

1986 年越南移民男女比例

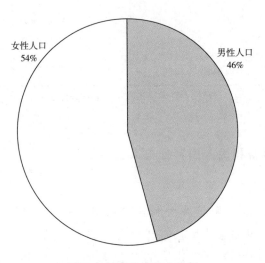

2011 年越南移民男女比例

图 5 - 6　澳大利亚越南移民性别比例状况 （1986 年、2011 年）

资料来源：该数据整理自澳洲统计局网站 http：//www. abs. gov. au。

2. 移民类别特征

目前，越南是澳大利亚第五大移民来源国。澳大利亚已经成为越南人选择移民的第二大目的国。近些年，经济因素是促进越南人移民澳大利亚的主要动因。2007 年以后，澳大利亚越南移民中技术移民、经济移民的比例持续提升，尤其是随着国际局势的稳定，越南国内经济的发展，以及国内政治状况的改善，越来越多的越南移民选择通过技术移民或者投资移民的方式移居澳大利亚（见表5－17）。但是，家庭移民仍然是澳大利亚越南移民的主体。（见表5－18）

表5－17 2011～2014年澳大利亚越南技术移民统计

	2011	2012	2013	2014
地区担保技术移民	302	194	130	134
独立技术移民	314	324	336	549
州、自治领提名移民	77	78	76	204
雇主担保移民	628	392	898	494
商业创新及投资移民	62	79	150	130
短期技术移民	236	606	1314	870
技术移民总数	1619	1673	2904	2381

资料来源：该数据整理自澳洲统计局网站 http：//www. abs. gov. au。

表5－18 2011～2014年澳大利亚越南家庭移民统计

	2011	2012	2013	2014
子女	93	98	142	138
配偶	2607	2807	2707	2832
父母	510	534	502	604
其他亲属	113	246	365	109
家庭移民总数	3323	3685	3716	3683

资料来源：该数据整理自澳洲统计局网站 http：//www. abs. gov. au。

3. 年龄构成与教育背景特征

与霍华德执政时期相比，澳大利亚越南移民的平均年龄不断提升的趋势并未减弱，相反地，由于20世纪90年代中期之前移民的基数较高，以及时间的推移，该族裔老龄化的程度在不断加深，并远远地高于澳洲平均水平。数据显示，2007年，越南移民的平均年龄为41.21岁，而澳洲当地居民的平均年龄为36.78岁。到了2013年，这一差距又进一步扩大，越南移民的平均年龄达到了43.99岁，远远超过当地平均水平（37.29岁）。约有50%的越南移民处在35～54岁的年龄段。当然，这一定程度上也体现了澳大利亚移民整体平均年龄要高于当地平均指数的现状。

表5-19 2007~2013年澳大利亚越南移民及本土居民平均年龄

	越南移民平均年龄	澳洲当地居民平均年龄
2007	41.21	36.78
2008	41.52	36.86
2009	41.63	36.90
2010	42.02	37.05
2011	43.02	37.23
2012	43.61	37.27
2013	43.99	37.29

资料来源：该数据整理自澳洲统计局网站 http：//www.abs.gov.au 。

表5-20 2011年澳大利亚越南移民及本土居民年龄构成

年龄	越南移民	%	本土出生居民	%	总计	%
0~14岁	4448	2.4	3640297	24.2	4144025	19.3
15~24岁	13901	7.5	2205772	14.7	2866475	13.3
25~34岁	33870	18.3	1912001	12.7	2967018	13.8
35~44岁	47382	25.6	2028894	13.5	3063014	14.2
45~54岁	43984	23.8	1878549	12.5	2951545	13.7
55~64岁	26202	14.2	1565325	10.4	2503360	11.6
65岁以上	15252	8.2	1787005	11.9	3012282	14

资料来源：该数据整理自澳洲统计局网站 http：//www.abs.gov.au 。

同时，2011年的数据显示，越南移民接受高等教育的比例显著提高。但仍有50%以上的越南移民只受过高中以下教育，另有约18%的移民只接受过高中教育。[1] 这一状况多集中于第一代越南移民中，第二代移民的高学历人口比例则与之形成了鲜明对比。当前，越南移民在大学中的入学比例已有超出当地平均水平的趋势。越南移民家庭非常重视青年的高等教育：第二代青年移民在成年后依然全职学习（未就业）的人口比例中，越南移民比例高达32.7%，不仅高于澳大利亚的英国（8.6%）、新西兰（10.3%）、黎巴嫩（8%）第二代移民，也高于中国（30.8%）、菲律宾（20.8%）等重视教育的亚洲移民。但他们在澳大利亚的职业教育上的重视程度却明显不足。[2] 总体而

---

[1] 该数据整理自 Belinda J. Liddell，Tien Chey，Derrick Silove，Thuy Thi Phan，Nguyen Mong Giao，Zachary Steel，"Patterns of Risk for Anxiety-Depression amongst Vietnamese-Immigrants：A Comparison with Source and Host Populations"，*BMC Psychiatry*，2013.

[2] Home and Away：the Living Arrangements of Young People，June 2009，http：//www.abs.gov.au/AUSSTATS/abs@.nsf/Lookup/4102.0Main + Features50June + 2009 ［2017 - 02 - 10］.

言，越南移民受教育水平仍与澳洲当地存在差距，主要体现在第一代移民的总体受教育水平，以及职业技术教育的缺乏上。由于低水平的职业培训也会导致越南移民的失业情况不容乐观，技术行业和技术领域的参与度不足，更多的移民只能选择从事劳动密集型产业的工作。[①] 并对移民的融入造成不利影响。但从第二代移民受教育程度的迅速提升上，可以预见越南移民在该问题上与澳洲社会的差距会逐步缩小。

4. 经济生活特征

首先，从就业率与失业率的角度来说，澳大利亚越南移民的融入状况在逐渐提升，但仍与澳大利亚平均水平存在较大的差距。2011 年，该族裔的失业率降低到了 10% 以下（9.9%），但仍要高于当地的平均失业率。其就业率（92.1%）也相应地低于澳大利亚的平均水平（95.9%）。同时，仅有10.4% 的越裔失业人群表现出了焦虑等状态，低于澳洲本土及其他族裔的平均水平（20.8%）。[②] 而在所有处在就业状况的澳大利亚越南移民中，39.1% 的人每周工作 40 小时以上，27.8% 的人每周工作 35～39 个小时。

表 5 - 21　2011 年澳大利亚越南移民每周工作时长

每周工作时长	越南移民	%	澳大利亚海外移民	%	澳洲本土居民	%	总计	%
1～15 小时	9579	9.8	253078	9.1	823237	11.5	1087799	10.8
16～24 小时	8445	8.7	277755	10	658858	9.2	947792	9.4
25～34 小时	8248	8.5	279329	10	735206	10.3	1027380	10.2
35～39 小时	27134	27.8	569314	20.4	1218448	17	1808879	18
40 小时以上	38123	39.1	1246601	44.7	3262942	45.6	4558678	45.3

资料来源：该数据整理自澳洲统计局网站 http：//www. abs. gov. au。

其次，通过职业分布状况上看，越南移民以他们特有的方式逐渐融入了当地社会，随着时间的推移，越南移民在职业分布上表现得更加宽泛，其中以从事制造、零售、餐饮及住宿等行业居多。2011 年澳洲统计局的数据显

[①] Danny Ben-Moshea, Joanne Pykeb & Liudmila Kirpitchenkoa, "The Vietnamese Diaspora in Australia: Identity and Transnational Behaviour", *Diaspora Studies*, Vol. 9, No. 2, May 2016.

[②] Belinda J. Liddell, Tien Chey, Derrick Silove, Thuy Thi Phan, Nguyen Mong Giao, Zachary Steel, "Patterns of Risk for Anxiety-depression amongst Vietnamese-immigrants: A Comparison with Source and Host Populations", *BMC Psychiatry*, 2013.

示，在全澳的越南移民中，约 18％ 的人从事制造业，11％ 的人从事零售行业及贸易行业，16％ 的人从事住宿和餐饮服务行业。在以上几大行业中，该族裔移民所占比例都要高于澳洲平均水平。其他的越南移民几乎在当地的各个行业都有所分布。在越南移民的族群内部的职业分布上，他们也表现出了不小的差异性。调查显示，澳洲第二代越南移民和越南新移民中，就职于澳洲各大高校，或从事工程师、医生及药剂师等行业的比例相对较高。但相对的，却有许多第一代越南移民饱受失业、贫困以及犯罪问题困扰，对澳洲当地的福利依赖性强。这一现象也容易引发少数当地居民对他们的排斥心理。同时，还有很多越南移民因为缺乏专业技能及英语水平低而失业。相当数量的第一代越南妇女只能在自己的家里工作，为服装业缝制衣服，她们的工资低，工作条件差。许多人仍然很难摆脱不熟练的低薪工作的循环，这加强了他们的社会孤立。总体而言，虽然越南移民在澳大利亚以从事基础性行业居多，但越南移民在职业分布的层面上，也正以其独特的方式加深着其融入程度，但其中也存在一些问题有待解决。

表 5–22　2011 年越南移民职业分布状况统计

单位：%

职业	越南移民比例	澳洲平均水平	职业	越南移民比例	澳洲平均水平
农、林、渔业	0.74	2.48	金融及保险业	4.96	3.75
矿业	0.23	1.76	租赁及房地产	1.08	1.58
制造业	17.90	8.98	技术型服务	6.61	7.26
电、气、水及垃圾处理	0.63	1.15	管理及辅助类服务	2.79	3.22
建筑业	1.65	8.24	公共管理和安全行业	3.25	6.86
批发贸易	4.50	4.01	教育和培训	3.93	8.00
零售贸易	11.35	10.51	医疗卫生及社会援助	9.29	11.61
住宿及餐饮	16.02	6.47	艺术和娱乐服务	1.08	1.51
运输、邮政及仓储	3.59	4.76	其他服务业	4.62	3.76
电子信息业	1.94	1.77	具体职业不详	3.82	0.05

资料来源：该数据引用自澳洲统计局网站 http：//www.abs.gov.au。

而从收入水平的角度分析，越南移民的收入水平处在稳步增长中，但仍有待进一步的改善。以越南移民的主要聚居地之一墨尔本为例，2011 年，70％ 的澳大利亚越南移民的每周人均收入不足 600 澳元，其中大多数人的周薪在 200～399 澳元之内。也就是说，虽然有超过 35％ 的越南移民集中在人均收入相对较高的墨尔本，但他们的总体收入状况明显低于当地平均水平。同时，近13%的越南移民仍然处在无收入乃至于负收入的窘境之下，这也意味着该族裔之中还有相当一部分人要依靠官方的福利或援助而生活，还有相当一部分人因而选择借高利贷或者走上毒品犯罪道路。但该族裔中也有相当一部分人（近10%）每周的收入超过了1250澳元，甚至2000澳元，这也意味着这一群体中有相当一部分人从事各种高收入的职业，而随着第二代越南移民的成长和技术性移民的增加，这一人群的比例还有进一步上升的趋势。总之，越南移民整体收入水平并不高，且存在着明显的两极分化趋势，其经济状况也还需进一步改善。

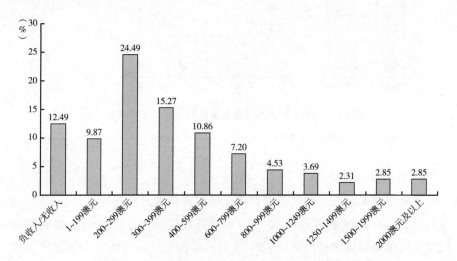

图 5－7 2011 年墨尔本越南移民每周人均收入统计

资料来源：该数据引用自澳洲统计局网站 http：//www. abs. gov. au。

5. 在澳分布特征

2007 年以后，越南移民在人口分布上的高聚居状态并没有削减的态势，反而随着越南移民人口数量的提升而愈发增强。2011 年，近97%的越南移民居住在澳洲主要城市，远高于澳洲本土的状况（63.8%）。仅新南威尔士州和维多利亚州就分别有大约 72000 名和 68300 名越南移民，占该族裔总人数的 38.8% 和 36.9%，而同期的澳大利亚本土居民中，仅有 32.2% 的人居住在新南威尔士州、24.9% 的人居住在维多利亚州、20.2% 的人居住在昆士兰州。事实上，绝大多数的越南移民都居住在悉尼和墨尔本这两大城市，并且集中于墨尔本的里士满、福茨克雷和悉尼市的班克斯顿、费尔菲尔德、卡布拉玛塔等特定的社区。这些社区以郊区居多，且大多为澳洲政府在 1976 年以后为集中安置越南难民所设的安置区。这很容易造成"族群飞地"现象的出现，并且会导致越南移民与当地社会缺乏足够的交流和沟通，进而可能引发少数澳洲民众对该族裔的误解甚至歧视现象。

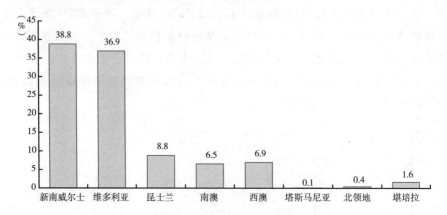

图 5 - 8   2011 年澳大利亚越南移民各州人口发布状况

资料来源：该数据引用自澳洲统计局网站 http：//www. abs. gov. au。

6. 宗教信仰特征

澳大利亚越南移民的宗教信仰特征依旧保持着之前的特点，族裔中佛教徒和天主教徒占有很高的比例。2011 年澳大利亚统计局的调查数据显示，在所有的越南移民中，约有 56.2% 的人信仰佛教，21.6% 的人信仰天主教，另有 14.6% 的人没有宗教信仰。可见，从宗教信仰特征上看，越南移民与其他海外移民以及本土居民的最大不同，就是拥有大量佛教信众，这在一定程度上也促进了澳大利亚多元的社会文化的发展。

表 5 - 23   2011 年澳大利亚越南移民主要宗教信仰

	越南移民（人）	占比（%）	所有海外移民(人)	百分比（%）	澳大利亚本土居民（人）	百分比（%）	总计（人）	百分比（%）
佛教	104066	56.2	361733	6.8	159283	1.1	528978	2.5
天主教	39896	21.6	1285438	24.3	4065062	27.1	5439268	25.3
无宗教信仰	26946	14.6	1066779	20.2	3682226	24.5	4796787	22.3
浸信会	2788	1.5	99893	1.9	247205	1.6	352497	1.6
基督教(其他教派)	985	0.5	129978	2.5	335345	2.2	470942	2.2

资料来源：该数据引用自澳洲统计局网站 http：//www. abs. gov. au。

（五）菲律宾新移民人口特征与人文特征变化

1. 人口数量特征

从 2007 年开始，随着澳大利亚政府对于技术性移民的重视程度不断增加，菲律宾移民数量的总体增长仍然平稳，以技术移民为主。2011 年澳洲统计局的数据显示，菲律宾移民的总人口数为 193000 人，比 2006 年增加了 51100 人，与 1996 年到 2006 年之间相比，澳大利亚的菲律宾移民人数稳定增加。最新的人口统计数据显示，2016 年，澳大利亚的菲律宾移民人口总数达到 246400 人，约占澳大利亚人口总数的 1%，在澳大利亚十大移民来源国中，位居第五位。[①]

2. 移民类别特征

菲律宾是东南亚地区经济发展的新兴力量。2013 年，菲律宾国内生产总值的增长率达到 7.2%。经济因素导致菲律宾成为世界上几个最主要的移民来源国之一。目前，菲律宾向海外移民主要以菲佣为主的劳动力服务型移民为主。"菲佣"现象已经成为菲律宾对外互动交流的一张名片。澳大利亚作为世界上主要的移民国家自然也接纳了许多菲律宾移民。菲律宾是向澳大利亚移民增长最快的国家之一。澳大利亚移民和边境保护局公布的年度报告显示，菲律宾是澳大利亚十大移民来源国之一。

表 5－24　澳大利亚菲律宾技术移民统计（2011～2014 年）

	2011	2012	2013	2014
地区担保技术移民	588	836	384	315
独立技术移民	789	1029	1095	1824
州、自治领提名移民	370	606	593	852
雇主担保移民	6097	6583	4736	3464
技术移民总数	7849	9057	6812	6459
技术移民的百分比（%）	72.5	70.0	64.0	62.2

注：由于商业创新及投资移民和特殊人才移民人数非常少，故没有被统计在内。

[①]　Australian Bureau of Statistics, 3412.0 – Migration, Australia, 2015 – 2016, http://www. abs. gov. au/AUSSTATS/abs@. nsf/ProductsbyCatalogue/66CDB63F615CF0A2CA257C440019002 6? OpenDocument.

表 5 - 25　2011 ~ 2014 年澳大利亚菲律宾家庭移民统计

	2011	2012	2013	2014
移民子女	334	384	459	430
移民配偶	2492	3287	3137	3331
移民父母	63	104	78	89
其他移民亲属	74	84	101	55
移民亲属总数	2963	3859	3775	3905
家庭移民的百分比	27.4	29.8	35.5	37.6

资料来源：该数据引用自澳大利亚移民和边境保护局网站 http://www.border.gov.au/。

从上面两个表中可以看出，自 2011 年以来，技术移民一直是澳大利亚菲律宾移民的最重要的组成部分。但总体上澳大利亚的菲律宾技术移民人数有所减少。在菲律宾移民类别构成中，技术移民所占的比重不断下降。相比之下，澳大利亚的菲律宾家庭移民人数在整体上是增加的。特别是 2012 年之后，其人数每年比 2011 年增加了近 1000 人，增幅较大。

3. 人口分布特征

从表 5 - 26 可以看出，2006 年和 2011 年，在澳大利亚的菲律宾移民都主要分布在新南威尔士州、维多利亚州和昆士兰州三个州。2006 年在新南威尔士州、维多利亚州和昆士兰的菲律宾移民约占当年菲律宾在澳移民总数的 48.06%、22.41% 和 15.50%；2011 年在新南威尔士州、维多利亚州和昆士兰的菲律宾移民约占当年菲律宾在澳移民总数的 41.14%、21.92% 和 17.15%。

表 5 - 26　2006 年和 2011 年澳大利亚的菲律宾移民在州和领地的分布情况

单位：人

年　　　州或领地份	新南威尔士州	维多利亚州	昆士兰州	南澳大利亚州	西澳大利亚州	塔斯马尼亚州	北领地	首都领地	总数
2006 年	57720	27336	18711	5439	6834	960	1875	1664	120539
2011 年	70388	38002	29462	8859	17231	1267	3587	2423	171219

资料来源：澳大利亚国家统计局 http://www.abs.gov.au/。

2006 年和 2011 年，新南威尔士州、维多利亚州和昆士兰三个州菲律宾移民人数的总和分别占菲律宾人在澳移民总人数的 86.08% 和 80.51%。与 2006 年相比，2011 年这三州的菲律宾移民所占比例有所下降，而在南澳大利亚州、西澳大利亚州和北领地的移民比重则明显上升。这一变化很大程度上是因为澳大利亚的技术移民政策的调整。为了吸引海外移民建设澳大利亚边远地区，澳大利亚对于选择澳大利亚边远地区的移民设有加分项目，这是导致菲律宾移民分布变化的一个重要原因。

4. 其他特征

澳大利亚移民和边境保护局的统计数据显示，2013年，澳大利亚的菲律宾移民的平均年龄为39.7岁，比澳大利亚人平均年龄小2.4岁。女性移民的比例（61%）明显高于男性移民的比例（39%）。在职业构成上，澳大利亚的菲律宾移民职业呈现出多元化趋势。[①]

表5–27 2011～2014年澳大利亚菲律宾移民职业统计

	2011	2012	2013	2014
注册护士	301	566	670	920
焊接工人	229	768	510	149
机械工程师	207	483	460	203
厨师	188	168	158	147
软件编程员	221	267	237	270
机械工程制图员及技工	92	186	460	130
会计	290	256	118	161
商业和系统分析师	66	49	51	99
其他	212	793	145	179
总数	1806	3536	2809	2258

资料来源：该数据引用自澳大利亚移民和边境保护局网站 http://www.border.gov.au/。

三 陆克文－吉拉德政府时期澳大利亚 亚裔社会的新变化

（一）概况

2007年底，陆克文工党政府取代了执政长达11年之久的霍华德联合政

---

① Department of Immigration and Border Protection, Republic of the Philippines Country Profile, http://www.border.gov.au/.

府。新政府上台后不久，便爆发了一场仅次于 20 世纪 30 年代 "大萧条" 的全球性金融危机。"金融海啸" 来袭，对澳大利亚产生了巨大的冲击，以至于陆克文政府不得不在霍华德政府时期移民政策调整的 "遗产" 的基础上，对其进行大刀阔斧的改革，后继的吉拉德政府则继续将其改革推向深入。澳大利亚移民政策的改革势必对澳洲亚裔社会产生重大影响。下文拟从经济、政治和文化三个方面入手，探讨陆克文政府－吉拉德政府时期的移民政策改革给澳洲亚裔社会带来的新变化。

在这一时期，就经济层面来看：华人经济实力在不断增强，来自中国大陆、香港和台湾地区的留学生、技术和投资移民的人数不断增加。中国已经成为澳大利亚最大的投资移民来源国之一，2011 年，来自中国大陆的商业投资移民申请人已占澳大利亚申请总人数的 61.5%；推动了澳洲华人整体实力的进一步壮大，成为澳洲经济、商贸、企业等领域中具有重要影响力的新兴经济力量。而印度新移民中技术移民比例逐渐升高，2011～2012 年度已经超过 80%，他们所从事职业呈现不断多样化的趋势，他们以专业人员、管理者、技术人员等管理层面、技术层面服务的市场为移民导向，计算机工程师、软件专家、医生、会计等专业型人才在印度移民中占有相当比例，对于体力劳动职业、一般服务类行业的低端劳动力市场则占比较少。

同时，随着越南移民社会融入程度的加深，以及历年来移民类型的变化，尤其技术移民的增多，越南移民的职业分布开始有专业化、多样化的趋势。2001 年，越南移民就业中技术人员的比例（42.6%）明显提升，半熟练工及非技术工的比例分别为 30.7% 和 26.8%，整体就业水平有所改善。菲律宾移民自 2005 年，2010 年～2015 年其移民占澳大利亚总移民数量一直在增加，菲律宾一度成为澳大利亚主要移民国家或地区中排名第六的国家，虽经济状况有较大变化，收入有所提高，但移民从事的职业发展变化不明显，仍然以护士和佣人为主，以劳动密集型的低端市场为主。

就政治与文化层面来看：随着华人新移民的经济、社会地位的不断提高，影响力的日益增强，澳大利亚华人致力于走本土化道路，华人参政日渐普通化、大众化，参政议政成绩突出。2007 年 39 岁的华裔黄英贤（Penny Wong）被任命为气候变化和水资源部部长，这是澳大利亚历史上首位女华裔部长，也是首位亚裔部长，澳大利亚华人和亚裔参政再创新的历史纪录。不断发展与创新的华文媒体开放性增强，与中国的合作与交流逐渐增多。澳洲唐人街的转型，折射出澳洲华人新移民整体力量的壮大，体现了澳洲华人文化在保持传统的基础上的新超越。

印度、越南和菲律宾移民在政治与社会文化方面也取得了较大的发展。丽萨·辛格（Lisa Singh），2010年当选塔斯马尼亚州工党参议员，澳大利亚联邦政府第一个印度裔政治家、参议员，并曾任澳大利亚联邦政府影子内阁政务次长和司法部部长。印度宗教、社团和网络媒体发展较快；越南移民的公民政治与社会参与亦有不俗的成绩，越南裔的吴得唐当选议员。[①] 2014年越南裔澳大利亚人黎文孝（Hieu Van Le）出任南澳大利亚州的第35任州总督，成为该州乃至全澳史上第一位亚裔总督。总体来看，越南移民并没有过多地直接参与政治事务，而是更多地集中于参与志愿服务活动以及其他社区的公共事务，尤其是与宗教活动相关的社区活动。菲律宾移民数量虽然从事管理和科技领域的高层次移民相对较少，参政议政虽未形成较大的影响，但新南威尔士州的蓝山市中也出现了2名菲律宾裔议员，还有10名菲律宾裔澳大利亚人获得澳大利亚勋章（The Order of Australia），1人获得澳大利亚新南威尔士州多元文化传媒奖（Multicultural Media Award）。同时，值得注意的是，越南和菲律宾移民在文化传承、社会融入和女性就业等方面还面临许多问题。

（二）华人社会经济、政治与文化生活的变迁

1. 华人经济实力的进一步增强

霍华德政府时期，来自中国大陆、香港和台湾地区的留学生以及技术和投资移民的人数不断增加。据统计，1998～2007年，平均每年约有3万名中国内地居民通过留学、技术、投资和杰出人士等形式移民。如此庞大的新移民的到来，改变了澳大利亚华人的职业结构和经济模式，澳洲华人经济迅速崛起，成为澳洲经济发展的一支重要力量。

陆克文－吉拉德政府时期，澳洲华人经济实力进一步增强。许多华商企业集团在金融危机期间抓住机遇，逆势扩张，扩大实力。例如，华商王人庆的澳大利亚宝泽金融集团（AIMS），是拥有雄厚实力的澳大利亚非银行金融机构之一。在金融市场动荡不安，许多金融机构自救不暇的背景下，宝泽金融集团却瞅准时机，在国际资本市场上频频出手，趁势收购优质资产，扩大

---

① 孙有中、韩锋主编《澳大利亚发展报告（2015～2016）》，北京：社会科学文献出版社，第61页。

企业的经营规模。2008年10月，该金融集团成功地全资收购澳大利亚三大证券交易所之一的"澳大利亚亚太证券交易所"。2009年7月，宝泽金融集团又成功地收购澳大利亚著名的上市企业麦克阿瑟库克地产基金管理公司（Macarthur Cook Ltd.）超过80%的股份。此举为众多投资机构、投资人乃至整个澳大利亚房地产基金管理业注入了抗击金融风暴打击的信心。宝泽金融集团在金融危机期间，通过收购众多优质资产，进一步壮大了企业的规模和实力，成为澳大利亚著名的非银行性金融机构之一。

澳大利亚华人经济实力的进一步增强还表现在华人投资移民的增加。为尽快从金融危机的阴霾中走出，活跃澳洲经济，增强国际竞争力，陆克文－吉拉德政府时期，对澳大利亚移民政策，尤其是商业投资移民政策的改革，对中国的新富阶层产生巨大的诱惑力。澳大利亚一直高度依赖外国投资来繁荣本国经济。目前，中国已经成为澳大利亚最大的投资移民来源国之一，中国投资者日渐成为澳洲资本市场的重要资金来源。数据显示，2011年，澳大利亚共批准了7796个商业投资移民签证，其中，来自中国大陆的申请人达到4795人，约占申请总人数的61.5%，这一比例已经远远地超出其他地区。2012年，澳大利亚移民局收到的投资500万澳元的重要投资者签证意向书（EOI）中，来自中国的申请人高达90%。这些来自中国新富阶层、拥有巨额资产的华人新移民，不仅提高澳洲华商经济的国际竞争力，强力地推动澳洲华人整体实力的进一步壮大，而且还成为澳洲经济、商贸、企业等领域富有生命力、朝气蓬勃和资金雄厚的新兴经济力量。

2. 华人参政运动蓬勃发展

澳洲华人新移民是一个较为年轻、有活力的群体，主要由新富阶层和知识精英组成。随着华人新移民数量的增加，从业领域的扩大，整体素质的提升，华人参政的欲望日趋强烈，华人参政的热情日益高涨，华人参政的现象日渐普通化、大众化。

2008年，新南威尔士州地方政府各市议会举行四年一次的选举。此次选举华人踊跃参与，场面之大，前所未有，竞选成功人数远胜于往年。例如，不但有像奥本市市长林丽华、宝活市市议员王国忠、好市围市议员董纪严、费菲市市议员刁汉彪以及奥本市市议员区龙等人因政绩突出赢得连任之外，还有像首次参加竞选的郭耀文、王云梅、刘娜心、梁翰升以及李颖斌等人也在此次大选中脱颖而出，分别成为悉尼市政府、艾士菲市政府、好市围市、宝活市以及莱德市的市议员。

不仅新南威尔士州华人参政的场面壮观，其他州如维多利亚、昆士兰等州在大选中也都有许多华人的身影。总之，随着华人新移民的经济、社会地位的不断提高，影响力的日益增强，澳大利亚华人致力于走本土化道路，通过竞选、踊跃参政议政等形式，不仅提高华人的自豪感和主人翁意识，提升华人融入主流社会的整体形象，而且还成为澳洲华人及华人社会的"呐喊者"，在澳大利亚政坛上发出"自己的声音"，保障华人群体的利益。

3. 华文媒体的变迁

（1）传统华文媒体的式微

当今社会，互联网已进入千家万户，成为一种大众传媒、一种文化现象。有人将其比喻为当今人类在吃住行之外第四件须臾不可离的事情。还有人说互联网才是21世纪的公共场所，是全球民众的市区广场、教室、集市、咖啡馆。① 随着网络技术的成熟与普及，澳大利亚华人传统媒体受到以网络为基础的新媒体的极大冲击。华人新移民或新一代华人对新媒体、新技术的熟练使用，更多地通过网络获得资讯和信息，而不是购买传统的华文报纸，这就使华文报纸的读者消费市场日渐萎缩，进而导致华文报纸的销售量下降明显，发行困难，大多数收费华文报纸处于亏损状态或直接倒闭。例如，2009年，由于受市场狭小、发行数量有限、运作成本过高等因素的影响，位于悉尼华埠中心地段的两家老字号中文书店——宝康图书公司和志文图书公司，在短短的两个月的时间内接连倒闭。缺少了老字号中文书店在发行上的强力支持，澳洲华文报刊的发行受到的严重影响是不言而喻的。

（2）华文媒体的开放性增强，与中国的合作与交流逐渐增多

随着中国经济的快速发展，国际地位和影响力的不断提升，澳大利亚的华文媒体面临着新的难得的"中国机遇"，纷纷将目光转向中国，开展与中国媒体的交流与合作。例如，早在2002年，澳大利亚华文报刊《星岛日报》就与上海的《新民晚报》合作办了《新民晚报·澳大利亚版》。2010年3月10日，在重庆召开的重庆·悉尼经济论坛上，澳大利亚的星岛日报社与重庆日报达成协议，初步约定在2010年内《星岛日报》开辟《重庆日报（澳洲版）》。自2010年4月起，双方开始实质性商谈在《星岛日报》上开办《重庆日报（澳洲版）》。《星岛日报》隔周周五提供一个整版用于《重庆日报（澳洲版）》刊发，半年12个专版，主要内容为重庆的重大政

① 《软实力竞争，西方从未停下脚步》，《环球时报》2011年3月3日。

治、经济、民生、社会以及文化等各方面的新闻。

随着澳洲传统华文媒体的发展式微，通过与国内媒体的合作，是澳洲华文报纸寻求发展的一个重要途径。与此同时，澳洲华文媒体还可以借助自己业已形成的社会关系网络，充当联系两国友好合作的桥梁，进而促进澳中关系的发展。

4. 澳洲唐人街的转型

唐人街曾经是海外华人的聚居之地，也是华人文化的集中展现之地。随着时代的变迁，华人新移民和新一代华裔移民他们大部分是具有较高的教育背景和良好的经济状况的技术移民和商业投资移民。特别是其中许多人由于通晓英语，消除了语言上的障碍，因此，无论其所从事的职业还是居住的区域，都不再局限于原有的唐人街等华人移民社区，而是更多地选择居住在环境优美、基础设施完善的"新华埠"。这样的新华埠，一般位于华人和其他族裔居住的高档住宅区之间，规模虽然不一定像老唐人街那样跨越数条街区，但却集大型超市、商场、高级中餐馆和其他各类商家于一体，既现代时尚，又生意兴旺。例如，悉尼北区、墨尔本的格伦韦弗尔等地。

华人移民模式的改变、新华埠的出现以及所在地社会经济的发展，推动着唐人街的转型。唐人街原先承载着的庇护和居住的功能日渐弱化，取而代之的是贴上展现澳洲华人历史、文化的"旅游景点"的标签，许多唐人街都进行了大规模的重建和改造。例如，澳大利亚最为著名的悉尼唐人街，目前就正在进行大规模的改造。其依托唐人街民族味十足的氛围，将其改造成为市民购物、休闲和娱乐中心。悉尼市计划在唐人街拓建具有中华文化特色的公共场所，开辟环境舒适的步行街，并将展示全新的公共艺术作品，把悉尼唐人街打造成休闲旅游之地。

澳洲唐人街的转型，折射出澳洲华人新移民整体力量的壮大，体现了澳洲华人文化在保持传统的基础上"吐旧纳新"。从这个意义上讲，"唐人街"见证了澳洲华人新移民的成长历程。

（三）印度移民社会的新发展

1. 印度宗教与文化的继承和发展

印度是一个宗教色彩浓厚的国家，宗教深入影响到它的社会和文化发展。印度宗教众多，其中最重要的就是印度教，全印约有 80% 的人口信仰印度教。其次是信仰伊斯兰教、基督教、锡克教、佛教、耆那教等。宗教在印度及其绝大部分人民的生活中扮演着中心和决定性的角色，人们信仰宗教，按照教义行事。这种宗教信仰随着印度移民移居海外向外延展。因此，印度移民移居澳大利亚之后往往依然保存着自己的宗教信仰，随着澳大利亚印度新移民数量的增加，信仰印度宗教的教徒数量也逐渐增长。在澳大利亚，目前印度移民信仰人数最多的印度宗教是印度教和锡克教，而且他们是澳大利亚通过移民使教徒数量增长速度最快的宗教。2011 年澳大利亚人口普查统计数据显示，澳大利亚印度教教徒有 27.5 万余人，占澳洲总人口的 1.3%，相比 2006 年增长了 86.0%；锡克教教徒 7.2 万余人，相比 2006 年增长了 173.6%。[①] 这些印度教徒大多集中在澳大利亚的东海岸，主要定居在墨尔本和悉尼。

随着大量印度教和锡克教教徒移民澳大利亚，印度宗教寺庙或组织机构在澳大利亚得到发展。根据澳大利亚印度教委员会（Hindu Council of Australia）网站所列的印度教寺庙名单，目前澳大利亚大约有近 40 座印度教寺庙或文化中心，其中新南威尔士最多有 14 座，其他各州中首都堪培拉 4 座、维多利亚 6 座、昆士兰 4 座、南澳大利亚 6 座、西澳 4 座、北领地 1 座。[②] 澳大利亚第一座印度教寺庙（Sri Mandir Temple）建于 1977 年，由三位印度教信徒出资建设，他们在悉尼奥本区（Auburn）购买了一栋老房子，并将其改建为寺庙，以满足快速增长的印度教社区对宗教、文化和社会生活的需求。目前，这所寺庙已经成为澳大利亚最古老的印度教寺庙，依然为印度教徒服务。他们的愿景是维护家庭、社区、儿童及青少年的安全、健康和强大；使命是在当今忙碌的媒体时代教育、提醒和宣传印度教以及印度文化的价值。寺庙致力于社区服务，祭司会为信徒和普通民众提供各种特色服务，如结婚典礼、新生儿洗礼、命名礼、占卜以及其他特殊场合的礼拜。该寺庙还积极宣传印度语言文化，每周二晚上开设一节印地语课程，主要为印度裔移民儿童提供母语文化学习的机会。另外，该寺庙还发行季刊杂志（Quarterly Patrika），发布内容涵盖寺庙活动以及丰富的精神赞歌和宗教信息。[③]

在印度教以外，锡克教是澳大利亚印度新移民信仰人数最多的宗教。根

---

① DIBP, *The People of Australia: Statistics from the 2011 Census*, 2014, p. 53.

② Hindu Council of Australia, http://hinducouncil.com.au/new/australian-hindu-temples/.

③ Sri Mandir, http://www.srimandir.org/.

据澳大利亚锡克教协会（Australian Sikh Association Inc）网站发布的锡克教寺庙名单，目前，在澳大利亚大约有30座锡克教寺庙或文化组织机构，其中首都堪培拉1座、新南威尔士12座、昆士兰5座、南澳大利亚4座、维多利亚7座、西澳大利亚2座。[①] 其中第一座锡克教寺庙（The First Sikh Temple）坐落于新南威尔士的伍尔古尔加，建于1968年。众多锡克教寺庙的建立增强了澳大利亚锡克教徒的团结，他们为新来的移民提供精神上的抚慰和物质上的帮助。另外，依附寺庙，还建立了各种文化中心、语言学校、福利机构或者体育运动组织。其中旁遮普语言学校就依附寺庙开办起来，第一所旁遮普语言学校开设在伍尔古尔加。在维多利亚州，锡克教寺庙积极推动旁遮普语言的宣传与学习，使其成为一门可以获得维多利亚教育资格证书的课程。2006年，第一批学生进行了旁遮普语言证书考试，在新南威尔士州也有类似的情形。除宣传语言外，寺庙还向大众宣传宗教音乐和圣经读物，用旁遮普语和英语发行自己的报纸，多为月刊，在寺庙中免费发放，资金来源多为广告收入和当地商业的赞助。有一种英语版季度杂志叫 the Sikh Link，不登任何广告或公告，是专为年轻人发行的以精神价值为导向的杂志。

在日常生活中，印度移民也非常宗教化，宗教文化无处不在。以印度教为例，作为一种宗教文化，印度教指导移民日常生活的方方面面，主要体现在以下方面：一是坚持拜神。大部分的印度教移民家庭中都会摆放一个神龛，挂着湿婆、象头神等印度教神灵的画像，以此表示对诸神的尊敬。人们在遇到婚姻嫁娶、生子、乔迁之喜时，会向神灵祷告，感谢神灵的庇佑；遇到烦心事时，则向神灵哭诉，祈求帮助。在一些重要的宗教节日，印度移民会亲自到寺庙祭拜。二是庆祝印度教节日。如灯节（Diwali），是印度教的重要节日之一，每年的10月至11月节日期间，印度教移民都要举行庆祝互动。在临近节日的前几天印度教徒就会开始张贴神像、摆贡品、挂彩灯，在异国他乡营造浓浓的节日气氛。三是练习瑜伽。瑜伽是印度教独有的修行方式，它要求修炼者调整呼吸、控制意志，通过对一些动作的重复和坚持，从而达到身心合一的宁静境界。在忙碌的工作之余，印度教移民将瑜伽作为放松身心的锻炼方式，也是在异国他乡对印度教文化的坚持与膜拜。此外，在日常生活方面，印度移民仍然保留者浓郁的印度教文化习俗，这在语言、饮

---

① Australian Sikh Association Inc, http：//www.asainc.org.au/sikhism/gurudwaras－in－australia.

食、服饰等方面表现得尤为突出。虽然印度移民能熟练使用英语，但是在印度社区或家庭中，他们仍然使用印地语交流；印度教徒奉牛为神牛，他们不食用牛肉，并且多以素食为主；印度移民尤其是女性仍然保持着传统的民族服饰风格，身穿莎丽，佩戴鼻钉，这种女性装扮在悉尼或墨尔本的大街上常常遇到。

2. 印度新移民网络媒体的蓬勃发展

当今社会从某种程度上讲可以说是网络社会，网络媒体飞速发展，成为信息与文化交流传播方便快捷的渠道。网络媒体的快速发展为移民媒体发展提供了新的发展机遇。澳大利亚印度新移民在开办报纸、杂志、广播、电视等媒体的同时，积极致力于开发新媒体，进一步丰富媒体形式，拓展交流空间。印度新移民在澳大利亚创建的网络媒体不计其数，大致可以分为以下几种：

一是传统媒体转型为网络媒体。充分结合网络媒体和传统媒体，形成信息共享平台成为印度移民媒体的发展趋势。传统媒体的专业化网站有助于媒体信息更丰富和多元。网络可以将各种信息第一时间推送到网友那里，更加方便快捷。这种方式有效地提升了传统媒体的影响力。如之前提到的印度人报纸 Indian Link，创办了同名网站（http：//www.indianlink.com.au/），这个网站的目标很明确，就是为澳大利亚印度移民提供全面即时的信息服务，网站内容丰富多彩，不仅有即时发布的新闻，还在网站集中了博客、微博、广播、视频等形式的内容资源，有效整合了媒体平台，产生传播合力。

二是印度人社团或宗教等组织机构的网站。网络加强了移民社群与各种官方和非官方组织之间的联系。印度移民社团和宗教组织机构利用网络这一便捷的媒体平台，召集移民参与社群或组织活动，多种多样的活动大大增强了印度移民对澳大利亚社会和文化的适应能力。而这些组织机构利用网络平台时也有效地提升了自身的影响力。根据印度驻澳大利亚大使馆公布的印度社团组织机构名单，目前，澳大利亚大约有近 250 个印度社团或协会组织机构。[①] 它们通过网络媒体可以及时发布信息，召开活动。如澳大利亚印度社团联合会（Federation of Indian Association）、澳大利亚印度教委员会（Hindu Council of Australia）等。它们通过自建网站，并在网站留下联系方式，而且将有关新闻或活动在网站上发布，有效地将各地的印度移民联系在一起，为

---

① The High Commission of India in Australia，http：//www.hcindia－au.org/indian－association－in－australia.htm.

成员协会提供合作机会、推动成员的活动，加强成员间的联系。可见，网络媒体已经成为印度移民群体重要的信息传递通道。

三是个人博客、论坛、社交网络平台等。通过个性化的网页，形成更加多元化、个性化的信息互动。这种形式具有跨地域即时互动的特点，它已经成为澳大利亚印度移民不可或缺的信息交流方式。例如成立于 2011 年的 Indians in Australia 网站 （http：//indiansinaustralia.org/），标榜为澳大利亚印度人最大的社交网络平台和引领澳大利亚印度社区新闻来源，注册用户可以在该网站结交朋友、发布信息、在论坛区创建主题、发布信息、讨论问题等。又如 EverythingIndian 网站 （https：//www.everythingindian.org/），创建目的是帮助印度新移民更加适应澳大利亚社会生活，致力于打造成澳大利亚最大的线上和线下印度人社区。澳大利亚各地印度移民可便捷地通过这个网站在澳洲寻找住宿、美食、工作、社交场所、艺术展览、宝莱坞舞蹈课程、旅游等大量的实用性信息。

3. 印度新移民在政治、经济、科技文化方面的成就

20 世纪 70 年代以来移民到澳大利亚的印度新移民，把自身的优势条件和面临的机会充分结合起来，在较短时间内成功跻身澳大利亚中上层社会，成为澳大利亚富裕的少数族裔群体之一，并在政治、经济、科技文化方面发挥积极作用，取得了不俗的成绩。

通过上文对澳大利亚印度移民的整体分析可以发现，印度新移民主要分为两类：技术移民和家庭团聚类移民，前者所占比重较大，且比例逐渐升高，2011~2012 年度已经超过 80%，取得绝对优势地位。技术移民大都来自印度的中产阶级，有着良好的家庭背景和较高的教育水平。人口普查数据显示，2011 年时，印度移民中拥有各种较高学历水平的比例相比 2006 逐渐增加，具有 3、4 级证书及以上学历所占比重高达 74%，而澳大利亚本地出生人口这一比例不足 45%。印度移民充分利用自身的高学历、高技术的优势，在澳大利亚积极参与劳动力市场，并找到属于自己的位置。他们所从事职业呈现不断多样化以及更偏向技术、知识层面相关职业的发展趋势，以专业人员、管理者、技术人员等管理层面、技术层面服务的市场为导向，对于体力劳动职业、一般服务类行业的低端劳动力市场则占比较少。印度移民中有大量的计算机工程师、软件专家、医生、会计等专业型人才，现今，在澳大利亚的任何一家 IT 企业，都不难发现印度人工作的身影；印度裔医生在澳大利亚医疗行业也占有一席之地。此外，在澳大利亚各行各业中，都涌现出优秀的印度裔管理者，如内维尔·罗奇曾任澳大利亚富士通集团的董事长兼首席执行官，目前担任澳大利亚与新西兰塔塔咨询服务公司咨询委员会主席。库尔卡尼（Dhiren Kulkarni）如今是圣乔治银行（St. George's Bank）的首席信息官，圣乔治银行是澳大利亚领先的零售和商业银行，以其优秀的服务、创新的产品和专业的金融建议著称。沃里尔（Sudhir Warrier）是悉尼第二大乘船游览业务经营者澳大利亚克鲁斯集团（Australian Cruise Group）的CEO。

印度移民在经济上取得成功的同时开始关注他们的政治地位，表现出越来越强的凝聚力和竞争力。他们清楚地认识到只有增强政治实力才能更好保护本族群体的利益，更好为本族群谋取利益，由此参政意识逐步增强。近年来，许多印度裔进入澳大利亚的政治领域且十分活跃，并涌现出一大批优秀的人物。如，丽萨·辛格（Lisa Singh），澳大利亚联邦政府第一个印度裔政治家、参议员。2010 年 8 月她当选塔斯马尼亚州工党参议员，曾任澳大利亚联邦政府影子内阁政务次长和司法部部长。米歇尔·罗兰（Michelle Rowland）是联邦议会成员，曾担任影子内阁公民和多元文化部部长。彼德·瓦吉斯（Peter Varghese）是一名外交官，从 2012 年 12 月至 2016 年 7 月担任澳大利亚外交贸易部秘书长，卸任后现担任昆士兰大学校长。2015 年 5 月，印度裔青年 32 岁的丹尼尔·莫克菲（Daniel Mookhey），作为新南威尔士州工党候选人，成功当选为澳大利亚国会议员，他是第一个具有印度教背景的澳大利亚国会议员，在就职上是向印度教经典《薄伽梵歌》宣誓的。① 在 2016 年澳大利亚联邦大选中的 200 名国会议员候选人中，就有 5 名印度裔，3 名男性，两名女性。② 还有一位印度裔电子商人尼哈尔·古普塔（Nihal Gupta），被新南威尔士州州长巴里奥·法雷尔任命主持州政府的多元文化商业顾问小组。由此可见印度裔移民参政热情在逐渐增强。

此外，大量印度裔新移民还活跃在澳大利亚的大学或研究机构中，成为教授、学者或科研人员，他们在自己的岗位上努力工作，其中部分人员取得了杰出成就，并获得澳大利亚社会的认可。澳大利亚的某些领域甚至被印度

① India, *Indian-origin Politician Takes Oath on Gita in Australia*, May 12, 2015, http://www.india.com/news/world/indian – origin – politician – takes – oath – on – gita – in – australia – 381549/.

② Indians in Australia, *5 Indians Among 200 Candidates In Australia Polls*, June 11, 2016, http://indiansinaustralia.org/5 – indians – among – 200 – candidates – australia – polls/.

裔领导着，如工程领域，马琳·肯加（Marlene Kanga）是首位出生在印度的澳大利亚工程师协会（Engineers Australia）的主席，2017 年又当选为世界工程组织联合会主席。维娜·沙哈瓦拉（Veena Sahajwalla）是澳大利亚新南威尔士大学可持续材料研究与技术中心的主任和教授，她还是澳大利亚研究理事会成员。她因为学术科研方面的突出成就获得了众多奖项和荣誉，诸如澳大利亚 100 名最具影响力的工程师、创新类 100 名最具影响力女性、新南威尔士 2008 年度最杰出科学家奖、2016 年最具创新力工程师等。她在澳大利亚取得的杰出成就同样得到了祖籍国印度的高度认可，2011 年，获得印度政府颁发的海外印度人奖（Pravasi Bharatiya Samman Award）。在文学领域，印度裔著名作家阿拉温德·阿迪加（Aravind Adiga），凭借处女作《白虎》摘得了 2008 年英国图书布克奖，成为布克奖历史上第二年轻的获奖者。在其他科技领域，印度裔移民也取得了杰出成就，多名印度裔学者因为突出的科技成就和对澳大利亚社会的重要贡献而获得象征最高荣誉的澳洲同伴勋章（AC），如澳洲国立大学物理学家、特聘教授贾格迪什（Cennupati Jagadish）。

（四）越南移民社会的新变化

1. 家庭模式与婚姻、择偶状况

自 1977 年大批移居澳洲以来，传统的家庭模式一直在越南移民族群中扮演着重要角色，在婚姻与择偶问题上，他们也更多地会选择与本族裔人通婚。但随着时间的推移，第二代移民的成长，以及拥有新观念的移民的迁入，他们的家庭模式有所改变，由父母和未成年子女构成的核心家庭开始增加。

一方面，许多澳大利亚越南移民家庭仍保留着一些传统大家庭的组成模式。相关学者的调查显示，当前约有 60% 的越南移民家庭有超过 4 个家庭成员组成。近 20% 的越南移民家庭仍然维持着传统的大家庭模式。

但另一方面，新的家庭模式也在越南移民中占有越来越重要的地位。2011 年统计资料显示，约有 40% 的越南家庭为核心家庭或者混合家庭（夫妻一方或双方前一次婚姻中孩子同住的家庭）。

同时，虽然绝大多数越南移民在选择配偶时仍然集中于族群内部，但这一状况也在逐渐改善。当前，父亲或者母亲为澳大利亚居民的越裔移民仅仅占总体的 0.2%，这一比例低于同期的英格兰移民（60.2%）、德国移民（58.5%）等传统的澳大利亚欧洲移民，而且也低于近年来移民数量猛增的

澳大利亚中国移民（5.2%）以及印度移民（2%）等亚洲新移民。[①] 但越南移民与其他族裔通婚的现象也在逐渐增加，并逐步被其移民群体所接受[②]。其中以越裔女性与其他族裔的男性通婚居多。甚至有的越南移民正是通过这种婚姻方式移民澳大利亚的，这也是近年来女性越南移民数量迅速增加的众多原因之一。因此，在一定程度上，也可以说越南移民在婚姻问题上与当地社会的融合程度在增强，此类跨族裔的婚姻已开始被越裔族群内部以及主流社会逐渐接纳。

2. 公民参与状况

公民参与不仅可以被定义为公民有意识地参与政治与公共事务的行为（包括参与政治活动、志愿服务、社区服务以及其他利他主义行为等），而且还被认为是社会凝聚力的一个先决条件，是民主社会中健康的社会与政治生活的基石。

由于种种原因，越南移民在移居澳洲之初，公民参与的参加程度较低，参与热情也不高。但近年来，他们的参与程度也在逐步地提升。

根据澳洲统计局在 2010 年的调查，越南移民在内的外来移民的参与度约为 28%。越南移民的公民参与有其独有的特点，他们并没有过多地体现在直接参与政治事务上，而是更多地集中于参与志愿服务活动以及其他社区的公共事务，尤其是与宗教活动相关的社区活动上。越南移民的公民参与大部分是以非正式的方式进行，在公民参与的过程中，许多越南移民并没有通过参加某些特定的组织来参与各项活动。受越南传统文化与价值观念的影响，有很多越南移民在参与过程中，并没有意识到自己在参与志愿服务，或者说会有意进行低调处理，而非对这些公共服务活动进行宣传，因此，很多越南移民的公民参与活动也并没有被统计。正如一名越南志愿者所说的那样："我们只是想帮助人……每年有很多越南人做志愿工作……但是对于我们并不愿意去公开，我们不去宣扬，我们只是静静地去做。"[③] 此外，在公民参与的过程中，越南移民也会因为语言和身份认同等因素，相对而言更倾向于参与本族裔的社区内部的志愿服务及其他公共事务。

---

① 该数据引用自澳洲统计局网站：http：//www. abs. gov. au ［2017 - 02 - 10］。

② Julie Bradsha，"The Ecology of Minority Languages in Melbourne"，*International Journal of Multilingualism*，Vol. 10，No. 4，2013.

③ Ernest Healy，Dharma Arunachalam & Tetsuo Mizukami，*Creating Social Cohesion in an Interdependent World*，London：Palgrave Macmillan Press，2016，pp. 145 - 159.

3. 英语学习与使用情况

虽然提升的速度缓慢，但越南移民的英语使用状况也在不断改善。这一点在年轻的移民以及第二代移民身上体现得较为明显。大部分越南移民在 20 世纪 70 年代移居澳大利亚之初，只会说越南语，英语的使用率较低，由于移民时间短、聚居度高、受教育水平有限以及传统文化和主要移民类型等多方面因素的影响，越南移民整体的英语使用情况与其他族裔相比一直存在较大差距。2001 年的调查显示，越南裔居民在家中使用的主要语言是越南语（77.2%），另外有约 16% 的移民使用中文（以广东话为主），而在家庭生活中英语的使用率则仅为 2.5%。而在这 150160 名在家中使用越南语或者其他语言的移民中，55.7% 的人英语较为流利，43.3% 的人英语水平有限或根本不讲英语。

到 2011 年，虽然英语水平提升速度相对较慢，但可以看到这一状况也在逐步改善（越南移民在家中仅使用英语的比例增加到 3.3%，使用越南语或其他语言的移民中，英语较为流利的比例上升到 57%）。同时，年轻的越南移民以及第二代移民的英语使用状况要相对更好。

表 5 - 28　2011 年澳大利亚主要亚洲移民家庭语言使用情况 （前五位）

国　家 ＼ 语言	用英语以外的语言			只用英语
	经常使用英语或能流利地使用英语	不经常使用英语或不用英语	总计	
中国(包括香港、澳门及台湾)	206982	98688	305670	10589
印度	216985	12412	229397	62860
越南	101209	75469	176678	5972
菲律宾	126463	4048	130511	38765
马来西亚	72532	5127	77659	37839

资料来源：该数据引用自澳洲统计局网站：http：//www. abs. gov. au。

年轻的越南移民使用英语的状况显然更好，但越南语的传承和发展也需要引起足够重视。数据显示，出生于越南的移民使用越南语交谈、阅读以及书写的流利程度和频率普遍要高于出生于澳大利亚的第二代越南移民，这一点在阅读的流利程度上表现得较为明显。而年龄相对较大的越南移民使用越南语阅读和书写的流利程度要高于年龄相对较小的移民。可见，在澳大利亚出生的越南移民数量的增加，以及年青一代越南移民的成长，越南移民群体在日常生活中使用越南语的频率和能力有降低的趋势。但是总体而言，越南移民的使用越南语的频率仍要远高于其他族裔使用母语的频率。研究显示，在日常交往过程中，英语水平明显更好的第二代越南移民仍倾向于使用母语进行交流。这从侧面也反映出第二代越南移民在社交方面仍体现出较强的族群色彩。同时，越南女性青年在同龄人日常交往中使用母语的频率（83.3%）较之男性（75%）要更高，并与同期的希腊裔、德裔等其他少数族裔的二代移民形成鲜明的对比。而绝大多数的越南移民仍能非常流利地使用他们母国的语言进行交谈和阅读这一现象，使得澳大利亚越南移民会维持更强的民族认同感。

表 5－29　2011 年澳大利亚越南移民越南语使用情况

单位：%

越南语使用情况	澳大利亚出生越南移民	越南出生的越南移民	小于 39 岁的移民	大于 40 岁的移民
交谈流利或者非常流利	87	94	90.5	93
阅读流利或者非常流利	68	84	72	90
书写流利或者非常流利	56.5	77	59	87
交谈不流利或者不会用越南语交谈	13	6	9	7
阅读不流利或者不会用越南语阅读	32	16	28	10
书写不流利或者不会用越南语书写	43	23	41	12

资料来源：Danny Ben-Moshea, Joanne Pykeb & Liudmila Kirpitchenkoa, "The Vietnamese Diaspora in Australia：Identity and Transnational Behaviour", *Diaspora Studies*, Vol. 9, No. 2, May 2016, p. 118.

4. 毒品与犯罪问题

从越南移民的犯罪问题，尤其是毒品滥用与毒品贸易问题来看，这一群体在融入澳洲当地社会的过程中，仍有许多问题亟待解决，并在近些年来愈加凸显。事实上，在大批越南移民 1975 年以后大批迁入澳洲之初，这一移民群体并未表现出过高的犯罪率。但随着时间的推移，其犯罪问题开始困扰当地社会。20 世纪 80 年代起，随着越南移民数量的迅速增长，该族裔的犯罪率有所提升，但仍要低于当地平均水平。直到 1987 年，越南未成年移民犯罪的概率仍然比当地平均概率要低 50%，且整个族裔保持着较低的暴力犯罪率。即便是他们饱受当地诟病的毒品犯罪率，也要比当地低 25%。[①] 但

---

① Andrew Jakubowicz, *A Quintessential Collision*：*Critical Dimensions of the Vietnamese Presence in the Australia Empire Projec*t, University of Technology Sydney, May 9, 2003, http：//www. multiculturalaustralia. edu. au/doc/vietnamese_ jakubowicz_ 03. pdf [2017－02－10].

由于种种原因，21 世纪以来，越南移民的犯罪问题，尤其是毒品犯罪问题愈发严重。作为主要毒品集散地的悉尼的卡布拉玛塔区（Cabramatta）和墨尔本的福特斯凯瑞（Footscray）的越南移民犯罪率更是居高不下。"福特斯凯瑞（Footscray）的越南犯罪者"从"三合会"获得了他们的海洛因，并且"不惜诉诸暴力来实现他们的目标"，而当地的小报则用"地方毒品战争急剧升级"，其中有一些越南帮派负责"谋杀、勒索、家庭入侵和卖淫"等字眼来描述该族裔的犯罪问题。在维多利亚州，越南移民的犯罪率一度能达到 0.4%，超出了澳大利亚本土居民 15 倍，且大多参与了毒品犯罪。据统计，约 65% 的出生于澳大利亚本土的罪犯受过毒品贩运、走私等罪名的指控。而越南裔的罪犯中，这一比例则高达 82%。

约有 1.27% 的澳大利亚越南移民因参与了种植、制造和运输毒品及其他非法药品的犯罪活动而被逮捕，这一数字远高于当地的澳大利亚本土居民的平均比例（0.11%），也要高于希腊裔（0.06%）、黎巴嫩裔（0.19%）和土耳其裔（0.15%）等其他主要少数族裔。同时，越南移民非法持有和使用毒品及非法药品的比例也相对较高，达到了近 1%。参与过毒品种植、生产、运输贸易及使用等犯罪活动的比例更是高达 2.27%，约为澳洲本土居民的 6 倍。[①] 此外，女性越南移民的犯罪率也开始提升：学者的抽样调查显示，2010 年，约 18% 的女性因犯为越南移民，其中有 78.6% 的人参与过毒品犯罪。当前，毒品与犯罪问题已逐渐成为困扰越南移民社会生活状况的重要因素之一。许多越南社区存在毒品贸易问题的困扰，而这又会带来一系列的犯罪问题，对越南移民的身心健康（造成群体的心理亚健康状态、加速丙型肝炎及艾滋病等疾病的传播等）和社会形象造成极大的负面影响，并会对越南移民融入当地社会产生较为消极的作用。

（五） 菲律宾移民社会的新特点

1. 移民比重的增加

2005 年以来，移民人口在澳大利亚国家中所占比重逐渐增加。2005 年，移民在澳大利亚人口总数中所占比重为 24.2%；2010 年，这一比重上升到

---

① Roslyn Le, Michael Gilding, "Gambling and Drugs: The Role of Gambling among Vietnamese Women Incarcerated for Drug Crimes in Australia", *Australian & New Zealand Journal of Criminology*, Vol. 49, No. 1, 2016.

了 26.7%；2015 年，这一比重又上升到了 28.2%。同时，菲律宾移民在澳大利亚人口总数中所占比重也在逐渐上升。2005 年，菲律宾移民在澳大利亚人口中所占比重为 0.7%；2010 年，这一比重上升为 0.8%；2015 年，这一比重又上升为 1.0%。菲律宾超过越南成为澳大利亚主要移民国家或地区中排名第六的国家。[1]

2. 女性占移民多数，面临困难增多

2010 年澳大利亚移民调查数据显示，菲律宾移民的女性比例在澳大利亚排名前 50 的移民来源地中排第 2，仅次于日本。在澳的菲律宾移民的男女比例为 58.9：100。反映了在澳的菲律宾移民中女性移民居多的特点。

菲律宾女性移民是澳大利亚的亚洲女性移民中最大的群体之一。他们中的大多数移民过来嫁给了澳大利亚人或是与丈夫团聚。移民到澳大利亚的菲律宾人，在工作中遇到的困境是无处不在的。例如，在郊区的菲律宾女性中，尽管有 38.7% 有职业教育的证书，但是她们中几乎没有人能够在自己获得资格证书的领域工作。对于她们来说，她们既不能使自己的证书得到澳大利亚当地的认可，也缺乏在澳洲更新自己证书的途径，因为在她们居住的偏远地区，没有相关的部门和机构来认证她们的证书。[2]

菲律宾女性在工作中还容易受到种族和性别的双重歧视，包括口头的侮辱和工作上的区别对待。例如，一位在昆士兰工作的菲律宾妇女从事办事员的工作，但是在她休产假的时候她的职位被取消了，她再回来的时候只能做清洁工的工作。[3] 而以技术移民的身份移民到澳洲边远地区的菲律宾妇女，但由于当地基础设施的落后，政府编制也未设置合适的岗位，只能从事其他简单的工作，未得到充分就业。她们在工作过程中也面临受肤色和性别双重歧视的问题。

3. 移民后的菲律宾父母与子女的冲突

菲律宾移民与他们的孩子之间也存在冲突。许多 20 世纪 80 年代以后移民澳

---

① 数据来源：http：//www. abs. gov. au/ausstats/abs@. nsf/Latestproducts/3412. 0Main% 20Features32014 - 15？opendocument&tabname = Summary&prodno = 3412. 0&issue = 2014 - 15&num = &view。

② Margaret Kelaher, Helen Potts and Lenore Manderson, *Health Issues among Filipino Women in Remote Queensland*, Aust. J. Rural Health, 2001, p. 150.

③ Margaret Kelaher, Helen Potts and Lenore Manderson, *Health Issues among Filipino Women in Remote Queensland*, Aust. J. Rural Health, 2001, p. 150.

洲的菲律宾人都有自己的子女。他们往往对自己孩子的教育问题极为重视。① 出于自己不幸的经历，菲律宾父母更希望自己的移民二代子女们取得出色成就。如果子女不能遂父母所愿或者做了其他选择的时候，就会在家庭内部造成严重的冲突。

移民后的菲律宾父母与子女的冲突，很大程度上是文化差异造成的。在菲律宾出生的父母们，从小受他们父母的照顾，所以他们尊重他们父母的意见。但是在澳大利亚出生的菲律宾移民二代，他们教育费用是澳大利亚政府提供，完成学业以后也能够经济独立，他们表现得更加独立和有主见。

由上可见，陆克文－吉拉德执政以来，随着澳大利亚政府不断调整移民政策，澳大利亚亚裔群体的基本社会特征发生了重大而深刻的变化，数量逐年增多，年龄结构向年轻化发展，移民的经济与教育技术含量增加，移民类别、聚居模式及职业构成也具有与前不同的新的特点，这无疑将对未来澳大利亚亚裔社会的发展产生重大的影响。这反映了澳大利亚作为一个传统的移民国家，移民对其国家利益和经济目标举足轻重的影响与作用，同时也反映了高新技术人才对增强国家竞争力的推动作用，技术移民在澳大利亚移民类别中已占有重要地位。我们也应该看到，作为一个法律体系比较完备的国家，澳大利亚的移民法更加制度化，规范化。作为澳大利亚移民社会重要组成部分并日益增加的亚裔新移民，应当进一步了解澳大利亚的移民法，以维护自身的合法权益。同时也应该从技术能力、教育水平、文化修养等方面提高自己，融入澳大利亚主流文化，在21世纪日益繁荣的澳大利亚与亚太地区的经济文化交流中发挥桥梁纽带作用。

---

① Margaret Kelaher, Helen Potts and Lenore Manderson, *Health Issues among Filipino Women in Remote Queensland*, Aust. J. Rural Health, 2001, p. 150.

第六章 影响澳大利亚调整移民政策的基本因素

第二次世界大战后初期，澳大利亚在"增加人口，否则灭亡"的口号下，制订并实施规模宏大的移民计划。该计划要求澳大利亚每年人口须净增2%，其中1%是来自移民增长。在澳大利亚政府的大力支持下，来自世界各地的移民源源不断地涌入澳洲。然而，这一时期来澳移民主要是以英国人为主体的欧裔移民。20世纪70年代以降，鉴于国内外政治、经济形势的新变化，澳大利亚顺应时代发展潮流，开始摒弃实施已久的"白澳政策"，推行多元文化主义政策。亚洲移民逐渐开始大规模地进入澳大利亚。20世纪90年代中期以后，亚裔移民特别是华裔移民人数逐年增加，其占澳大利亚移民比重不断上升，澳大利亚的移民构成、类型以及移民特性逐步发生着新的转变。为了符合澳大利亚的国家利益，适应澳大利亚经济与社会的发展要求以及外交等方面的需要，澳大利亚政府不断地调整移民政策。然而澳大利亚政府移民政策的调整受着多方面因素的影响和制约。本章着重从移民政治、经济因素以及外交政策三个维度深入探讨20世纪70年代以来澳大利亚调整移民政策的基本动因。

一 移民政策调整的政治原因

移民政策是一项公共政策，它由澳大利亚政府负责制定和实施。作为一个西方民主制国家，澳大利亚移民政策的制定和实施，受其国内政治体制之形塑，利益集团之左右，公众舆论之导向以及外交政策之制约。

(一) 澳大利亚移民政策的决策者——移民与边境管理局

澳大利亚政府在制定和实施移民政策中发挥着主导作用。通常，联邦政府在制定移民政策和计划时会综合考虑各方面因素，最终出台移民政策和年度各类移民的计划人数。

联邦政府辖下的移民与边境管理局（二战后，移民局多次变更名称，简称为"移民局"或"移民部"）主要负责制订和实施国家的移民计划。在移民计划制订过程中，移民与边境管理局力图成为一个"按照规章制度决策的机构"，尽量避免自身在决策过程中受政治、种族和舆论媒体等外力的干涉。它认为社会公众对政府政策的支持与否取决于他们是否普遍认为这个机构管理良好或是公平公正。在移民政策制定过程中，移民与边境管理局注重有关移民及其对澳洲社会影响的调查。这些社会调查全面、深入，主要包括技术移民、国际移民趋向、移民对经济和劳动力市场的影响、城市问题、移民政策的社会和文化后果、市场的多文化性、定居和语言服务、开放和平等、移民教育和社会公正、少数民族青年问题、向外移民以及人口和可持续发展等问题。例如，澳大利亚移民、多文化和人口调查计划（BIMPR）连续多年对澳大利亚移民进行深入的社会调查，提供可靠翔实的有关移民人口数量、住房、教育等方面的数据。1996 年，移民、多文化和原住民事务部（DIMIA）继续其部分工作，每年都开展一次范围相当广泛的社区咨询活动。除此之外，澳大利亚统计局（ABS）每 5 年进行一次人口和劳工市场普查等诸多方面的社会调查，为移民与边境管理制订合理的移民计划提供可靠的统计数据。

澳大利亚移民与边境管理局制订年度移民计划需要咨询和参考一些专门机构的建议。澳大利亚移民与边境管理局设立了一系列的咨询和参考机构。例如，国家人口委员会（the National Population Council）是澳大利亚政府移民政策制定的主要咨询机构。1989 年，根据澳大利亚移民咨询委员会的建议，成立移民研究局（the Bureau of Immigration Research），主要负责"对澳大利亚移民问题进行客观的、专业的分析，为政府未来移民政策制定提供合理依据"。[1] 时任移民部部长格里·汉德在向内阁提供年度移民计划人数前，直接向该局咨询澳大利亚每年接纳各类移民的具体建议。移民与边境管理局在有关移民问题决策过程中，采取"全体政府管移民"的方式，注重听取政府其他一些涉及移民事务的相关政府机构，诸如教育、科学与技术部，家

---

[1] James Jupp and Marie Kabala, *The Politics of Australian Immigration*, Canberra: Australian Government Publishing Service, 1993, p. 13.

庭与社区服务部以及就业与劳资关系部等部门。此外，移民与边境管理局还咨询其他各种移民资源中心的意见，诸如少数民族社区委员会等社区群体会集中反映他们选区的意见，还有澳大利亚调查协会（ARC）资助的一些大学的移民研究中心等也会参与决策咨询。

（二）澳大利亚两党在移民问题上的博弈

亚裔移民问题也是澳大利亚两党关注的焦点问题。在澳大利亚，两党关于移民问题讨论的焦点主要集中在移民接纳的规模和移民的构成类别上。[①] 20世纪70年代以来，随着"白澳政策"的废除和印度支那战争的结束，包括华人移民在内的亚裔移民人数不断增加，移民对澳大利亚社会生活各方面产生的影响，逐渐成为澳大利亚政治关注的主要议题。在1972～1975年惠特拉姆为首的工党政府执政时期，针对移民数量问题，特别是如何对待大批越南船民问题，工党政府受到内外夹击。工党内部出现分歧，形成左、中、右三派。左派主张实行限制自由移民政策，反对政府接收大规模的越南难民；而中、右派则支持一定规模的移民进入澳大利亚。反对党趁机抨击政府言行不一和移民政策的矛盾性，强调指出：一方面工党政府放弃"白澳政策"，实行无肤色、种族、国籍等歧视移民的政策；另一方面却又排斥、限制越南难民进入澳大利亚，煽动民众反对移民的情绪，他们借机向惠特拉姆政府施加压力。

当外交部部长威尔西建议降低对越南难民准入标准时，惠特拉姆表示反对，其原因"可能是害怕引起政治上对其政府的敌意"。[②] 最终，惠特拉姆政府采取限制越南难民的数量，从上台之初计划人数的140000人下降至1975年的50000人，而实际上只接纳了1000名越南难民。后来，学者维维安妮在她的研究中，也指出惠特拉姆此举的主要动机是避免新的大规模情绪化的反共产主义者进入澳大利亚，引起澳大利亚政治派系的注意，并借机向政府发难。[③]

20世纪80年代，澳大利亚政府实施扩张性移民计划，澳大利亚移民人数总体保持稳定增长。然而在1984年3月17日，在维多利亚瓦那尔布的一

---

① James Jupp and Marie Kabala, *The Politics of Australian Immigration*, Canberra: Australian Government Publishing Service, 1993, iii.

② Cameron, C., *China, Communism and Coca-Cola*, Melbourne: Hill of Content, 1980, p. 230.

③ Viviani, N., *The Long Journey: Vietnamese Migration and Settlement in Australia*, Melbourne: Melbourne University Press, 1984, pp. 64 – 65.

家老影院内，杰弗里·布雷尼（Jeoffrey Blainey）教授在 1000 名听众面前发表讲话。讲话快结束时，他使用"傲慢"和"感觉迟钝"这两个词来形容目前的移民政策："亚洲移民的步伐现在比公众舆论走得更快……比例正在增长的澳大利亚人似乎憎恨大量引进的越南人和其他东南亚人，这些人获得工作的机会很少，他们是靠纳税人的钱维持生活，尽管他们本身没有过错。澳大利亚在宽容中取得的卓越成果以及在 20 世纪的最后 1/3 的时间里慢慢建立起来的理解，正被当今的政府所危害。"[①] 布雷尼批评政府实施的扩张性移民政策，建议减少亚洲移民人数，主张实施反对亚裔移民的歧视性移民政策的言论立即引发了一场旷日持久的关于移民问题，尤其是关于亚洲移民数量问题的"布雷尼辩论"。工党政府在经济理性主义的指导下，认为移民对澳大利亚经济发展做出了贡献，尤其是那些拥有技术和创业经历的移民，支持增加移民的立场。1985 年 5 月，移民部部长斯图尔特·韦斯特宣布增加独立类移民（技术移民和商业移民）人数，改变之前公布的移民计划，以回应布雷尼辩论。[②]

然而反亚裔移民的呼声并没有停止。1988 年 7 月 31 日，时任反对党领袖的约翰·霍华德接受了反亚洲移民的呼吁，他在珀斯提出"一个澳大利亚"的口号，声称多元文化主义使澳大利亚面临一个"确认文化"的问题。移民政策必须"把澳大利亚放在首位"，公开限制亚洲移民进入澳大利亚。随后，一项反对以种族来挑选移民的政府提议引起了激烈的辩论。反对党的 3 名成员不支持霍华德。前移民部部长伊安·麦克魁尔、移民委员联合会成员菲利普·罗道科和南澳的斯蒂尔·侯与工党政府一起投票反对，后者甚至想确立一个永久的政策，即保证种族永远不能成为挑选移民的标准。

霍华德的反亚立场比以前更加坚定。国会议员戈瑞米·埃文斯试图想让亚洲人重新恢复信心，但霍华德指责埃文斯是向亚洲邻居"拜倒和道歉"。他在 1988 年 11 月 15 日的《悉尼先驱晨报》上说："这是对我们国家主权的一种侮辱。我发现，如果我们的外交部部长在海外向其他国家道歉的话，那是非常庸俗和贬低自己的。"两天之后，同一家报纸在首要新闻中报道了澳大利亚移民咨询协会会长吉姆·戴维的讲话。他说："商务移民计划

---

① 艾瑞克·罗斯：《澳大利亚华人史，1888~1995》，张威译，广州：中山大学出版社，2009，第 443 页。

② James Jupp and Marie Kabala, *The Politics of Australian Immigration*, Canberra：Australian Government Publishing Service, 1993, p. 131.

被反亚辩论破坏了：仅在 3~6 个月前，澳大利亚在吸引商务移民方面是领导者，现在被加拿大和新西兰取代了。每人携带 50 万澳元移民澳洲的 1000 人的总数已经有所下降。"一年前，在韩国汉城移民局举办的讨论会上，他曾对 300~400 名打算商务移民的人发表谈话。而他刚刚从一个讨论会上回来，该讨论会只吸引了 15~20 人。① 此外，在华人和其他亚洲移民非常关注的家庭团聚移民方面，霍华德和费兹杰拉德博士也都主张要削减一半。② 连政府土著事务部秘书查尔斯帕金斯在 1987 年 1 月也认为："有太多的亚洲人进入了澳大利亚，"他"要求颁布一项不定期的禁令"来限制亚洲移民入境。③

（三）压力集团在澳大利亚移民决策过程中的作用

压力集团在澳大利亚移民决策过程中的作用不容忽视。压力集团主要包括企业集团、代表特定种族背景的社区群体、难民与寻求避难者以及利害相关的公众。在澳大利亚有许多重要的压力集团，例如澳大利亚工商业联合会、澳大利亚全国总工会、退役军人联盟等。20 世纪八九十年代以来，澳大利亚的压力集团在改变澳大利亚移民政策方面所发挥的作用越来越大。其中工商界是澳大利亚最重要的压力集团。他们从移民所增加的澳大利亚人口中获得巨大的经济利益，尤其是住房、教育和建筑行业。他们拥有雄厚的资金和实力，通过选举、舆论等方式对澳大利亚政府施加压力，要求政府实行扩张性的移民计划。

最具代表性的是澳大利亚工业界和商界利益的澳大利亚工商业联合会（The Australian Chamber of Commerce and Industry）。该组织强调，移民对澳大利亚经济发展非常重要。移民可以扩大澳大利亚的消费市场，刺激澳大利亚经济发展，"快速增长的人口不仅增加消费需求而且还刺激生产"。④ 霍华德政府执政期间，总体上实行的是扩张性移民计划，澳大利亚政府移民计划人数保持稳定增长，但一些议员和政客对此仍不满意。2006 年 10 月，澳大

---

① 艾瑞克·罗斯：《澳大利亚华人史，1888~1995》，张威译，广州：中山大学出版社，2009，第 445 页。

② 艾瑞克·罗斯：《澳大利亚华人史，1888~1995》，张威译，第 445 页。

③ 艾瑞克·罗斯：《澳大利亚华人史，1888~1995》，张威译，第 446 页。

④ Katharine Betts and Michael Gilding, "The Growth Lobby and Australia's Immigration Policy", *People and Place*, Vol. 14, No. 4, 2006, pp. 46-47.

利亚著名的居民住宅开发商、澳洲顶级地产品牌 Meriton 的创始人哈里·特里古波夫在一次采访中，要求"大规模增加移民"，力争到 2050 年澳大利亚的总人口达到 150000000 人。最后，他说道，"国家公园应该让位于住房建设，……移民可以带动澳大利亚住房和建筑等相关产业的发展，因此，我们应该在这些地方进行建设，以繁荣澳大利亚住房市场"。① 对特里古波夫而言，澳大利亚经济发展依赖于住房市场，而住房市场基于澳大利亚人口的增长。鉴于澳大利亚住房市场的繁荣以及社会问题的出现，特里古波夫的言论在当时引起社会各界的广泛关注。引进移民还可以大大减少澳大利亚工人的培训成本。澳大利亚工商业联合会前首席执行官马克·帕特森（Mark Patterson）指出，澳大利亚许多雇主不愿意对工人进行 3~4 年的培训，因为经济发展的不确定性，直接引进外国技术移民，可以迅速为企业创造价值而不用负担他们培训的开支，增强企业的活力。②

另一个重要的压力集团是工会。澳大利亚全国总工会（ACTU）在移民问题上的作用也十分重要，其影响对工党政府更为突出，因为澳大利亚全国总工会是工党上台执政的选举基础，也是工党的重要组成部分。在政府移民政策和计划制订过程中，澳大利亚全国总工会都积极参与并发挥建设性作用。例如，在 1992~1993 年度的移民计划意见咨询中，澳大利亚全国总工会意识到，"20 世纪 90 年代的移民问题与 20 世纪七八十年代的移民情况迥然不同"，因为国际人口迁移人数越来越多，澳大利亚与世界的联系越来越密切，越来越多的澳大利亚企业走向国际，越来越多的就业岗位需要国际背景，澳大利亚需要的不仅是永久性移民，而且也需要短期类移民。亚洲移民，无论是永久性移民和短期类移民人数都在增加，澳大利亚应该重视这一变化并调整移民选择标准。在其提交的意见报告中声称，澳大利亚的移民选择政策不应该基于种族、宗教、民族、性别、语言或年龄歧视移民申请者。建议政府考虑制订短期类移民计划的相关事宜。③

澳大利亚全国总工会重视短期类移民的意见被之后上台的霍华德政府所

① A. Clennell, "Triguboff: Let's Trade Trees for Homes", *The Sydney Morning Herald*, 2006, 11 October, p. 3.

② N. Bita, "Employers Court Skilled Retirees to Fill Jobs Vacuum", *The Australian*, 1998, 14 March, p. 3.

③ Australian Council of Trade Unions, *Submission on the Immigration Program*, 1992 - 93, Melbourne: ACTU, 1992.

采纳。不仅如此，澳大利亚全国总工会还积极派出代表参与政府各种移民咨询机构的调查，以期做出有利于工会的决策。例如，以菲茨杰拉德为首的移民调查委员会中，工会移民问题专家阿兰·马西森（Alan Matheson）就是重要的一员，他在《菲茨杰拉德报告》的形成过程中积极建言献策。司多尔和马西森指出，"从战后澳大利亚实施移民计划开始，澳大利亚全国总工会主席或秘书长一直是政府移民咨询机构的重要组成人员"。①

此外，其他一些利益团体如澳大利亚少数民族社群委员会联盟（FECCA）、澳大利亚难民委员会（RCA）等，则从人权、道德等角度考虑，认为人口稀少、社会富裕的澳大利亚应该继续为那些流离失所的人们提供一个获得更好生活的机会，要求澳大利亚政府增加家庭团聚类和人道主义移民的数量。比勒尔曾写道，"在澳大利亚，……现在移民选择政策主要的政治性压力集团是各种各样的少数种族团体以及支持它们的知识群体"。② 虽然比勒尔的话有点过分夸大少数利益团体在澳大利亚移民政策制定过程中的作用，但也在一定程度上反映了澳大利亚少数种族团体的重要性在不断上升。总之，20 世纪八九十年代以来，澳大利亚的压力集团对政府移民政策和移民计划的影响越来越凸显，有学者甚至认为，澳大利亚的移民计划是由利益集团而不是国家利益决定的。③

（四）公众舆论对澳大利亚移民政策的制约

公众舆论虽然不能决定澳大利亚移民政策的最终形成，但在一定程度上可以影响移民政策的走向，特别是在移民问题激化澳大利亚社会矛盾时。因此，在澳大利亚移民政策的制定和实施过程中，政策制定者不得不认真考虑澳大利亚民众舆论的态度。

澳大利亚公众舆论关注移民问题主要是移民人数过多是否会影响到他们的社会生活。自二战后澳大利亚推行大规模移民计划开始，移民澳大利亚的人数越来越多。移民问题不仅逐渐成为澳大利亚政治关注的主要议题之一，

---

① Storer, D., and Matheson, A., "Migrant Workers and Unions in a Multicultural Australia", *Social Alternatives*, Vol. 3, No. 3（July 1983）, p. 42.

② Birrell, R., "A New Era in Australian Migration Policy", *The International Migration Review*, Vol. 18, No. 1（Spring 1984）, p. 68.

③ James Jupp and Marie Kabala, *The Politics of Australian Immigration*, Canberra: Australian Government Publishing Service, 1993, ix.

而且聚居在澳大利亚主要城市的移民所引起的一系列社会问题也越来越成为澳洲社会各界关心的主要问题之一。移民过多并且聚居在几个主要的大城市中，不仅导致城市人口失业率上升、交通拥挤、住房紧张，而且还对当地的环境、水以及其他自然资源造成压力。如澳大利亚的历时数据明确显示，澳大利亚公众对移民的态度与可得就业机会之间有一定关联，在 1974～2010 年，澳大利亚认为移民水平过高的人数几乎与失业水平的曲线重叠（见图 6－1）。①

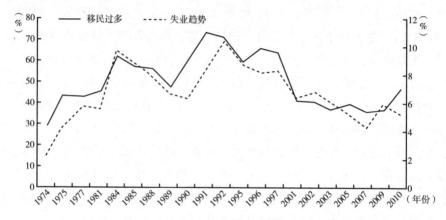

图 6－1　1974～2010 年澳大利亚失业水平与认为入境移民规模过高的人数之间的相关性

　　澳大利亚人口可持续发展和生态研究所（Australians for an Ecologically Sustainable Population and the Australian Institute of Biologists）的专家指出，大规模移民是造成澳大利亚环境逐渐恶化以及城市交通拥堵的主要元凶。他们认为澳大利亚的生态环境脆弱，水资源、土地、森林以及生物多样性正面临着过度开发的威胁。从生态学角度来讲，我们有责任为下一代提供至少像我们这代享用的干净的、多样的以及高产的自然环境。……而大规模移民的到来有可能使诸如澳大利亚主要的农业基地墨累—达令盆地加剧水污染以及土地沙化。② 1965 年成立的澳大利亚环境基金会，受联邦政府以及其他团体

　　① 中国华侨历史学会、中国华侨华人历史研究所编译《2011 世界移民报告：关于移民的有效沟通》，第 11～12 页。

　　② 参考：L. Day and D. Rowland（eds.），*How Many More Australians: the Resource and Environmental Conflicts*，Melbourne: Longman Cheshire，1988. 转引自 Huw Jones，"The New Global Context of International Migration: Policy Options for Australia in the 1990s"，*The Royal Geographical Society*，Vol. 24，No. 4（Dec.，1992），p. 361。

的强力支持，开展了声势浩大的环境运动。该基金会主要由一些科学家组成，例如成员弗兰克·芬纳（Frank Fenner）是澳大利亚国立大学约翰·柯廷学院的医学研究中心主任。他在提交的一份报告中号召澳大利亚环境基金会继续关注移民对"澳大利亚人口、环境污染以及自然资源等产生的影响"，最后他总结道，"我们已经知道立即削减移民数量的合理性以及采取人道主义措施将会降低自然资源的利用率"①。

另外，移民对城市交通和基础设施建设产生的影响也引起了澳大利亚社会的关注。澳大利亚是一个高度城市化国家。人口特别集中，60%的人口居住在超过 50 万人口的城市中，其比例比任何一个发达国家都高。20 世纪 80 年代，超过 80%的移民居住在澳大利亚 5 个主要的大城市。② 移民澳大利亚的人口主要前往澳大利亚各州的大城市（主要集中于维多利亚州和新南威尔士州的墨尔本、悉尼等几个大城市）。工党的霍克、基廷政府已经意识到澳大利亚人口过于集中的问题，霍华德政府上台后开始付诸实践，推行 SSRM 移民计划，吸引移民迁往澳大利亚的边远地区和人口稀少地区，一方面是促进澳大利亚边远地区的开发，促进澳大利亚地区经济协调发展；另一方面是缓解移民对澳大利亚大城市造成的压力，平衡澳大利亚人口分布格局。然而，该计划实施数年后，效果不太理想。2011 年澳大利亚的人口统计数据显示，自 2006 年以来，移居澳大利亚的永久性移民人数超过 50 万人（503081 人）。其中，每 10 个人中有 7 个移民至澳大利亚东部地区的新南威尔士州（28.9%）、维多利亚州（26.9%）以及昆士兰州（15.9%）。移民仍主要集中于澳大利亚主要的大城市中，尤其以悉尼和墨尔本为主（85.4%）。③

移民的确影响着澳大利亚公共生活和社会活动的许多方面。一方面，移民增加了澳大利亚的人口数量。这些移民的到来需要居所，需要工作养活自己及其家人，他们的孩子需要教育以及必要的健康医疗和其他的社会服务。在经济低迷时期，移民的这些基本需求阻碍了经济的发展，并且加剧对稀缺

---

① Fenner, F. J. , "*The Environment*", *in How Many Australians?*, Sydney: AIPS, Angus & Robertson, 1971, p. 58.

② Huw Jones, "The New Global Context of International Migration: Policy Options for Australia in the 1990s", *The Royal Geographical Society*, Vol. 24, No. 4, (Dec. , 1992), p. 362.

③ DIBP, Migration to Australia's States and Territories 2012 – 13, 2014. http: //www. immi. gov. au/media/publications/statistics/immigration – update/migration – australia – state – territories – 2012 – 13. pdf.

资源的竞争。另一方面，移民也对澳大利亚经济发展做出贡献。他们带来澳大利亚没有或稀少的技术和知识，他们积极开展贸易，创办企业，不仅为澳大利亚人提供众多的就业机会，而且还丰富了澳大利亚文化多样性。正如著名学者简·马丁所指出的那样："移民的存在"几乎影响澳大利亚社会生活的各个方面。①

然而，在某些种族主义者的煽动下以及一些媒体片面地对移民问题的大肆渲染下，澳洲民众害怕移民大量涌入澳洲争夺就业机会，抢夺他们的饭碗，降低他们的社会福利水平，越来越多的澳洲民众开始排斥移民，反对政府实行的扩张性移民计划。尤其是在澳大利亚经济衰退、失业率增加时，民众反对外来移民的呼声此起彼伏。他们反对澳大利亚政府实行的多元文化主义政策，抨击该政策过度包容，认为澳大利亚现行的移民政策接纳的移民人数过多，尤其是家庭团聚类移民和人道主义移民，大多数移民不仅贫穷、无技能，而且与澳大利亚主流社会的价值取向差异巨大，增加了澳大利亚的社会负担，移民与当地社会冲突日益加剧。② 1996 年全国大选之后，《澳大利亚选举研究（the Australian Election Study，AES)》对选民为何选举等一系列议题进行了一项社会调查，其中，就移民问题而言，调查结果显示自 20 世纪 80 年代中期以来，大约 2/3 的澳大利亚人反对目前的移民规模，认为澳大利亚的移民过多。③ 因而，1996 年霍华德政府上台后，开始有计划地减少家庭团聚类移民和人道主义移民的数量。

如今，移民问题已经成为澳大利亚政治和社会上的一个热门话题。进入 21 世纪之后，澳大利亚开始增加移民的数量，但以技术移民为主。随着移民人数的增加，澳洲民众的态度也发生了变化。澳大利亚选举研究的民意调查显示，2010 年大选后，有 53% 的人认为现在澳大利亚允许移民进入的数量"太多"了，这高于 2007 年和 2004 年大选后的 46% 和 30%。2012 年的一项社会调查显示，大约有 45.7% 的澳大利亚民众认为政府应该减少移民计划人数。总之，国内民众的反移民呼声促使澳大利亚政府在平衡各方利益

---

① James Jupp and Marie Kabala, *The Politics of Australian Immigration*, Canberra: Australian Government Publishing Service, 1993, p. 3.

② Huw Jones, "The New Global Context of International Migration: Policy Options for Australia in the 1990s", *The Royal Geographical Society*, Vol. 24, No. 4 (Dec., 1992), p. 363.

③ Katharine Betts, "Patriotism, Immigration and the 1996 Australian Election", *People and Place*, Vol. 4, No. 4, 1996, p. 27.

集团的情况下，实行松紧适度的移民政策。一位加拿大的观察家曾指出，在澳大利亚（或加拿大），认为公众舆论在移民问题和难民政策上普遍倾向自由主义的观点是错误的。①

二　移民政策调整的经济动因

在长期的历史发展进程中，包括华裔、亚裔在内的外来移民为澳大利亚经济和社会发展做出了巨大贡献，澳大利亚经济社会的发展离不开移民。反之，澳大利亚经济的发展变化又对移民政策，特别是劳工移民政策的制定产生了重要影响。20 世纪八九十年代以来，澳大利亚经济开始新的转型，经济因素在澳大利亚制订移民计划中的作用越来越大，澳大利亚政府不断地修改、调整其移民政策，以适应澳大利亚经济环境的变化和经济发展的需求。

（一）澳大利亚经济的转型

历史上，澳大利亚是英国的殖民地，其经济支柱主要为农业和采矿业。1901 年，澳大利亚联邦建立以后，农业、交通运输以及矿业得以较快的发展。直至 20 世纪 50 年代，农业和采矿业仍然在澳大利亚经济中占主导地位。在 50 年代，农业产值占国内生产总值的 25% 左右，农产品出口占出口总值的 80% 以上。而自 20 世纪 60 年代中期以来，澳大利亚铁、镍、石油、天然气等矿产资源的发现，促进采矿业的迅速发展，制造业和以出口为目的的采矿业和能源部门吸收了大量的外资，成为国民经济的支柱产业。60 年代末，制造业已占国内生产总值的 30%。至 20 世纪 80 年代以前，澳大利亚政府重视生产初级产品，采纳卡斯尔斯所谓的"社会保护"政策，把国内社会各部门尽量同外部影响隔离开来，对本国制造业实行高关税的保护政策，以扶持、推动本国制造业的发展。

自 1983 年以来，澳大利亚政府开始实施一系列重大的经济改革，促进澳大利亚服务业迅速发展，商品与服务的出口也急剧增长，有力地推动了澳大利亚经济的发展。20 世纪 70 年代的澳大利亚经济增长率为 3.0%，而到了 80 年代，这一增长率上升至 3.4%。20 世纪 90 年代中期以来，随着全球

---

① Hawkins, F., *Critical Years in Immigration: Canada and Australia Compared*, Kensington: New South Wales University Press, 1989, p. 248.

化的加速发展，知识经济的兴起，促使澳大利亚经济开始由生产、制造为主的传统经济向以知识为基础的新经济转变。澳大利亚的产业结构逐渐发生改变，传统产业部门如农业、制造业在国内生产总值中所占的份额越来越少，而现代服务业发展相当迅速，其在国内生产总值中所占的比重越来越大。1997 年同 1970 年相比，农业生产总值所占比重由 6% 下降至 4%，工业所占比重由 39% 下降至 28%，其中制造业比重由 24% 下降至 15%，而服务业的产值占国内生产总值的比重显著提高，即由 1970 年的 55% 上升至 1997 年的 68%，27 年间增加了 13 个百分点①，它的从业人数占全国总就业人数的比重从 1982 ~ 1983 年度的 73% 上升至 1996 ~ 1997 年度的 80%。

进入 21 世纪，澳大利亚的服务业已形成全方位发展的新格局，成为澳大利亚经济发展的主要推动力。此外，澳大利亚十分重视高新技术产业的发展。澳大利亚政府加大高科技领域的研究与开发力度，重视科技创新，一些与高科技密切相关的高附加值产业部门，如计算机信息、电子通信、金融等行业得到了长足的发展。以电信行业为例，1992 年，澳大利亚仅有一家由政府持有百分之百股权的澳大利亚海外电信公司（Telstra），独家经营各类国内及国际电信服务的业务。目前除了 Telstra，澳大利亚还有 Optus、Vodafeng 以及其他多家国际大型企业集团。2000 年澳大利亚整个电子通信工业总收入占了其国内生产总值的 5.5%，2001 年市场总收入达 369.9 亿澳元，从业人员达 10 万余人。澳大利亚由传统经济向现代经济的转型导致了澳大利亚劳动力市场需求发生重要变化。

（二） 澳大利亚经济转型对移民政策的影响

澳大利亚是一个幅员广袤、人口稀少的国家。二战后初期，澳大利亚人口约为 700 万人。澳大利亚政府深刻地意识到人口不足不仅威胁着澳大利亚的国家安全，而且还严重制约战后澳大利亚国家重建和社会经济的发展。因此，澳大利亚政府实施一项规模宏大的移民计划，"主动"吸纳甚至到海外招揽移民。由于缺乏经济增长所必要的人口基数，而工业生产和建设以及矿产资源的开发需要大量的体力劳动者，所以，澳大利亚的移民政策没有强调移民的技能以及职业背景因素，大量非技术移民涌入澳大利

---

① 魏嵩寿、许梅恋：《经济全球化中的澳大利亚经济发展趋势》，《南洋问题研究》2001 年第 3 期。

亚。这一时期，亚洲移民大量涌入澳大利亚，20 世纪 80 年代末，澳大利亚 40% 的移民来自亚洲。①

20 世纪八九十年代以来，随着国内外形势的变化，澳大利亚经济开始新的转型。经济结构的变化使得澳大利亚劳动力市场需求的性质发生改变，教育期望值上升，学历更加重要，人力资本的重要性日渐凸显，对专业技术劳动力的需求急剧增加，对体力劳动者的需求下降。澳大利亚政府意识到，在全球化背景下，特别是澳大利亚经济开始发生转型之际，当代"经济增长强调知识经济中人力资本因素的重要性"，国家间的竞争逐渐将视线转移至对人才的争夺。② 在经济理性主义的指导下，澳大利亚移民政策选择标准开始重视移民的技能、教育背景以及创业能力等因素。20 世纪 80 年代以来先后执政的霍克政府和基廷政府，开始重视商业移民计划，增加商业移民计划人数，加快签证审批程序，目的是吸收拥有雄厚资本和创业技能的高素质移民。1991 年，澳大利亚议会委员会所进行的一项调查报告显示，一些罪犯通过商业移民签证进入澳大利亚，商业移民签证存在潜在的漏洞，有可能被不法分子滥用。政府立即着手改革该计划，修改商业移民准则，更加注重移民本身的技能和创业能力，弱化移民资本数额。③ 此后，澳大利亚的商业移民计划不断发展完善。

1988 年出台的《菲茨杰拉德报告》建议，从长远发展来看，年度移民计划人数应增加至 150000 人，移民接纳的重点是增加技术类移民，减少家庭团聚类移民。该报告强调技术类移民的重要性，而忽视家庭团聚类移民的做法招致少数种族媒体以及多元文化主义支持者的强烈批评，并将霍克政府推至危险的境地。④ 菲茨杰拉德对此不以为然，他警告说，"民众并没有认可（移民）计划是以澳大利亚国家利益为重的。……经济因素应该成为移民选择标准的核心考量因素，那样民众才能相信移民计划是以国家利益为根本出发点。……而目前以没有歧视的、以家庭团聚类移民为主的移民政策是

---

① Ellie Vasta, *Centre on Migration*, *Policy and Society*, Oxford: Oxford University Press, 2005, p. 9.

② Graeme Hugo, "Globalization and Changes in Australian International Migration", *Journal of Population Research*, Vol. 23, No. 2 (September 2006), p. 116.

③ James Jupp and Marie Kabala, *The Politics of Australian Immigration*, Canberra: Australian Government Publishing Service, 1993, p. 135.

④ Birrell, R. and Betts, K., "The FitzGerald Report on Immigration Policy: Origins and Implications", *The Australian Quarterly*, Vol. 60, No. 3 (Spring, 1988), pp. 261 – 274.

不合时宜的"。他还直截了当地指出，增加"有技能的、有企业家精神的以及年轻的移民"，有助于促进澳大利亚经济的发展。

进入 21 世纪，澳大利亚经济转型加速，澳大利亚经济连续多年保持高增长、低通胀、低失业率的良好发展势头。经济的快速发展对技术移民和商业移民的需求增加。2002 年，澳大利亚人口研究所举办了澳大利亚人口峰会，会议在讨论到澳大利亚经济繁荣时，指出当前技术工人短缺对澳大利亚经济发展的危害性，建议政府移民计划中应增加技术移民的配额。会议还特别强调澳大利亚矿业的蓬勃发展对专业技术工人需求的迫切性。需要指出的是，澳大利亚是世界上为数不多的几个"资源供给型发达国家"，资源产业在澳大利亚国民经济中占据重要地位。进入 21 世纪，澳大利亚正经历着历史上第五次矿业的繁荣。这一传统产业对澳大利亚经济发展的贡献度仍然很大。因此，澳大利亚矿业繁荣也是霍华德政府时期调整移民政策的重要原因之一。

此外，澳大利亚本土技术工人大量外流也加剧了澳大利亚技术工人短缺局面。据统计，1975～1995 年，澳大利亚每年有 20000～30000 名本土居民永久性地移民海外。1995 年以来，澳大利亚向海外移民的人数不断攀升。2007 年，澳大利亚移民海外的人数达到 75000 人。[1] 其中，80% 的澳大利亚人的年龄在 15～64 岁，他们移民海外主要从事专业类和管理类的职业。澳大利亚本土技术工人的大量外流，使原本技术工人就不十分富裕的澳大利亚"雪上加霜"，在一定程度上制约了澳大利亚经济的发展。彼特·麦克唐纳和杰里米·坦普尔指出："向海外移民的澳大利亚人主要是医生、各类科学家、工程师、IT 技术师以及从事市场营销和贸易专业人员，从澳大利亚发展的角度来讲，这不能不说是一个巨大的损失。"[2]

霍华德政府执政期间意识到技术工人短缺对澳大利亚经济影响的重要性，连续多次对澳大利亚移民政策进行大刀阔斧的改革，将移民计划的重点由家庭团聚类移民转向技术类移民。霍华德政府执政的 10 年间，澳大利亚经济年均增长率为 4%，澳大利亚的就业率增加了 20 个百分点，尤其是在技术和专业方面。例如，管理者的数量增加了约 46%，专家类人数增加了

---

[1]　Andrew Markus, James Jupp and Peter McDonald, *Australia's Immigration Revolution*, NSW: Allen & Unwin, 2009, p. 65.

[2]　Andrew Markus, James Jupp and Peter McDonald, *Australia's Immigration Revolution*, p. 65.

37%，以及助理专家类人数增加了 39%。①

2008 年全球性金融危机的爆发，促使澳大利亚加快经济的结构性调整，过去 10 多年来作为澳大利亚经济发展主要驱动力的矿业投资正在缩减，而且在未来几年内将会继续下降。澳大利亚政府不断进行财政政策和货币政策改革，金融创新和新兴产业投资成为经济发展的主要推动力。陆克文 - 吉拉德政府进一步调整移民政策，其重大举措主要体现在两个方面。

一方面，继续深化澳大利亚技术移民政策改革。为了尽快走出金融危机的阴霾，将永久技术移民计划由"供给 - 导向"型转变成"需求 - 驱动"型。技术移民计划的重点是优先选择最适合澳大利亚经济发展需求的雇主和州及领地政府担保类技术移民；修改技术移民职业清单；改革技术移民的选择模式，由原来的自由申请制变为选择邀请制。2012 年，吉拉德政府引入新的技术移民技术甄选系统"Skill Select"。该系统打破了有史以来只要达到技术移民评分标准就可以移民的格局，能够确保澳大利亚获得最紧缺而且最具职业前景的高素质技术人才。

另一方面，陆克文 - 吉拉德政府又将商业技术移民政策改革提上议事日程。2010 年 4 月，陆克文政府宣布对商业技术移民进行改革，主要是增加商业技术移民申请者的个人净资产额度，以及增加商业技术移民在企业中所有权的比重。2012 年 7 月，吉拉德政府继续深化商业技术移民改革，建立新的商业创新与投资计划，引进新的技术移民选择机制以及创建重要投资人签证。此项政策的目的是在当前澳大利亚存在诸多不确定因素的情况下，吸引海外资本投资澳大利亚，刺激澳大利亚经济的持续发展。总之，澳大利亚经济环境的变化在移民政策上的反映主要体现在重视移民自身的技能、创业投资能力等因素，技术类移民在澳大利亚移民计划中的比重会越来越大。

三　移民政策调整的外交因素

国际移民的主要特征是跨越主权国家边界的流动。② 移民的跨国迁移不仅与移民个人的命运息息相关，而且还必然涉及国与国之间的关系。因此，

---

① B. Birrell and V. Rapson, *Clearing the Myths Away*: *Higher Education's Place in Meeting Workforce Demands*, Melbourne: Monash University, Centre for Population and Urban Research, 2006, p. 12.

② 李明欢：《国际移民政策研究》，厦门：厦门大学出版社，2011，第 24 页。

一国外交政策变化不仅影响国际移民的流向、规模和性质，而且还将对本国移民政策的制定和实施产生重要影响。澳大利亚是传统的移民国家。20 世纪 70 年代至 80 年代以来，国际经济和政治格局开始发生重大变化，特别是以东亚为代表的亚洲经济的飞速发展，推动澳大利亚外交政策的重心开始转向亚洲。澳大利亚"面向亚洲"政策的形成，导致澳大利亚移民计划逐渐放宽，以华裔移民为重要组成部分的亚裔移民人数不断增加。

（一）澳大利亚外交政策的转变

作为历史上英国的殖民地，澳大利亚最早的白人移民是英国流放犯。1788 年，英国菲利普船长率领的第一批流放犯到达澳大利亚，建立了早期澳大利亚殖民地，与此同时，也确立了以英国文化为主体的种族文化观。经过一个多世纪的演变与发展，澳大利亚逐渐形成了以白种人为主体、以歧视有色种族为核心的"白澳政策"。"白澳政策"并不是具体的法律，澳大利亚政府官方文件也很少出现这一词，然而，它却是澳大利亚自立国以来长期贯彻施行的基本国策，深刻地影响澳大利亚政治、经济、外交以及社会生活的各个领域。"白澳政策"的本质是一种非常狭隘的种族主义。在移民政策上的主要表现就是，严格限制有色人种的移民进入澳大利亚。自 1901 年澳大利亚联邦成立以后，进入澳大利亚境内的移民几乎全是欧洲人，而且来自英伦三岛的移民占绝大多数。在外交关系上，这种与殖民主义相联系的社会意识维系了澳大利亚对英国的依附性，它不仅妨碍了澳大利亚摆脱英国控制成为真正的独立国家，而且还严重阻碍了澳大利亚同亚洲、非洲和大洋洲各国的正常往来，也造成了澳大利亚的自我封闭和对英国的长期依附，延缓了澳大利亚向多元文化国家发展的进程。[①]

20 世纪 70 年代以来，鉴于国际、国内环境的重大变化，澳大利亚开始放弃以种族歧视为核心的"白澳政策"，由"背对亚洲"逐渐向"面向亚洲"转变。其最主要的动因是 20 世纪七八十年代以来，以东亚国家为代表的亚洲经济开始加速发展。这一时期，亚太地区在世界经济增长中一直处于领先的地位。80 年代，亚太地区的年均增长率为 3.7%。亚太经合组织成员的国内生产总值约占世界总值的 50%，其贸易约占世界贸易总量的 66%，超过了欧共体内部的贸易量（62%）。以日本经济起飞和随后"亚洲四小龙"为代表的亚洲经济的崛起对以贸易立国的澳大利亚产生了强大的吸引

---

① 刘樊德：《澳大利亚东亚政策的演变》，北京：世界知识出版社，2004，第 124 页。

力，澳大利亚对外贸易中心逐渐从欧美转向亚太地区。整个 70 年代，澳大利亚 65% 的出口产品销往亚太地区，进口产品也有 55% 的产品来自亚太地区。① 澳大利亚与中国等社会主义国家建立外交关系是这一时期澳大利亚面向亚洲政策中的一个重大事件，尤其是 1972 年澳中建交之后，两国的经贸关系迅速发展。仅 1973 ~ 1974 年度的中澳贸易额超过 2 亿美元，比建交当年度增长 100%。在整个 80 年代，亚洲已经成为澳大利亚发展对外经贸关系的重点地区，向东亚各国和地区的出口几乎占其出口总值的一半。

进入 20 世纪 90 年代以来，随着亚太地区在世界政治、经济中的地位与影响日益凸显，澳大利亚因其地缘之便与这一地区的联系及在这一地区的利益不断增多，其外交重心开始向亚太地区转移。② 澳大利亚意识到，亚洲的重要性正在与日俱增，融入亚洲已是刻不容缓。对于澳大利亚而言，历史文化代表着过去，而地缘经济则代表着未来。自 1996 年霍华德联合政府执政以来，澳大利亚的亚洲政策进一步明朗化，从"亲近亚洲"转向"面向亚洲"以及后来的"融入亚洲"，"力求在文化上和经济上跟迅速发展的亚洲融为一体"。新的联合政府在对外政策上虽强调与欧美国家的传统友好关系，但与中国和亚洲的关系仍是澳大利亚对外政策的重中之重。

1996 年 4 月 11 日，澳大利亚外交部部长唐纳在出访印尼、新加坡、泰国三国前夕，在悉尼的"外国记者协会"上的演讲中明确指出："进一步加强与亚洲的联系是澳大利亚政府最优先考虑的外交政策。""对于澳大利亚来说，亚太地区在外交和贸易政策上是最重要的地区"，并且预测东亚对于澳大利亚的贸易和投资来讲，将变得愈发重要。③ 在"亚洲世纪"里，澳大利亚的主要贸易对象将进一步由欧美转向亚洲。澳大利亚对东南亚新兴工业化国家和发展中国家的出口增幅尤为明显。对亚洲出口占澳大利亚出口总量的比例由 1988 ~ 1989 年度的 53.6% 上升至 2008 ~ 2009 年度的 68.7%，而同期对欧洲出口比例从 19% 下降至 12.9%，对北美出口比例则由 11.9% 下降至 8.6%。④

---

① 沈仲荣：《澳大利亚经济》，上海：华东师范大学出版社，1991，第 150 页。
② 沈世顺：《澳大利亚外交新走向》，《国际问题研究》2006 年第 2 期。
③ James Cotton and John Ravenhill, *The National Interest in a Global Era-Australia in World Affairs, 1996 - 2000*, Oxford: Oxford University Press, 2001, p.31.
④ 许善品：《论澳大利亚融入亚洲的进程（1972 ~ 2012 年）》，华东师范大学 2014 届博士学位论文，第 150 页。

2007 年底，陆克文接任澳大利亚总理后，把参与亚洲事务作为澳大利亚外交首要任务。他认为现如今，"亚洲世纪"已不再是遥远的预期，而是正在发生的活生生的现实。亚洲是当今世界上最具活力的地区，已经保持30 多年的持续增长。在可预见的未来，亚洲经济将继续增长。这与北美、欧洲的经济疲软、动力不足形成鲜明对比。据美国国家情报委员会预测，到2030 年，亚洲在以 GDP、人口规模、军事扩张以及经济发展方面为基础的综合国力上，将会超越北美和欧洲的总和。世界银行预测，到 2025 年，中国和印度是全球发展的主要推动力，将会是美国和欧元区的两倍。"据国际货币基金组织的预测，到 2030 年，亚洲将成为世界上最大的经济体，这一历史性的变化必将重塑国际地缘经济与政治格局，惠及亚洲及周边国家与地区的经济发展。"[①]

他指出全球经济与策略的重心正在加速转移至亚洲，澳大利亚应该为"亚太世纪"做好准备。2008 年，陆克文总理正式发出了建立"亚太共同体"的倡议。陆克文政府（2007～2010 年）将全面融入亚太作为其外交政策的三大支柱之一。[②] 2012 年 10 月，《亚洲世纪中的澳大利亚》白皮书的发布，标志着"融入亚洲"已经成为澳大利亚的国家发展战略。为了能在"亚洲世纪"里获得主动权，澳大利亚政府又相继出台了《亚洲世纪的澳大利亚强大与安全：澳大利亚国家安全战略》以及《国防白皮书》等配套文件，对澳大利亚"融入亚洲"战略进行了全面的部署，并提出了一系列具体的政策举措。[③]

（二）澳大利亚外交政策转变对移民政策的影响

1901 年澳大利亚联邦建立之后，移民问题正式成为澳大利亚国家层面上的一件大事。然而，受历史传统和政治社会等因素的影响，以排斥有色人种为核心的"白澳政策"在澳大利亚推行了半个多世纪，直至 60 年代末才有所松动。这一时期，澳大利亚的外交政策受到"白澳政策"的深刻影响，采取的是"背对亚洲"的政策。在移民政策上的反映就是排斥有色人种移民澳大利亚，并施以法律手段严格限制有色移民。

---

①　《澳大利亚想演"东成西就"》，《人民日报（海外版）》2012 年 8 月 29 日，http：//paper. people. com. cn/rmrbhwb/html/2012 - 08/29/content_ 1104726. htm。

②　Stewart Firth, *Australia in International Politics*, NSW：Allen & Unwin, 2011, p. 332.

③　王光厚、原野：《澳大利亚融入亚洲战略浅析》，《太平洋学报》2013 年第 9 期，第 97 页。

20 世纪 60 年代后期起，在澳大利亚国内移民改革派、有识之士以及世界进步潮流的共同推动下，特别是移民同化政策在世界范围内受到越来越多的异议，澳大利亚效仿美国和加拿大，开始抛弃"白澳政策"，转而实行兼容并包的多元文化主义政策。这种多元文化主义政策在鼓励各种族成员融入主流社会的同时，又主张尊重各种族文化传统的差异，承认各种族文化存在并获得发展的权利。1973 年，澳大利亚工党政府移民部部长阿尔·格拉斯比向国民宣布，现在的澳大利亚是一个多元文化社会。他还强调指出：我们都属于某个种族，也就是说，我们都来自特殊的文化背景，几乎我们所有的人都在澳大利亚以外地区有着血缘相近的根。其后的弗雷泽自由党政府更进一步重申了澳大利亚的多元文化主义政策，指出这一政策"强调允许并鼓励人们维护自己的文化传统，我们都应当容忍相互间的差异"。

20 世纪 70 年代之后，澳大利亚政府放弃"白澳政策"，大力推行多元文化主义政策，越来越多的澳大利亚民众承认亚洲移民为澳大利亚历史的发展和社会经济的繁荣做出了重要贡献，亚洲移民已成为澳大利亚建设多元文化国家的重要组成部分。澳大利亚社会对来自亚洲等地的有色种族移民的看法发生了很大的改观。

在此背景下，澳大利亚"面向亚洲"政策促使澳大利亚更加重视同亚洲各国之间的关系，澳大利亚与亚洲国家的经贸往来日益频繁，澳大利亚与亚洲各国之间的人员往来更加密切。为了能在文化上和经济上跟迅速发展的亚洲融为一体，澳大利亚开始放宽移民政策，大规模地接纳亚裔移民。早在 1966 年 3 月 9 日，澳大利亚总理霍克在国会上阐述新移民政策时就指出，排除有色人种的移民政策是跟澳大利亚同亚洲间关系发展的情势是相冲突的。[1] 惠特拉姆上台后特别强调"澳大利亚应每年从亚洲国家吸收比任何国家都更多的移民"。[2] 据统计，1976 年澳大利亚移民总数的 1/3 来自亚洲。

霍克和基廷先后领导的工党政府对亚洲移民政策都提倡公正宽容和稳定性。这一时期，赴澳大利亚的亚裔移民保持稳定增长的态势，并且在多元文化的指导下，得到了妥善的安置。1996 年 3 月，霍华德联合政府上台执政。新的联合政府在对外政策上虽然强调要加强与欧美国家的传统友好关系，但

---

[1] 沈已尧：《海外排华百年史》，北京：中国社会科学出版社，1980，第 90 页。

[2] Gough Whitlam, *The Whitlam Government, 1972–1975*, Melbourne：Australia Penguin Books Ltd., 1985, p. 493.

仍将基廷政府已确立的与亚洲的关系作为澳大利亚对外政策的重中之重，并且表示不会改变原有的亚洲移民政策。关于亚洲移民问题，澳大利亚新政府外交部部长唐纳在 1996 年出访印尼等亚洲国家之前，在悉尼"外国记者协会"上的演讲中，首先表示澳大利亚"应更经常地感谢来自亚洲的移民为澳大利亚所做的贡献"，并提出，澳大利亚"政府还将继续促进澳大利亚社会的多样性和宽容"。①

进入 21 世纪以来，澳大利亚与亚洲国家的经贸往来越来越频繁，外交关系越来越密切，特别是与中国的关系呈现出急剧升温的态势。澳大利亚的包括华裔在内的亚裔移民人数正在迅速增长，其占澳大利亚人口的比例不断上升。

澳大利亚统计局公布的数据显示，亚洲出生的居民在过去的 10 年内翻了一番，从 2000 年的 103 万上升至 2010 年的 201 万。其中，在这 10 年内，中国出生的居住在澳大利亚的人数就从 14.8 万增加到 38 万。印度出生的在澳居住的人数在此期间增长了两倍多，从 9.6 万增加至 34 万。② 据统计，1947 年时，澳大利亚只有 0.3% 的人口是亚裔。不过这一数字几乎每 10 年翻一番，1981 年，亚裔人口占澳大利亚总人口的 2.5%，2000 年，这一比例增加至 5.5%，而到了 2010 年，澳大利亚大约有 10% 的人口为亚裔。2012 年中国已经超越英国，成为澳大利亚最大的永久移民来源国。据澳洲新快网报道，2013 年澳大利亚人口中以华人移民为主体的亚洲移民人数超过 200 万，超过欧洲裔移民人数，历史上第一次成为最大的人口构成群体。澳大利亚社会文化从盎格鲁 – 撒克逊主导型向欧亚混合型的转化，成为澳大利亚政府大力推行"亚洲外交"的社会基础。

不同民族背景的亚洲移民都有与主流社会不同的文化、语言和价值观，澳大利亚面向亚洲，吸收移民，不仅有利于推行多元文化政策和社会的稳定与发展，而且也有利于改善与亚洲国家的外交关系，拓展海外经济贸易的空间。进一步吸纳亚洲移民都和澳大利亚在亚太地区的未来利益密切相关，正如基廷总理多次强调指出的那样："澳大利亚的未来属于亚洲……我们所有

---

① 亚历山大·唐纳：《澳大利亚和亚洲：展望未来》，1996 年 4 月 11 日对悉尼"外国记者协会"的演讲。转引自张秋生：《澳大利亚与亚洲关系史，1940～1995》，北京：北京大学出版社，2002，第 240～241 页。

② 《亚裔移民成澳大利亚最大移民群体》，澳洲新快网，http：//www. xkb. com. au/html/news/，2013 年 6 月 3 日。

的国家利益，不论是政治、经济、战略还是文化利益，都前所未有地汇聚在一个地方——亚洲。"①

中国和亚洲移民的增加也给澳大利亚带来了一些社会问题，但说到"亚洲化"则是谈虎色变，言之过重了。因为亚洲人在 2011 年仅占 2100 万澳大利亚总人口的 9%②，100 万华人仅占澳大利亚总人口的 4.7%，根本不会构成威胁。不管是 1996 年执政的霍华德政府，还是 2007 年以来先后上台的陆克文 - 吉拉德政府，抑或是 2013 年重掌政坛的自由党 - 国家党联盟领袖托尼·阿博特，他们虽从国家利益出发不断地对其移民政策进行调整，但澳大利亚同亚洲的关系在不断全面深化，利益深刻交融。华人和亚洲移民为澳大利亚经济、文化和社会发展做出了卓越贡献，并对未来亚澳关系产生着特殊影响，他们在澳大利亚社会已占有一席之地，这是不可能倒退的了。

---

① 保罗·基廷：《牵手亚太——我的总理生涯》，郎平、钱清译，北京：世界知识出版社，2002，第 16～17 页。

② 《人数突破两百万亚裔或成澳大利亚最大移民群体》，《中国新闻网》，http://www.chinanews.com/hr/2011/06 - 18/3120284.shtml，2011 年 6 月 18 日。

第七章　21世纪澳大利亚移民政策走向与澳洲亚裔社会前瞻

　　澳大利亚是一个传统的移民国家，在澳大利亚国家建立和发展的历史进程中，移民起到了关键性的作用。澳大利亚移民的数量大约占每年人口增长数量的一半，历史上移民的高峰时期往往也是经济发展最快的时期。因此移民政策在其国家事务中一直占据着重要地位。

　　从历史上看，澳大利亚民族是一个从英吉利民族中派生出来的新民族，澳大利亚民族以白种人为主体，将澳大利亚建成一个"白人社会"的"白澳意识"使得澳大利亚民族和国家背负着浓厚的民族偏见与种族主义色彩。"白澳意识"作用于国家政策，便形成了"白澳政策"，国家的各项方针政策由此带有浓烈的种族气息。战后，由于工业化的发展需求大量劳动力，防务安全与人口数量亦息息相关，尤其是澳大利亚地广人稀、出生率偏低的国情使"计划移民"提上了政府议程，奇夫利政府的新移民政策开启了对澳大利亚未来发展有重大影响的社会改革。虽然新移民政策偏重北欧移民，尤其是英国移民，但由于英国人和北欧国家对移居澳大利亚兴趣不大，其他地区却因政治动荡或经济发展相对缓慢而形成移民大量外流，两者的反差使澳大利亚不得不逐步消除了移民政策中的种族主义气息。①

　　随着大量非英籍移民的进入和各民族之间的交融，澳大利亚的社会面貌已发生了重大变迁，澳大利亚社会经济获得了发展，民族与文化多元化的演进正持续进行。人们的习惯与观念在不知不觉中发生着变化，移民已不再以种族为标准来决定是否被接纳。20世纪60年代以来，澳大利亚政府在对待种族问题上，逐步公开摒弃了"白澳政策"。从60年代初到70年代初，政府对亚洲移民政策进行了一系列重大改变，放宽了移民入境的条件，修改乃

---

　　①　侯松岭、喻慧：《浅析国际移民对现代国家民族性的影响》，《贵州民族研究》2005年第3期。

至终止了对澳洲土著的同化政策，政府明确表示不能允许种族歧视的现象存在于澳洲社会。进入 90 年代后，强调各族人民的权利平等与各族之间的平等共处成为政府的重要政策。1997 年，澳大利亚议会通过了反对种族主义的法案，正式将种族歧视列为非法行为，倡导以多元文化发展的观念取代原先力主各民族应"与统一的澳大利亚生活方式相统一"的概念。

澳洲种族主义逐渐消散，澳洲本土人民和外来移民取得了良好的融合，这一现象的一个重要动因是澳大利亚向亚洲的回归。种族主义严重阻碍了澳大利亚同亚洲、非洲各国的正常往来，而亚太地区近年来地区合作蓬勃发展，已经成为世界经济发展中不可或缺的一大活力中心，澳大利亚地处亚太，更在客观上要求澳大利亚融入亚太地区发展的框架之中。20 世纪 70 年代，澳大利亚开始对亚洲国家敞开了移民大门，积极寻求与亚洲国家进行友好合作。1973 年，澳大利亚时任移民部部长拉格斯访问加拿大时，引进了"多元文化主义"概念，并于当年正式宣布推行多元文化主义政策，肯定了所有澳大利亚人都不受种族、民族、宗教和文化因素影响的歧视，承认了所有澳大利亚人均享有平等分享政府资源和社会参与的权利，将"多元文化"这一概念落实到了国家政策上。澳大利亚新的移民政策更多考虑的已经不再是严格限制移民，而是如何将外来移民分散到澳大利亚地广人稀的非中心地区，以形成更合理的移民效应。①

澳大利亚种族主义在二战后逐渐衰落，形成了澳大利亚现在开放、兼容、多元的社会形态，促进了澳大利亚经济的进一步发展和社会繁荣。其移民政策的转变和移民与当地社会的融合，特别是澳洲人民对外来移民的接受和认同，是国际移民发展过程中值得借鉴的样例。②

一 澳大利亚移民政策走向

作为一个移民国家，澳大利亚与美国、加拿大等传统移民国家相同，具有计划和调控移民的模式与机制，还有对移民问题极为关注的各种团体组织与社会网络。尽管其政策有一定程度的摇摆，但并没有发生剧烈的震荡和根本性的变化。因此其移民政策带有扩张性，甚至工会组织也主张保护性的移

---

① 侯松岭、喻慧：《浅析国际移民对现代国家民族性的影响》，《贵州民族研究》2005 年第 3 期。
② 侯松岭、喻慧：《当代发达国家移民政策的特点》，《当代亚太》2005 年第 1 期。

民政策，而不是严格限制，即允许外国人工作，但对雇用非法劳工的企业家则给予制裁。国家的移民政策是建立在各个阶层、各个团体达成妥协和协议的基础之上的，大多数民众也相信政府能够管理和控制移民。① 2007 年 11 月，在野 11 年的工党重获执政机会，陆克文与吉拉德两位总理在霍华德政府移民政策的基础上进行了更具适应性的深入细致的改革与调整。因此，对陆克文—吉拉德政府时期的移民政策调整做进一步探讨，对分析澳大利亚移民政策走向及其对亚裔新移民的影响是十分必要的。

（一）陆克文 – 吉拉德政府的移民政策

从霍华德政府时期，澳大利亚移民计划的天平逐渐偏向技术移民，陆克文 – 吉拉德政府继续奉行这一移民政策，将技术移民作为主要吸收移民对象。同时，根据国内政治经济环境和就业市场的实际需求，对技术移民、商业移民和短期类移民都做了全面而深入的改革或调整。此外，人道主义移民政策也是陆克文 – 吉拉德政府改革的内容之一。

1. 技术移民政策

陆克文 – 吉拉德政府给予技术移民的配额呈先减后增趋势。因受 2008 年下半年爆发的全球金融危机的影响，陆克文政府开始收紧移民政策，将2008 ~ 2009 年的技术移民配额由初定的 133500 减至 115000。② 2009 ~ 2010 年度又将技术移民配额再减至 108100。2010 ~ 2011 年技术移民配额呈现回升趋势，为 113850，2012 ~ 2013 年的技术移民配额升至 129250。③ 纵观 21 世纪 10 余年来澳大利亚吸收的技术移民数量，呈现持续稳步增长的趋势，在移民项目总数中的比例保持在 60% 以上，高峰时达到 68%。如图 7 – 1 所示。

陆克文 – 吉拉德政府在努力增加技术移民配额的同时，对技术移民的选择标准也做了调整。为应对国内市场的需求变化，陆克文政府将永久性技术移民政策由"供给 – 导向"型调整为"需求 – 驱动"型，以澳大利亚国内经济发展需求为导向吸收紧缺的技术人才。移民新政策首先将技术移民的重点由独立技术移民转向雇主担保类技术移民和州及领地政府担保类技术移民，大幅增加雇主担保技术移民的配额，提高各州和领地政府担保移民的权

---

① 杨恕：《西方国家移民政策的结构及其调整》，《国际论坛》2002 年第 7 期。

② *Government Cuts Migration Program*，media release，Canberra，16 March，2009，http：// www. minister. immi. gov. au /media/media – releases/2009/ce09030. htm.

③ 澳大利亚移民与公民事务部：http：//www. immi. gov. au。

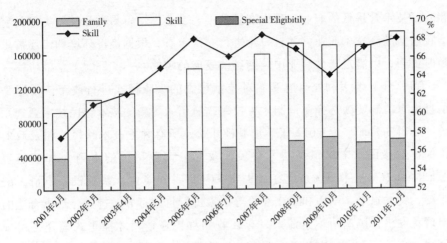

图 7 - 1 2001 ~ 2011 年澳大利亚移民类别的比例分布

资料来源：DIAC, *2011 - 2012 Migration Program Report*, Program year to 30 June 2012, p. 4.

限，规定从 2009 年 1 月 1 日起这两类移民在申请签证时具有优先获批权，其中雇主担保类技术移民更受澳洲移民局的青睐。[①] 2011 ~ 2012 年有超过 60% 的技术移民配额给予雇主和州及政府担保类技术移民，以满足紧缺的技术需求。[②] 2012 年吉拉德政府又对雇主担保类技术移民进行了更大力度的改革，主要内容有：简化签证类别，将原来的六类合并成两类；取消在澳洲境内和境外申请的区别；将申请人的年龄上限由 45 岁提高到 50 岁，但同时也提高了语言能力要求；引入一个统一的担保类职业列表，代替原来的三个列表；为符合 457 签证的持有人提供申请永居的快捷通道。[③]

在增加雇主担保类技术移民的同时，收紧独立技术移民。缩减紧缺职业列表，只有那些高级技工可以申请独立技术移民签证。2010 年 7 月 1 日，新的职业列表 SOL 正式实施，取代霍华德政府时期制定的 MODL 职业列表，CSL 职业清单作为金融危机时期的临时过渡措施也逐步失效。新的职业列表

---

① Senator Chris Evans, Minister for Immigration and Citizenship, "Announcement of Changes to the 2008 - 2009 Skilled Migration Program", media release, Canberra, 17 December 2008, http://www.minister.immi.gov.au/media/media - releases/2008/ce08123.htm.

② Senator Chris Evans, Minister for Immigration and Citizenship, "Government Delivers Skilled Migration on Target", media release, Canberra, 19 July 2012, http://www.minister.immi.gov.au/media/cb/2012/cb188303.htm.

③ 澳大利亚移民与公民事务部：http://www.immi.gov.au/skilled/skilled - workers/permanent - employer - sponsored - visa - whats - new.htm。

删除了技术含量低的职业，集中在管理类、专业类、贸易类和技工类等具有潜在增值的高技术职业，并且每年进行一次审查，根据经济环境和市场需求随时更新，以满足澳大利亚中长期经济发展的需要。

2012 年，澳大利亚政府开始对技术移民的吸收模式进行改革，由原来的自由申请制变为选择邀请制。吉拉德政府引入了新的技术移民技术甄选系统"Skill Select"，从 2012 年 7 月 1 日开始，所有独立技术移民、州及政府担保技术移民、亲属担保技术移民，及部分商业移民的申请人都须通过"Skill Select"技术甄选系统在线提交 EOI 即移民意向。系统根据申请人的年龄、英文水平、学历和工作经验等因素进行自动打分、排名，选出合适的申请者发出移民邀请，申请人只有在收到移民邀请后才能正式递交移民申请。[①]"Skill Select"技术甄选系统打破了有史以来只要达到技术移民评分就可以移民的格局，起到一个"筛选"的作用，选择权完全掌握在澳洲移民局的手中，澳大利亚政府可以根据劳动力市场决定何种职业可以申请、什么时间申请及最多可以接受多少申请。这种新的移民挑选模式，能够确保澳大利亚获得最紧缺而且最具职业前景的高素质技术人才，还有助于解决边远地区劳动力紧缺的老问题。

2. 商业移民政策

2010 年 4 月，陆克文政府开始对商业移民进行调整，增加了申请者的最低资产要求，将州及领地政府担保的和一般的临时商业技术移民的个人净资产分别由原来的 25 万澳元和 50 万澳元提高到 50 万澳元和 80 万澳元。2012 年，吉拉德政府对商业移民进行了彻底的改革，新政策从 2012 年 7 月 1 日正式实行。新政推出商业创新和投资移民项目，取代原来的商业技术移民项目，并提出对商业移民的签证类别进行简化，将原有的 13 个签证类别减少到 3 个。分别为：商业人才签证（132 类）、临时商业创新与投资签证（188 类）和永久商业创新与投资签证（888 类），后两者属于原有类别合并之后产生的全新类别。新政策对个人净资产的最低要求更高，以 188 类创新签证为例，新政要求申请人拥有 80 万澳元的净资产，生意营业额达到 50 万澳元；而 188 类商业投资签证，则要求净资产达到 225 万澳元以上，生意营业额则没有详细要求。除此以外，还创造了一个"重要投资人"类别，给那些至少投资 500 万澳元的重要申请人提供一个快速的通道进入澳大利亚，

---

① 澳大利亚移民与公民事务部：http://www.immi.gov.au/skills/skillselect/。

没有年龄语言的要求。新政还将打分模式"Skill Select"甄选系统融入新的商业创新和投资移民申请中，使其在投资移民政策上和其他国家如英国、加拿大、新加坡和新西兰看齐，按照投资的比例和条件审理投资移民申请。移民局按照他们的年龄、英语流利程度、职业、从商投资经验、净资产、商业营业额和企业创新能力等项进行打分。[①]

澳洲一直高度依赖外国投资来繁荣本国经济。改革后，资产要求更高，这是和澳大利亚企业所有人的资产水平中位数相当的。吉拉德政府的商业移民改革意图非常明显，逐步关闭小额投资的移民大门，希望有更多经济实力雄厚、创新能力强的商人和企业到澳洲落户发展，繁荣澳洲经济。

3. 临时移民政策

从霍华德政府时期开始，临时移民就受到政府的高度重视，陆克文、吉拉德对此也不放松。以临时移民签证进入澳大利亚的包括游客、留学生以及其他在澳大利亚短期居住的其他人员（通常不超过一年，在绝大多数情况下，不超过 3 个月）。在临时移民政策方面，陆克文 - 吉拉德政府针对 457 签证进行了改革，457 签证类别由霍华德政府创建，允许技能短缺严重的企业从海外招募长期（4 年）临时性工人。自 2009 年 9 月中旬，实施以市场为基础的最低薪酬标准，确保海外技术工人不被剥削；提高 457 类签证申请的英语语言要求；加强对 457 类签证的监管力度。随着金融危机逐渐过去，澳大利亚对技术工人的需求也继续增加，至 2011 年 5 月，申请该签证全年的人数一共有 42872 人，比 2009～2010 年度总数高出 4000 人，达到金融危机以来的最高峰。[②] 澳大利亚移民局还决定在布里斯班建立新的受理中心，以加快 457 签证的审理进程。

为应对国内劳动力市场尤其是能源部门劳动力短缺的问题，澳洲移民局在 2011～2012 年移民预算中，计划引入一种新的临时移民计划企业移民协定，通过该协议，主要能源企业能够大批"进口"海外劳工，以填补澳洲市场短时期内无法解决的劳动力短缺问题，并且新协定将大大简化申请步骤和缩短审理时间。值得注意的是，企业移民协定中的雇主只针对能源部门的大中型企业，而且企业移民协定将规定所需要的职业种类、资质要求、英语

---

① 澳大利亚移民与公民事务部：http://www.immi.gov.au/skills/skillselect/index/visas/subclass - 188/。

② 《澳洲对技术工人需求增加 临时工签申请人数暴涨》，中国新闻网，2011 年 5 月 26 日，http://www.chinanews.com/hr/2011/05 - 26/3068192.shtml。

技能要求、工资标准和参加工程的海外劳工需满足的其他条件。①

澳大利亚移民政策的多变，对国际留学生也造成了很大的影响，长期以来的"留学—移民"模式被分离开来。留学生在申请移民时的额外加分政策被取消，在澳洲完成的某些职业课程如果不在紧缺职业列表上或者没有找到雇主担保，仍然可以申请技术移民，但没有优先权。如果想获得优先权，毕业后他们可以申请时限 18 个月的 485 签证，在这期间，找到相应的工作，积累工作经验，提高英语语言能力，直到找到有雇主愿意担保其移民，从而获得优先权移民澳洲。技术移民政策的改革使留学生移民的难度增加了，作为移民跳板的"留学—移民"的途径被堵死。

4. 人道主义移民政策

陆克文政府自上台后，对待偷渡移民采取了较为宽容的态度。然而这种难民宽容政策造成越来越多的难民偷渡来澳。2008 年，前往澳大利亚的难民只有4750 名。而 2010 年上半年，就有 3532 名难民非法进入澳大利亚。② 这引起了澳大利亚国民的不满。吉拉德上台后，对待难民采取强硬的态度。2010 年 4 月吉拉德政府宣布一项新移民政策，严格控制抵达澳大利亚的难民船只数量。另外，陆克文 – 吉拉德政府依然对难民采取霍华德时期制定的"境外关押"政策，但由于霍华德政府时期实行的"太平洋方案"使政府财政负担加重，工党政府实施了所谓的"印度洋方案"，将难民由太平洋集中地转移到印度洋上的圣诞岛。但是二者的实质是一样的，就是严格控制难民进入澳大利亚。

可见，陆克文 – 吉拉德政府时期对技术移民政策进行了较为彻底的改革，选择邀请式的移民模式有助于澳大利亚政府控制移民数量、移民人才的素质、有助于平衡国内劳动力市场及边远地区对紧缺的高技术人才的需求。移民政策改革还提高了对移民个人素质、年龄、语言能力、工作能力与经验等条件的要求，对商业移民提高了资产要求。陆克文 – 吉拉德政府时期的移民政策改革具有彻底性、完整性，改革的措施也更加适应国内市场紧缺技术人才需求，对未来几年澳大利亚经济发展具有积极意义。从表 7 – 1 可以看出陆克文 – 吉拉德政府移民类型的数量变化及其发展趋势。

---

① Chris Bowen MP, Budget 2011 – 2012: New Temporary Migration Agreements to Further Address Skills Demand, 10 May 2011, http://www.minister.immi.gov.au/media/cb/2011/cb165283.htm.

② 江亚平：《澳总理表示将严厉打击难民偷渡活动》，新华网，2010 年 7 月 6 日，http://news.Xinhuanet.com/world/2010 – 07/06/c_ 12303983.htm。

表 7－1 澳大利亚的移民计划结果（2002～2003 年至 2011～2012 年）

Category	2002~2003	2003~2004	2004~2005	2005~2006	2006~2007	2007~2008	2008~2009	2009~2010	2010~2011	2011~2012	2011~2012 % female
Family Stream	40794	42229	41736	45291	50079	49870	56366	60254	54543	58604	63.5
Partner[2]	35078	32354	33058	36374	40435	39931	42098	44755	41994	45150	65.7
Parent	513	4929	4501	4501	4500	4499	8500	9487	8499	8502	60.4
Child	2681	2662	2491	2547	3008	3062	3238	3544	3300	3700	47.4
Other Family[3]	2524	2284	1686	1869	2136	2378	2530	2468	750	1252	52.5
% of total program	37.7	36.9	34.8	31.7	33.8	31.4	32.9	35.7	32.3	31.7	n/a
% female	59.8	59.8	60.9	62.1	62.9	63.4	63.7	63.4	64.7	63.5	n/a
% dependents	12.6	14.6	15.3	14.7	14.6	14.3	15.7	15.8	14.6	15.1	56.7
Skill Stream	66053	71243	77878	97336	97922	108540	114777	107888	113725	125755	46.0
(Offshore component)	47775	47921	49118	65342	59759	66475	65818	61196	46616	63381	47.4
(Onshore component)	18278	23322	28760	31994	38163	42065	48959	46672	67109	62374	44.6
Employer Sponsored[4]	9741	10398	13024	15226	16585	23762	38026	40987	44345	46554	46.6
Employer Nomination Scheme	6787	7077	8414	9693	10058	15482	27150	30268	33062	29604	47.6
Labour Agreement	1216	1138	1444	2079	2743	3218	2065	506	163	479	46.2
Regional Sponsored Migration Scheme	1738	2183	3166	3454	3784	5062	8811	10213	11120	16471	45.0
Business Skills[5]	6738	5670	4821	5060	5836	6565	7397	6789	7796	7202	48.9
General Skilled Migration[6]	49380	54936	59843	76944	75274	78000	69153	59892	61459	71819	45.3
Independent	38121	38717	41182	49858	54179	55891	44594	37315	36167	37772	44.7
(Offshore component)	30205	27158	26462	34321	33857	37974	34591	30405	16938	20409	47.3

续表

Category	2002~2003	2003~2004	2004~2005	2005~2006	2006~2007	2007~2008	2008~2009	2009~2010	2010~2011	2011~2012	2011~2012 % female
Family Sponsored	10465	14591	14526	19062	14167	14579	10504	3688	9117	11800	46.5
(Offshore component)	9713	12988	12722	16651	11577	10990	7891	2747	3984	7700	48.2
State/Territory Sponsored[7]	794	1628	4135	8024	6928	7530	14055	18889	16175	22247	45.8
(Offshore component)	794	1628	4021	7694	6591	7070	11334	16211	12817	19393	47.1
Distinguished Talent	179	234	188	99	227	211	201	199	125	180	45.0
1 November Onshore[8]	15	5	2	7	0	2	0	1	0	0	n/a
% of total program	61.1	62.3	64.9	68.1	66.1	68.4	67.0	64.0	67.4	68.0	n/a
% female	47.2	46.7	47.2	47.6	47.0	46.5	46.9	47.6	47.3	46.0	n/a
% dependents	53.1	50.4	49.4	51.7	50.0	51.7	55.8	56.9	50.6	52.5	59.1
Special Eligibility	1225	890	450	306	199	220	175	501	417	639	52.7
% of total program	1.1	0.8	0.4	0.2	0.1	0.1	0.1	0.3	0.2	0.3	n/a
% female	48.6	48.0	48.7	45.8	53.3	45.0	49.1	48.1	50.4	52.7	n/a
% dependents	33.7	34.6	41.1	32.4	48.2	54.5	56.0	46.1	45.3	38.3	62.0
Total program	108072	114362	120064	142933	148200	158630	171318	168623	168685	184998	51.6
% female	52.0	51.5	52.0	52.2	52.4	51.8	52.4	53.3	53.0	51.6	n/a
% dependents	37.6	37.1	37.5	39.9	38.0	39.9	42.6	42.2	39.0	40.6	58.9

资料来源：澳大利亚移民与公民事务部：http：//www. immi. gov. au/media/publications/statistics/australia - migration - trends - 2011 - 12/

source data：MPMS and IMIRS. DIAC。

（二）多元文化主义政策

澳大利亚为构建一个"多元民族，多元文化"的国家，不断补充完善多元文化主义政策。

澳大利亚《移民通讯》杂志上曾发表过一篇名为《为所有澳大利亚人的多元文化主义》的报告，该报告将多元文化主义政策明确概括为四个原则：1. 社会和谐；2. 尊重文化认同并认识澳大利亚的文化差异；3. 机会平等，所有澳大利亚人都有平等进入澳大利亚社会的机会；4. 所有澳大利亚人对社会都承担平等的责任。这样，关于多元文化主义政策的阐释日趋明确。

1989 年，澳大利亚多元文化事务咨询理事会提出了一份名为《一个多元文化的澳大利亚的国家议程文件》。这个文件进一步完善了多元文化主义政策，并把多元文化主义政策提高到基本国策的地位，将多元文化主义划分为三个层面：（1）文化认同：所有澳大利亚人都有权在指定范围内表述和分享他们自己的文化传统，包括他们的语言和宗教；（2）社会公正：所有澳大利亚人都有权享有平等的待遇和机会，消除由于种族、民族、文化、宗教、语言和出生地而带来的障碍；（3）经济效率：所有澳大利亚人，不论其背景如何，其技术和才干都需要得到支持、发展和有效的利用。同时，该报告还重申移民享有就业、教育和得到澳大利亚政府服务的权利。此外，报告建议政府应当全面公开宣布和推行多元文化主义政策，使得移民的利益得到有效的保障，进而促进整个社会的和谐。

1996 年多元文化事务部和移民局被解散，多元文化和人口调查及"我们的民族"的方案合并为多元化原则写入宪法。[①]

1999 年《澳大利亚国家议程文件》重申多元文化主义政策是政府的一项长期政策。但是多元文化主义的侧重点发生了微妙的变化。由对移民居住和福利问题的关注开始转向强调技术移民对澳大利亚经济的贡献上来，建议政府要注重针对移民项目的服务，尽量挖掘移民从国外带来的知识和技能。这和霍华德政府的移民政策走向一致。[②]《澳大利亚评论》曾经刊登霍华德

---

① Katharine Betts，"Immigration Policy Under the Howard Government"，*Australian Journal of Social Issues*，Vol. 38，No. 2，2003.

② James Jupp and Marie Kabala（eds），*The Politics of Australian Immigration*，Canberra：AGPS，1993，p. 203.

对多元文化主义的支持："如果这一词语被用来描述澳大利亚文化民族团结的成功，我赞同，我不认为它有任何缺陷。"① 可以看出多元文化主义的实质是在所有澳大利亚人对澳大利亚承担一致的义务的前提下，政府认可和保护民族、文化多元共存。具体来说，在文化方面，主张保持各民族的传统文化；在政治方面，要求各民族团体的平等权利；在经济方面，强调各民族人民的机会均等；在社会生活方面，促进各民族人民的平等参与，旨在建立一种"来自不同民族、文化背景的人群能够和平共处，共同作为澳大利亚人生存的"的社会。包括华人在内的亚洲移民数量的迅速增加是澳大利亚推行多元文化主义政策的一个重要的因素。作为一个移民国家，澳大利亚移民的状况决定了社会的发展方向和进程。在一定程度上，民族文化多样性的产生形成和发展是澳大利亚多元文化主义政策产生和发展的基础。

（三）移民政策走向

自陆克文－吉拉德政府执政以来，澳大利亚的移民政策不断得以完善发展，以符合澳大利亚的国家利益，适应澳大利亚社会经济的发展要求，与澳大利亚的外交政策相一致。在各个方面促进了澳大利亚的发展。工党政府从2008年起改革移民政策，至2012年改革更为彻底，新移民政策的实施，吸引了更高素质人才的到来，更为澳大利亚的发展进步做出了贡献。下面拟从政治、经济、外交等三方面因素来预测澳大利亚移民政策的走向。

1. 从政治因素看移民政策的走向

移民政策作为澳大利亚的一项国家政策，受到其国内一系列政治力量的影响和制约。这些政治力量包括：移民部以及其他各部门、反对党、各种利益集团、公众舆论等。

澳大利亚移民部是移民计划的制订者和实施者。移民部设立了一系列的咨询和参考机构来协助其制订移民计划。行使参考咨询职权的机构主要是国家人口委员会（NPC）和移民研究局。它们的主要职责是"对于澳大利亚移民问题进行客观和专业的分析，从而为移民政策将来的走向提供一个合理的依据"。② 此外，其他涉及移民在澳大利亚社会生活的有关部门，诸如社

---

① Katharine Betts，"Immigration Policy Under the Howard Government"，*Australian Journal of Social Issues*，Vol. 38，No. 2，2003.

② James Jupp and Marie Kabala（eds），*The Politics of Australian Immigration*，Canberra：AGPS，1993，p. 1.

会安全部，卫生部，教育、就业和培训部等也会对澳大利亚移民政策的制定产生直接或间接的影响。

移民问题也是澳大利亚两大政党和公众关注的焦点问题。如：在工党执政的13年里，出于党派政治斗争的需要，自由党屡次对工党的移民政策发表反对意见，对当时移民政策的发展走向产生了一定的影响。澳大利亚国家人口委员会曾发表报告要求工党政府给予技术移民更大的关注和强调，减少没有英语语言能力的技术工人的入境。自由党领导人休森立即发表声明支持这一报告的观点。尽管遭到了批评，自由党的这一观点仍然对澳大利亚政府此后的移民政策产生了较大的影响，1992~1993年的移民计划缩减了31000名，下降到80000名。其中，技术移民所占的比例由40%下降到30%。接着，1992年7月，澳大利亚政府在独立移民和让步移民类别的选择标准中增加了英语语言能力的积分测试。[1]

此外，澳大利亚国内各种利益集团也对澳大利亚的移民政策的制定有着一定的影响。在澳大利亚，最有影响的是经济利益集团，以工会为代表。以1992年的移民政策为例，在政策制定之前，工党移民部部长格里·汉德（Gerry Hand）同近200个行业团体进行了磋商。在上述1992年移民政策中，对技术移民加强英语语言测试同样也是汉德听取了汽车制造业工会意见的部分结果。该组织将不再雇用不会说英语的工人。[2]

公共舆论也对澳大利亚移民政策有着重要的影响。一般来说，公共舆论不可能直接导致移民政策的产生。但是，任何一个政府要想继续执政或得到支持，就不能回避视听。上届工党政府大量地引进家庭移民，在很大程度上与公众舆论有关。当时，对于大多数澳大利亚人来说，支持移民特别是家庭移民大量进入澳大利亚，仿佛已经成为一种美德。[3]

从各种政治因素可以看出，澳大利亚移民政策的制定依据移民部等国家部门的考察分析，在党派斗争中不断地完善，各种利益集团亦影响着移民政策，并且政策的制定要考虑到公众的要求。由于各种政治因素的制约，澳大

---

[1] James Jupp and Marie Kabala（eds），*The Politics of Australian Immigration*，Canberra：AGPS，1993，p. 157.

[2] James Jupp and Marie Kabala（eds），*The Politics of Australian Immigration*，Canberra：AGPS，1993，p. 134.

[3] Katharine Betts，"Immigration Policy Under the Howard Government"，*Australian Journal of Social Issues*，Vol. 38，No. 2，2003.

利亚的移民政策首先要符合澳大利亚国家的国家利益，适应各个团体的要求，平稳地发展，不断地完善，更好地促进澳大利亚国家的进步繁荣。这里需要指出的是：利益导向的移民"客户政治"在澳大利亚移民政策的转变过程中起到了主导作用，而由于社会环境和政治结构的原因，"权利"和"国家角色"在澳大利亚移民政策制定和执行过程中不仅无法向其施压，反而为执政党实行紧缩的移民政策提供了条件。

20世纪70年代以来，澳大利亚的移民政治是以利益为导向的"客户政治"模式，在该政治模式下，澳大利亚移民政策成为各利益集团博弈的结果。但在80年代末，由于移民问题的公开化，公众的反移民情绪被调动起来，从而使这一移民政治模式趋于瓦解，主要政党为了迎合选民需求开始实行紧缩的移民政策。同时，澳大利亚政治中衰微的"权利"因素和强势的"国家"角色也有利于执政党紧缩的移民政策的执行。

当前，澳大利亚的移民问题已经成为政治上的一个热门议题，并且"在政治家和民意测验之间关于意志的斗争中具有决定性的意义"。在2010年大选中，从竞选的第一周（7月17日~23日）至最后一周（8月19日~20日）"人口与移民问题"从未超出澳大利亚媒体所统计的"前十位"话题。① 1996年以后，民众的反移民情绪有所缓解，1997年民意调查显示，有46%的民众认为目前澳大利亚的移民数量"太多"，在2001年和2002年这一数字下降到35%和41%。② 进入21世纪后，澳大利亚开始逐渐增加移民的数量，但以技术移民为主，在2010~2011年度的移民计划中，准备接收168623名海外移民，其中家庭移民54550名，技术移民113850名，特殊资格类移民300名。③ 但随着移民增加，民众的态度也发生了变化。澳大利亚选举研究（Australian Election Study）的民意调查显示，2010年大选后，有53%的人认为现在澳大利亚允许移民进入的数量"太多"了，这高于2007年和2004年大选后的46%和30%。而在2009年和2010年，有44%~46%的民众认为澳大利亚政府当前的移民政策太"温和"了。④ 面对近年来

① Murray Goot and Ian Watson, *Population, Immigration and Asylum Seeker: Patterns in Australian Public Opinion*, Canberra: Parliamentary Library, 2011, p. 9.

② Katharine Betts, "Immigration and Public Opinion: Understanding the Shift", *People and Place*, Vol. 10, No. 4, 2002, p. 24.

③ Harriet Spinks, *Australia's Migration Program*, Canberra: Parliamentary Library, 2010.

④ Murray Goot and Ian Watson, *Population, Immigration and Asylum Seeker: Patterns in Australian Public Opinion*, Canberra: Parliamentary Library, 2011, p. 33.

移民计划和民众意向的变化，深入探讨以利益为导向的移民"客户政治"在 20 世纪 90 年代移民政策转变过程中的作用，对分析澳大利亚未来移民政策的走向无疑具有重要的借鉴意义。①

2. 从经济因素看移民政策的走向

澳大利亚是一个幅员辽阔、地广人稀的国家。长期以来，为弥补国内劳动力的缺乏，吸收移民进入澳大利亚成为澳大利亚的一项基本国策。历史上，移民作为资本主义发展不可或缺的劳动力因素，为澳大利亚经济和社会的发展做出了重要贡献。移民带来的经济影响是澳大利亚政府制订移民计划不得不考虑的重要因素。墨尔本大学社会应用经济研究所副所长布赖恩·帕门特认为："移民带来的资本足以补偿澳大利亚经济上的不平衡"，并引证资料说，"仅 1989 年，移民就给澳大利亚带来了 31.9 亿美元的资本"。因此，澳大利亚支持技术移民及商业资本移民，扩大他们的移入数量，以促进澳大利亚经济的发展。

新移民政策下的教育出口也给澳洲带来巨大收益，1992 年澳大利亚教育出口收入达 7.5 亿美元，差不多与小麦出口的收入持平。在 2010 年，澳大利亚有逾 43 万名外国留学生，其中以中国为首的亚洲留学生占了相当重要的比重，每年为澳带来 170 亿澳元的收入，是澳三大外汇收入来源之一。澳大利亚人口不到世界人口的 1%，却吸收了 7.5% 的留学生，他们所缴纳的学费约占澳洲大专院校财政收入的 15%。②

此外，澳大利亚国内出现的"经济理性主义"对霍华德政府的移民政策产生了影响。"经济理性主义"主张控制国家预算和提高经济效益，在移民政策上，则主张大量引进技术移民，强调移民应当对澳大利亚经济发展起积极作用。霍华德政府将"经济理性主义"渗透到移民政策中，提高了移民类型的经济标准，增加移民数量，但是减少了新进移民的社会福利开支，为国家节省了大量资金。而陆克文-吉拉德政府执政以来，高度依赖外国投资来繁荣本国经济的导向日益增强，商业移民申请者的最低资产要求创历史最高纪录。2012 年 11 月 24 日，澳洲移民局正式宣布开始实施 500 万澳元重要投资者签证。而该签证受到了中国投资人的青睐，至 2013 年已有 200 多

---

① 参见张荣苏、张秋生:《"客户政治"与 20 世纪 90 年代澳大利亚移民政策的转变》,《史学理论研究》2013 年第 3 期。

② Khalid Koser, *The Global Financial Crisis and International Migration: Policy Implications for Australia*, Lowy Institute for International Policy, July 2009, p. 3.

个来自中国的投资人递交了该签证的 EOI 意向，奥烨移民公司的第一批 500 万重要投资客户早在 2104 年底就顺利获得了 EOI 邀请函，并递交了签证申请，福建何姓投资人在 2014 年底顺利获得了 188c 的重要投资者签证担保函。① 2012 年澳大利亚移民局的数据显示，近几年澳大利亚商业移民每年获签的人数达 1000 多人。按每位投资移民 50 万澳元的政策要求最低值来估算，中国投资移民一年贡献给澳大利亚的财富最少也达到 32 亿元人民币。②

由于经济因素的影响，在引进移民特别是技术移民方面，澳大利亚国内一直存在着扩张主义和限制主义的争论。扩张主义者反对任何严格限制的移民计划。他们坚信移民能够促进澳大利亚国家经济的发展；限制主义者则认为移民是当地人工作机会的竞争者，无论移民的技术水平如何，都应对澳大利亚的失业率负有一定的责任。两者的争论对澳大利亚的移民政策均有一定程度的影响，澳大利亚一直引进移民，但有时会削减移民的数额，出现摇摆。

不管怎样，如今澳大利亚以经济为立足点来考虑移民政策，理性对待移民问题，减少了家庭团聚移民的数量，增加技术移民和商业移民，以促进澳大利亚经济发展为准则。因此，从经济因素来看，澳大利亚移民政策将不会有显著剧烈的变化，并将继续增加移民数量，以促进澳大利亚社会经济的发展。

3. 从外交因素看移民政策的走向

外交因素是影响澳大利亚制定移民政策的又一重要因素。历史上，澳大利亚民族是从英吉利民族中派生出来的，因此，澳大利亚一直视英国为自己的"母国"，追随英国的外交政策，与各个西方国家交好。在移民政策上，澳大利亚亦偏重于英国移民，欢迎西欧、北欧移民及其他白色人种国家的移民。但二战结束后，英国和其他欧洲国家因战争影响、劳动力因素等自身需要发展的原因，对移居澳大利亚兴趣不大，澳大利亚的欧洲移民逐渐减少，而澳大利亚自身的发展需要大量移民。

二战后世界格局的变化使澳大利亚认识到自身外交政策的偏失，加之战后亚洲经济的迅速发展，澳大利亚地处亚太地区，与亚洲国家的经济联系日

---

① 《澳洲 500 万移民项目》专题，奥烨移民，2013 年 5 月 17 日，http：//AU. aoye. com/ aus500。

② 中国新闻网，2012 年 8 月 2 日，http：//www. chinanews. com. cn。

益密切，不断加强的经贸关系使澳大利亚不得不改变其外交政策，改善与亚洲国家的关系，在外交上实行了从"亲近亚洲"到"面向亚洲"的政策转变，后来又提出"融入亚洲"，力求在文化上和经济上跟迅速发展的亚洲融为一体。与其外交政策的改变相适应，澳大利亚政府开始重视亚洲移民，放宽限制，增加移民数量。亚洲移民政策可以说是澳大利亚"融入亚洲"政策的重要内容，来自亚洲的移民作为联系澳亚外交关系的纽带而受到澳大利亚政府的格外重视。澳大利亚政府发表的加农特报告（Garnaut Report）曾指出："移民在帮助澳大利亚从经济飞速增长的东亚地区获得最大利益的过程中，具有关键性的作用。"[1] 而作为"中国通"的新一届政府总理陆克文自上任就十分注重澳大利亚与亚洲各国的关系。

2009～2013年吉拉德执政期间，更加重视调整和发展与中国和亚洲的关系，2012年10月发布的《亚洲世纪中的澳大利亚》白皮书，提出了"一个宏伟的规划来确保澳大利亚抓住亚洲世纪提供的机遇"，因为"澳大利亚的未来将取决于澳大利亚人自己的选择以及澳大利亚如何融入其所在的地区"。澳大利亚将与亚洲地区主要国家"建立更加全面的外交关系"，白皮书号召"澳大利亚所有人发挥自己的作用，使澳大利亚成为一个更了解亚洲、更具亚洲能力的国家。"[2] 目前，在澳大利亚的移民中，四分之一以上的移民出生于亚洲国家，近150万澳洲人会流利地说一种或多种亚洲语言。此外，在澳大利亚2011～2012年度移民计划的前十大来源国中，有7个国家在亚洲：印度、中国、菲律宾、斯里兰卡、马来西亚、韩国和越南。[3]

2013年6月，陆克文再次就任工党领袖并出任总理，但澳大利亚的外交政策不会因"换人"有大的改变，其主要原因有三点：一是这次仅更换总理，并没有更换执政党，因此在外交政策上应该延续同一策略；二是澳中关系、澳亚关系发展已十分紧密，两地在地理上更接近、经济上更加与亚洲融合；三是澳大利亚已成为世界华人和亚裔的主要移民地，占当地人口的比重越来越大，这也会对其外交政策产生一定影响。澳中关系、澳亚关系不会因政府更迭下台受到较大的冲击。

---

[1] Garnaut Report, Canberra：AGPS, 1989.

[2] 《亚洲世纪中的澳大利亚》白皮书，http：//assiancentury. dpmc. gov. au/。

[3] Chris Bowen MP, "*Attracting Skilled Migrants, Tourists and Students to Australia in the Asian Century*", media release, Canberra, 28 October 2012, http：//www. minister. immi. gov. au/media/cb/2012/cb191064. htm.

从外交政策来看，澳大利亚重视与亚太国家日益广泛的经贸联系，加强与亚太国家的合作。其移民政策也会与外交政策一致，澳大利亚将会继续欢迎广大亚洲移民进入澳大利亚，特别是技术移民和商业移民。包括华人新移民在内的亚洲移民在澳大利亚会勤恳工作，支持多元文化主义，与各民族和睦相处，共同促进澳大利亚的繁荣昌盛。

通过综上分析，可以看出澳大利亚移民政策的基本走向，即澳大利亚的移民政策将根据其国内政治、经济因素和外交战略的变化，不断进行调整。具体将表现出如下特点：

第一，多元文化主义仍将是澳大利亚移民政策的基础和主流。澳大利亚政府将继续实行非歧视性的移民政策，允许任何个人从任何国家向澳大利亚提出移民申请，而不考虑其民族来源、性别和宗教信仰如何。多元文化主义政策得到执政党、在野党、利益集团等各团体及广大公众的支持，已经深入人心，成为澳大利亚的基本政策，在将来的澳大利亚社会也依然会发挥其应有的作用，促进华裔、亚裔移民及各民族的团结与和平共进。

第二，澳大利亚移民选择的标准日益强调移民的经济因素。正如詹姆斯·朱普所言，澳大利亚移民选择标准中的非经济因素已经在很大程度上消失殆尽。技术移民所要达到的积分正在被政府抬高，以确保高技术的移民入境。申请者须精通英语，具有澳洲政府认可的、与其所从事职业相适应的高等教育文凭；还必须具有在技术职业表中所列职业的相关工作经验。

从前面本章表7-1中可以看出，家庭移民和技术移民仍然是澳大利亚的两大移民类别。其中技术移民的数量越来越大，尤其是担保类技术移民的数量增幅较大。政府仍将继续鼓励技术移民，技术移民政策在澳大利亚移民政策中会占有极其重要的地位，技术移民和家庭团聚移民在入境后都被澳大利亚政府削减了社会福利，并要求在经济上自给自足。澳大利亚将更加强调完全自费（旅行费用、签证申请、资格认证、体检和失业费用）的技术移民，将增加短期移民及外国留学生的数量。其移民政策不断走向务实，以适应澳大利亚对高技术人才的需求，顺应全球化背景下的国际人口迁移状况。而澳大利亚移民政策的变迁也将对亚洲新移民跨国迁移模式、职业与经济模式、政治、社会与文化生活产生新的影响。

第三，澳大利亚的移民政策将继续与其外交政策相适应，作为一个位于南太平洋重要的亚太国家，它和亚洲国家的关系已不可分割。重视亚太地区，加强与亚洲各国的经济贸易联系，鼓励亚洲移民，包括华人新移民在内的亚洲移民数量将有所增长。这一发展趋势在一定时期内将会继续维持下去。

第四，澳大利亚移民法律体系将日趋完备，多元文化的移民政策已经从法律上固定下来，移民政策的制定过程中，人为主观因素将大大降低。澳大利亚将本着客观、认真、务实的态度不断完善其移民政策。尽管澳大利亚对亚洲移民政策的调整会受到国内一系列政治力量的制约，及外交因素的影响，但它毫无疑问地将一直会在与移民法律与法规相适应的轨道上运行。

二　澳大利亚亚裔社会发展前瞻

澳大利亚以华侨华人为代表的亚裔移民在澳大利亚已是历史悠久，影响重大。从 19 世纪中叶大批华人赴澳淘金以来，亚裔移民为澳大利亚的经济与社会发展做出了重要贡献。一个多世纪以来，澳大利亚对亚洲移民政策经历了从自由移民到限制移民、从严厉限制到宽容开放与调整的历史演变。20 世纪 70 年代初以来，澳亚关系发展稳定，澳大利亚废除了以种族歧视为核心的"白澳政策"，提出多元文化政策，对中国及亚洲国家推行新移民政策，并不断加以调整。中国改革开放和亚洲"四小龙"崛起以来，更有大批新移民赴澳，澳洲亚裔社会亦发生了深刻嬗变。澳大利亚亚裔移民在人口数量、教育、职业、经济状况与社会地位等方面发生了显著变化，并对澳亚关系产生了重要影响。

随着澳亚联系的不断加强，澳亚关系的稳定发展，赴澳亚裔新移民不断增多，亚裔社会在澳洲的经济、政治和社会地位日益提高。亚裔社群的选票直接影响澳大利亚的大选。在 2007 年 9 月澳洲大选中，工党领袖、"中国通"陆克文挟着说得一口流利普通话的优势，在澳洲华人和亚裔社群中赢得支持，极具亲和力，华人和韩裔等亚裔选民的投票意愿将陆克文推向了总理之位。如表 7 - 2 所示，2004 年在澳华人已占 7.9%，跃居第三位。2012 年澳洲华人已达 100 万人，中国已超过英国成为澳洲最大的新移民来源国，汉语成为澳洲第一大少数民族语言。而印度移民、菲律宾移民和越南移民在 2004 年澳大利亚移民来源国中分别占 7.3%、3.7% 和 2.0%，分列第四、第七和第十一位。在当代经济全球化与地区一体化趋势的推动下，澳洲亚裔的经济模式在不断调整、重构，政治与文化生活也出现了重大变化，亚裔社会正在不断发生适应新形势的整合与嬗变，并将对进一步巩固、发展澳亚关系起到其应有的积极作用。

表 7-2 澳大利亚移民来源地及其数量比例

出生地	1983～1984			1993～1994			2003～2004		
	次序	数量	比例	次序	数量	比例	次序	数量	比例
	No.	'000	%	No.	'000	%	No.	'000	%
英国	1	13.0	18.8	1	9.0	12.8	1	18.3	16.4
新西兰	3	5.8	8.4	2	7.8	11.1	2	14.4	12.9
中国（不包括港、澳、台地区）	9	1.6	2.3	7	2.7	3.9	3	8.8	7.9
印度	11	1.6	2.3	8	2.6	3.8	4	8.1	7.3
南非	8	1.6	2.4	9	1.7	2.4	5	5.8	5.2
苏丹	79	0.3	0.0	39	0.3	0.5	6	4.6	4.1
菲律宾	4	2.9	4.2	4	4.2	6.0	7	4.1	3.7
马来西亚	7	1.7	2.4	13	1.3	1.8	8	3.7	3.3
印度尼西亚	16	1.0	1.4	25	0.6	0.9	9	2.6	2.3
新加坡	25	0.6	0.8	30	0.5	0.7	10	2.2	2.0
越南	2	9.5	13.8	3	5.4	7.8	11	2.2	2.0
伊拉克	39	0.3	0.4	14	1.1	1.6	12	1.9	1.7
津巴布韦	34	0.4	0.6	57	0.1	0.2	13	1.6	1.5
斐济	28	0.5	0.8	12	1.3	1.9	14	1.6	1.4
斯里兰卡	14	1.5	2.1	10	1.4	2.1	15	1.6	1.4
美国	13	1.5	2.2	11	1.4	2.0	16	1.4	1.2
黎巴嫩	15	1.4	2.0	15	1.1	1.5	17	1.3	1.2
阿富汗	58	0.1	0.1	22	0.7	0.9	18	1.2	1.1
中国香港	5	2.0	2.9	6	3.3	4.8	19	1.1	1.0
巴基斯坦	53	0.1	0.2	34	0.4	0.6	20	1.1	1.0
其他	—	21.8	31.7	—	22.8	32.7	—	23.9	21.4
总量	—	68.8	100.0	—	69.8	100.0	—	111.6	100.0

资料来源：澳大利亚统计局 http：//www. abs. gov. au。

（一） 在澳亚裔移民政治发展前瞻

二战以来，特别是 20 世纪 70 年代以来，在澳亚裔，尤其是新一代澳大利亚亚裔新移民，他们大多接受了西方的教育，享有澳大利亚公民的全部权利，享有应有的政治法律地位。在澳亚裔移民为了维护亚裔社群的整体利益，争取与其他民族平等的权益，他们关心政治，积极参政。而澳大利亚长期实行强制性的选民登记与投票制度及多元文化主义政策，也在客观上推进着包括华人在内的各亚裔少数民族群体对政治的关注与参与。澳大利亚亚裔对融入主流社会的认同感加强了他们参政的积极性。

1. 华人参政运动蓬勃发展

20世纪80年代以后，以华人为代表的亚裔参政运动蓬勃发展、方兴未艾，出现了像沈慧霞、余瑞莲这样杰出的华裔女议员，以及25岁就步入政坛的刘威廉这样的澳大利亚华人史上和澳大利亚联邦议会史上最年轻的国会议员。而且各州均有华人当选为州议员，特别是著名华裔建筑设计师曾筱龙经过华人各界的大力推戴，于1991年当选为悉尼副市长，这是澳大利亚建国二百余年以来华人取得的最重要职位。①澳大利亚华人已经认识到：在这个多民族和多元文化并存的国度里，少数民族的参政运动的重要性与必要性。澳大利亚华人参政进入了一个新阶段。2004年华商苏震西当选澳大利亚第二大城市墨尔本市长。2007年11月25日，澳大利亚大选揭晓，工党领袖陆克文就任新总理，11月29日，39岁的华裔黄英贤（Penny Wong）被任命为气候变化和水资源部部长，2010年9月11日，在吉拉德新政府内阁中，黄英贤又出任财政部部长。这是澳大利亚历史上首位女华裔部长，也是首位亚裔部长，澳大利亚华人参政再创新的历史纪录。

在澳华人新移民拥有实力强大的专业知识阶层，整体知识水平的提高有利于增强澳大利亚华人的参政意识，并会影响到参政的效果。刘威廉、沈慧霞、邝鸿铨和曾筱龙等一批参政成功者均为杰出的华裔专业人士，这充分说明了专业阶层对参政的重要性。而新一代澳大利亚华人比起前辈们具有明显优势，他们不仅受过良好的教育，而且他们的语言、思维模式和思想观点正逐步当地化，将成为华人融入澳大利亚主流社会的中坚力量。他们对于政治现实的理念与要求不同于一向忽略政治的先辈，而且逐步与所在国的政治潮流相接近，并了解到作为一个国家公民所应享有的权利和应负有的责任与义务。他们懂得"民权不是靠赐予的，而是靠积极参与争取到的"。通过澳大利亚及其他国家的排华史，他们意识到政治权利对一个民族生存与发展的重要意义，认识到要进入当地主流社会，在各级政府和议会中就必须要有本民族的代言人，因此，他们有决心投身于政界，为自己的民族说话。华人精英从政所取得的成功经验，也带动了各个不同阶层的华人关注、参与当地政治活动。未来澳洲华人的参政活动将会呈现新的特点。

首先，澳大利亚华人参政成员构成将更加多样化。

---

① 张秋生：《二战后澳大利亚华人的参政历程》，《世界民族》2002年第4期。

　　从澳大利亚华人参政的历史来看，他们的年龄、性别、出生地和职业构成等方面，既有青年，也有中老年；既有土生华人，也有后代移民；既有男子当选市长，也有女性进入议会；既有律师、医生参加竞选，也有商业家和学者步入政坛。① 华裔青年和女性踊跃参政并取得杰出成就，是澳大利亚华人参政的重要里程碑。显示了华人参政的整体实力与水平，说明了华人参政的广度，而且具有力度与深度。比如，邝鸿铨在当选达尔文市市长后，进行了广泛的民情调查，认真听取各民族代表的意见，了解他们对市政府的要求。他全力推行多元文化政策，以维护全市人民的共同利益为最高原则，并照顾到各个不同族裔的实际情况。曾筱龙也表示澳洲的华人移民越来越多，华人社区应该不断向澳洲社会显示其经济与政治实力，华人应以主人公的姿态在澳州社会占据应有的地位。他提出的竞选纲领是："促进多元文化交流，加强华人团结，为华人寻找福祉，促进悉尼市繁荣安定并扩展和美化华埠。"② 20 世纪 90 年代，更有华人商业家苏震西、学者陈英群、优秀青年陈德等进入政界。由此可见，华人参政日益具有广度、深度与力度，在这些华人参政前辈的影响下，21 世纪的在澳华人将更加积极地参政，特别是陆克文政府对华人社团的重视，极大提高了在澳华人的参政积极性，因此，参政成员将越来越多，成员构成将越来越多样化。

　　其次，澳大利亚华人参政层面将更具广泛性、参政形式更具多样性。

　　澳大利亚华人参政不仅限于议会或政府机构，而且在各个层面展开。参政者成功的历史表明他们是以参与各个层面的活动为基础，积累丰富的经验后步入政坛。比如，余瑞莲以医生职业为有利条件，深入民族社区，用自己的高度责任感和精湛的医术赢得华人以及其他少数民族的信任和尊敬，积极参与卫生保健等社会福利工作，在医疗服务和移民问题等方面发表了许多建设性意见，为步入政坛打下了基础；曾筱龙也是积极投身于各种社会活动，为维护华人以及其他少数民族的权益做了大量工作，就澳大利亚的移民政策、种族歧视及人权问题多次通过新闻媒介发表意见；华人史学家颜清湟在政府的资助下，开办中文学校，传播中华文化，开展慈善活动，安置了大批难民。通过积极参与各层面的政治活动，可以使华人的意愿不被忽视，由于

---

① 张秋生：《二战后澳大利亚华人的参政历程》，《世界民族》2002 年第 4 期。
② 庄炎林主编《世界华人精英传略》（大洋洲与非洲卷），南昌：百花洲文艺出版社，1994，第 188 页。

澳大利亚华人所起的积极作用，澳大利亚政府越来越重视华人社区的作用。有参政前辈们的经验所得，澳大利亚华人参政将介入各个层面，广泛而多样地参与。

最后，澳大利亚华参政要有华人群体的支持，并以党派为政治依托。

澳大利亚一百多个民族之中的华人要参政、从政，就必须选择与自己目标一致、具有实力的政党，依靠党派力量参加竞选。只有积极参加当地事务、参与社会活动，通过与澳大利亚人的接触和交流真正了解澳大利亚社会，并依托党派，才能易于步入政界，获得成功。而华人群体的支持和华人社会的团结也是澳大利亚华人参政成功的基本条件，如若华人社区一盘散沙，内耗严重，则参政将难以成功。广大华人只有团结一致、众志成城，才能获得成功，参政从政，为华人说话，提高华人的社会地位。

近 20 年来，随着华人政治意识的提高和从政环境的改善，华人从政的进度已经得到了较快的发展。华人通过担任部长、议员或市长、副市长等领导职务，直接在议会、政府表达和实施自己的政见。主要体现在两个方面：一是从政华人的数量不断增长。据不完全统计，现任的从政华人数量已近 40 人，从地方议院到联邦政府，都有华人议员活跃的身影。二是华人从政已突破过去作为少数民族代表的局限，开始站在澳大利亚政府最高决策层高度来维护澳大利亚的利益，促进澳大利亚的良性发展。例如，澳大利亚气候变化和水资源部部长黄英贤的职业是律师，加入工党后在制定林木政策、创新工业意识、处理社区事务以及工会工作方面均有突出表现。虽然从政华人的数量还不是很多，但由于其直接左右政府的决策，影响范围广、效果迅速而明显，使得这一群体在参政华人当中占有举足轻重的地位。

通过社团和政党参政是华人参政最普遍的一种形式。目前，全澳华人社团 300 个左右，种类多样，遍布各地。华人通过社团把分散的、微弱的个体力量集中起来，形成一种共同的声音来表达自己的观点与立场，从而大大增强了社会影响力。尤其是一些联合性的社团和历史悠久的综合性社团，如维省华联会、西澳中华会馆、悉尼的澳华公会、侨青社等，已成为华人与政府、华人与主流社会对话的一个重要窗口。此外，社团既是培养从政华人的摇篮，也是从政华人为华社服务的窗口。通过调研发现，不少从政华人都是现任或前任的社团领袖。例如，曾任墨尔本市议员、副市长的李锦球曾经担任维多利亚华人社团联合会主席；雅拉市市议员赖利贤现任维州帝汶华人联谊会会长；戴瑞滨市市议员蒋天麟曾任澳华联合商会会长，现任澳洲华人社区议会维多利亚州分区主席。社团为从政华人提供了良好的公众基础和锻炼场所，而从政华人则通过为社团服务达到回馈社会的目的，两者相辅相成，彼此促进。社团在促进华人参政议政方面发挥着越来越重要的作用。

团结党作为华人参政的重要形式，在凝聚华人，表达诉求方面发挥了极大的作用。1998 年，面对汉森主义的嚣张。担任澳洲华人公益基金和中国移民福利会主席的黄肇强医生组建了这一政党，并广泛吸收澳洲少数民族成员，共同反对一族党的种族主义，创立之初的三个月即吸收党员 3000 名，它把华人参政推向了一个全新的高度。

在澳大利亚主流社会中，华人参与政治事务会遇到各种障碍，但只要华人坚持不懈，同心协力，终会获得成功。2012 年 6 月公布的澳大利亚最新人口统计显示，中国已超过英国，成为澳大利亚最大的新移民来源国，华人新移民的数量目前已达 100 万人，人口大量增加，为华人参政提供了有利条件。工党领袖、"中国通"总理陆克文的上台增强了华人的信心，华人社区正不断壮大，随着更多外来移民进入澳大利亚，多元文化主义不断深入人心，民主空间更为广阔，华人将有更多机会公平、开放地参政从政。新一代华人在成长过程中就对澳大利亚社会的民主与政治有所了解，有参政意识，并有能力去参与竞选。澳大利亚华人需要融入主流社会，接受西方社会，正确对待东西方文化，加强政治训练，提高组织能力，锻炼语言表达能力，学会组织、协调、动员力量，为己所用。因此，澳大利亚华人将会有更多的参政者，华人参政将会结出更加丰硕的果实。

2. 印度移民参政意识的增强

从 20 世纪 70 年代以来，随着大量印度裔移民赴澳，澳大利亚印度裔社群规模逐渐增大，尤其是 90 年代以后印度移民高潮开始出现，21 世纪以来赴澳印度裔移民数量更是惊人，在移民质量上也优于其他国家移民，使得印度族裔成为澳大利亚社会非常重要的少数移民族裔之一，受到澳大利亚社会的广泛关注。尽管澳大利亚是一个崇尚多元文化主义的国家，政府层面对移民也持积极乐观态度，但是迅速增加的印度移民在一定程度上还是引起了澳洲社会的嫉妒与恐慌，市场经济低迷时期移民失业率往往高于本地人、他们关注的社会问题往往得不到足够重视、要求限制或反对印度移民的呼声时常响起、在澳印度移民遭袭事件时有发生，这些都使得印度移民利益遭受损害。为了更好地保障本族裔的权益，他们开始关注提升自己的政治地位。同时，印度新移民的主体是技术移民，他们是接受过较高教育水平的专业技术人才，其参政意识也较为明显。因此，近年来印度裔社群的凝聚力和竞争力表现得越来越强，他们积极融入澳洲主流社会，通过建立相关组织机构、推荐代表本族群利益的代理人等方式积极参与到澳大利亚的政治生活中，并在澳大利亚政坛逐渐崭露头角。根据当前澳大利亚印度人的社会经济地位，参政的成功经验以及印度裔社群在美国、加拿大等更早移入国家的参政经验来看，澳大利亚印度裔社群的参政活动会愈加活跃。

澳大利亚印度移民对澳大利亚明显的身份认同倾向往往成为参政的重要前提条件。澳大利亚媒体调查结果显示，大部分印度移民认同自己是澳大利亚人：在"我把自己看作一个澳大利亚人"身份认同问题上持"强烈同意或是同意"态度的比例占75.1%，而且移民澳洲时间越长认同度越高。① 除此以外，印度移民还通过加入国籍的实际行动来表达其对公民身份的认同。近年来，印度移民加入澳洲国籍的人数逐年增加。2007～2008年度，印度移民入籍人数仅9053人。② 2013～2014年度，入籍人口达27827人，③ 成为入籍人数最多的移民群体。印度移民对澳大利亚的身份认同能够有效促进他们参与澳大利亚各项社会或政治事务。最直接的表现就是公民权赋予他们在选举中的投票权和被投票权，从广义上来讲每一个入籍的印度移民都参与了国家政治。从目前印度移民规模来看，未来印度裔社群的参政人群会更加广泛、呼声更高，印度裔社群利益代表者的支持率也会得到提高。

随着参政意识的进一步增强，澳大利亚印度裔社群的参政人数将会不断增加、成员结构将更加多样化、热情将更加高涨。从印度裔移民参政经验来看，在成员结构上与华人参政具有相似性。在年龄上既有中老年也有青年参政；在性别上既有男性也有女性参政；在出生地上既有第一代移民也有第二代、第三代等后代移民；在职业上既有律师、企业家参政也有学者参政；从

① Australian Multicultural Foundation, *Mapping Social Cohesion National Report* 2013, p. 52.

② Australian Department of Immigration and Citizenship, *Australia's Migration Trends* 2011 - 2012, p. 130.

③ Australian Department of Immigration and Citizenship, *Australia's Migration Trends* 2013 - 2014, p. 96.

属的党派有自由党、工党、绿党等各大党派。从 2014 年维多利亚州大选印度裔候选人名单及简介中可以略见一二。当时共有 17 名印度裔候选人参加维州上院和下院的投票选举，其中包括 2 名女性；有青年人也有中老年人；从事的职业有律师、商人、企业管理者、IT 工程师、会计、报社编辑等；大部分是自由党候选人，还有工党、少数党派及无党派候选人。① 此外，2016 年澳大利亚联邦大选中的 5 名印度裔候选人也具有这样的性质。其中包含 2 名女性，51 岁的锡克教徒艾利克斯·巴萨 （Alex Bhatha），她是绿党竞选人；43 岁的丽萨·辛格 （Lisa Singh），她代表工党。另外 3 位男性候选人分别是沙希·巴蒂 （Shashi Bhatti），1989 年从印度移民来澳；克里斯·冈比亚 （Chris Gambian），第二代印度移民，父母来自印度班加罗尔，这两位代表的都是工党；还有一位是 39 岁的莫希特·库马尔 （Mohit Kumar），是唯一一位印度出生的移民，1994 年作为国际留学生移民澳洲，他是自由党候选人。②

在竞选中，这些印度裔候选人热情高涨，并积极呼吁更多的印度人参政。库马尔表示是他 "坚持不懈的努力工作赢得了这次竞选资格。印度人参政、参与制定国家政策方针是非常必要的，真正的多元文化主义不仅仅是表面文章和参与印度人事务，还需要在澳大利亚政府、国会、商业以及其他领域等各个层面获得公平的发言权"。冈比亚则表示，澳大利亚印度人参政还非常少，需要更多的印度裔参与进来。"我 16 岁参加了工党，我认为这是一个代表公平正义的政党。我能赢得候选人的关键是我积极参与党内工作以及对工党政策方针的坚定不移。"③ 在他们的热情呼吁以及参政经验的影响下，澳大利亚印度裔参与政治的进程会被进一步推进，会有越来越多的印度人直接或间接参与政治事务，澳大利亚政府与社会将会更加关注印度裔选民，这在一定程度上可以确保他们的利益得到更多关注。

① India 2 Australia, "Indian Origin Candidates for Victorian State Election 2014", 8 November, 2014, http：//www. india2australia. com/indian – origin – candidates – for – victorian – state – election – 2014/.

② The Economic Time, "5 Indians among 200 Candidates in Australia Polls", 8 June, 2016, http：//economictimes. indiatimes. com/nri/nris – in – news/5 – indian – origin – people – among – 200 – candidates – in – australia – polls/articleshow/52650226. cms.

③ The Economic Time, "5 Indians among 200 Candidates in Australia Polls", 8 June, 2016, http：//economictimes. indiatimes. com/nri/nris – in – news/5 – indian – origin – people – among – 200 – candidates – in – australia – polls/articleshow/52650226. cms.

3. 越南移民与菲律宾移民的政治融入

在亚裔移民中，越南移民在很长时间内都鲜有通过在政府担任重要职务来直接参政的情况。但随着第二代移民整体的成长，以及新移民总数的增加，这一状况也在逐渐改善。20世纪90年代，澳大利亚出现了第一位越南裔的女市长——胡梅。[①] 尤其是进入21世纪以来，更多的越南移民开始在政府中担任要职。据统计，自2000年起，共计有4名越裔在澳大利亚联邦政府或州政府中担任过参议院议员、州议员等职务。值得注意的是，在2004年3月27日举行的新州地方市议会选举中，以华裔为主的亚裔多元文化小党团结党推出的多位候选人当选，成为仅次于工党、自由党和绿党的新州地方政府第四大党。其中越南裔的吴得唐和韩裔的南周顺均当选议员。[②] 2014年9月，越南裔澳大利亚人黎文孝（Hieu Van Le）出任南澳大利亚州的第35任州总督。他同时也是该州，乃至全澳史上第一位亚裔总督。这对于越南裔乃至亚裔移民在澳洲当地的政治参与都有重大意义。可见，虽然在担任联邦和州政府重要职务的人数上来看，澳大利亚越南移民的融入程度还有待提高，但随着这一群体，尤其是其中的精英成员参政活动逐渐增多，越南移民群体也在逐步增强他们的政治融入程度。

菲律宾人移民澳大利亚的历史比较悠久。然而，他们与越南移民的参政经历相似，在很长一段时间里都鲜有菲律宾裔澳大利亚人直接参政议政。近些年来，随着澳大利亚的菲律宾移民人数的不断增加以及菲律宾移民社会地位的不断上升，菲律宾裔澳大利亚人也呈现出积极参政议政的热情。在澳大利亚许多地方政府中出现菲律宾裔议员的身影。例如，新南威尔士州的布莱克敦市（Blacktown City）中共有15名议员，其中有2名菲律宾裔议员。[③] 除此之外，菲律宾裔澳大利亚人在澳洲众多事业上都取得了令人可喜的成就，他们在澳洲经济、文化艺术和科技创新等各领域都扮演越来越重要的角色。特别是在加强澳菲关系，促进贸易投资方面，澳洲菲律宾裔更是起到了不可替代的重要作用。据统计，1990年~2013年，澳大利亚共有11名菲律

---

① 林水莲：《从难民到市长——记首位担任澳大利亚市长的越南裔女性胡梅》，《东南亚纵横》1999年第4期。

② 孙有中、韩锋主编《澳大利亚发展报告（2015~2016）》，北京：社会科学文献出版社，2016年，第61页。

③ 有关菲律宾裔议员的详细资料，参考澳大利亚新南威尔士州布莱克敦市政府网站：http：//www. blacktown. nsw. gov. au/Your_ Council/Mayor_ Councillors_ and_ Wards/Mayor_ and_ Councillors。

宾裔澳大利亚人因为他们的突出成就或贡献获得澳大利亚政府奖励。① 其中有 10 名菲律宾裔澳大利亚人获得澳大利亚勋章（The Order of Australia），该奖设立于 1975 年，用于嘉奖那些为澳大利亚社会做出突出贡献的人。还有 1 位名叫罗密欧·凯亚亚巴（Romeo Cayabyab）的人获得澳大利亚新南威尔士州多元文化传媒奖（Multicultural Media Award）。该奖创立于 2013 年，旨在表彰与感谢多元文化和土著传媒对澳大利亚社会的贡献。他是"菲律宾裔澳大利亚人"在线发行的编辑和出版商，长期致力于澳大利亚菲律宾社区事务的报道工作，促进澳大利亚菲律宾社区与主流社会不同文化之间的交流与互动，加深彼此之间的了解和信任，在推动澳大利亚多元文化社会发展以及菲律宾社区融入澳大利亚方面发挥了非常重要的作用。

（二） 在澳亚裔移民经济发展展望

澳大利亚格雷弗斯大学澳大利亚关系研究中心的学者詹姆斯·考夫兰指出："影响移民整合到一个新社会的最重要的因素之一是供养自己及其家族的能力。"② 从经济状况和就业率来看，亚洲新移民的总体状况较好。中国（香港出生的华人就业情况最好，中国大陆的移民次之，台湾移民最差）和印度移民一直保持较高水平，越南和菲律宾移民也较为稳定。1992 年，澳大利亚两项研究报告"驳斥了称亚洲移民是国家的开支之说"，当年 11 月的报告指出："移民局发现澳洲最终将在经济上获益于移民，尽管这也许要花上十年时间才能使收益大于花费。"③ 悉尼和昆士兰一些大学联合发行的出版物中，包括了"对 144 名华人和印度经商者的研究报告"。该报告认为："他们的经历证明了他们比白皮肤的澳洲人更为成功。由于更富于创新精神，更能经受经济萧条，他们在外汇交易中赚得成百万澳元"。④ 关于"亚裔移民成为当地社会的包袱的说法"，难民出身的 1999 年就任的澳洲第一位越南裔女市长胡梅，以亲身经历给予了驳斥，她强调说："亚裔在澳大

---

① Embassy of the Philippines, Filipino in Australia Factbook, Canberra Australia. 具体获奖的菲律宾裔澳大利亚人的名单详见菲律宾驻澳大利亚大使馆网站：https://www. philembassy. org. au/the - philippines/the - filipino - people。

② 张秋生：《二战后澳大利亚华人的参政历程》，《世界民族》2002 年第 4 期。

③ 艾瑞克·罗斯：《澳大利亚华人史，1888～1995》，张威译，广州：中山大学出版社，2009，第 449 页。

④ 艾瑞克·罗斯：《澳大利亚华人史，1888～1995》，张威译，广州：中山大学出版社，第 449 页。

利亚定居，对澳大利亚也做出了贡献，包括接受工作和提供职业，不论是越南裔、华裔、菲律宾裔等移民，如果勤奋工作，一般苦干 5~6 年能建立起自己的家园，融入当地社会。"①

表 7-3　2012~2013 财年澳大利亚各国移民排名

类别 国家	家庭类别	一般技术移民	雇主担保	技术移民	学生	457 临时工作签证	旅游	在澳居住人口
中　国	1	2	4	2	1	6	2	3
英　国	3	3	1	3	21	2	1	1
印　度	2	1	2	1	2	1	9	4
越　南	5	20	10	15	4	18	23	5
菲律宾	4	8	3	4	15	4	19	6
马来西亚	12	5	14	7	7	15	5	8
韩　国	8	11	7	9	3	15	7	12
斯里兰卡	13	4	11	8	23	21	29	12
美　国	7	19	9	14	10	5	3	16
南　非	16	7	6	5	60	21	21	8

资料来源：澳大利亚移民局 DIBP，《澳大利亚华人年鉴 2013》，澳大利亚华人年鉴出版社，第 209 页。

　　从在澳从事的职业来看，亚洲移民表现出较大的差异性，这是指：中国大陆、香港和台湾出生的华人移民呈现出很大的差异性；中国、印度、越南、菲律宾移民也有不同的特点。在 2012~2013 财年澳大利亚各国移民排名表中（见表 7-3），我们可以看出中国和印度在家庭类别、一般技术移民、雇主担保、技术移民、学生、457 临时工作签证和旅游 7 类移民类别中，除 457 临时工作签证（中国第 6）和旅游签证（印度第 9）外，基本位都列前 2 名，反映了这两个发展中大国在全球化浪潮推动下经济实力的增长和以技术移民和留学生为代表的国际移民的增加。而菲律宾移民类别主要集中在雇主担保、家庭类别和 457 临时工作签证方面。留学生和旅游移民还较少，仅分别为 15 位和 19 位，说明依靠劳务移民输出增加外汇仍会在一定时期内成为菲律宾赴澳移民的传统特点。而越南移民除在家庭类别和学生签证分列第 5 和第 4 外，其余 4 项皆在 10 名之后。反映了越南近年来对外开放

---

① 林水莲：《从难民到市长——记首位担任澳大利亚市长的越南裔女性胡梅》，《东南亚纵横》1999 年第 4 期。

程度较高，移民增加，但经济发展仍然有较大差距的现状。尽管中国、印度、菲律宾和越南移民在移民类别上有较大区别，但在澳大利亚居住人口中，他们在 2012～2013 财年中都位于前列，除英国排名第 1 外，中国、印度、菲律宾和越南移民分别位于第 3、4、5、6 名。

同时，澳大利亚年龄中位数数据显示，亚洲移民整体年龄偏小，而欧洲移民整体年龄偏大。这也反映了澳大利亚移民来源的整体现状和趋势，即亚洲移民正取代欧洲成为澳洲移民的主力军的现状和趋势。

表 7 - 4　2010 年澳大利亚前 50 名主要移民来源国 （地区） 移民年龄的中位数、
性别比例和大概人数

出生的国家或地区	年龄的中位数（岁）			性别比例（每 100 名女性的男性数量，人）	估计人数（人）
	人	男性	女性		
尼泊尔	25.9	26.1	25.6	171.0	29589
苏丹	26.7	26.5	26.8	115.0	26199
韩国	29.0	28.3	29.8	91.9	100255
阿富汗	29.1	28.8	29.4	117.4	26527
泰国	30.1	27.1	32.2	53.3	53393
印度	30.3	29.6	31.5	140.8	340604
巴基斯坦	30.5	30.3	30.9	155.9	31277
中国台湾	30.6	30.1	30.9	72.9	38025
孟加拉国	31.0	31.3	30.5	146.6	28179
日本	31.9	30.1	32.7	56.3	52111
印度尼西亚	32.4	31.3	33.2	79.6	73527
中国大陆	33.5	32.6	34.2	84.2	379776
新加坡	34.2	33.5	34.8	82.7	58903
中国香港	36.1	34.2	38.1	93.5	90295
伊拉克	36.3	37.6	35.0	107.8	48348
津巴布韦	36.8	37.4	36.2	100.1	31779
马来西亚	36.9	35.4	38.4	87.0	135607
美国	37.4	38.5	36.2	102.4	83996
伊朗	37.8	37.8	37.8	113.3	33696
加拿大	38.3	38.9	37.6	90.0	44118
南非	38.6	38.3	38.8	99.5	155692
法国	38.7	37.5	40.0	109.2	30631
新西兰	39.2	39.1	39.3	105.5	544171

续表

出生的国家或地区	年龄的中位数（岁）			性别比例（每100名女性的男性数量，人）	估计人数（人）
	人	男性	女性		
菲律宾	39.5	35.4	42.1	58.9	177389
巴布亚新几内亚	39.6	39.2	40.1	84.5	31225
俄罗斯	40.6	38.8	41.6	63.1	22804
斐济	40.9	40.7	41.0	88.5	62778
缅甸	41.1	40.6	41.6	96.0	22173
斯里兰卡	41.1	40.5	41.8	106.5	92243
柬埔寨	41.8	42.3	41.4	85.8	31397
越南	42.1	42.9	41.4	88.3	210803
土耳其	44.7	44.8	44.5	108.0	39989
爱尔兰	45.2	43.6	46.8	116.5	72378
毛里求斯	45.8	44.7	46.7	100.5	27026
智利	47.0	46.1	47.8	93.8	28574
黎巴嫩	47.0	46.9	47.1	111.0	90395
波斯尼亚和黑塞哥维那	47.1	47.2	47.0	100.9	37470
英国，独联体和国际移民组织	53.5	52.9	54.1	103.4	1192878
塞尔维亚（包括科索沃）	53.7	54.0	53.5	101.2	42064
前南斯拉夫马其顿共和国	54.6	55.1	54.1	103.0	49704
埃及	55.6	54.4	56.8	113.0	41163
波兰	57.0	56.6	57.4	80.1	58447
塞浦路斯	59.4	59.4	59.4	98.2	20910
克罗地亚	59.5	60.3	58.8	104.0	68319
德国	61.3	61.3	61.3	92.2	128558
荷兰	63.1	63.0	63.2	104.6	88609
马耳他	63.2	63.2	63.1	104.9	48870
匈牙利	65.5	66.7	64.4	102.6	22660
希腊	66.4	66.5	66.4	97.5	127195
意大利	67.5	66.8	68.3	106.8	216303
总海外出生人口	44.7	44.3	45.1	98.8	5993945
总澳大利亚人口	33.4	32.4	34.4	99.3	16334902
总数	36.9	36.0	37.8	99.2	22328847

资料来源：澳大利亚国家统计局 http：//www.abs.gov.au/。

就华人新移民来看，20 世纪 80 年代末 90 年代初来自中国大陆的移民大多是留学生，他们英语水平有限，因此，不能找到与其教育程度相当的工作，多从事地位低下、不需要技术的蓝领职业。在 20 世纪 90 年代，大部分人从事着普通工人的职业，有的是机器操作工或者从事需求广泛的技术性行业，主要是当地华人开办的餐馆。而香港移民很多从事专业技术性工作或半专业技术性工作（尤其是会计、计算机和其他与商业有关的职业），还有少量香港华人移民还从事着管理者的工作。台湾移民和香港移民的情况十分类似，但是台湾移民更多地从事管理者的工作，而不是专业技术性工作。但是，随着中国大陆经济和科技的迅速发展，尤其是澳大利亚霍华德政府进一步调整了技术移民政策，上述情况发生了变化。在澳华人不再局限于所谓的"华人职业圈"，即餐馆、商贩、菜农等传统行业，而是以专业人士的身份跻身于白人一统天下的"澳洲人职业圈"。其职业构成从过去的"三把刀"（菜刀、剪刀、剃刀）发展为"六个师"（律师、工程师、医师、会计师、高级技师和大学教师）。① 进入 21 世纪，中国大陆新移民中从事技术性行业的人数逐渐超过了其总人数的一半，同时香港、台湾新移民中从事技术性工作的人数也有所增加。

自己经营企业，是澳大利亚华人新移民尤其是中国香港、台湾华人经济生活的一个重要特征。来自中国香港和台湾的华人新移民，大部分是投资移民，资金雄厚，日益不满足老一代华人的独门独院的小本经营，在澳洲政策的许可下，一些人开始向多种类型的制造加工工业、贸易业、餐饮业、房地产业和电子业等行业发展，并逐渐走向多元化和国际化。在房地产领域，华人新移民更是异军突起。来自港台的投资移民在取得永久居住权之后，开始注入大量资金抢购地产，成为澳大利亚房地产市场的主要投资人。据 2013 年 7 月 7 日中国广播网资料统计："截至 7 月 1 日，一年中中国移民在澳洲的商业和住宅地产投资为 42 亿澳元，折合为 235.2 亿人民币，"比上一年更有上升。华人新移民已"跃升成了澳洲楼市的弄潮儿"。目前，澳大利亚约有 24 万名百万富翁，不少华人新移民也在向着这个行列前进。由于华人经济的崛起和营业机会的增加，必然进一步带动澳洲华人经济的发展。

来自中国大陆的新移民，凭借较为深厚的知识背景，在熟悉了澳洲的政治、经济、法律和社会习惯后，一些具有专业知识或一技之长的留学生，在

---

① 张秋生：《澳大利亚华人社会的现状与前途》，《世界民族》1999 年第 2 期。

完成学业之后已经开始进入澳洲的科研、工程技术、高等教育、医疗卫生、文化艺术和工商界等专业领域。不过从总体看来，大多数人还是经营成本少、资金周转快的中餐馆、日用百货等华人传统行业。但是他们不愿意走老一代华人移民靠开店赚钱小打小闹的老路，而是要跻身以往白人独霸的进出口、电脑业、汽车修造业或开办各种类型的工厂、连锁店和超级市场。在澳大利亚，华人不仅涉足城市高层公寓，而且涉足高档区的高价位豪宅，包括华人在内的新移民将成为澳大利亚房产投资市场的推动力。近年来，大陆新移民已经有不少人在工商界崭露头角，还有一些人在经营新兴行业中取得了成功。大陆新移民涉足的行业有制衣业、家具业、餐饮业、印刷业、计算机业等，其中有些人已经小有名气。其中最著名的如电脑业"巨子"潘人杰，荣获了1996年度澳大利亚杰出商业成就奖。

现任澳大利亚钛矿有限公司董事长的任晓峰，1989年辞职出国去欧美，2007年移民到澳大利亚，公司现有资产约18亿澳元，他的目标是"做中国人的力拓和必和必拓"，现成为澳大利亚北部地区首富。[①] 2009年，一年一度的《制造业月刊》奋斗奖将它的"全球一体化大奖"和"年度出口评委大奖"同时授予了澳大利亚华人企业家叶青领导的华人企业——澳纽集团。引起了整个澳洲企业界的震动。[②] 该奖项是澳大利亚制造业的顶级评奖，也是全澳唯一的制造业专业大奖，有众多国际和当地知名企业参评。叶青在20世纪90年代初"两手空空"从中国大陆来到澳大利亚，近多年创业、拼搏，充分地利用了亚洲移民的资源，利用他们进入其祖籍国市场，探索出一种全新和独特的商业模式，使澳纽集团成为澳、新（西兰）两地成长最快的制药企业，拥有近400名本地员工，其产品遍布澳大利亚和新西兰的几乎所有药店和超市。旗下的GMP企业生产的保健品、膳食补充剂和补充药品迅速占领了亚洲多个国家和地区的市场。

令人欣喜的是，华人新移民为促进中澳经济贸易的健康发展做出了自己的贡献，产生了积极的影响。2007年前7个月中澳贸易额就达233亿美元同比增长35%，这其中有华人移民的努力所创造的成果。澳大利亚华人新移民由于整体受教育水平较高，加之香港、台湾移民多为投资移民，具备一

---

① 徐海静：《做中国人的力拓和必和必拓》，《经济参考报》2013年7月19日。

② "新移民闯出新天地 专访澳大利亚华人企业家叶青"，中国新闻网，2012年10月6日，http://www.chinanews.com/hr/2012/10-06/4227847.shtml。

定的经济实力。20 世纪 90 年代以来，已有不少华人新移民回国考察项目，投资建厂。华人新移民日益成为促进中澳经济贸易深入发展的一支重要力量。

同时，以印度为代表的南亚移民和以菲律宾、越南等为代表的东南亚移民也增长很快。据 2013 年 6 月新华社电，澳大利亚政府最新移民调查显示，印度首次成为该国最大的永久移民来源地，中国、英国、菲律宾与南非分列第二至五位。报告显示，2011～2012 年，来自印度的永久移民达到 29018 人，同比增长 12.7%。中国永久移民人数则有所下降。随着亚洲国家移民赴澳条件逐步放宽，2011～2012 年度澳大利亚永久移民的前十大来源地中，亚洲国家占七席。①

目前，印度人可能是澳大利亚最有技术、最成功和中产阶级人数最多的移民群体。从澳大利亚移民政策偏向技术移民以来，印度移民的主要部分就是专业技术人员，IT 精英、医生、工程师的数量占有一定规模，他们从事的工作属于技术类、管理类高薪行业。非技术移民大多是依靠家庭团聚移民到澳大利亚，很多从事餐饮业、零售业等。很多印度移民都富有进取心，移民澳洲后，能够很快找到稳定工作，在澳洲站稳脚跟，并且通过个人努力获得较高的社会经济地位。

从上文中澳大利亚统计局和移民局的相关数据对 20 世纪 70 年代以来的澳大利亚印度新移民的社会经济状况的考察可以发现，印度新移民所从事的行业和职业结构在悄然发生变化、收入水平逐步提升、社会经济地位逐步提高。根据当前澳大利亚政府以技术移民为主导的移民政策预测，在未来一段时间内，印度新移民的社会经济发展前景应该是乐观、积极的。

一是印度新移民在专业技术领域将继续发挥所长。尽管每年澳大利亚招募大量移民移入，但是按照其国土面积以及社会经济发展前景，2500 万的总人口无法弥补劳动力市场技术人才的缺口。因此继续从世界各地引进技术人才的移民政策不会改变，而当下印度已经超过中国成为澳大利亚最大的移民来源国，其技术移民数量也是最多的。他们大部分会进入各专业技术领域，尤其是信息通信行业，发挥自身的技术特长，为澳洲各专业技术领域做出重要贡献。

二是趋向多样化的工作领域。印度新移民随着人数的增多，就业范围也逐渐拓宽，除了在专业技术领域占据重要地位以外，小商业部门、餐饮、零

---

① 《印度成为澳大利亚最大移民来源地 中国列第二位》，和讯网，2013 年 6 月 4 日。

售店等也将成为他们主要从事的领域。2011 年人口普查时，印度新移民中从事零售业和食宿业的比重分别为 9.0% 和 8.8%，从事交通、邮政与仓储行业的比例为 8.5%。① 尽管印度移民在各行业分布比重与澳大利亚本地出生人口有差异，但在各行业领域都能找到印度人的身影。

三是印度移民商业经济繁荣发展。印度移民的小商业主要包括餐饮服务业、零售业、旅游业等。当前，在澳大利亚的各大城市随处可见印度餐馆，坐落位置从市中心的繁华商业发展到郊区，印度食物广受澳大利亚人的喜爱，印度餐馆的生意也很红火。也有一部分印度移民从事中小企业的运作经营，主要进行日用品、服装的进口贸易。在印度移民聚居集中的地区，那里有琳琅满目的印度商店、杂货店、餐馆、旅馆、娱乐场所等，满足不同印度移民的需要。近年来，随着印度人赴澳旅游数量增加，印度移民的旅行社数量也有所增加。此外，随着印度移民财富的增加，越来越多的印度买家开始关注澳洲房产，一些印度富豪预计将会是下一批的澳洲房产抢购者。随着印度经济增速不断提高，印度人的财富也在增长，澳洲当地房产中介预料富裕的印度买家将会蜂拥来澳。澳大利亚墨尔本一位房产中介说，印度买家将在传统的房产热点（如伦敦）以外寻求更多的投资机会，"中国已发现了澳洲房产的魅力，印度也会发现。他们会看到澳洲的生活和教育的吸引力。"②

总体来看，随着澳大利亚印度移民社会经济地位的进一步提高，他们还有巨大的潜力来开发更多的贸易市场和建立更广泛的投资联系，而且这种联系不仅局限在印度国内，还包含分布在全球的 2500 万～3000 万的印度裔族群，由此可见，澳大利亚印度移民的经济发展前景是广阔的。

墨尔本的澳—印学院主任 Amitabh Mattoo 对 2012 年 7 月公布的显示中国和印度移民强劲增长的新移民数据表示欢迎，他向网络媒体《奋斗在澳洲》（www. auspr. com）指出：印度和澳大利亚作为"民主，讲英语的联邦国家"有很多共同点，并预测，有着 5 亿年龄 25 岁以下人口的印度，将来继续成为技术移民的来源。"虽然世界大多数国家正在老龄化，印度在未来20～25 年仍将保持年轻"。③

---

① DIBP, *The People of Australia*: *Statistics from the 2011 Census*, 2013, p. 63.
② 《印度买家也开始关注澳洲房产》，搜狐网，2016 年 3 月 23 日，http://www.sohu.com/a/65223111_ 132398。
③ 《印度将来继续成为技术移民的主要来源》，奋斗在澳洲（www. auspr. com），2012 年 7 月20 日，http://www. auspr. com/news/20120720/10977. html。

而越南移民从 20 世纪 90 年代到 21 世纪初，随着社会融入程度的加深，以及历年来移民类型的变化，尤其技术移民的增多，其职业分布开始呈现专业化、多样化的趋势。2001 年，越南移民就业中技术人员的比例（42.6%）明显提升，半熟练工及非技术工的比例分别为 30.7% 和 26.8%。到 2011 年，虽然从事制造、零售、餐饮及住宿等行业依然在越南移民职业分布中占有较高比重，但是，该族裔移民在职业分布上的宽泛性与多样化程度也在不断提高。可以说，当前越南移民几乎在当地的各个行业都有所分布。同时，随着第二代移民的成长和技术移民的增加，从事高新技术产业、管理行业等领域的比例也会不断提升。就职于澳洲各大高校，或从事工程师、医生及药剂师等行业的比例也会逐步提高。

菲律宾移民职业与经济发展状况仍然保留其本身的特点。菲律宾每年培养大量的护士，以满足国际市场的需求。菲律宾的许多教育机构，对有意愿出国的菲律宾护士进行专业的英语培训和专业培训，确保菲律宾护士在出国以前就有较强的工作水平和竞争力。在澳大利亚对护士专业人才需求较多的情况下，每年有大量的菲律宾护士涌入澳大利亚。2006 年的调查数据显示，在护士从业者中，菲律宾移民的从业比例相对较高，2006 年护士中的 2% 来自菲律宾，仅次于英国移民和新西兰移民从事护士的比例（所占比例分别为 7%、3%），成为亚洲国家中向澳大利亚输出护士最多的国家。

未来澳大利亚亚洲移民的经济发展前景可以说比较乐观。随着亚裔专业知识的增长，技术水平的提高，所从事的行业将越来越广泛，进入技术性领域，并将在房地产、金融贸易业、保险业和社会服务等商业和第三产业领域取得骄人的成绩。澳大利亚以华人为代表的亚裔富翁将越来越多，亚裔整体经济水平与经济地位将会得以提升。澳大利亚亚洲移民不仅促进了当地澳大利亚经济的发展，还会不断回国投资创业，拉动亚洲经济的增长，并加强亚澳联系，推动洲际的经济贸易合作与文化交流。

（三）在澳亚裔移民文化发展前景

澳大利亚的多元文化主义经过几十年的发展，日臻成熟和完善。在多元文化主义政策的鼓舞下，以唐人街文化为代表的亚洲文化得以传播，澳大利亚华文等亚洲文学报刊大量涌现，亚裔文化教育迅速发展，亚裔社团重新构建，亚裔新移民的社会文化纷呈多彩，呈现出欣欣向荣之象。

唐人街是集华人社会、经济、文化于一体的中华文化街，唐人街文化是在澳华人文化的象征。华人在弘扬传统文化的同时，也为唐人街增添了新的文化因素。越来越多的澳洲人走进唐人街，感受中华文化的博大精深，唐人街成为中西文化的交汇之地、交流之地。随着在澳华人的增多，唐人街文化会不断注入新鲜血液，为华人文化会增添新的特色。

在澳大利亚华人丰富的文化生活中，华文报刊大量涌现，华人文学亦呈现繁荣的景象。中国改革开放以来，随着华人赴澳新移民数量的增加，澳大利亚华人报刊纷纷涌现，内容丰富，风格高尚，展示了在澳华人的文化生活状况。目前，主持四大中文日报《星岛日报》澳洲版、《澳洲新报》、《华声报》、《自立快报》的工作人员均为来自中国香港和台湾的华人新移民。进入21世纪，出现了《墨尔本日报》《澳洲新快报》等两家大型中文报纸。还有一部分文化素质较高的中国大陆移民在从求生存到求发展的奋斗过程中，也开始兴办报刊，促进了澳大利亚华文报刊的繁荣，特别是华文周报、周刊，其主办人几乎都是中国留学生。

中国留学生创办的报刊以新移民的眼光观察并描写了华人的拼搏、留学生的艰辛、中华文化的影响力、中西文化的差异，真实地反映出澳大利亚主流社会，尤其是华人社会的总体面貌，颇受读者欢迎。其中一些高质量的报刊已经站稳了脚跟，越办越红火。华文报刊主要报道澳洲新闻、华人社团信息、中国以及世界新闻等，内容丰富，不同凡响，因此深受关注。① 同时，在澳大利亚多元文化主义政策的鼓励下，华人积极创作，促进了澳华文学的发展。在华人新移民中，部分是文艺界的知名人士，他们到达澳洲后，积极融入当地社会，宣传和弘扬中华传统文化，介绍中国的文艺作品。中国大陆新移民创办的众多刊物也已成为澳华文学的重要阵地。澳大利亚华人的报刊及文学创作潜力不可估量，未来澳大利亚华人的报刊及华文文学将更加丰富多彩，激励在澳华人不断进取，获得成功。

由于华人在澳大利亚社会地位的提高和人数的增多，澳洲电台、电视台也随之迅速发展起来。澳洲华人有自己的华文电台，如2CR澳洲中文广播电台，用广东话和普通话两种语言广播。电台不论是中国音乐节目、医疗保健节目，或是新闻节目，均得到华人听众喜爱，已成为华人社会不可缺少的一部分。现在移民澳洲的大陆、港台人士不断增加，许多人英语不佳，亦有老人不识字或眼力不好，听中文电台广播便成为最佳选择。这些电台为澳洲

---

① 张秋生：《略论战后澳大利亚华人文化》，《世界民族》2001年第6期。

华人传播最新的资讯、提供交友洽谈的良好平台。

此外，澳大利亚华人还兴办华文教育，并获得重要发展，华文教育也为弘扬中华传统文化及现当代文化发挥了重要作用。自澳大利亚政府大力推行多元文化政策以来，随着华人新移民数量的增加，中文汉语的地位也逐渐提高，已成为澳大利亚第二语言教学的重要语言。澳大利亚华文教育的空间不断扩大，呈现出蒸蒸日上、欣欣向荣的良好局面。大量华人新移民进入澳大利亚，其中说中文者占很大比例。而且，华人新移民中的已婚者，大多带有小孩，他们希望子女学习汉语，了解中国文化，这为华文学校提供了生源，因此，华人社团开办的华文学校和在校学生人数逐渐增多。1989年，澳大利亚有华文学校49所，学生近万人。到1993年，澳大利亚的华文学校已达96所，人数达1.4万人。这些华文学校多集中在华人聚居的悉尼、墨尔本、布里斯班、阿德莱德等地。此外，随着中华文化的广泛传播，澳大利亚人对中国文化产生了浓厚的兴趣，在澳大利亚的各大学、中学和小学，学习华文、了解中华文化的澳大利亚人也在逐渐增多。

澳大利亚国家语言研究所1994年发表的统计数字显示，1988~1991年，在全澳大利亚正规小学，学习华文的人数从4600余人上升到14900余人，增长率高达224%；同期，在正规中学，学习华文的人数从6682人上升到10122人，增长率高达52%。1992年在澳大利亚职业进修学院和大学中共有2300名学习华文的学生。① 从这些数字可以看出澳大利亚华人学习汉语的积极性，华人教育取得丰硕成果。不仅在广大华人中弘扬了中华传统文化，而且随着中华文化的传播，越来越多的澳大利亚人喜欢上了中国文化，他们也开始积极学习中文，这在一定程度上促进了华人教育的兴盛。从现状也可以看出，未来华人社会的华文教育必将更加繁荣向上，中国文化也会得以弘扬并不断丰富，受到华人及广大澳大利亚人的欢迎。

近年来，华人新移民的入澳为澳大利亚华人社团注入了新鲜血液，使许多华人社团恢复了生机。据统计，到1996年，属于社会服务、教育和政治性质的规模较大的社团达138个。值得注意的是，随着一部分华人新移民的知识结构的变化，他们逐渐走向知识界、科技界、医学界和教育界，一些打破"三缘"限制、以专业科技为联系纽带的跨行业专业社团开始建立，这些专业社团反映了华人新移民结构的变化，比如，澳华科学技术协会成立于

---

① 张秋生：《略论战后澳大利亚华人文化》，《世界民族》2001年第6期。

1995 年，主要是由硕士以上的学者组成，其中也有不少是企业家和知名人士。澳洲华人协会成立于 1988 年，由新南威尔士多所大学的教授、讲师、科技人员和中国留学人员组成，它是目前澳大利亚最大的华人和中国留学人员组织。华裔专业人士组织由华裔专业人士和正在澳洲大学留学的硕士和博士组成，是跨行业、跨国界的非政治性组织。它们活跃在澳大利亚知识界，成为澳洲华人社会的新现象。澳大利亚华人新移民社团在成立后积极维护自身权益，服务于澳洲华人社会。

澳洲中国公民公会就是其中具有重要影响的新移民团体。该会会长为中医出身的马利民，他于 20 世纪 80 年代移居澳洲。公会成立以来，积极服务于旅居澳洲的中国公民的伤残病亡人群，配合有关部门进行紧急援助和捐款。至 1995 年，公会已为四千多人次旅澳中国公民提供各种帮助。[①] 可见，新移民社团不同于从前的华人社团，新移民社团不仅维护华人利益，服务在澳华人，而且结构、组成人员都发生了变化，其成员知识水平高、专业技能强，能够更好地代表华人新移民的利益，为华人说话，提高华人社会的社会地位。各社团还举办各种活动，在唐人街舞狮舞龙，团结在澳华人，弘扬中华文化。澳大利亚的多元文化政策必将影响和鼓舞更多的华人新移民，澳大利亚华人社团也将会数量不断增加、素质不断提高，影响不断扩大，他们作为澳大利亚多元文化群体中的重要组成部分，将进一步推动促进澳大利亚多元文化的进步繁荣。

除华裔外，其他亚裔文化也在澳洲有很大发展。由于亚裔新移民的增加，地域分布的集中和拓展，也形成了类似唐人街的区域文化。如以"小印度"（Little India）为中心的印度文化街区和越南移民的"越南街"等。据澳大利亚《星岛日报》报道，海外移民特别是大批亚洲移民的涌来，令该国最大城市悉尼的几个城区，乃至整个悉尼的主要姓氏排名发生重大变化。曾经一些英国后裔居民占绝大多数的城区，亚裔姓氏现在已经占据前列。

自 20 世纪 70 年代初澳大利亚废除"白澳政策"，逐渐成为一个崇尚多元文化主义国家，其多元文化主义政策也渐趋成熟。印度本身也是一个多元文化的国家，民族多样、语言种类繁多、各地区宗教信仰不同。印度人移民澳大利亚后，所具有的文化属性也随之而来。在澳大利亚多元文化社会的接

---

① 张秋生：《澳大利亚华侨华人史》，北京：外语教学与研究出版社，1998，第 171 页。

纳与包容下，印度移民文化在澳大利亚落叶生根、繁衍生息，呈现繁荣景象。

一是印度宗教文化将根植于澳大利亚印度裔移民社区。印度移民信仰宗教人数最多的是印度教，其次是锡克教、基督教、穆斯林等。在大量印度移民赴澳以后，开始大量修建宗教寺庙、建立宗教组织机构，而且它们几乎都表明其宗旨是为了将印度裔社群团结起来、宣传印度宗教文化、为教徒及普通民众提供服务。为了适应网络时代的发展，很多寺庙或组织机构建立自己的网络媒体，及时发布活动信息。宗教活动在印度新移民中依然占有重要地位。在重要宗教节日，大家会集体举办活动进行庆祝；定期到寺庙进行拜谒、聆听经典的教诲；日常行为中也谨遵教义生活。而澳大利亚社会与民众对印度宗教普遍持有包容的态度，上文提及的澳大利亚国会议员印度裔青年丹尼尔·莫克菲向《薄伽梵歌》宣誓就职可以说明这点。

二是印度语言文化教育将进一步加强。21世纪以来，澳大利亚印度裔移民数量以惊人速度增长，以家庭团聚类移民来的印度裔子女以及第二代印度裔移民数量也在大幅增加。为了让印度文化在澳大利亚得到弘扬与发展，一些语言学校开设起来，其中有部分是依附于宗教机构开设的。比如印度教组织机构开设印地语课程、锡克教则开设旁遮普语言课程。目前，印度移民在家庭中说印度语言的比例逐渐增加，其中说印地语人数最多，其次是旁遮普语。未来随着更多的印度移民赴澳，印度语言文化教育的空间会得到进一步扩大。

三是以"小印度"（Little India）为中心的印度文化街区将更加繁荣。"小印度"类似于华人的唐人街，它是印度移民居住较为集中的区域。在悉尼的帕拉马塔（Parramatta）、奥本（Auburn）、史卓菲（Strathfield）、哈里斯公园（Harris Park）等地都有印度裔移民集中"小印度"。在墨尔本较为著名的是位于丹德农（Dandenong）福斯特街的"小印度"，已经成为当地颇受欢迎的旅游景点。丹德农是维多利亚州多元文化发展最快的州，一些人在那里体验了"小印度"文化后在那里安家。在这里，人们可以体验到真正的印度文化，从印度女性服饰纱丽到珠宝首饰、从印度古典音乐到舞蹈、从宝莱坞电影到印度美食，让游客不到印度就可以领略到印度文化的精髓。由此可见，随着大量印度裔移民的到来，"小印度"在数量上会增加，"小印度"文化也将更加繁荣。

当下印度人移民澳大利亚的热潮只是近30多年来发生的事情。从20世纪70年代尤其90年代以来，澳大利亚印度移民增长了10倍之多，其对澳大利亚社会以及祖籍国印度的影响尚不能做出全面评价。但可以确定的是，到目前为止，澳大利亚印度移民在就业市场的经验、留学经验以及他们在提升社会政治、经济地位方面获得成功的经验都是非常积极的。随着澳大利亚印度裔成功事例数量的增加，印度裔社群的自豪感和自信心必然会得到加强。而且根据目前美国和加拿大印度移民的成功经验，可以表明澳大利亚印度移民的在社会、政治、经济、文化等方面的发展还有很大的上升空间。

澳洲最大的电讯公司Telstra根据2010年发行的白页[①]上的姓名数据，通过电脑进行了分析，得出因亚裔海外移民增加，而导致整个悉尼的姓氏结构变化。从整个悉尼来看，第一大姓仍为英国后裔的史密斯（Smith），第二大姓则是李（Lee），这一姓氏既可能是欧裔，也可能是韩裔或华裔。而越裔的阮（Nguyen）姓居然在悉尼成为排名第三的大姓，华裔的"陈"亦跃升第四，英国后裔大姓琼斯（Jones）则被压低至第五位。从悉尼各地区姓氏分布来看在西区：印度裔、华裔居多，依次为：1. 帕特尔（Patel）2. 辛格（Singh）3. 沙阿（Shah）4. 王（Wang）5. 陈（Chen）。而在卡布拉玛塔镇（被称"越南埠"），越南裔姓氏已居前几位，分别为：1. 阮（Nguyen）2. 陈（Tran）3. 黄（Huynh）4. 黎（Le）5. 李（Ly）。[②] 在墨尔本的东部郊区Spingvale Road也已形成了著名的越南街，当然在实际上还有泰国、柬埔寨和中国人比较集中的街。白人在这里好像只是点缀，绝大多数都是亚裔面孔，越南话、广东话、普通话还有其他亚洲语言比英语更流行。越南移民经营的牛肉河粉店比比皆是，吸引着大批亚洲和世界各地游客。亚洲饮食文化异彩纷呈，在海外得到了充分彰显。

菲裔社区亦是澳洲多元文化的重要组成部分。近些年来，随着菲律宾移民的稳定增长及其自身力量的不断壮大，澳大利亚的菲律宾裔在政治、经济、文化、传媒、教育、体育以及宗教领域取得了长足的进步。其主要表现在：首先，澳大利亚的菲裔澳大利亚人组织发展迅速，不仅有全国性的组织，澳大利亚各州也有许多地方组织。据统计，目前澳大利亚共有14个全国性的菲裔澳大利亚人组织，它们几乎涵盖政治、经济、文化、宗教以及体

---

① 在澳大利亚每个城市均有"白页"和"黄页"两种电话簿，白页根据电话户主的姓名，按字母顺序排列，登载当地几乎全部单位和个人的电话号码及地址。黄页则根据行业分类，登载了各个单位的服务内容。

② 《法制晚报》，2010年9月13日。

育等社会的各个领域。此外，各州的菲律宾裔组织犹如雨后春笋般地建立起来，大约有 197 家地方性菲律宾裔澳大利亚人组织分布澳洲全境。其次，为了加强菲律宾移民与澳洲社会的联系，澳大利亚的菲裔传媒建设也取得了很大的发展。经过几代人多年的努力，截至 2013 年，澳大利亚共有 22 家菲裔澳大利亚人的广播、电台以及报纸。再次，宗教信仰自由是澳大利亚多元文化政策实施的一个重要方面。菲律宾人信奉罗马天主教。目前，澳大利亚共有近 50 家菲律宾宗教团体，它们几乎遍布澳大利亚各州。最后，在学校教育方面，澳大利亚的菲律宾人主要以开设语言学校为主，当前澳大利亚大约有 9 家语言学校。它们的开设为菲裔澳大利亚人学习语言以及继续再教育提供了便利条件。[1] 总之，这些努力极大地促进菲律宾移民更好地适应澳洲多元文化社会，进一步加深菲律宾裔澳大利亚人与澳洲社会的融合度。

当然，亚裔文化在发展中也不是一帆风顺的，甚至也出现了很严峻的困难。最大的问题是亚裔文化的保持和传承问题。由于澳大利亚主流文化依然是西方文化，在市场经济大潮下，亚裔对本民族历史文化的了解趋于减少，受到西方主流文化的同化影响日益严重，很多亚裔刻意疏远本族裔文化。无论是在家中还是在工作中，亚裔说本族裔语言的人数都呈逐步减少之势，如何在第二代、第三代亚裔中维持语言的传承成为亚裔文化延续面临的迫切问题。

澳洲亚裔移民作为少数民族，怎样处理亚裔文化与主流文化的关系一直是关系到澳洲亚裔社群生存发展的重大问题。加拿大国王大学的贝里教授提出了一个分析移民与主流文化关系的二维模式（Bi-dimensional Model），根据他的分析认为：在多元主义社会中，种族集团和个人必然面临文化适应问题。要么固守本族文化，要么与主流文化接触，融入主流文化。少数民族文化对主流文化的态度可以细分为四种：同化（Assimilation）、孤立（Separation）、融合（Integration）和排斥（Marginalization），并分析了各种态度可能造成的结果。[2]

---

[1] Embassy of the Philippines, Filipino in Australia Factbook, Canberra Australia. 具体统计数据详见：菲律宾驻澳大利亚大使馆网站：https://www.philembassy.org.au/the-philippines/the-filipino-people.

[2] Ying Lua, Ramanie Samaratungea and Charmine E. J. Härtel, "Acculturation Attitudes and Affective Workgroup Commitment: Evidence from Professional Chinese Immigrants in the Australian Workplace", *Asian Ethnicity*, Vol. 14, No. 2, 2013, pp. 207-209.

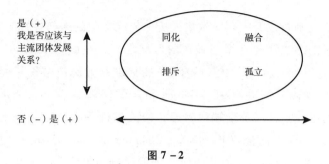

图7-2

譬如，澳大利亚亚裔文化的代表之一——唐人街与唐人街文化的未来发展，就存在一些值得注意的地方。诸如：

1. 传统唐人街中心位置的外移。据《悉尼晨锋报》报道，从人口组成上看，过去公认为位于市中心的干草市场（Haymarket）的悉尼唐人街，已不是"真正"的中国城，而是距这里16公里以外的"好市围"（Hustville），上次人口普查的数据显示："好市围"人口中52.5%的人是华人血统，相比其他郊区——伯伍德 Burwood（41%），伊斯特伍德 Eastwood（36.5%）和老牌唐人街干草市场（Haymarket）（36.%）[1]，这些地方的华人均未超过当地人口的半数。

2. 原有唐人街边界在逐步消失且日益亚洲化。西悉尼大学的一个研究团体对唐人街在21世纪的转型这一问题进行了为期3年的研究。洪美恩（Ien Ang）为领导的项目团队质疑说，"未来，唐人街是否还将作为一个独特的街区继续存在下去，或者变成悉尼市区的普通一部分"。[2] 调查显示，唐人街在德信街和沙瑟街的边界正在扩大，泰国餐馆、韩国餐馆等亚裔餐馆日益增多，唐人街原有的鲜明特色在淡化，正变得越来越像"亚洲城"（Asia Town）。而"推动唐人街转型的主要动力及关键消费团体是亚洲学生"。一项针对362名亚洲背景的大专院校学生的调查显示，91.7%的学生曾经去过唐人街；73%的学生每个月至少去一次。而越来越多的亚洲游客到访，使得更大型、更高档的餐馆在唐人街开张。外滩（Waitan）餐馆的总经理帕克里克·田（Patrick Tian）表示，他的餐馆试图从唐人街餐饮档次提升中获利。这家餐馆主要提供"精致的亚洲美食"，近70%的顾客都是亚裔

---

① 《今日悉尼》微信平台，2015年2月22日。

② 《悉尼唐人街面临变迁：特色渐逝更像"亚洲城"》，中国新闻网，2015年2月23日。

人士。①

3. 唐人街的过度开发，导致华人历史传统文化的遗产在逐步遭到破坏。悉尼唐人街是悉尼市经济增速最快的区域之一，在截至 2012 年的 5 年内，以干草市场（Haymarket）为中心的唐人街区域就业岗位增长了近 25%，居民则增长了 28%。而乔治街（George St）的轻轨建设，达令港（Darling harbour）的再开发，以及南端的整修，使人担忧华人历史传统文化的遗产在逐步丧失。② 禧市商会（Haymarket Chamber of Commmerce）的常务理事 Brad Chan 认为：唐人街正面临如何"既能保持历史传统，又能迎合（时代发展）需求的"挑战。

为进一步发挥华人社团对民族小区建设的积极作用，澳洲移民部部长宝文（Chris Bowen）及多元文化事务部部长伦迪（Kate Lundy）于 2012 年 8 月 22 日，宣布创建部长华人咨询委员会，其中 10 名华人委员均为澳洲各地的华人社区领袖。包括：澳洲福建会馆会长、澳大利亚华人团体协会副会长、澳洲中国和平统一促进会副会长及中药行业联合会荣誉顾问洪永裕（Eng Joo Ang）（纽省），维省华人小区联合会会长、澳华联合商会及墨尔本东北区华人协会会员蒋天麟医生（Dr. Stanley C. Chiang），世界多元文化艺术协会名誉顾问、布里斯班华人狮子会前会长李孟播（Lewis Lee）（昆省），维省民族小区议会副主席、中华公会及华族老人福利会会员刘秀凤（Marion Lau）等。

多元文化事务部部长伦迪表示，新的委员会将建立在澳洲华人几代以来对澳洲贡献的基础之上。"作为政府，我们承认澳洲华人小区继续对澳大利亚的成功，繁荣及文化丰盛做出重要及强大的贡献。"她说："华人小区为澳洲其中一个最大的民族小区，在澳大利亚逾 150 年的发展史中，担当重要角色。本人对澳洲华人小区现时有更多正式的渠道透过这个委员会向政府表达意见，感到欣慰。"③

2013 年 1 月 28 日，澳大利亚华人团体协会举办庆祝澳洲日暨春节晚宴，澳大利亚总理吉拉德代表、卫生部部长普利伯塞克、新州州长奥法雷尔代表、新州公民、社区和土著事务部部长多米尼洛，新州 150 多个华人社团

---

① 《悉尼唐人街面临变迁：特色渐消逝更像"亚洲城"》，中国新闻网，2015 年 2 月 23 日。

② 《悉尼唐人街面临变迁：特色渐消逝更像"亚洲城"》，中国新闻网，2015 年 2 月 23 日。

③ 《澳移民部长华人咨询委会成立十华人委员均为侨领》，中国新闻网，2012 年 8 月 23 日，http：//www.chinanews.com/hr/2012/08 – 23/4127568.shtml。

和商贸机构代表约450人出席活动。中国驻悉尼段洁龙总领事在致辞中赞扬华人团体协会作为新州乃至澳洲最大的华人社团，多年来为争取旅澳华人合法权益，促进华社团结等付出了不懈努力，并将会为中澳关系的发展做出新的更大的贡献。澳大利亚卫生部部长普利伯塞克宣读了吉拉德总理的贺电。吉拉德总理在贺电中对华人团体协会多年来为弘扬中国文化传统、促进澳中人民友好联系做出的积极贡献表示赞赏，高度评价华人作为一个开放、充满活力的团体在将近200年的时间里对澳洲历史和现代进步做出的巨大贡献，号召各族裔人民共同努力，弘扬多元文化，加强民族团结，共创美好未来。[①]

同时，在身份认同上，亚洲移民也表现出新的特点。如：

华人移民本身发展特点反映了华裔澳洲人的身份和文化认同，表现出生命、民族和世界认同的跨越和融合的殊途同归的深刻内涵。在"白澳政策"下，华人在澳洲社会的"他者"地位和"受难者"形象使其与主流社会隔绝，海外民族主义在历届政府的护侨政策下得到强化，主要表现为其对中国的国家认同。同时，因《移民限制条例》而导致澳大利亚华人社会和人口结构变化，澳洲本土华人更倾向于对澳大利亚国家认同；1949年后，澳洲华人转向对澳大利亚国家认同的趋向更为明显，主要是因为：在冷战时期东西方阵营对立的大环境下，中澳关系处于冷冻期；新中国成立后中国政府放弃双国籍政策，侨务政策中"左"的错误以及澳大利亚政府的熔炉与同化政策。

1972年"白澳政策"废除后，澳大利亚实施多元文化政策。随着二战后华人移民来源地的多样化发展，尤其是改革开放以来大陆新移民赴澳数量增加，澳大利亚华人社会结构发生根本性变化。澳大利亚华人作为第三大族裔，人数日益增多。华人的身份认同不仅强化了澳大利亚的文化多元发展，同时也是中国侨务政策关注的重点。中国政府侨务政策的转变，不仅积极推动和吸引海外华人回国投资服务，同时也希望他们能够尽快融入移居国的主流社会。在这一大背景下，澳洲华人身份认同呈现跨国主义特征：一是在澳大利亚政治共同体中认同自己的澳大利亚公民身份，积极参与澳大利亚的政治社会生活；二是在澳大利亚多元社会中，华人族群认同和国家认同可以实现和谐共存。从总体趋势上来看，澳洲华人族群认同从认同于中华民族转向

---

① 《澳大利亚华人团体协会举行庆祝澳洲日暨春节晚宴》，中国新闻网，2013年2月1日，http://www.chinanews.com/hr/2013/02-01/4541018.shtml。

认同于华人族群，华人作为少数族群之一融入澳大利亚"多元文化"国家的建构中。

无论居住在哪里，澳洲华人新生代有意识或无意识都会面临文化"归属"的问题。海外华人出生在澳洲，成长在澳洲，回到中国后难免会遇到身份认同的困扰。近年来，随着中国经济的发展和中国文化在世界范围内的影响扩大，越来越多的"华二代"陆续选择回国读书、工作或创业，但他们的华人背景却给他们带来了身份认同的尴尬。虽然有着中国人的面孔，但澳洲国籍和流利的英语，使这些"华二代"时常会有疑问："我到底是谁？"他们对自我的认同不时会随着他人的判断而改变，自我定位难以确定。在跨国主义视野下，华人的身份认同因而具有多层次性和多重性的特点。

澳大利亚的印度移民对澳大利亚具有明显的身份认同倾向。2013 年澳大利亚多元文化机构发布了《映射社会凝聚力 2013：国家报告》（Mapping Social Cohesion National Report 2013），其中有关于印度移民对澳大利亚的认同问题调查。一是对澳大利亚媒体的接触频率的调查结果显示，印度移民选择"频率一年几次或是从不"的比例很低，其中通过电视了解澳大利亚新闻的这一频率是 4.9%，通过网络或报刊关注澳大利亚社会的这一频率是 6.8%，[①] 这说明印度移民对澳大利亚社会的关注度普遍较高。二是在印度移民就"我把自己看作一个澳大利亚人"身份认同问题上持"强烈同意或是同意"态度的比例占 75.1%，而且移民澳洲时间越长认同度越高。[②] 由此可见，大部分印度移民认同自己是澳大利亚人。

而就未来越南移民来说，对于自身的身份认同则会越来越倾向于接受"澳大利亚人"或者相对混合的身份。据统计，当前大部分澳大利亚越南移民仍然对于自己"越裔"或者"越南人"身份仍保持着强烈的认同感。约 88% 的越南移民会把自己描述为"越南人"或者"澳大利亚越南移民"。同样的现象在越南华裔中也存在，其中许多人会表示自己是澳大利亚人，但"根是属于中国的"。但这一现象在第一代和第二代越南移民族群中又存在不小的差异，只有 3.3% 的第一代越南移民会将自己认定为"澳大利亚人"，而这一数字在第二代移民群体中则达到了 26.7%。[③] 在社会和文化生活中，

① Australian Multicultural Foundation, *Mapping Social Cohesion National Report* 2013, p. 50.

② Australian Multicultural Foundation, *Mapping Social Cohesion National Report* 2013, p. 52.

③ Danny Ben-Moshea, Joanne Pykeb & Liudmila Kirpitchenkoa, "The Vietnamese Diaspora in Australia: Identity and Transnational Behaviour", *Diaspora Studies*, Vol. 9, No. 2, May 2016.

许多越南移民会在"澳大利亚人"和"越南人"这两种身份中寻求一种平衡，一些越南移民会试图将自己描述为"半越南、半澳大利亚人"。并且，趋向于结合"取悦他人"的越南文化和"重视自身感受"的澳大利亚文化，从而更好地融入当地社会。

总之，从文化发展前景看，越南移民一方面仍会保留着自身传统，例如语言习惯、文化观念、宗教信仰等；另一方面也会在与当地文化的接触和冲击中接受部分文化习俗，并产生文化重构现象，逐渐形成一种涵盖着越南传统文化与澳洲当地特征的特色文化，对澳大利亚多元文化社会的发展产生重要影响。

多米尼克·什纳贝尔（Dominique Schnapper）曾指出，现代社会不是由相互层叠、边界清晰的群体构成，而是由同时具有多角色、多参照标的个体组成……现代社会建立在人们的流动之上，建立在他们忠诚或背叛的多元性之上，建立在他们身份的多元性之上。在当前全球化日益加速的背景下，澳大利亚的菲律宾移民也同样面临着认同困境的制约。他们一方面要融入澳洲多元文化社会就必须调整自身，使之成为澳大利亚社会的一分子，在身份认同上归属于澳大利亚人；另一方面菲律宾赋予他们本国公民权，"迫使"他们积极参与本国内部事务，强化其与母国的政治认同与情感联系，导致菲律宾移民在身份认同上的分裂。造成这一局面的主要原因在于菲律宾政府实行的双重国籍政策导致的。

菲律宾政府鉴于菲律宾海外移民数量的日益增加、海外菲律宾人力量的不断增强及其对菲律宾社会经济发展的重要性，采取各种积极措施"拉拢"海外的菲律宾人。2003 年 8 月颁布了《保留和恢复公民身份国籍法》（The Citizenship Retention and Re-acquisition Act of 2003）之后。该法修正了菲律宾过去 67 年里一直使用的公民国籍法案，开始实行双重国籍政策，便于因归化其他国家而丧失菲律宾国籍的人能够重新获得菲律宾国籍，使得海外菲律宾人享有充分的公民权。这是自 1973 年实施归国菲律宾人项目 30 年后具有里程碑意义的举措。[①] 虽然这一举措在一定程度上不仅有助于推动祖籍国经济社会的发展，满足海外移民对祖籍国的眷恋的需要，而且还可以促进移民输出国和接纳国之间的联系，但是对移民来说这种双重认同带来的效忠问

[①] 参考路阳：《海外移民与跨国公民权的确立——基于印度和菲律宾两国实践的研究》，《南亚研究季刊》2016 年第 2 期。

题可能会影响移民与当地社会之间的互动。因此，这极有可能非但没有促进菲律宾移民有效地融入澳洲多元文化社会，还有可能加深他们与主流社会之间的猜忌与隔阂。

尽管澳大利亚亚裔社群在文化传承与身份认同方面还存在种种问题，但随着亚洲新移民的不断增加和社团的更新发展，未来澳大利亚亚裔的文化生活将愈加丰富多彩，报刊、电台、电视、文学作品，不仅使澳大利亚亚裔移民感受亲切，减少思乡之苦，抚慰心灵，还可以使他们不忘和传承亚洲祖籍国的东方文明，关注祖籍国建设与世界发展。以华文教育为代表的亚洲文化教育的发展，也将有利于传承和弘扬东方文化，提高在澳亚裔的社会文化地位。亚裔新移民的社团将会日益增多，专业性加强，知识水平不断提高，文化素质不断提升，能更好地为亚裔社群服务，融入主流社会，提升整个亚裔团体的社会地位。澳大利亚亚裔移民将与各民族和平共处、和谐生活并达成文化的共识，互相了解、互相尊重，共同推进澳大利亚多元文化的繁荣昌盛。

（四）在澳亚裔对澳亚关系的影响

20 世纪 70 年代以来，澳大利亚亚裔移民数量不断增加，他们对祖国怀有难以割舍的情结，在澳大利亚站稳脚跟、适应主流社会之后，事业不断拓展，社会经济地位不断提升，整体素质不断提高，在各个领域取得的成就引人注目。虽然思想观念、居住地域和生活方式等方面会发生变化，但对祖籍国的经济建设与澳亚关系的发展仍然会更加关注。他们中的许多人，经常奔走两国之间，搭起民族间理解沟通的桥梁，充当跨国贸易的经纪人，提供彼此知识传播和学术交流的国际平台，共同推动澳亚之间的科技文化交流。澳大利亚亚洲新移民所做的这些努力，积极推动了澳亚关系的健康发展。在21 世纪，随着经济全球化和地区一体化的加速，特别是随着中澳自由贸易区谈判的深入进展，澳大利亚亚裔新移民在澳亚关系中的作用将越来越重要。他们将在亚澳两地之间架起更为宽广的桥梁。

澳大利亚亚裔整体的地位的提升，必将推动澳亚关系的进一步发展。亚裔影响澳亚关系的能动性虽相对较小，但近年来在不断增长。如随着中国改革开放的深入发展，亚洲地区现代化进程的推进和全球化浪潮的加速，澳大利亚华人和亚裔已经充分认识到澳亚关系与自身前途命运的利害关系，意识到澳亚关系与澳大利亚亚裔社会的互动影响。因而，澳大利亚亚裔在壮大自身经济与政治力量的同时，会通过积极主动参与澳大利亚政治去影响澳亚关系，促进其保持良性发展，这样反过来也会有利于亚裔对澳大利亚政治的参与和社会地位的提高。如在2007年9月的澳洲大选中，华人等亚裔社群的投票在相当程度上影响了陆克文当选的成功，而陆克文表示将保持并推进澳大利亚与中国的战略伙伴关系。

澳大利亚亚裔对澳亚关系的影响在不断增强，首先表现在亚裔参政意识的不断强化。以华人为代表的亚裔群体专业知识阶层人数较多，参政成员构成多样，参政层面与参政形式也具有广泛性和多样性，并且有亚裔社会的支持和党派的政治依托。具备这些重要条件，澳大利亚亚裔将有更多政治精英步入政坛，能更好地维护亚裔社群利益，同时更有助于推进澳亚关系的深入发展。其次在经济上，近年来澳大利亚亚裔移民大量回国投资，其中含有回报母国和家乡之意，当然更多的是为了获取经济利益。如中国政府也大力宣传和支持这种观念，使华人在中国的投资，由历史上的"奉献"走向互利双赢。这也说明在经济全球化的浪潮下，华人和中国政府在经济利益方面更加趋于理性和务实。澳洲华人在北京中关村、上海浦东和珠江三角洲等地进行的各种创业投资和商业活动促进了中澳经济贸易与合作。2016年，中澳双边贸易额达到1078亿美元，2017年更达到1256亿美元，其中澳对中国出口764.5亿美元，从中国进口491.5亿美元，均比2016年有大幅增长。中澳经济贸易合作必将会有进一步发展。

目前，印度成为世界上经济增长最快的国家之一。除了向国内寄送印度经济发展所急需的重要资金——外汇之外，海外印度人对印度进行大规模投资也是重要的推动力。海外印度人大规模对印度投资始于20世纪90年代初。2000年至2009年，海外印度人对印度大规模投资，共投资1761.69亿卢比，占同期印度外商直接投资额的4.77%。[1] 海外印度人的投资给印度带来了发展资金。进入21世纪，随着澳大利亚印度移民人数的不断增加，澳大利亚与印度经贸往来的日益频繁，印度移民向母国投资的比例越来越大。澳大利亚政府统计数据显示，2015年，澳大利亚人对印度直接投资金额达到15亿澳元。其中，90%的投资是印度裔澳大利亚人。他们投资领域非常广泛，涉及IT产业、基础设施、食品、汽车、纺织、电子等，成为"印度制造"和"数字印度"的重要推动力。

再次在文化上，澳大利亚亚裔新移民很多人精通双语、多语，从事专业

---

① 李涛：《中、印海外移民与母国经济联系的比较研究》，《世界民族》2011年第3期。

技术工作，作为沟通东西文化的中介和桥梁，他们常往返于两国和世界各地，有力地推进着澳亚科技文化的交流与合作，他们在学习西方先进文明的同时，也在弘扬东方传统文化。他们将为多元文化政策下的澳洲和走向现代化的亚洲之间的文化交往和融汇做出新的贡献。如2012年9月18日，澳大利亚上海工商联合总会在悉尼宣告成立（中新社悉尼9月18日电）。该总会凝聚了主要来自澳中两国的商业精英、企业家、公司集团的法人和高级管理人员。该组织旨在积极促进澳大利亚与中国之间各层面的经贸交流，开展国际经贸信息沟通，为商业拓展搭建平台，实现共赢发展。会长严泽华认为，随着中国和澳大利亚经贸交流与合作的不断发展，企业间的交流合作越来越频繁，澳大利亚与经济发达的上海地区建立一个交流平台十分迫切。

澳大利亚上海工商联合总会将组织多种形式的企业和商家交流活动，向政府反映企业和会员的诉求，服务企业，发挥沟通和协调作用。组织企业和会员进行国际商贸考察交流活动，特别是组织每年一度对中国的商务交流活动，以及组织安排国际的招商会、论坛等，为企业提供商业机会。在该会成立发布会上，澳大利亚侨领周光明说，目前是澳中两国经贸发展的最好时期，澳大利亚经济保持稳健发展，上海经济发达、繁荣，希望澳大利亚上海工商联合总会成立后，为两国经贸交流合作做出新贡献。

近些年，印度政府非常重视海外印度人的发展，专门制定与海外印度人相关的积极政策，如定期举办"海外印度人节"和"海外印度人奖"等活动，成立了由外交部牵头的高级别的"海外印度人高级委员会"等，极大地促进了海外印度人与印度之间的交流与合作。目前，海外印度人对印度的经济、社会、文化的贡献度越来越大。

作为澳大利亚第三大移民群体的印度移民，他们中许多是信息技术、医学、法律以及工程等领域的专业人士，其贡献不仅体现在向印度的汇款方面，而且还体现在为印度服务、开创重要网络、引导学术方向以及在科学、技术、文化交流和商业领域所做的重要贡献。除此之外，他们还将具有印度特色的食物、音乐、舞蹈以及电影等传播到澳大利亚，特别是文化用品的传播成为印度人和澳大利亚印度移民之间文化联系的一个重要方面。印度的各种文化用品在澳大利亚印度移民中间有很大的市场需求。

菲律宾移民是澳大利亚与菲律宾联系的重要纽带。一方面，海外菲律宾人是菲律宾社会经济发展的重要支撑。澳大利亚菲律宾移民通过汇款、通信联络、回乡探亲、捐赠或投资等方式，不仅维持着与菲律宾社会的密切联系，而且对菲律宾的社会经济文化的发展起到举足轻重的影响和推动作用。另一方面，澳大利亚的菲律宾移民成立了许多社团机构，它们广泛开展与主流社会的交流活动，积极融入澳大利亚多元文化社会，为两国的经济文化的交流与合作做出了建设性贡献。

目前，活跃在澳大利亚的"澳大利亚—菲律宾商业理事会"（Australia Philippines Business Council，APBC），成立于 1975 年 4 月，旨在促进澳菲友谊、加深彼此理解与信任、谋求两国企业界的共同利益，促进澳菲两国的贸易、投资以及技术合作等。除此之外，"菲律宾—澳大利亚友好协会"（Philippine-Australian Friendship Association）以及"澳大利亚—菲律宾协会"（Australia-Philippine Association）等社团机构在澳大利亚与菲律宾两国的经济文化交流领域发挥了积极的作用。罗密欧·卡亚巴布（Romeo Cayabyab）是在线纪录片"菲律宾澳大利亚人"的编导和发行人。长期以来，他一方面致力于报道澳大利亚菲律宾移民社区社会生活的方方面面，以便让更多的澳大利亚人认识和了解菲律宾移民；另一方面他又大力宣传澳大利亚多元文化主义，向菲律宾移民介绍澳大利亚的历史传统、政治制度、风土人情以及文化价值观等，以便让菲律宾移民更好地适应和融入澳大利亚社会。鉴于他在传播澳大利亚多元文化以及促进澳菲两国的文化交流方面所做出的突出贡献，澳大利亚政府于 2012 年授予他"多元文化传媒奖"（Multicultural Media Award）。

越南是东南亚经济发展最快和最具活力的国家之一。目前，越南已经跻身于全球增长最快的经济体之列。随着越南经济的快速发展，越南人向海外移民的人数不断增加。近些年，澳大利亚的越南移民人数稳定上升。越南成为澳大利亚十大移民来源国之一。越南移民大多年富力强，专业素质高，他们一方面积极地适应和融入澳大利亚社会；另一方面，他们利用社会网络、信息技术、社团组织等加强与母国的联系，为促进澳大利亚和越南之间的经济和社会文化的交流与合作发挥了桥梁的作用。

澳大利亚斯威本科技大学约翰·菲茨杰拉德教授指出："亚洲技术移民及亚洲留学生已经成为建设繁荣澳大利亚的重要动力，为其创新发展和文化理解开辟了新的道路。"[1] 澳大利亚的亚洲移民利用数字化开展科研活动，

---

[1] 王晓真、吕泽华编译：《亚洲技术移民推动澳大利亚技术创新与交流》，中国社会科学网，2015 年 6 月 30 日。

积极促进澳大利亚高校与中国、印度等高校进行科研合作。此外，日益增加的亚洲移民促进了澳大利亚高校积极建立与亚洲的文化关系，提高亚洲民众对澳大利亚的文化认识。澳大利亚首席科学家伊恩·查布强调："来自中国、印度和其他亚洲国家的技术移民正逐步主导澳大利亚的科学与文化关系，为创新发展以及更好地促进澳大利亚与亚洲诸国之间的关系铺平道路。"①

作为一个传统的移民国家，澳大利亚今天的壮大离不开移民，未来的发展更离不开移民，加之现行政府推行多元文化政策，因此澳大利亚亚裔数量与社会地位将会继续有所增长和提高。在澳亚裔移民要对澳亚关系产生积极的影响，发挥应有的作用。

首先，需要积极关注政治和澳亚关系的发展，认识同处亚太地区的亚洲与澳大利亚关系的重要性与特点，了解澳亚关系和亚太地区国际关系的发展趋势。澳亚关系目前正处于历史最好时期，它的发展变化要受多种因素制约，同时也会对澳大利亚亚洲移民政策和亚裔社会产生影响。具备一定人口数量与经济实力并关注政治的澳大利亚亚裔移民将会对澳亚关系发挥积极的作用。

其次，要充分了解澳大利亚政治与法律，要通过参政议政，步入澳大利亚政坛，影响澳大利亚政府决策，维护亚裔社群的合法利益，推动澳亚关系的良性发展。在提高参政意识和参政能力方面应注意以下问题：1. 加强社团建设，形成有影响的华裔亚裔压力集团，积极介入澳大利亚主流政治，参与联邦与地方政府事务；2. 合法地、光明正大地捐助政治资金，进行合法的游说活动；3. 充分利用手中的选票，使华裔亚裔成为澳大利亚主流政治中"关键的少数"；4. 支持杰出的华裔亚裔政治精英进入各级政府部门，鼓励普通华裔亚裔民众也积极参与当地社会政治事务和公益活动。

再次，要充分整合亚裔社团内部资源，形成合力。澳大利亚亚裔移民来源地各异，包括中国大陆、台港澳、东南亚、南亚等其他地区。这就需要澳大利亚亚裔团结一致，增强内部凝聚力，充分利用澳大利亚民主政治架构提供的有利空间，摒弃门户之见，克服不利因素，不断提升自身政治素质与经济和社会地位，谋求澳亚关系的良性发展。

最后，要广泛联合其他少数民族社群，在多元文化政策下与澳大利亚国

① 王晓真、吕泽华编译《亚洲技术移民推动澳大利亚技术创新与交流》，中国社会科学网，2015 年 6 月 30 日。

内一百多个民族相互尊重，和睦相处。在维护澳大利亚国家利益的前提下，寻求维护各民族的合法利益与未来发展，团结联合各少数民族，共同提升自身地位。

　　总之，自第二次世界大战结束特别是中澳建交、改革开放和澳大利亚废除"白澳政策"以来，澳大利亚亚裔社会的人口不断增加，经济水平不断提升，参政能力不断强化，社会地位不断提高，整体实力明显增强。澳大利亚亚裔将在多元文化政策下更好地融入主流社会，团结凝聚力量，提高自身素质，在推动澳亚的经济贸易合作，科技文化交流，民间团体的友好往来，发展澳亚关系和亚太地区合作方面发挥积极的影响。正如 2013 年 2 月 11 日，澳大利亚时任总理吉拉德在邀请华人代表、主流商界代表、部分联邦内阁部长和国会议员等悉尼的总理官邸做客，共庆中国春节时所指出："澳大利亚华人社区的贡献是澳大利亚成功历史的一部分，是建设澳大利亚不可或缺的元素。"并再次强调，"21 世纪是一个亚洲主导发展的世纪"。[①] 2015 年 11 月 17 日，国家主席习近平访澳期间在澳大利亚联邦议会发表《携手追寻中澳发展梦想 并肩实现地区繁荣稳定》的重要演讲，强调中国始终视澳大利亚为重要伙伴。双方决定把中澳关系提升为全面战略伙伴关系，并宣布实质性结束中澳自由贸易协定谈判。展望未来的中澳关系，习近平强调：中国正在全面深化改革，澳大利亚政府也在构建多元化、可持续增长格局。双方可以将各自发展战略深度对接，实现优势互补，建立更加紧密的互利合作关系。中澳关系这棵大树要永远枝繁叶茂，必须扎深人文交流的根基。中澳双方应该创造更多条件，促进教育、文化、科技、旅游等领域以及地方交流合作，在中澳两国人民之间架起更多理解和友谊的桥梁。[②] 随着当今经济全球化和地区一体化趋势的不断加速，建立在和平共处和求同存异、互利共赢基础上的面向 21 世纪的中澳关系和亚澳关系将会有新的更大的发展。澳大利亚亚裔社会和亚裔新移民在新的历史条件下，也将会为推动中澳关系与澳亚关系的深入发展发挥更为重要的作用。

---

① 《澳大利亚总理在悉尼官邸庆贺中国春节》，中国新闻网，2013 年 2 月 11 日，http：//www.chinanews.com/hr/2013/02 – 11/4561671.shtml。

② 国家主席习近平 2015 年 11 月 17 日在澳大利亚联邦议会发表题为《携手追寻中澳发展梦想 并肩实现地区繁荣稳定》的重要演讲，新华网堪培拉 11 月 17 日电。

附录一　澳大利亚华人移民相关统计表

澳大利亚华人社团名录（部分）

同乡会、联谊会

名称	创建时间	总部或地点	现任会长（或主席）
阿德莱德学生学者联谊会（Adelaide Chinese Scholars and Students Association）	2011	阿德莱德	向建军
澳大利亚（中华情）联谊总会（Australia（Our Chinese Heart）Association）	2007	悉尼	张宪舫
澳大利亚澳华友好协会（Australian – Chinese Friendship Association）	1994	悉尼	塔尼亚
澳大利亚藏族同胞联谊会（Australian Tibetan Friendship Association）	2013	悉尼	班觉才仁
澳大利亚大连理工大学校友会（Australia Alumni of Dalian University of Technology）	2002	悉尼	张亚鸣
澳大利亚福清同乡联谊会（Australia Fuqing Association Inc.）	1995	悉尼	施祖能
澳大利亚福州同乡会（Australia Fuzhou Association Co. ltd.）	1994	悉尼	陈炜杰
澳大利亚贵州同乡会（Australia Guizhou Association）	2004	悉尼	郑建华
澳大利亚河南（中原）联谊会（Australian Central China Association）	2007	珀斯	阎兴
澳大利亚湖北联谊会（Australia Hubei Association Incorporated）	2011	悉尼	邝远平
澳大利亚华人团体协会（Australia Council of Chinese Organizations Inc.）	1974	悉尼	吴昌茂
澳大利亚江苏华人华侨总会（Jiangsu Community Society Association of Australia Incorporated）	2008	悉尼	孙晋福

续表

名称	创建时间	总部或地点	现任会长（或主席）
澳大利亚江苏总会（Australia Jiangsu Association）	1998	悉尼	韦祖良
澳大利亚江西同乡会（Jiangxi Association of Australia Inc.）	2010	悉尼	徐燕子
澳大利亚昆士兰华人联合会（Queensland Chinese United Council Australia）	2006	布里斯班	马连泽（秘书长）
澳大利亚美术家协会（Australia Artists Association）	2000	悉尼	彭伟开
澳大利亚闽南同乡会（Australia Minnan Association Inc.）	2000	悉尼	黄永聪
澳大利亚南澳潮州乡亲会（Teo Chew Association of South Australia Inc.）	1998	阿德莱德	黄家建
澳大利亚南通同乡会（Australia NanTongnese Association Inc.）	2012	悉尼	陈银新
澳大利亚上海海外联谊会［Shanghai Chinese Overseas Friendship Association（Australia）Inc.］	1988	墨尔本	胡培康
澳大利亚上海同乡会（Australia Shanghainese Association）	1994	悉尼	叶联水
澳大利亚首都地区中国和平统一促进会（Australian Capital Territory Council for the Promotion of Peaceful Reunification of China）	2006	堪培拉	陈蔚东
澳大利亚首都地区中国学生学者联谊会（Australian Capital Territory Chinese Students and Scholars Association）	1989	堪培拉	朱润邦（负责人）
澳大利亚首都华人社团联合会（Federation of Chinese Association of Australian Capital Territory）	2001	堪培拉	颜种旺（负责人）
澳大利亚苏州总会（The Federation of Australia Suzhou Association）	2012	悉尼	徐仪
澳大利亚中国大学校友会联盟（The League of Chinese Universities Alumni Association in Australia）	2010	悉尼	李菲菲
澳大利亚中国留学人员创业协会（Australia Chinese Professional and Students Innovation Association）		悉尼	王涛
澳大利亚中国统一促进会（Australia China Reunification Association）	2005	悉尼	李涛
澳大利亚中国知青协会（Australia Chinese Zhi-Qing Association）	2001	悉尼	李秉文
澳大利亚中华青年联合总会（Australia Chinese Youth Federation）	2006	悉尼	王然

续表

名称	创建时间	总部或地点	现任会长（或主席）
澳大利亚中山同乡会（Chungshan Society of Australia Inc.）	1982	悉尼	黄少航
澳大利亚重庆同乡会（Australia Chongqing People's Association）	2010	悉尼	向兰英
澳大利亚珠海联谊总会（ZhuHai Friendship Society of Australia）	2013	悉尼	郑志才
澳华联盟（Chinese Australia Alliance）	2013	墨尔本	胡玫（召集人）
澳华全国妇女会（National Australian Chinese Women Association）	2012	墨尔本	胡玫
澳中青年联合会（Aust-China Young Elite Association）	2011	珀斯	季雪峰
澳洲潮州同乡会（AustralianChinese Teo Chew Association Inc.）	1988	悉尼	李国兴
澳洲达尔文学生学者联谊会（Chinese Scholars & Students Association, Darwin）	2010	达尔文	李吉
澳洲东莞同乡会公义堂（Goon Yee Tong Inc.）	1993	悉尼	陈日坤
澳洲福建会馆（The Australian Hokkien Huay Kuan Asso.）	1982	悉尼	洪永裕
澳洲福建乡情联谊会（Australian Fujan Association）		悉尼	林锦姗
澳洲广东会馆（Guangdong Association of Australia）	2000	悉尼	吴其芬
澳洲广西钦廉同乡会（Australian Chin Lien Chinese Assocation）	1993	悉尼	陈纬球
澳洲洪门致公总堂（Chinese Masonic Society）	1855	悉尼	黄翼强（盟长）
澳洲华人华侨妇女联合会（Australian Chinese Women's Council）	2013	珀斯	陈莉莉（负责人）
澳洲华人华侨妇女联合会（Australian Chinese Women's Federation）	2009	珀斯	陈莉莉
澳洲墨尔本洪门民治党（Chinese Masonic Society Melbourne）	1860	墨尔本	雷谦光
澳洲纽省越棉寮华人联谊会（NSW Indo Chian Chinese Association Inc.）	1980	悉尼	刁振谋
澳洲侨青社（Chinese Youth League of Australia Inc.）	1939	悉尼	柯黄美容
澳洲维省潮州会馆	1990	墨尔本	马世源
澳洲新疆华人协会（Xinjiang Chinese Association of Australia Inc.）	2006	墨尔本	佟雷生
澳洲新南威尔士州澳华公会（Australian Chinese Community Association of NSW）	1974	悉尼	李尚超

续表

名称	创建时间	总部或地点	现任会长（或主席）
澳洲雪梨四邑同乡会（Sze Yup Society）	1898	悉尼	甄振武
澳洲要明同乡会（Australia Yiu Ming Society）	1980	悉尼	钟荣
澳洲中国大陆华人暨朋友联合会（Association of Australian Chinese Mainlanders and Friends）	2006	珀斯	袁浩波
澳洲中国各民族同胞联谊会（Australian Association of All Nationalities of China）	1993	悉尼	孙仁宝
澳洲中国和平统一促进会（Australian Council for the Promotion of peaceful Reunification of China）	2000	悉尼	邱威廉
澳洲中国专家学者联合会（The Federation of Chinese Scholars in Australia）	2004	悉尼	窦世学
白马市中老年华人联谊会（Whitehorse Chinese Senior Friendship Association）	2012	墨尔本	
北澳达尔文中华会（Chung Wah Society Darwin NT）	1946	达尔文	陈春球
北澳帝汶华人联谊会（N. T. Timor Chinese Association Inc. Club）	1976	达尔文	巫天领
北澳客属公会（Hakka Association of NT）	1994	达尔文	饶蕴基
哈尔滨工业大学澳大利亚校友会（Australia Alumni of Harbin Institute of Technology）	2009	悉尼	亢建平
华人服务社（Chinese Australian Services Society）	1981	悉尼	梁瑞昌
黄埔军校澳大利亚联谊会（Australian Association for the Friends of the Huangpu Military Academy）	2010	堪培拉	陈蔚东
基隆华人协会（Chinese Association of Geelong Inc.）	1997	墨尔本	王训该
凯恩斯区华人会（Cairns& District Chinese Association Inc.）	1978	凯恩斯	陈丽珠
堪培拉澳华会（ACT Chinese Australian Association Inc.）	1988	堪培拉	黄陈桂芬
堪培拉华联社（Federation of Chinese Community of Canberra Inc.）	1994	堪培拉	宁天苓
堪培拉华人联谊会（Canberra Chinese Club）	1980	堪培拉	方展文
昆士兰华人论坛（Queensland Chinese Forum）	1995	布里斯班	何德森
昆士兰中国人协会（Mainland Chinese Society QLD Inc.）		布里斯班	陆琳
墨尔本天津同乡会（Tianjin Chinese Association of Melbourne Australia）	2003	墨尔本	王岭梅

续表

名称	创建时间	总部或地点	现任会长（或主席）
墨尔本越南知用校友会［Melbourne Tridung（Chee yung）Alumni Association］	2005	墨尔本	徐国联
墨尔本中国博士沙龙（Association of Chinese PhD Students and Young Scholars）	2012	墨尔本	刘晓
南澳华联会（Overseas Chinese Association of SA Inc.）	1979	阿德莱德	陈昭泉
南澳中华会馆（The Chinese Association of South Australia Inc.）	1971	阿德莱德	颜清湟
全澳中华青年联合会暨澳中青年交流促进会（Australian Chinese Youth Exchange Promotion Association）	2007	悉尼	甘现科
史宾威华人互助会（Springvale Mandarin Network）	2004	墨尔本	王佐新
塔省华人联谊会（Chinese Community Association of Tasmania Inc.）	1969	霍巴特	陈源利
塔斯马尼亚大学中国学生学者联谊会（UTAS Chinese Students and Scholars Association）		霍巴特	
维省华人社团联合会［The Federation of Chinese Association（VIC）Inc.］	1979	墨尔本	周仲民
维省中华协会（Chinese Association Victoria）	1982	墨尔本	周仲民
西澳大利亚学生学者联合会（Western Australia Chinese Students and Scholars Association）	2006	珀斯	王有腾
西澳福建同乡会（Western Australia Fujian Association）	2008	珀斯	洪泉龙
西澳山东同乡会（Shandong Association WA）	2005	珀斯	段昕
西澳中国和平统一促进会（Western Australia Council for the Promotion of the Peaceful Reunification of China）	2011	珀斯	潘邦焰
西澳中华会馆（Chung Wah Association）	1909	珀斯	叶森美
新南威尔士州立大学中国学生学者联谊会（UNSW-CSA）	1992	悉尼	刑东
新南威尔士州中国学生学者联谊会（NSW Chinese Students and Scholars Association）	2007	悉尼	王鹏
樱桃小溪华人社区协会（The Cherrybrook Chinese Community Association）	1990	悉尼	叶万亿

商会

名称	创建时间	总部或地点	现任会长（或主席）
澳大利亚福建工商联谊总会（Australia Fujian Chamber of Commerce）	1999	悉尼	陈展垣
澳大利亚福建总商会（Australia Fujian Entrepreneurs Association Inc.）	2009	悉尼	吴章强
澳大利亚海南总商会（Australia Hainan Chamber of Commerce Incorporated）	2013	悉尼	王人庆
澳大利亚华人餐饮业商会（Australia Chinese Restaurateur Association）	2009	悉尼	糜征孚
澳大利亚南京总商会（Australia Nanjing General Chamber of Commerce Inc.）	2013	墨尔本	季昌群
澳大利亚悉尼上海商会（Sydney Shanghai Business Association）	2012	悉尼	卞军
澳亚工商总会（Australian Asian Business Federation）	1999	悉尼	丽丽芳婷
澳中工商联合会（Australia – China Commerce & Industry Alliance Inc.）	2012	悉尼	苏鑫峰
澳中企业总商会（Australia-China Chamber of CEO Inc.）	2012	黄金海岸	成洁
澳洲广东工商联合会（Australia Guangdong Commence Council Inc.）	2012	墨尔本	阿波罗·林
澳洲莆田商会（Australia Putian Business Chamber）	2013	悉尼	戴秉凡
澳洲中华经贸文化交流促进会（Australia China Economics，Trade& Culture Association）	2011	悉尼	林辉源
南澳中华总商会（Chinese Chamber of Commerce of South Australia）	1990	阿德莱德	施国华
南悉尼华人商会（NSW Southern Region Chinese Business Association）	2011	悉尼	江兵
塔斯马尼亚华人商会（Tasmania Chinese Business Association）	2013	霍巴特	徐哲（副会长）
西澳浙江商贸文教促进会（WA Zhejiang Business and Culture Promotion Association Inc.）	2009	珀斯	顾丽君
西澳中华总商会（Western Australian Chinese Chamber of Commerce Inc.）	1987	珀斯	陈超群
中澳经济技术联合会（Australian – Chinese Economy & Technology Association）	2013	悉尼	王纬海
中澳企业家联合会（China-Australia Entrepreneurs Association Inc.）	2008	阿德莱德	王雷蒙

专业团体

名称	创建时间	总部或地点	现任会长（或主席）
澳大利亚华人金融专家协会（Australia Chinese Finance Organization）	2004	悉尼	曾毅
澳大利亚全国中医药协会（Australia Traditional Chinese Medicine Association Inc.）	1985	悉尼	关滨
澳大利亚孙子研究会（Australia SUN TZU Research Association）	2013	悉尼	丁兆璋
澳大利亚中国矿业联谊会（China Mining Club of Australia）	2010	达尔文	侯明金
澳大利亚注册中医联合会（Australian Union of Registered Chinese Medicine Practitioners）	2012	悉尼	韦国庆
澳华科学技术协会（Australian Science & Technology Society）	1999	悉尼	童世庐
澳中文化议会（The Australian and Chinese Cultural Council Inc.）	2008	悉尼	李竞荣
澳大利亚华人慈善总会（Chinese Beneficence Federation of Australia Inc.）	2011	悉尼	刘敬宇
澳洲华人公益金（Australian Chinese Charity Foundation）	1991	悉尼	朱暑南
澳洲华人建筑协会（Australian Chinese Building Association）	2014	墨尔本	Bailey ompton（名誉会长）
澳洲华人历史文物会（Chinese Heritage Association of Australia）	2002	悉尼	刘瑞馨
澳洲华人葡萄酒协会（Chinese Wine Association of Australia）	2012	悉尼	徐国荣
澳洲华人生物医学科学协会（Australia Chinese Association for Biomedical Science Inc.）	2004	墨尔本	欧汝冲
澳洲华人生物医学协会塔州分会（Australia Chinese Association for Biomedical Sciences，Tasmania Branch Inc.）	2012	霍巴特	丁长海
澳洲华人体育联合会	2004	悉尼	林耿辉
澳洲华裔相济会（Australian Chinese & Descendants Mutual Association）	1980	悉尼	韩普光
澳洲华裔相济会颐养院（Australian Chinese with Masonic Home for the Elderly）	1995	悉尼	
澳洲孔子研究会（Australian Confucius Research Society）	2007	悉尼	钱启国
澳洲蓝天高尔夫球会（The Alibatron Club）	2002	悉尼	张德隆

续表

名称	创建时间	总部或地点	现任会长（或主席）
澳洲悉尼女狮子会（Lions Club of Sydney Waratah Inc.）	2006	悉尼	谭茜文
澳洲中国书画艺术学院（Australia College of Chinese Calligraphy，Painting and Art）	1998	悉尼	蒋威廉（院长）
更生会（CanRevive Inc.）	1995	悉尼	陈咏娥
昆士兰华人科学家与工程师协会（Queensland Chinese Association of Scientists and Engineers Inc.）	2002	布里斯班	邹进
南澳中华医学协会（Australia Chinese Medical Association South Australia）	1992	阿德莱德	潭达恩
西澳华人科学家协会（WA Chinese Scientists Association）	2003	珀斯	马国伟
雪梨西区高龄福利会（Sydney West Elderly Welfare Association Inc.）	1985	悉尼	李明
亚太摄影协会（Australasian Photographic Association）	2008	珀斯	周丹

文艺团体

名称	创建时间	总部或地点	现任会长（或主席）
澳大利亚华人文化团体联合会	2007	悉尼	许耀林
澳大利亚华人文化艺术界联合会（Australia Chinese Performing Artist's Association）	1990	悉尼	余俊武
澳大利亚中文教师联会（The Chinese Language Teachers Federation of Australia Inc.）	1994	珀斯	吴坚立
澳大利亚中文教育促进会（Australian Council for the Promotion of Chinese Language& Cultural Inc.）	2006	悉尼	许易
澳大利亚中文学校联合会（Australian Chinese Language Schools Association Inc.）	2000	悉尼	林斌
澳中友好发展协会（Australia China Friendship and Development Association Inc.）	1951	阿德莱德	陈阳磊
澳洲华人志愿者协会（Chinese Volunteers Australia）	2013	悉尼	周硕
堪培拉中华文化交流促进会（Australian Chinese Culture Exchange and Promotion Association Inc. Canberra）	2001	堪培拉	周昕
墨尔本华文作家协会（Australian Chinese Writers Association Melbourne ING）	1993	墨尔本	戴秀芳
纽修威中文教育理事会（Chinese Language Education Council of NSW）	1983	悉尼	彭福谅

续表

名称	创建时间	总部或地点	现任会长（或主席）
世界华人体育联合总会（Global Chinese Sports United Association）	2012	墨尔本	关忠勇
塔斯马尼亚文华会（WEN HUA HUI-Chinese Cultural Society Inc.）	2003	霍巴特	牛改桥
西澳东方文化艺术协会（WA Oriental Culture and Arts Association）	2008	珀斯	周由
雪梨华人狮子会（The Lions Club of Sydney Chinese Inc.）	1995	悉尼	张俊明
中澳青年合作组织（Australia-China Youth Cooperation）	2013	堪培拉	江嘉梁

澳大利亚 BRW 富豪榜 100 榜上榜华人及其资产情况表

个人或家族	所属行业	2010 年排名	2010 年资产	2011 年排名	2011 年资产	2012 年排名	2012 年资产	2013 年排名	2013 年资产	2014 年排名	2014 年资产
许荣茂	房地产	—	—	—	—	—	—	7	48.2 亿澳元	6	63.52 亿澳元
张大卫	电信	62	6.15 亿澳元	92	—	77	5.25 亿澳元	34	10.6 亿澳元	17	20.03 亿澳元
黄炳文	实业	—	—	—	—	—	—	—	—	26	12.55 亿澳元
周泽荣	房地产	35	9.2 亿澳元	37	9.7 亿澳元	31	10 亿澳元	36	10.5 亿澳元	32	11.3 亿澳元
叶立培	房地产	—	—	—	—	—	—	79	6 亿澳元	58	7.5 亿澳元
傅显达	零售业	—	—	57	—	52	6.95 亿澳元	59	7.1 亿澳元	59	7.5 亿澳元
张水宜	煤矿	—	—	38	9.5 亿澳元	32	10 亿澳元	48	8 亿澳元	95	4.8 亿澳元
李氏家族	电器零售业	23	4.89 亿澳元	24	5.2 亿澳元	26	4.75 亿澳元	98	4.55 亿澳元	96	4.7 亿澳元
施正荣	太阳能	54	7.04 亿澳元	91	4.84 亿澳元	—	—	—	—	—	—
陈氏家族	房地产	50	—	52	2.79 亿澳元	—	—	42	3.1 亿澳元		

本表参考资料：《澳大利亚华人年鉴 2013》，澳大利亚华人年鉴出版社，2014 年，第 214 页。BRW 官方网站：http://www.brw.com.au/lists/rich-200/2014/，2015 年 1 月 29 日。

澳洲华人主要诊所与餐馆列表

医疗诊所

端州中药行 Eastwood Chinese herbal medicine & grocery

汉洋俱乐部 Chinese Cultural Club Ltd.

回春商行 Chinese Herbs & Foods Centre

汇粹中医针灸中心 Hui Cui Chinese Medicine Acupuncture Centre

迦南中医药骨伤针灸推拿按摩中心 Jianan Chinese Massage Central

健宁参茸医药中心 Yao's Chinese Therapy Centre

南澳中医药针灸学会 Society of Chinese Medicine & Acupuncture Of S. A.

荣秀中医康复中心 Rongxiu Chinese Medicine Rehabilitation Centre

有立中医诊所 You Li Chinese Clinc

中华渗茸国际行 Chinese Ginsengs & Herbs Co. P. L.

Box Hill Chinese Herbal Shop & Acupuncture Centre

Chinese Medicine Gynecology

East China Chinese Medical Centre

Eastern Traditional Chinese Medical Centre

Hong Kong Acupuncture and Traditional Chinese Medical Clinic

Hong Ling Chinese Herbal

Hui Cui Chinese Medicine & Acupuncture Centre

Northland Chinese Medical Centre

Northland Chinese Medical Centre （针灸）

R X Chinese Medicine Centre

Tai It He Chinese Medicine Clinic

Teleantone Chinese Medicine & Acupuncture Centre

Wens Chinese Medicine & Acupuncture

餐馆

巴国布衣 Too Raking Fine Chinese Cuisine

大华饭店 Fine Chinese Cuisine

德记烧茶餐厅 Oriental Inn Chinese Restaurant

东鸣亚洲食品 J&M Chinese Grocery

发记烧海鲜菜馆 Rock Kung Chinese Restaurant

富华邨酒家 Licensed Chinese Restaurant

富圆楼 Fu Ju Chinese Restaurant

国利酒家 Ling Nan Chinese Restaurant

汉宫 Han Palace Chinese Restaurant

鸿星海鲜酒家 All People Chinese Restaurant

鸿运 City BBQ Chinese Restaurant

华亭茶餐厅 Chinesepavilion Cafe

皇都酒楼 Lily Dale Palace Chinese Restaurant

皇国酒家 Imperial Kingdom Chinese Restaurant

季之龙海鲜烧麦酒家 JJ s Chinese Seafood Restaurant

金湖酒家 Canton Lake Chinese Restaurant

金辉海鲜大酒楼 Gold Leaf Chinese Restaurant

金龙宫 Golden Dragon Palace Chinese Restaurant

金唐海鲜酒楼 Golden Centuny Seafood Restauraut

东海酒家 Eastocean Restaurant

食为先 Shark Fin House

龙舫酒家 Dragon Boat Restaurant

金园酒家 Golden Inn Chinese Restaurant

锦成海鲜酒家 HornsbyChinese Seafood Restaurant

京宝海鲜大酒楼 Kingbo Chinese Restaurant

靓征酒家 Hingara Chinese Restaurant

龙门海鲜酒家 Dragon Seafood Chinese Restaurant

龙珠城 New Panda Chinese Restaurant

畔溪海鲜酒家 RiverSide Chinese Restaurant

平明中越餐室 Saigon Sunrise Vietnamese & Chinese Restaurant

奇二馆 K. E. Chinese Restaurant

顺景菜馆 Eaton Chinese Restaurant

宋家私房茶 Sune s Kitehen Exquisite Chinese Dining

泰记食家 Tai Kee Noodle &Chinese Restaurant

唐人街牌坊风水师 Chinese Soothsayer

同和 Copper Chimney Chinese Restaurant

西湖大酒店 West Lake Chinese Restaurant

喜鹊楼 Little Beijing Horse Chinese Restaurant

新华酒家 Sun Wah Chinese Restaurant

新香港烧腊海鲜酒家 Hong Kong BBQ & Seafood Chinese Restaurant

新兴酒家 The Sing Hing Chinese Restaurant

银都中餐馆 Werribee Siler Chopsticks Chinese & Malaysian Restaurant

余记粤菜馆 Lucky Yu Chinese Restaurant

圆中苑海鲜酒家 Yuans Chinese Family Restaurant

越新中越餐厅 Pho'ben Vietnamese&Chinese Restaurant

珍珍小菜馆 Lantern Garden Chinese Restaurant

中秋月海鲜酒家 Eastern August Moon Chinese Restaurant

中越餐室 Tony's ChineseVietnamese Restaurant

醉雅轩海鲜酒家 Eastern Palace Chinese Restaurant

All People Chinese Restaurant

B. Y. O Pha Dakao Hoang Vietnamese &Chinese Restaurant

Cake World （糕饼商店）

Camera Chinese Restaurant

Cantonese Inn Chinese Restaurant & Takeaway

Chans Chinese Restaurant

China King Chinese Seafood Restaurant

Chinese and Italian Food

Double Bay Chinese Restaurant

Edwards's Chinese Stoves &Kitchens

G &P Chinese Food

Golden Dragon Palace Chinese Restaurant

Good Taste Chinese Bbq Kitchen

Grand Palace Chinese Restaurant

Imperial Kingdom Chinese Restaurant

New Royal garden Chinese Restaurant

Super Bowl Chinese Restaurant

Super Bowl Chinese Restaurant

Superior Peking Chinese Restaurant

Supper Inn Chinese Restaurant （宵夜店）

Tai Kee Chinese Restaurant

V. I. P. Court Chinese Restaurant （Harman's）

Won Kee Chinese & Thai Restaurant

Wu Sunrise Chinese Medicine &Therapy Centre

Yun Sum Hong Chinese Herbs & Health Food

20世纪70年代以来澳大利亚各级政府参政华人部分名单概览

序号	姓名	性别	党派	职位	任职所处级别	当选时间或任期
1	李锦球	男		墨尔本市副市长、市议员	地方级别	1996~2000
2	苏震西	男	独立派	墨尔本市市长、市议员	地方级别	1991~2008
3	曾筱龙	男	工党	悉尼市市长、市议员	地方级别	1991~1999
				新南威尔士上议员	州级别	1999~2009
4	邝鸿铨	男		达尔文市市长	地方级别	1984~1990
5	林丽华	女	独立派，后加入团结党	奥本市议员，荣誉市长，奥本市市长、市议员	地方级别	1991~
6	黄国鑫	男	无党派	阿德雷德市市长、市议员	地方级别	1992~2003
7	赖利贤	男		雅拉市市议员	地方级别	1996~2008
8	蒋天麟	男	工党	戴瑞滨市市长、市议员	地方级别	2002~2012
9	钟富喜	男	工党	白马市市长，议员	地方级别	1996~
10	谢如汉	男		大丹迪龙市市长，议员	地方级别	1997~
11	邓文威	男		Glen Eira 市议员，市长	地方级别	2005~2012
12	苏伟进	男		Brimbank 市议员，副市长	地方级别	2008~2011
13	蔡尚喜	男	独立派	Manningham 市议员，副市长	地方级别	2008~2012
14	林芳	女		达尔文市市长，议员	地方级别	2012~
15	罗介雍	男		莫纳什市副市长、市议员	地方级别	2008~
16	刘娜心	女	团结党	赫斯特维尔市（好市围）市议员	地方级别	2008~
17	王大卫	男		墨尔本市市议员	地方级别	
18	李谢夫	男		巴拉玛打市议员	地方级别	
19	李颖斌	男	独立派	莱德（Ryde）市市议员、副市长	地方级别	2008~
20	吴琦玲	女		墨尔本市市议员	地方级别	2001~2008

续表

序号	姓名	性别	党派	职位	任职所处级别	当选时间或任期
21	尤帼卿	男		The Hills Shire 议员	地方级别	1999~2003
22	许明	男		奥本市议员	地方级别	1999~2004
23	张桂莲	女		艾舍菲议员	地方级别	2004~2006,2006年解除议员资格
24	钱忠嘉			Ryde 议员	地方级别	
25	王国忠	男	团结党,后加入工党	宝活市市长、市议员	地方级别	2000~2013
				新南威尔士州上议员	州级别	2013~
26	刁汉彪	男	工党	费菲市市议员、副市长	地方级别	1999~2007
27	区龙	男	团结党	奥本市市议员,副市长	地方级别	2004~2012
28	黄纪严	男	团结党后加入工党	好市围市(好市围)市议员	地方级别	2000~2012
29	赵淑卿	女	团结党	威乐比市市议员	地方级别	2004~2008
30	梁瀚升	男	自由党	宝活市市议员,副市长	地方级别	2008~2012
31	王能焕	男		墨尔本市市议员	地方级别	
32	雷示人	男		墨尔本市市议员	地方级别	2008~
33	赵克斌	男		Boroondara 市议员	地方级别	2008~
34	郭耀文	男	独立派	悉尼市议员、副市长	地方级别	2008~
35	王云梅	女	工党	艾士菲市议员	地方级别	2008~
36	邓小颖	女	团结党	高嘉华市(Kogarah)市长、市议员	地方级别	1999~
37	曾子崇	男	团结党	史卓菲市市长、市议员	地方级别	2000~2004
38	王宗坚	男		墨尔本市市议员	地方议员	
39	陈君联	男	自由党	莱德市市议员	地方级别	2012~
40	黄德胜	男		兰域(Randwick)市议员	地方级别	1995~
41	单伟广	男	工党	好市围议员	地方级别	2012~
42	李勃	男	独立派	戴瑞滨市议员	地方级别	2012~
43	吴金营	女	自由党	好市围议员	地方级别	2012~
44	邬延祥	男	独立派,后加入民主党	艾士菲市议员	地方级别	1995~1999
45	狄明贤	男		Greate Dandenong 市议员	地方级别	2008~
46	陈君选	男	自由党	Ryde 市议员	地方级别	2012~
47	林玉锵	男	自由党	巴拉玛打市议员,副市长	地方级别	1999~2012
48	吴维唐	男	团结党	费菲市议员	地方级别	
49	黄文毅	男	自由党	布里斯班市议员	地方级别	2011~
50	杨逸飞	男	团结党	费菲市议员	地方级别	2012~
51	胡煜明	男	自由党	巴拉玛打市议员	地方级别	2012~

续表

序号	姓名	性别	党派	职位	任职所处级别	当选时间或任期
52	廖建筹	男		袋鼠岛市议员	地方级别	2010 ~
53	杨千惠	女		Manningham 市议员,市长	地方级别	2012 ~
54	何键刚	男		悉尼市议员	地方级别	1999 ~ 2003
55	陈丽红	女		好市围议员,副市长	地方级别	1999 ~ 2004
56	杨奕驹			珀斯市议员	地方级别	2013 ~
57	黄奇渊	男		阿德莱德市议员	地方级别	2007 ~ 2011
58	杨帅	男	工党	Gosnells 市议员	地方级别	2013 ~
59	陈莉莉	女		珀斯市议员	地方级别	2011 ~
60	顾丽君	女		Shire of Mundaring 市议员	地方级别	2011 ~
61	刘怡欣	女		珀斯市议员	地方级别	2007 ~ 2011
62	章士智	男	自由党	Lane Cove 市议员	地方级别	2012 ~
63	何何沈慧霞	女	自由党,后独立派	新南威尔士州上议院议员	州和领地级别	1988 ~ 2003
64	余瑞莲	女	自由党	南澳大利亚州上议院议员	州和领地级别	1990 ~ 1997
65	林美丰	男	工党	维多利亚州下议院议员	州和领地级别	1996 ~
66	黄肇强	男	团结党	新南威尔士州上议院议员	州和领地级别	1999 ~ 2007
67	曾筱龙	男	工党	新南威尔士州上议员	州和领地级别	1999 ~ 2009
68	林顺发	男	自由党	北领地下议院议员,副市长	州和领地级别	1994 ~ 2007
69	蔡伟民	男	工党	昆士兰州下议院议员	州和领地级别	2001 ~ 2012
70	王国忠	男	工党	新南威尔士州上议员	州和领地级别	2013 ~
71	刘威廉	男	国家党	联邦参议员	联邦级别	1990 ~ 1999
72	陈之彬	男	自由党	联邦参议员	联邦级别	1999 ~ 2005
73	黄英贤	女	工党	联邦参议员、气候变化与水资源部长、金融部长	联邦级别	2002 ~
74	黄树樑	男		澳洲联邦卫生部、首都地区首席药剂师	州和领地、联邦级别	
75	钟绮薇	女		新南威尔士州民族事务专员	州和领地级别	
76	邝惠莲	女		新南威尔士州最高法院法官、澳大利亚联邦最高法院法官、联邦政府反种族歧视专员	州和领地、联邦级别	
77	朱文合	男		新南威尔士州省长民族事务特别顾问	州和领地级别	

续表

序号	姓名	性别	党派	职位	任职所处级别	当选时间或任期
78	梁铭常	男		南澳洲移民局副局长	州和领地级别	
79	刘祥光	男		新南威尔士州移民局局长	州和领地级别	
80	杨昶	男	工党	维多利亚州工党华人事务顾问	州和领地级别	
81	廖婵娥	女	自由党	维多利亚州自由党华人事务顾问	州和领地级别	
82	陈玉兰	女		新州少数民族社区事务委员会主席	州级别	1994
83	葛能	男		维多利亚州法官	州级别	2013 ~
84	李菁璇	女	自由党	南澳州上议员	州级别	2010 ~
85	戴红辉	女	工党	西澳上议员	州级别	2008 ~ 2013
86	陈翰福	男	无党派	北领地立法议会议长, 达尔文市长	州级别	1965 ~ 1969

2009 中国留学生在澳大利亚生存情况调查问卷
（总参与调查人数：578）

（本问卷调查来自滴答网，旨在剖析中国留学生在澳现状及未来去向，调查结果在滴答网站、澳洲留学移民论坛发布）

留学篇

1. 你现在是在读什么学位？

■■■硕士 241 （41.7%）

■■本科 156 （27.0%）

■■ TAFE 148 （25.6%）

▮预科 7 （1.2%）

▮高中 11 （1.9%）

▮其他 9 （1.6%）

2. 你来澳洲读书的目的是什么？

■留学进修 103 （17.8%）

■■■移民并永居 340 （58.8%）

拿到 PR 后回国 135 （23.4%）

3. 在办理留学过程中，你的移民中介和教育顾问有没有对你暗示过来澳洲读书可以顺利移民？

有 434 （75.1%）

没有 144 （24.9%）

4. 你感觉澳洲的教育质量如何？

比国内好 328 （56.7%）

和国内相当 149 （25.8%）

还不如国内 101 （17.5%）

5. 对于留学澳洲，你原本的期待和现实是否有差距？

现实比想象的还要好 61 （10.6%）

没有差距，差不多 219 （37.9%）

现实远比想象的要糟糕 298 （51.6%）

6. 如果你的人生可以重新选择，你还会选择澳洲成为你的留学目的地吗？

会，留澳是我人生非常宝贵的经历 260 （45.0%）

不会，这里太多不如意了 224 （38.8%）

无所谓 94 （16.3%）

打工篇

7. 你在澳洲目前打工吗？

有的 417 （72.1%）

没有 161 （27.9%）

8. 你的 PART TIME 工作领域是？（多选）

学校提供的兼职 52 （9.0%）

餐馆 294 （50.9%）

超市 103 （17.8%）

报亭 21 （3.6%）

洗车 15 （2.6%）

其他 213 （36.9%）

9. 你打工是为了那 900 小时工作检验吗？

是 132 （22.8%）

不是 446 （77.2%）

10. 你的时薪是多少？（注：根据澳洲的法律，澳洲最低时薪是 18 澳币）

■高于 18 澳币 69（11.9%）

■18 澳币 33（5.7%）

低于 18 澳币 390（67.5%）

■无工作经历 86（14.9%）

11. 如下情况，哪些是你打工时候遭遇过的？（多选）

■抢劫 18（3.1%）

■性骚扰 27（4.7%）

黑心老板克扣工资 236（40.8%）

无 294（50.9%）

■其他 51（8.8%）

12. 遭遇不公时，你是否举报过？

■举报过，得到解决 36（6.2%）

■举报过，无果而终 79（13.7%）

没有举报，不了了之 463（80.1%）

雅思篇

13. 在澳洲的雅思培训班是否有帮助？

有帮助 197（34.1%）

没有帮助 381（65.9%）

14. 你对调高雅思要求有何看法？

澳洲政府更看重移民的语言能力 123（21.3%）

澳洲政府提高移民门槛的一种手段罢了 440（76.1%）

其他 7（1.2%）

15. 你觉得澳洲政府新出台的雅思成绩要求是否有必要？

有必要 244（42.2%）

没有必要 334（57.8%）

移民篇

17. 今年的移民政策的变化，对你有多大的影响？

影响非常大，PR 无望了 236（40.8%）

有一定影响，但不影响 PR 进程 244（42.2%）

毫无影响 98 （17.0%）

18. 如果你想移民的话，你对未来的移民申请持什么态度？

很悲观，不持希望 131 （22.7%）

中立，尽人事听天命 348 （60.2%）

依旧乐观，势在必得 99 （17.1%）

19. 移民澳洲后，你是否想加入澳洲国籍？

是 149 （25.8%）

否 160 （27.7%）

观望中，待定 269 （46.5%）

20. 在和移民局打交道的时候，对方让你最不满意的地方是什么？（多选）

态度恶劣 106 （18.3%）

专业知识不足 93 （16.1%）

无 256 （44.3%）

其他 42 （7.3%）

21. 你是否投诉过移民局？

投诉过，得到解决 19 （3.3%）

投诉过，无果而终 50 （8.7%）

没有投诉，不知道如何投诉 509 （88.1%）

22. 你在和移民中介打交道的时候，是否有如下遭遇？（多选）

无牌经营 21 （3.6%）

100%成功率的虚假承诺 133 （23.0%）

看不懂的英文协议 31 （5.4%）

故弄玄虚业务复杂化 175 （30.3%）

未遭遇过不良中介 195 （33.7%）

其他 134 （23.2%）

23. 你是否投诉过不良中介？

投诉过，得到解决 16 （2.8%）

投诉过，无果而终 46 （8.0%）

没有投诉，不知道如何投诉 516 （89.3%）

24. 在和移民中介签合同的时候，你是否收到一本投诉指南？

收到过 59 （10.2%）

没听说过 519 （89.8%）

附录二 澳大利亚印度移民相关统计表

澳大利亚印度人社团或组织机构名录（部分）

首都领地

名称	现任会长（主席）	联系邮箱	网站地址
首都领地特伦甘纳邦同乡会 ACT Telangana Association	Shanthi Reddy	members@ actta. org. au	www. actta. org. au/
堪培拉英裔印度人协会 Australia Anglo-Indian Association of Canberra	Joe Bailey	Joe. Bailey@ innovation. gov. au	
澳印商业委员会堪培拉分会 Australia India Business Council ACT Chapter	Sanjay Bhosale	aibcactpresident@ aibc. org. au	www. aibc. org. au
首都领地澳大利亚泰米尔文化协会 Australian Tamil Cultural Society of ACT	P. Muthiah	pmuthiah@ primus. com. au	www. atcs. org. au/

续表

名称	现任会长（主席）	联系邮箱	网站地址
塔培拉孟加拉文化协会 Bengali Cultural Association of Canberra	Debashis Raha	- drdebashisraha@gmail.com	canberrabengali.org.au/
澳新比哈尔邦恰尔肯德邦同乡会 Bihar Jharkhand Sabha of Australia & New Zealand	Sanjay Pandeyr(Co-ordinator)	info@bjsm.org	www.bjsm.org
邦戈·圣斯奎体协会 Bongo Sanskriti Australia Inc.	Milan Bhattacharjee	vpmilan@optusnet.com.au	
塔培拉印度教寺庙协会 Canberra Hindu Mandir Inc	Krishna Nadimpalli	info@hindumandir.org.au	hindumandir.org.au/
塔培拉印度委员会 Canberra India CouncilIndia In The City	Deepak-Raj Gupta	deepakgraj@icloud.com	
塔培拉耆那教徒协会 Canberra Jain Mandal	Ashok Jain	Ashok.jain01@yahoo.com.au	
塔培拉马来亚力人协会 Canberra Malayalees Association Inc	Anoop Kumar Muringodil	coordinators@canberramalayalee.org	www.canberramalayalees.org
塔培拉多元文化艺术家协会 Canberra Multicultural Artists Association Inc	Terry Hunjon		www.cmcaa.org.au/
塔培拉旁遮普体育运动与文化协会 Canberra Punjabi Sports and Cultural Association Inc	Suita Dhindasa(Secretary)		www.facebook.com/cpsca2014/
塔培拉锡克人协会 Canberra Sikh Association	Jesse Sidhu Randhawa	Bprandy1@tpg.com.au	www.canberrasikhassociation.com/

续表

名称	现任会长（主席）	联系邮箱	网站地址
印度次大陆留学生协会 EKTA – Indian Subcontinent Students' Association	Akash Maheshwari		anusa. anu. edu. au/
首都领地印度人社团联合会 Federation of Indian Association of ACT.	Krishna Nadimpalli	president. finact@ gmail. com	www. finact. net. au/
塔塔拉印度裔人口全球组织 Global Organisation of People of Indian Origin	Rakesh Malhotra	Gopio. canberra@ gmail. com	
塔塔拉古吉拉提语言协会 Gujrati Samaj of ACT	Prakash Mehta	Prakash. Mehta@ apa. com. au	www. gujaratisamajcanberra. com
塔塔拉印地语语言协会 Hindi Samaj of Canberra	Santosh Gupta	alkaskg@ hotmail. com	
塔塔拉印澳联盟 India Australia Association of Canberra	Sandipan Mitra	president@ iaac. org. au	www. iaac. org. au
澳大利亚印度人健康与幸福协会 Indian Australian Association for Health and Well-being	ChittiBabu Divi	home. divi_tg@ hotmail. com	
印度留学生协会 Indian Students Association	Rushikesh Nivalkar		www. facebook. com/InSA. ANU/
印度老年人协会 Indian Senior Citizens Association	Subhash Jalota	jalota@ yahoo. com	indianseniors. org/
印度体育广播网 Indian Sports Network	Chakradhar Ravinuthala	Chakradhar. ravinuthala@ gmail. com	
印度妇女福利组织 Indian Women Welfare Organisation	Subhash Dang（Co-ordinator）	subhash. dang@ gmail. com	

续表

名称	现任会长（主席）	联系邮箱	网站地址
妇女需求倡议组织 Initiatives for Women in Need	Madhumita Hari Iyengar	h_madhumita@ hotmail. com	www. iwinact. org/
堪培拉卡纳塔克邦同乡会 Karnataka Association of Canberra	Venkatesh Bidarkal	venka@ tpg. com. au	kac. yolasite. com/
印度教寺庙音乐学校 Mandir School of Music	Ragini Santhanam	info@ vriksha. org	vriksha. org/
澳大利亚印度教寺庙协会 Mandir Society of Australia	Lakshman Prasad	Lucky2611@ tpg. com. au	
堪培拉新安德拉邦泰卢固人协会 Navya Andhra Telugu Association, Canberra	Prasad Tipirneni	contact@ nata. org. au	www. nata. org. au/
奥里亚人协会 Oriya Association (OriOz)	Pravati Panigrahi (Vice President)	pravati17@ gmail. com	www. orioz. org. au
澳大利亚拉贾斯坦邦同乡会 Rajasthan Sabha of Australia	Lakhan Sharma(Co-ordinator)	l.sharma. act@ gmail. com	www. rajasthansabha. org/
堪培拉德哈尼马拉地地语协会 Rajdhani Marathi Mandal Canberra	Ajay Limaye		canberramarathi. org/
首都领地南印度人美术学协会 South Indian Fine Arts Association in ACT	Gopal Krishnan	gopal. krishnan@ hotmail. com	
堪培拉泰卢固人协会 Telugu Association of Canberra	Radhika Komala	teluguassociationcanberra@ gmail. com	www. canberratelugu. org. au
印度联合中心 United India Centre	Raj Satija	satijaraj@ homemail. com. au	

新南威尔士

名称	现任会长（主席）	联系邮箱	网站地址
澳大利亚 AMU 大学校友会 AMU Alumni of Australia	Zamir Khan	president. AMUAA@ gmail. com	www. amualumni. org. au/
生活艺术基金会 Art of Living Foundation	Atul Aneja （Director & Treasurer）	atul@ artofliving. org. au	www. artofliving. org/au – en
澳大利亚马拉雅姆语文化协会 Aussi Malayalam Cultural Association	Mathew T. Lukose	aussimalayalam@ gmail. com	www. myamca. com/
澳大利亚泰卢固人委员会 Australia Telugu Samithi Inc	Bharathi Reddy	australiatelugusamithi@ gmail. com	
澳大利亚印度印地语言协会 Australian Hindi Indian Association	Tilak Kalra	jagdua@ hotmail. com	www. ahiainc. com. au
澳大利亚印度多元文化协会 Australian Hindu Multicultural Association	Sajana, NandJP	sai42@ optusnet. com. au	www. ahma. org. au
澳大利亚印度医学毕业生协会 Australian Indian Medical Graduates Association	Sunil Vyas	admin@ aimga. org. au	www. aimga. org. au/
新南威尔士澳大利亚马来亚力穆斯林协会 Australian Malayalee Islamic Association NSW	Ali Parappil	info@ amiansw. org	www. amiansw. org/
澳大利亚特伦甘纳邦论坛 Australian Telangana Forum	Ashok Malish	australiantelanganaforum@ gmail. com	www. australiantelanganaforum. org. au
澳大利亚巴萨瓦委员会 Basava Samithi of Australasia	Satish Bhadranna	Sat103@ yahoo. com	

续表

名称	现任会长（主席）	联系邮箱	网站地址
新南威尔士孟加拉人协会 Bengali Association of New South Wales	Anindita Mitra	anindita.mitra@gmail.com	www.bansw.org.au/
澳大利亚印度知识之屋 Bharatiya Vidya Bhavan Australia	Gambhir Watts	president@bhavanaustralia.org	www.bhavanaustralia.org/
澳大利亚印度人民党 BJP Australia	Rahul Jethi	rahul.jethi@ofbjp.org.au	
澳大利亚印度人委员会 Council of Indian Australians Inc.	Mohit Kumar	president@cia.org.au	cia.org.au/
新南威尔士万灯节委员会 Deepavali Festival Committee of NSW	Raj Datta	rdatta30@hotmail.com	www.deepavalifestival.org.au
澳大利亚伊凯·维迪亚拉亚基金会 Ekal Vidyalaya Foundation of Australia	Devendra Gupta	evfaust@gmail.com	www.ekal.org.au
新南威尔士印度社团联合会 Federation of Indian Associations of NSW	Yadu Singh	dryadusingh@gmail.com	www.fian.org.au
澳大利亚印度之友 Friends of India Australia	Rajeev Jairam	jrajeev21@yahoo.com	
悉尼印度裔人口全球组织 Global Organisation of People of Indian Origin Inc. Sydney	Balvinder Ruby	balvinder@reex.com.au	
新南威尔士海外果阿人协会 Goan Overseas Association NSW Inc.	Tony Colaco	Colaco@bigpond.com	www.goansw.com
新南威尔士古吉拉特人梵社 Gujarati Brahman Samaj of NSW Inc.	Jayker Dave	brahmansamaj.nsw@gmail.com	www.gujaratibrahmansamajnsw.org.au

续表

名称	现任会长（主席）	联系邮箱	网站地址
新南威尔士古吉拉特人协会 Gujarati Samaj of NSW	Jaydatt Nayak	jd. prudential@ gmail. com	www. gujaratisamaj. org. au
印地语协会 Hindi Samaj	Dev Tripathi	dev@ hindi. org. au	
澳大利亚印度人委员会 Hindu Council of Australia	Nihal Singh Agar	secretary@ hinducouncil. com. au	www. hinducouncil. com. au
澳大利亚印度理工学院校友会 IITians Association of Australia	Samit Chandra	presid@ iitaa. org. auent	www. iitaa. org. au
印度俱乐部协会 India Club Inc	Shubha Kumar	Shubha. kumar. indiaclub@ gmail. com	www. indiaclub. com. au
纽卡斯尔印度人协会 Indian Association of Newcastle Inc.	Peter Tyagi	contact@ ianewcastle. org	
印度社群论坛 Indian Community Forum	Aksheya Kumar	aksheya. kumar@ gmail. com	
澳大利亚印度文学与艺术学协会 Indian Literary & Art Society of Australia Inc.	RekhaRajvanshi	rekhalok@ hotmail. com	
澳大利亚印度穆斯林协会 Indian Muslim Association of Australia	Sirajuddin Syed （Public Officer）	ozmuslims@ gmail. com	
印度体育运动俱乐部 India Sports Club Incorporated	Raj Natarajan	rajnatarajan50@ gmail. com	www. indiasportsclub. org. au
霍恩斯比印度老年人协会 Indian Seniors Group-Hornsby	Dave Passi	president. isg@ hotmail. com	www. isgh. org. au

续表

名称	现任会长（主席）	联系邮箱	网站地址
澳大利亚孔卡尼语言协会 Konkani Association of Australia	Ajit Dongerkeri	kaapresident@ gmail. com	www. konkaniassociationofaustralia. org. au
悉尼芒伽罗天主教协会 Mangalorean Catholic Association of Sydney Member	Freddie Pereira	freddie. pereira@ gmail. com	mcas. org. au/
澳大利亚国家锡克教委员会 National Sikh Council of Australia Inc	Bawa Singh Jagdev（Secretary）	bawaj@ optusnet. com. au	
新南威尔士印度人社会福利协会 NSW Indian Welfare Association	Sampath Narayanan	info@ nswiwa. org. au	www. nswiwa. org. au/ nsw/
澳大利亚旁遮普传统文化协会 Punbaji Heritage Association of Australia Inc	JaskiranBhangu	suraj. kapila@ gamil. com	
澳大利亚旁遮普人委员会 Punjabi Council of Australia	Moninder Singh	Punjabicouncil@ gmail. com	www. punjbaiconcil. com. au
澳大利亚吠陀梵语学校 School of Vedic Sciences Aust, Inc	Karthik Subramanian	info@ sanskritschool. org	
澳大利亚史卓菲区印度次大陆传统有限公司 Strathfield Australians of Indian Sub-Continental Heritage Inc	G. Sri Ranga Reddy	saishinc@ gmail. com	
悉尼印度裔国防退伍军官协会 Sydney Indian Defence Veteran Officer's Association	Mukund Kotwal	krisbalakrishnan@ hotmail. com	
悉尼耆那教协会 Sydney Jain Mandal	Pankaj Jain	jainpankaj@ hotmail. com	sydneyjainmandal. com/

续表

名称	现任会长（主席）	联系邮箱	网站地址
悉尼坎那达语言协会 Sydney Kannada Sangha	VijaykumarHalagali	sks-sydney@ kannada. org. au	www. kannada. org. au
悉尼马来亚力人协会 Sydney Malayalee Association	Babu Varghese	babuvarghese52@ hotmail. com	sydmal. com. au/
悉尼梵文学校 Sydney Sanskrit School	Meena Srinivasa	drmeenak@ yahoo. com. au	www. sanskritschool. org
悉尼信德语言协会 Sydney Sindhi Association Incorporated	Naveen Nankani	sydneysindhiassociation@ gmail. com	sydneysindhiassociation. org/
悉尼泰米尔语言协会 Sydney Tamil Manram	InduHarikrishna	harindu2001@ yahoo. com	www. sydneytamilmanram. org/
泰米尔艺术与文化协会 Tamil Arts and Culture Association Inc.	AnaganBabu	anagan@ hotmail. com	www. tacasydney. org/
澳大利亚技术专家协会 Technocrats' Association of Australia	PrakashRao	Prak_rao@ hotmail. com	www. Technocratsassociation. org. au
印度人社团联合会 United Indian Associations	John Kennedy	uia_president@ yahoo. com. au	www. uia. org. au/
亚太维拉萨瓦沙门股份有限公司 VeerashaivaSamaja of Asia Pacific Inc.	SiddalingeshwaraOrekondy	infosydney@ veerashaivasamaja. org	www. veerashaivasamaja. org
澳大利亚世界印度教徒大会 Vishva Hindu Parishad Australia Inc.	R. Subramanian	Subbu@ vhp. org. au	www. vhp. org. au/
澳大利亚青年联合会志愿行动 Yuva Australia	Astha Singh	info@ yuvaaustralia. org	www. yuvaaustralia. org

维多利亚

名称	现任会长（主席）	联系邮箱	网站地址
澳印商业委员会维多利亚分会 Australia India Business Council, Victoria	Michael Moignard	michael@ eastwestacademy. com. au	www. aibc. org. au
澳大利亚印度青年人才协会 Association of Young Indian Talent of Australia	Nagesh Joshi	ayina. com. au@ gmail. com	ayina. com. au/
维多利亚澳大利亚印度协会 Australia India Society of Victoria	Gurdip Aurora	gaurora@ ozemail. com. au	www. aisv. org. au/
澳大利亚印度人创新协会 Australian Indian Innovations Inc	Yogen Lakshman （Trustee）	ylakshman@ bigpond. com	www. aiii. org. au/
澳大利亚旁遮普人协会 Australian Punjabi Association	Harbhajan Singh Khaira	satnam. sarai01@ gmail. com	
巴拉腊特印度人协会 Ballarat Indian Association Inc	Xavier Mani	tbiainc@ gmail. com	ballaratindianassociation. com/
孟加拉语文学协会 Bangla Sahitya Sansad	Ranjan Gupta	ranjang58@ gmail. com	
维多利亚孟加拉人协会 Bengali Association of Victoria	Sarmita Gupta	president@ bavwebsite. org. au	www. bavwebsite. org. au/
墨尔本孟加拉人协会 Bengali Society of Melbourne Inc.	Siddhartha Banerjee （Secretary）	info@ bsm. org. au	www. bsm. org. au/
庆祝印度有限公司 Celebrate India Inc	Arun Sharma	ajnr99@ gmail. com	
维多利亚印度社团联合会 Federation of Indian Association of Victoria	Vasan Srinivasan	president@ fiav. asn. au	www. fiav. org. au/

续表

名称	现任会长（主席）	联系邮箱	网站地址
维多利亚印度音乐与舞蹈联合会 Federation of Indian Music & Dance Victoria	Murali Kumar	violinmurali@outlook.com	www.fimdv.com.au/
澳大利亚印度妇女协会联合会 Federation of Indian Womens' Assocaition of Australia	Madhu Dudeja	fiwaa@fiwaa.org.au	
斐济社群协会 Fiji Community Association	Vonivate Tawase Driu	president@fijianassociationvic.com	www.fijianassociationvic.com/
维多利亚海外果阿人协会 Goan Overseas Association of Victoria	Chris Da Costa	goav@goav.org.au	www.goav.org.au/
维多利亚古吉拉特人协会 Gujarati Association of Victoria	Sanjay Vasaiwalla	membership@gav.org.au	www.gav.org.au/
印度学院协会 Hindi Niketan Association		secretary@hindiniketan.org.au	www.hindiniketan.org.au/
印度斯克萨联合会 Hindi Shiksha Sangh	Narendra Agrawal (Public Officer)	nkagrawal41@gmail.com	
印度家庭关系服务项目 Indian Family Relationship Services	Muktesh Chibber (Founder)	Counsellingindians@gmail.com	
维多利亚印度泰米尔人协会 Indian Tamil Association of Victoria	Ashton Ashokkumar (Vice President)	ashton_melbourne@hotmail.com	
印裔澳大利亚人情谊会 Indo Australian Friendship Council Inc	Manjit Singh Aujla	aujla.media@gmail.com	
卡拉曼达舞蹈学校 Kalamandir School of Dances	Bijoy Das	nupurau@gmail.com	

续表

名称	现任会长（主席）	联系邮箱	网站地址
克什米尔梵学家文化协会 Kashmiri Pandit's Cultural Association	Anjali Razdan	president@ kpca. org. au	www. kpca. org. au/
拉筹伯印度人协会 Latrobe Indian Association	Ravi Subramanya	info@ latrobeindianassociation. org	www. latrobeindianassociation. org/
维多利亚马哈拉施特拉邦人协会 Maharashtra Mandal Victoria	Manalini Kane	mmvic. president@ gmail. com	www. mmvic. org. au/
维多利亚马来亚力协会 Malayalee Association of Victoria Inc	Thampy Chemmanam	info@ mavaustralia. com. au	www. mavaustralia. com. au
墨尔本卡巴迪学会 Melbourne Kabadi Academy	Jas Hothi	sahebinternational29@ hotmail. com	
墨尔本马来亚力人联合会 Melbourne Malayalee Federation	Shaji varghese	melbournemalayaleefederation@ gmail. com	www. malayaleefederation. com. au/
纳特拉吉文化中心 Natraj Cultural Centre	Mohinder Dhillon	president@ nataraj. org. au	
新西兰澳大利亚旁遮普文化协会 New Zealand Australia Punjabi Cultural Association	Jasvir S Dharmi（Secretary）	j. dharmi@ nzauspca. org. au	
维多利亚 NTTF 校友会 NTTF Alumni Association of Victoria	Gangadhar Bevinakoppa	gandhi@ bevplastics. com. au	
北部省印度老年人协会 Northern Region Indian Seniors Association	Nalin Sharda	nalinsharda @ gmail. com	www. nrisa. org/
奥里亚社区 Odiya Community	Sambit Das	Sambit. Das@ emerson. com	
旁遮普勇士体育运动与文化俱乐部 Punjab Warriors Sports and Cultural Club	Jagjit Singh Gurm	jagsingh5@ yahoo. com. au	

续表

名称	现任会长（主席）	联系邮箱	网站地址
维多利亚拉姆格哈人协会 Ramgarhia Association of Victoria Inc.	Balwant Singh Jandu	admin@ramgarhia.com.au	
桑格姆社区协会 Sangam Community Association			www.sangam.asn.au/
沙尔达·卡拉·德兰协会 Sharda Kala Kendra	Radhey Shyam Gupta （Co-ordinator）	radheygupta@optusnet.com.au	
希尔蒂·赛学院 Shirdi Sai Sansthan	Arun Chauhan	arun@shiva.net.au	
维多利亚信德语协会 Sindhi Association of Victoria	Gopal Ganwani	Gopal.Ganwani@coles.com.au	www.sindhi.org.au/
澳大利亚南亚社群联合会 South Asian Community Link Group-Australasia	Deepak Vinayak JP （Secretary）	deepakvinayak@hotmail.com	saclg.org.au/
泰米尔人协会 Tamilar Inc.	Ganesh Jaygan	vanakkam@tamilar.org.au	www.tamilar.org.au/
澳大利亚泰卢固人协会 Telegu Association of Australia Inc	Sreeni Katta	president@taai.net.au	taai.net.au/
澳大利亚泰卢固语与文化基地 Telugu Language and Culture Foundation of Australia Inc	Hyma Vulpala	tlcfaus@gmail.com	www.facebook.com/tlcfaus
东西方海外人援助基金会 The East West Overseas Aid Foundation	Natteri V. Chandran	chandran@chandran.com.au	www.tewoaf.org.au/
澳大利亚北安查尔邦社群 Uttaranchal Society of Australia	Virender Bist	virender.s.bist@gmail.com	

续表

名称	现任会长（主席）	联系邮箱	网站地址
澳大利亚世界印度教徒大会维多利亚分会 VHP of Australia Inc（Vic chapter）	Geeta Devi	sri_gd2004@ yahoo. com. au	vhpvic. org. au/
澳大利亚维多利亚锡克人协会 Victorian Sikh Association Inc.	Harvin Dhillon	hdhillon@ hotmail. com. au	victoriansikhs. com/
全球马来亚力人委员会 World Malayalee Council Inc.	David Hitler	h_fdavid@ yahoo. com. au	www. worldmalayalee. org/
亚特拉基金会 Yatra Foundation	Sanjay Jain （Co-Founder）	sjain@ texaspeak. com. au	yatrafoundation. org/
维多利亚琐罗亚斯德教协会 Zoroastrian Association of Victoria Inc			www. zav. org. au/

昆士兰

名称	现任会长（主席）	联系邮箱	网站地址
澳大利亚印度音乐活动中心 Australia Hub for Indian Music Inc.			www. ahim. com. au/
澳印商业委员会 Australia-India Business Council	Randeep Agarwal	randeep. agarval@ aibc. org. au	www. aibc. org. au/
澳印文化与商业协会 Australia – India Cultural & Business Society	Unnikrishnan	uzpilla@ mainroads. qld. gov. au	
澳大利亚民俗学协会 Australian Folklore Association	Kamal Puri	kamal. puri@ qut. edu. au,	

续表

名称	现任会长（主席）	联系邮箱	网站地址
布里斯班巴萨瓦委员会 Basava Samithi Brisbane Chapter Inc.		basavasamithi. brisbane@ gmail. com	www. basavasamithibrisbane. org
昆士兰孟加拉人协会 Bengali Society of QLD	Madan Panda	bsq. qld@ gmail. com	www. bsqonline. net. au/
布里斯班马哈拉施特拉邦人协会 Brisbane Maharashtra Mandal	Bhushan Joshi		www. brimm. org. au
布里斯班马来亚力人协会 Brisbane Malayalee Association	Tojo Thomas	brisbane. malayaleeassociation@ gmail. com	www. brisbanemalayalees. com. au
布里斯班泰米尔人协会 Brisbane Tamil Association Inc	Palani Thevar	tamilbrisbane@ gmail. com	www. tamilbrisbane. org
布里斯班特伦甘纳人协会 Brisbane Telangana Association Inc		brisbanetelangana@ gmail. com	www. brisbanetelangana. org. au
布里斯班万援助基金会 Brisvani Aid Foundation	Iqbal Hussein		www. brisvaani. com
德·果阿俱乐部 Club De Goa	Regan Vaz	cdegoa@ hotmail. com	www. clubdegoa. com
昆士兰达米尼妇女协会 Damini Women's Association of QLD	Lila Pratap	president. damini@ gmail. com	www. daminiwomens. com. au
昆士兰印度人社团联合会 Federation of Indian Communities of Queensland	Palanichamy O Thevar	president@ ficq. org. au	www. ficq. org. au
布里斯班印度家庭与青少年全球组织 Global Organisation for Indian Family & Youth-Brisbane (QLD) Inc.	Vivek K Baliga	president@ goify. org	www. goify. org

续表

名称	现任会长（主席）	联系邮箱	网站地址
黄金海岸印度人文化协会 Gold Coast Hindu Cultural Association Inc	Thiru Aravinthan（Secretary）	gchcan@ gmail. com	www. culture. goldcoasthindu. org
昆士兰古吉拉特人协会 Guajarati Association of QLD	Gulabrai L Paw	ggpaw@ optusnet. com. au	www. gaq. org. au
昆士兰印度人协会 Hindu Society of Queensland	Ravi Sharma	r – sharma@ bigpond. com. au	www. hindusocietyqld. org
布里斯班印度斯坦语言学校 Hindustani Language School Brisbane	Sarat Maharaj	regmaharaj@ gmail. com	
印度澳大利亚学会 India Australia Society	Tausif Khan	tausifkhan@ optusnet. com. au	
贾维尔慈善与文化协会 Jvala Charitable & Cultural Society Incorporated	Cherian Varghese	Jvalaaustralia@ gmail. com	www. jvala. com. au
布里斯班凯拉利协会 Kairali Brisbane Inc	Shaji Theckanath		kairalibrisbane. com/
昆士兰坎那达语言协会 Kannada Sangha Queensland	Basavaraja Gowda	Kannadasanghaqld@ gmail. com	www. kannadasanghaqld. com
布里斯班刹帝利协会 Kshatriya Society of Brisbane	Sharad Ratanjee	president@ ksbrisbane. com. au	www. ksbrisbane. com. au
昆士兰马来亚力人协会 Malayalee Association of QLD Inc	R K Makoth	maq@ brisbanemalayalee. org	www. brisbanemalayalee. org
汤斯维尔马来亚力人协会 Malayali Association of Townsville Inc	Binoy Sebastian	townsvillemalalee@ gmail. com	www. townsvillemalayalee. org

续表

名称	现任会长（主席）	联系邮箱	网站地址
昆士兰马拉地地语协会 Marathi Association of QLD	Amit Kelovkar	brimmandal@ gmail. com	
昆士兰旁遮普文化协会 Punjabi Cultural Association QLD	Avninder Singh Gill	president@ pcaq. org	www. pcaq. org. au
昆士兰泰卢固人协会 Queensland Telugu Association	Sudershan Kanthakadi	qldteluguasn@ gmail. com	qldteluguassociation. org/
什里·桑塔纳·达拉姆协会 Shree Sanatan Dharam(H) Association QLD	Annukar Mishra	secretary. sanatandharam@ gmail. com	www. sanatanqld. org. au
昆士兰泰米尔人协会 Tamil Association of QLD	Ramanathan Karuppiah	tamilassnqld@ gmail. com	www. tamilqld. org
瓦尔纳姆文化学会 Varnam Cultural Society		varnamqld@ gmail. com	www. varnamqld. org
澳大利亚世界印度教徒大会 VHP of Australia Inc.	Mano Krishnamohan	mano. krishna@ vhp. org. au	www. vhp. org. au/

西澳大利亚

名称	现任会长（主席）	联系邮箱	网站地址
西澳阿格拉瓦尔协会 Agrawal Association of WA	Ramkrishna Bansal	ram. au@ hotmail. com	www. aawa. com. au/
西澳英裔印度人协会 Anglo Indian Association of WA	Alan Phillips	alan. ac. phillips@ humanservices. gov. au	ai. wa. tripod. com/

续表

名称	现任会长（主席）	联系邮箱	网站地址
安娜拉米寺庙艺术中心 Annalaxmi/ Temple of Fine Arts	Arun Kumar Natarajan	arunan72@ gmail. com	
澳印商业委员会西澳分会 Australia India Business Council WA Chapter	Omesh A Motiwalla	omotiwalla@ deloitte. com. au	www. aibc. org. au/
澳大利亚印度裔医生协会 Australian Indian Medical Association	Anjali Gadre	indocswa@ gmail. com	
西澳大利亚 BAPS 斯瓦米纳拉扬寺庙 BAPS Swami Narayan Temple of Western Australia	Mittal Gajjar	mittalkgajjar@ gmail. com	
澳大利亚珀斯巴萨瓦委员会 Basava Samithi of Australia, Perth Chapter	Veeranna Sataraddi	president@ bsoaa – perth. org	www. bsoaa – perth. org/
西澳孟加拉人协会 Bengali Association of WA	Sudipta Banerjee	communications@ bawa. com. au	
珀斯西玛雅传教中心 Chinmaya Mission Perth	Om Prakash Dubey	chinmayamissionperth@ gmail. com	www. chinmaya. com. au/our centres/perth/
西澳海外果阿人协会 Goan Overseas Association of WA	Stanislaus Menezes	goawa_president@ yahoo. com. au	goawa. com. au/
西澳古吉拉特人协会 Gujarati Samaj WA	Yogesh Jogia	yogesh@ yogeshjogia. com	gujarati. org. au/
西澳印地语协会 Hindi Samaj of WA	Vinod Aggarwal	hswa@ live. com. au	
西澳印度教徒协会 Hindu Association of Western Australia	S Kunalan	emailus@ hindu. org. au	

续表

名称	现任会长（主席）	联系邮箱	网站地址
印度教牧师服务社 Hindu Priest Services	Subrahmanya Bhat	bhatsp@ gmail. com	
印度古典音乐研究学会 Indian Classical Music Research Academy	Sadanand G Mankar	sadanandmkr@ hotmail. com	www. icmraa. com/pages/ workshops. html
西澳印度人协会 Indian Society of Western Australia	Ramkrishna Bansal	president@ iswa – perth. org	www. iswa – perth. org/
西澳耆那教徒协会 Jain Community of WA	Alka Parikh	AlkaVirendra@ gmail. com	www. jainsperth. org. au/
卡拉瓦尼印度古典艺术学校 Kalaivani School of Indian Classical Arts	Jayalakshmi Raman		
马哈拉施特拉邦同乡会 Maharashtra Mandal	Satish Kelkar	satishkelkar@ hotmail. com	
西澳马来亚力人协会 Malayalee Association of WA	Kuruvilla Mathew	K. Mathew@ murdoch. edu. au	www. geocities. ws/mawaau/
珀斯马来亚力人协会 Malayali Association of Perth Incorporated	Eipe Chundamannil	eipeeapen@ gmail. com	
马斯特海兰达尔古典音乐团 Mast Kalandar Musical Group	Vinod Mahisuri	Vinodchandra. Mahisuri@ ato. gov. au	
马斯蒂宝莱坞舞蹈团 Masti Bollywood Dance Group	Mohan David James Siva	masti. can. make. you. dance @ gmail. com	
西澳阿里达南达玛义协会 Mata Amritanandamayi Association of WA	Shanthy Jeyaraj	shanthy@ iprimus. com. au	

续表

名称	现任会长（主席）	联系邮箱	网站地址
西澳多元文化服务中心 Multicultural Services Centre WA	Ramdas Sankaran	ramdas@iinet.net.au	
纳达恩蒂亚美术学校 Naada Nritya School of Fine Arts	Chandrika Rao	chandrika_vr@yahoo.com	
纳萨纳拉亚印度古典舞蹈学校 Narthanalaya School Of Indian Classical Dance	Shobana Puvaneswara Gurukkal	shobana.gobu@gmail.com	
西澳奥里亚人协会 ORIOZ group of WA	Shantanu Padhi	shantanu.padhi@gmail.com	
珀斯德西舞蹈团 Perth Desi Dance Group	Kaveesh Kumar	kaveesh.kumar@live.com.au	
珀斯马来亚力人联合会 Perth United Malayalee Association	Thomas Daniel		puma.org.au/
萨旁遮普中心 Punjabi Sath	Sukhwant Kaur	punjabisathperth@gmail.com	
澳大利亚拉贾斯坦中心 Rajasthani Kutumb of Australia	Ankur Maheshwari	rajasthankutumb@gmail.com	
喀拉拉邦韵律协会 Rhythm of Kerala Inc	Aji Sebastian	keralarok@gmail.com	
地区印度老年人文化俱乐部 Sanskriti Senior Indians Cultural Club	Rajyashree Malaviya	rajyashree21@hotmail.com	
西澳印度老年人协会 Senior Indians of WA	Vivita Tayal	vvarc@hotmail.com	
珀斯希尔蒂人力资源协会 Shri Shirdi Sainath Perth Inc	Saikrishna Tridandapani	shirdisainathperth@gmail.com	

续表

名称	现任会长（主席）	联系邮箱	网站地址
西澳锡克人协会 Sikh Association of WA	Didar Singh Cheema	president@ sikhwa. org. au	www. sikhwa. org. au/sawa/
珀斯锡克教寺庙协会 Sikh Gurudwara Perth Inc	Navtej Kaur Uppal	navtej_uppal@ yahoo. com	sikhgurdwaraperth. org. au/
印度西南邦社团 South West Indian Group	Ramesh Parthasarathy	pramesh@ doctors. org. uk	www. shirdisaibabawa. org/index. php
西澳泰米尔人协会 Tamil Association of WA	Selva Marimuthu	president@ tawa. org. au	
塔拉纳卡萨克舞学校 Tarana School of Kathak	Sumita Dutta	dutta_perth@ yahoo. com. au	
珀斯泰卢固人协会 Telugu Association of Perth	Ravindra Govindu	president. tap@ gmail. com	www. perthteluguwaru. org/
澳大利亚英裔印度人协会 The Australian Anglo Indian Association	Gordon Maher	gordonmaher@ bigpond. com	
凯拉力文化俱乐部 The Kairali Cultural Club	SachidanandanMundankandath	kairali@ kairali. org. au	
西澳吠陀语培训与文化服务社 The Vedic Training and cultural Services of WA	Shreepad Bhat	vedictraining@ gmail. com	
维萨俱乐部 Virsa Club	Harinderjit Gill	admin@ virsaclub. com. au	
西澳泰卢固人协会 West Australian Telugu Association Inc	Venkat Akella	president. wata@ perthteluguwaru. org	
西澳坎那达语言协会 Western Australia Kannada Sangha Inc	Satyajith Suvarna	info@ waks. org. au	

南澳大利亚

名称	现任会长（主席）	联系邮箱	网站地址
阿德莱德坎那达语言协会 Adelaide Kannada Sangha Inc	Umesh Nagasandra （Vice President）	adelaidekannadasangha@gmail.com	
阿德莱德马拉地人协会 Adelaide Marathi Mandal	Snehal Oak	adelaidemm@gmail.com	
阿德莱德泰米尔人协会 Adelaide Tamil Association Inc	Ramkumar Soundararajan	president@adelaidetamil.com.au	
南澳孟加拉与文化协会 Bengali Cultural Association of South Australia	Namita Roy Chowdhury	bcasa.adll@gmail.com	www.bcasa.com.au
阿德莱德宝莱坞项目 Bollywood Events Adelaide	Umesh Nagasandra （Vice President）	bollywoodeventsadelaide@gmail.com	
南澳印度裔澳大利亚人协会 Indian Australian Association of South Australia	Adi Reddy Yarra	adireddy_2000@yahoo.com	rajni.madan@live.com.au/
阿德莱德印度裔澳大利亚人联合会 Indian Australian Community Foundation Adelaide	Hemant. S. Dave	hsdave9@yahoo.com.au	
澳大利亚世界印度教徒大会南澳分会 South Australian Chapter Vishva Hindu Parishad of Australia Inc.	Rajendra Pandey	rajendra.pandey@vhp.org.au	www.vhp.org.au
南澳泰卢固人协会 Telugu Association of South Australia	Adireddy Yara	adireddy_2000@yahoo.com	

北领地

名称	现任会长（主席）	联系邮箱	网站地址
爱丽斯泉印度人社区 Alice Springs Indian Community Inc	Mahesh Ganji	asic0871@gmail.com	
爱丽斯泉马来亚人协会 Alice Springs Malayalee Association Inc	Jacob Koshy	malayalees.asp@gmail.com	www.alicespringsmalayalee.org
澳大利亚中部锡克教文化中心 Central Australia Sikh Cultural Centre Inc	Satnam Singh	satnam_singh@y7mail.com	
达尔文马来亚力人协会 Darwin Malayalee Association	Baby Abraham	darwin.malayalee@gmail.com	www.darwinmalayalee.com.au
达尔文马来亚人论坛 Darwin Malayalee Forum	Ravi Mathew	kravim@yahoo.com	
北领地印度人协会 Hindu Society of the NT Inc	Sabaratnam Prathapan	sabaratnam.prathapan@cdu.edu.au	
北领地印度文化协会 Indian Cultural Society, NT	Bharat Desai	bharat.desai@cdu.edu.au	
北领地锡克人协会 Sikh Association of the NT Inc	Gurinder Singh	president@santi.org.au	www.santi.org.au
北领地泰米尔人协会 Tamil Society of the NT Inc	Gokula Chandran	gchandran1@gmail.com	

塔斯马尼亚

名称	现任会长（主席）	联系邮箱	网站地址
塔斯马尼亚印度文化协会 Indian Cultural Society Tasmania	Ruchika Garg	icstas@hotmail.com	icstas.org.au/

澳大利亚印度教寺庙或文化中心名录（部分）

首都领地

Canberra Saiva Temple

Hare Krishna （ISKCON） Temple

Hindu Temple & Cultural Centre

Vishnu Siva Mandir

新南威尔士

Bhartiye Mandir

Hare Krishna （ISKCON） New Gokula Farm

Hare Krishna （ISKCON） Temple

Hare Krishna （ISKCON） Temple and Farm

Mukti-Gupteshwar Mandir Society

Shree Swaminarayan Mandir （Kalupur）

Shri Sanatan Dharam Mandir

Shri Shiva Mandir Ltd

Shri Swaminarayan Hindu Mandir

Sita Ram Mandir

Sri Mandir

Sri Venkateswara Temple

Sydney Murugan Temple

维多利亚

Durga Temple （Durga Bhajan Mandali）

Hare Krishna （ISKCON） Temple

Hare Krishna New Nandagram Rural Community

Melbourne Murugan Temple

Shri Shiva Vishnu Temple

Sri Vakratunda Vinayaka Temple

昆士兰

Hindu Mandir Association of Qld Inc.

Sai Saileshwara Temple

Sri Sri Gaur Nitai-Hare Krishna Temple

Vinayak Temple

西澳大利亚

Hare Krishna（ISKCON）Temple

Perth Hindu Temple

Shri Swaminarayan Mandir

Sri Bala Murugan Temple

南澳大利亚

Baps Shree Swaminarayan Temple Adelaide

Ganesh Temple

Hare Krishna Temple

ISKCON Temple Adelaide

Murugan Temple Adelaide

Shree Swaminarayan Temple Adelaide

Vedanta Centre of Adelaide

北领地

Hindu Society of Northern Territory

Hindu Temple

澳大利亚锡克教寺庙或文化中心名录（部分）

首都领地

Canberra Sikh Association

新南威尔士

Australian Sikh Association

Guru Nanak Sikh Temple

Murwillumbah Sikh Temple

Newcastle Sikh Association

Ramgarhia Welfare Association of Australia

Sikh Association of Australia，Penrith

Sikh Association of Griffith

Sikh Mission Centre Sydney

Simran House

Sri Guru Singh Sahba Inc.

The First Sikh Temple

Turramurra Gurdwara

维多利亚

Gurdwara Sahib Shepparton

Gurdwara Sahib Werribee

Gurdwara Sri Guru Granth Sahib

Nanaksar Thath

Sri Guru Granth Sahib Inc

Sri Guru Nanak Sabha

Sri Guru Nanak Satsang Sabha

昆士兰

Brisbane Sikh Temple

Gold Coast Sikh Temple

Guru Nanak Sikh Education Centre

Indoz Sikh Community Centre

Queensland Sikh Association

西澳大利亚

Sikh Association of Western Australia

Sikh Gurdwara Perth

南澳大利亚

Gurdwara Guru Nanak Darbar

Riverland Sikh Society

Sarbat Khalsa Gurdwara Sahib

Sikh Society of South Australia

澳大利亚印度人出版媒体名录（部分）

名称	网站地址
首都领地	
迪纳莫拉印度国家新闻报 'Dinamalar' Indian National News	www. dinamalar. com
新南威尔士	
澳大利亚古吉拉特时报 Gujarat Times Australia	www. GujaratTimes. com. au
印地语新闻报 Hindi Samachar Patrika	www. hindisamachaar. com
印度下报 Indian Down Under	www. indiandownunder. com
印度先驱报 Indian Herald	www. indianherald. com. au
印度河时代报 Indus Age	www. indusage. com. au
马沙拉新闻通 Masala Newsline	www. masalanewsline. com. au
旁遮普时报 Punjab Times	www. punjabtimes. com. au
印度次大陆时报 The Indian Sub-Continent Times	www. theistimes. com
印度每日电讯报 The Indian Telegraph	www. theindiantelegraph. com. au/
图尔西传媒集团 Tulsi Media Group T/A +91 News	www. 91news. com. au
高拉夫印地语报 Hindi Gaurav	www. hindigaurav. com. au
维多利亚	
巴拉特时报 Bharat Times	www. bharattimes. com
印度 G'Day 出版有限公司 G'Day India Pty Ltd	www. gdayindia. com. au

续表

名称	网站地址
印度在墨尔本 India at Melbourne	www. india-at-melbourne. com. au
印度连线 IndiaLink	www. indianlink. com. au
印度之声 Indian Voice	www. indianvoice. com. au/
页面传媒集团 Page Media Group	www. pagenews. com. au/
印度报业托拉斯通讯社 Press Trust of India	www. ptinews. com
萨蒂亚时报有限公司 Satya Times Pty Ltd	www. satyatimes. com. au
南亚时报 South Asia Times	www. southasiatimes. com. au
昆士兰	
布里斯班印度时报 Brisbane Indian Times	www. indiantimes. com. au/

澳大利亚印度人广播电视节目或媒体名录 （部分）

名称	网址地址
首都领地	
堪培拉泰卢固语频道 Canberra Telugu Vanni and Samithi, 2XX Radio Station	www. 2xxfm. org. au/
4EB 电台 Radio 4EB	www. 4eb. org. au
哈默尼电台 Radio Harmony	www. integratedcultures. org/
曼泊桑电台 Radio Manpasand	www. radiomanpasand. com
马哈卡旁遮普电台 Radio Mehak Punjab Di	www. facebook. com/MehakPunjabDiRadio
韵律电台 Radio Rhythm	Radiorythm. com. au
新南威尔士	
悉尼 SBS 广播电台孟加拉节目 Bangal Program, SBS	www. sbs. com. au
谦达那电视台 Chandana-TV	www. chandanatv. org
德西袋鼠电视台 Desi Kangaroos TV	www. desikangaroos. com
悉尼 SBS 广播电台古吉拉特语节目 Guajarati Language Program, SBS Radio Sydney	www. sbs. com. au
悉尼 SBS 广播电台印地语言节目 Hindi Language, SBS Radio Sydney	www. sbs. com. au
悉尼 SBS 广播电台印地语节目电台 Hindi Program Radio, SBS Radio Sydney	www. sbs. com. au
桑格姆印地语电台节目 Hindi Radio Programme 'Sur Sangam'	

续表

名称	网址地址
视野时代有限公司 Horizon Age Pty Ltd	www. horizon. com. au，www. nris. com. au
悉尼 SBS 广播电台坎那达语言节目 Kannada Language Program，SBS Radio Sydney	www. sbs. com. au
马哈卡电台印地语节目 Mahak Radio-Hindi Programme，Radio 2 RRR	
悉尼 SBS 广播电台马拉亚拉姆语节目 Malayalam Program，SBS Radio Sydney	
马拉地语电台 Marathi Radio	www. marathi. org. au
悉尼 SBS 广播电台奥兹印度传媒 OzIndian Media，SBS	www. sbs. com. au
89. 3 瑟 – 萨姆瓦德古吉拉特语电台 89. 3Sur-Samvaad Gujrati Radio	www. sursamvaad. net. au
泰米尔社区广播电台 Tamil Community Radio Station	
维多利亚	
印度电视台 Indian Television	
墨尔本 SBS 广播电台旁遮普语言类节目 Punjabi Programme，SBS Radio Melbourne	www. sbs. com. au
维多利亚泰卢固语电台 Victoria Telugu Radio，Ethnic Community Broadcasting Association of Victoria Ltd.	www. 3zzz. com. au
昆士兰	
澳大利亚印度电台 Australian Indian Radio	www. indianradio. net. au
印地语电台 Radio Brisvaani 1701 AM 24/7 Hindi Radio Station	www. brisvaani. com
西澳大利亚	
107. 3 – HFM 频道电台公司 107. 3 – HFM Corporation	
葛兰姆·玛萨拉电台 Radio Garam Masala	radiogarammasala. com
95. 3 FM 频道，桑格姆电台 Sangam Radio 6EBA 95. 3 FM	

续 表

名称	网址地址
南澳大利亚	
罗伯特集团,罗伯特电台 Raabta Radio,Raabta Group	streema. com/radios/Raabta_Radio
北领地	
达尔文 91. 5 – FM 频道,友好印度电台节目 Friendly India Radio Programme,Darwin 91. 5 – FM	

附录三 澳大利亚越南移民相关统计图表

澳大利亚越南移民各州人口分布情况表（1976～2011 年）

	新南威尔士	维多利亚	昆士兰	南澳	西澳	塔斯马尼亚	北领地	堪培拉	总计
1976	968	369	461	238	71	45	21	163	2336
1981	16583	12619	3448	3772	2749	209	189	784	40353
1986	33792	27778	6235	6973	5886	242	433	1366	82705
1991	49017	44230	8598	9208	8165	249	426	1918	121811
1996	61133	55217	10998	10657	10080	202	517	2247	151051
2001	63025	56664	11619	10472	10124	157	558	2211	154830
2006	63786	58878	13082	10547	10489	140	553	2373	159848
2011	71840	68294	16269	12026	12714	266	670	2956	185035

澳大利亚越南移民各州人口分布比例表（1976～2011 年）

单位：%

	新南威尔士	维多利亚	昆士兰	南澳	西澳	塔斯马尼亚	北领地	堪培拉
1976	40.8	15.5	19.4	10.0	3.0	1.9	0.9	6.9
1981	40.7	31.0	8.5	9.3	6.8	0.5	0.5	1.9
1986	40.9	33.6	7.5	8.4	7.1	0.3	0.5	1.7
1991	40.2	36.3	7.1	7.6	6.7	0.2	0.3	1.6
1996	40.5	36.6	7.3	7.1	6.7	0.1	0.3	1.5
2001	40.7	36.6	7.5	6.8	6.5	0.1	0.4	1.4
2006	39.9	36.8	8.2	6.6	6.6	0.1	0.3	1.5
2011	38.8	36.9	8.8	6.5	6.9	0.1	0.4	1.6

澳大利亚越南移民人口变化趋势表（1976～2011 年）

	男性人口	女性人口	总人口
1976	1160	1215	2373
1981	22042	18683	40725
1986	45731	36974	82705
1991	63734	58077	121811

续表

	男性人口	女性人口	总人口
1996	75247	75806	151053
2001	74954	79876	154830
2006	75290	84559	159849
2011	84808	100230	185038

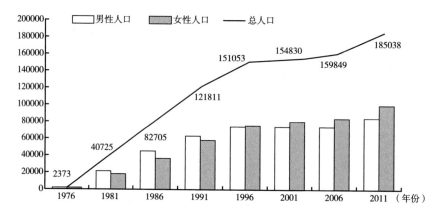

澳大利亚越南出生地总人口变化趋势图（1976～2011 年）

澳大利亚越南移民及本土居民平均年龄表（1992～2014 年）

	越南移民平均年龄	澳大利亚居民平均年龄
1992	30.40	32.69
1993	31.15	33.03
1994	31.74	33.38
1995	32.41	33.70
1996	33.41	34.02
1997	34.19	34.40
1998	35.04	34.78
1999	35.83	35.12
2000	36.69	35.42
2001	37.54	35.69
2002	38.22	35.93
2003	38.79	36.13
2004	39.46	36.33
2005	40.13	36.52
2006	40.70	36.67

续表

	越南移民平均年龄	澳大利亚居民平均年龄
2007	41.21	36.78
2008	41.52	36.86
2009	41.63	36.90
2010	42.02	37.05
2011	43.02	37.23
2012	43.61	37.27
2013	43.99	37.29
2014	44.49	37.34

澳大利亚越南移民及所有海外移民抵澳时间表（1941~2011年）

抵澳时间	越南移民	%	海外移民总计	%
1941年以前	14	0.0	16681	0.3
1941~1950	32	0.0	106647	2.0
1951~1960	95	0.1	375076	7.1
1961~1970	386	0.2	642355	12.1
1971~1980	28950	15.6	571828	10.8
1981~1990	68012	36.8	782926	14.8
1991~2000	40417	21.8	786777	14.9
2001~2005	11269	6.1	581597	11.0
2006~2011	25663	13.9	1190322	22.5

附录四 澳大利亚菲律宾移民相关统计图表

澳大利亚从事护士行业人员的出生地比例（2006 年）

单位：%

出生国	百分比	出生国	百分比
澳大利亚	70.6	中国大陆	0.7
英 国	7.1	印 度	0.7
新 西 兰	3	越 南	0.2
菲 律 宾	2	意 大 利	0.2
马来西亚	1.4		

澳大利亚护士行业中新到者的国籍所占比例（1986～2006 年）

单位：%

出生国	1986 年	1996 年	2006 年
英国	24	25.3	24.9
新西兰	24	16.5	11.7
印度	1.2	1.8	5.9
南非	1.8	1.6	7.1
爱尔兰	4.9	6.9	2.6
菲律宾	4.6	5.4	7.6
其他国家和地区	39.5	42.5	40.3

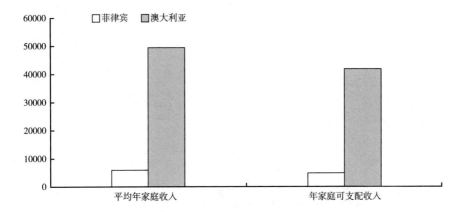

2012 年菲律宾和澳大利亚家庭收入对比图

注：在澳大利亚的统计数据中只找到了中位数的统计量，而菲律宾方面只有平均数的统计量。但中位数和平均数都是反映数据集中趋势统计量，有一定的对比性。

2001 年和 2011 年澳洲移民来源情况

单位：人，%

2001 年			2011 年		
出生国家	移民数	占移民总数比例	出生国家	移民数	占移民总数比例
英国	10036245	25.3	英国	1101082	20.8
新西兰	355765	8.7	新西兰	483397	9.1
意大利	218718	5.3	中国	318969	6.0
越南	154831	3.8	印度	295362	5.6
中国	142780	3.5	意大利	185403	3.5
希腊	116431	2.8	越南	185036	3.5
德国	108220	2.6	菲律宾	171234	3.2
菲律宾	103942	2.5	南非	145682	2.8
印度	95452	2.3	马来西亚	116196	2.2
荷兰	83324	2.0	德国	108001	2.0
海外移民总数	4103523		海外移民总数	5294143	

注：中国移民数据仅指中国大陆移民数据，不包括台湾、香港和澳门。

1976～2015 年澳大利亚的菲律宾移民人口数量变化

单位：人

年份（年）	1971	1976	1981	1986	1990	1996	2000	2006	2011	2015
移民数量	2550	5800	15800	33727	71300	94700	123000	141900	193000	236400

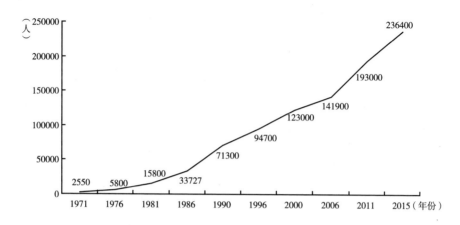

1971～2015 年澳大利亚的菲律宾移民人口数量变化

1971～2015 年澳大利亚菲律宾移民年均增长率

单位：%

年份	1971～1976	1976～1981	1981～1986	1986～1990	1990～1996	1996～2000	2000～2006	2006～2011	2011～2015
移民年均增长率	17.86	22.19	16.38	20.58	4.84	6.76	2.41	6.34	5.20

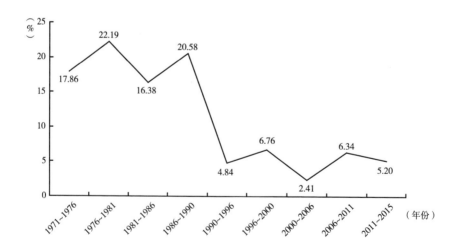

1971～2015 年澳大利亚菲律宾移民年均增长率

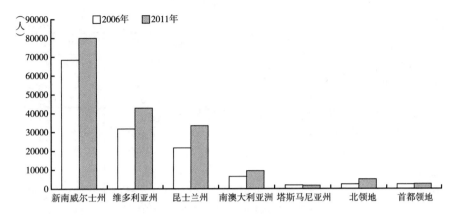

2006 年和 2011 年澳大利亚菲律宾移民在州和领地的分布情况

2006 年澳大利亚从事医疗卫生行业人员的主要出生地

单位：%

	全科医生	专科医生	牙科医生	护士	所有医疗从业者
澳大利亚	48.2	57.2	51.1	70.6	70.9
英　国	6.3	8.1	5.6	7.1	4.3
新 西 兰	1.7	3.2	2.3	3.0	2.0
中国大陆	1.6	0.6	1.5	0.7	1.0
意 大 利	0.4	0.3	0.4	0.2	1.0
越　南	1.8	0.6	3.9	0.2	0.8
印　度	5.4	4.2	2.5	0.7	0.7
菲 律 宾	0.8	0.4	0.6	2.0	0.6
马来西亚	5.1	3.1	5.3	1.4	0.5

1981 年起每 5 年内到新近到达澳大利亚的从事卫生行业的移民情况

	1981～1986 年	1991～1996 年	2001～2006 年
全科医生数量（人）	639	1429	3586
来自以下国家的比例（%）：			
英国	22.1	20.9	9.8
新西兰	16.0	12.2	3.2
印度	8.3	9.8	19.2
南非	8.0	4.3	6.8
爱尔兰	2.3	4.0	1.5
菲律宾	0.8	0.7	3.7
其他	42.6	48.1	55.9

续表

	1981~1986年	1991~1996年	2001~2006年
专科医生数量（人）	317	819	1566
来自以下国家的比例(%)：			
英国	24.3	21.0	14.8
新西兰	17.4	14.4	7.7
印度	3.8	15.1	23.3
南非	6.9	7.7	11.0
爱尔兰	3.8	2.4	2.1
菲律宾	0.9	1.2	2.4
其他	42.9	38.1	38.6
护士数量（人）	6397	4037	10995
来自以下国家的比例(%)：			
英国	24.0	25.3	24.9
新西兰	24.0	16.5	11.7
印度	1.2	1.8	5.9
南非	1.8	1.6	7.1
爱尔兰	4.9	6.9	2.6
菲律宾	4.6	5.4	7.6
其他	39.5	42.5	40.3

参考文献

（一）中文文献

1. 侯敏跃：《中澳关系史》，北京：外语教学与研究出版社，1999。

2. 王德华：《澳大利亚：从移民社会到现代社会》，上海：上海社会科学院出版社，1997。

3. 王宇博：《澳大利亚——在移植中再造》，成都：四川人民出版社，2000。

4. 黄昆章：《澳大利亚华人史》，广州：广东高教出版社，1998。

5. 张秋生：《澳大利亚华侨华人史》，北京：外语教学与研究出版社，1998。

6. 张秋生：《澳大利亚与亚洲关系史 1940～1995》，北京：北京大学出版社，2002。

7. 汪诗明：《20 世纪澳大利亚外交史》，北京：北京大学出版社，2003。

8. 阮西湖：《澳大利亚民族志》，北京：民族出版社，2004。

9. 刘渭平：《澳洲华侨史》，台北：星岛出版社，1989。

10. 雷振宇：《澳洲华侨概况》，台北：台湾正中书局，1981。

11. 刘达人、田心源：《澳洲华侨经济》，台北：台湾海外出版社，1958。

12. 卫聚贤：《中国人发现澳洲》，香港，1960。

13. 〔澳〕唐纳德·霍恩著，徐维源译《澳大利亚——幸运之邦的国民》，上海：上海译文出版社，2000。

14. 〔澳〕里查德·怀特：《创造澳大利亚》，昆明：云南人民出版社，1999。

15. 〔澳〕戈登·格林伍德：《澳大利亚政治社会史》，北京：商务印书馆，1960。

16. 〔澳〕戈登·福斯主编《当代澳大利亚社会》，南京：南京大学出版社、迪金大学出版社联合出版，1993。

17. 侯敏跃：《中国现代化进程与中澳关系》，上海：上海译文出版社，2005。

18. 姜天明：《澳大利亚联邦史略》，沈阳：辽宁大学出版社，2000。

19. 沈永兴、张秋生、高国荣编著《列国志：澳大利亚》，北京：社会科学文献出版社，2003。

20. 赵家琎、方爱伦：《当代澳大利亚社会与文化》，上海：上海外语教育出版社，2004。

21. 骆介子：《澳大利亚建国史》，北京：商务印书馆，1991。

22. 郑寅达、费佩君：《澳大利亚史》，上海：华东师范大学出版社，1991。

23. 黄源深、陈弘：《当代澳大利亚社会》，上海：华东师范大学出版社，1991。

24. 韩锋、刘樊德主编《当代澳大利亚》，北京：世界知识出版社，2004。

25. 张天：《澳洲史》，北京：社会科学文献出版社，1996。

26. 杨洪贵：《澳大利亚多元文化主义研究》，成都：西南交通大学出版社，2007。

27. 李文主编：《东南亚：政治变革与社会转型》，北京：中国社会科学出版社，2009。

28. 康晓丽：《二战后东南亚华人的海外移民》，厦门：厦门大学出版社，2015。

29. 李常磊编著：《澳大利亚文化博览》，北京：世界图书出版公司，2004。

30. 张秋生、黄鸿钊：《澳洲简史》，香港：开明书店，1992年版；台北：台湾书林出版社，1996。

31. 郝时远主编《海外华人研究论集》，北京：中国社会科学出版社，2002。

32. 殷汝祥主编：《澳大利亚研究文集》，天津：天津人民出版社，2000。

33. 李凯林、刘国强等著：《澳大利亚国民素质考察报告》，南宁：广西人民出版社，1999。

34. 沈仲棻等：《澳大利亚经济》，上海：华东师范大学出版社，1991年版。

35. 黄源深等：《从孤立中走向世界——澳大利亚文化简论》，浙江人民出版社，1993。

36. 〔美〕约翰·根室著，符良琼译《澳新内幕》，上海：上海译文出版社，1979。

37. 贾海涛、石沧金：《海外印度人与海外华人国际影响力比较研究》，济南：山东人民出版社，2007。

38. 科林·赛尔：《澳大利亚国土及其发展》，西安：陕西人民出版社，1980。

39. 王惠珍：《面向 21 世纪的选择》，上海：上海社会科学院出版社，1991。

40. 上海社会科学院澳大利亚研究中心：《澳大利亚贸易投资指南》，上海：上海社会科学院出版社，1994。

41. 上海师范大学地理系：《大洲大洋》，上海：上海人民出版社，1973。

42. 何芳川：《崛起的太平洋》，北京：北京大学出版社，1991。

43. 王惠珍：《澳大利亚指南》，上海：上海社会科学院出版社，1990。

44. 李明欢：《当代海外华人社团研究》，厦门：厦门大学出版仕，1995。

45. 陈怀东：《海外华人经济概论》，台北：黎明文化事业股份有限公司，1986。

46. 邝治中：《新唐人街》，香港：中华书局，1989。

47. 邓力群、马洪、武衍主编：《当代中国外交》，北京：科学出版社，1990。

48. 约翰·奈斯比特：《亚洲大趋势》，外文出版社、经济日报出版社、上海远东出版社联合出版，1996。

49. 王绳祖：《国际关系史》，北京：世界知识出版社，1996。

50. 陈国庆：《战后澳大利亚经济》，天津：天津人民出版社，1984。

51. 项飚：《全球"猎身"——世界信息产业和印度技术劳工》，北京：北京大学出版社，2012。

52. 吴祯福主编《澳大利亚历史 1788～1942》（一），北京：北京出版社，1992。

53. 〔澳〕杰弗里·博尔顿：《澳大利亚历史 1942～1988》（二），北京：北京出版社，1993。

54. 王铁崖编《中外旧约章汇编》第一册，北京：三联书店，1957。

55.《筹办夷务始末》咸丰朝，卷六十七。

56. 毛起雄、林晓东：《中国侨务政策概述》，北京：中国华侨出版社，1993。

57. 沈已尧：《海外排华百年史》，北京：中国社会科学出版社，1980。

58. 庄国土：《华侨华人与中国的关系》，广州：广东高等教育出版社，2001。

59. 刘丽君等：《澳大利亚文化史稿》，汕头：汕头大学出版社，1998。

60. 庄炎林主编：《世界华人精英传略》（大洋洲与非洲卷），北京：百花洲文艺出版社，1994。

61. 朱国宏：《中国的海外移民》，上海：复旦大学出版社，1994。

62. 段成荣：《人口迁移研究原理与方法》，重庆：重庆出版社，1998

63. 张善余：《世界人口地理》，上海：华东师范大学出版社，2002。

64. 〔德〕乌·贝克，哈贝马斯等著：《全球化与政治》，北京：中央编译出版社，2000。

65. 艾里克·威廉斯：《资本主义与奴隶制度》，北京：北京师范大学出版社，1982。

66. 李明欢：《国际移民政策研究》，厦门：厦门大学出版社，2011。

67. 《中华人民共和国出入境管理法规汇编》，北京：群众出版社，1987。

68. 刘国福：《移民法：出入境权研究》，北京：中国经济出版社，2006。

69. 翁里：《国际移民法理论与实践》，北京：法律出版社，2001。

70. 彭伟步：《新马华文报文化、族群和国家认同比较研究》，广州：暨南大学出版社，2009。

71. 丘进主编：《华侨华人研究报告（2011 年）》，北京：社会科学出版社，2011。

72. 梁茂信：《现代欧美移民与民族多元化研究》，北京：商务印书馆，2011。

73. 王望波、庄国土：《2009 年海外华侨华人概述》，北京：世界知识出版社，2011。

74. 〔澳〕艾瑞克·罗斯著，张威译：《澳大利亚华人史》，广州：中山大学出版社，2009。

75. 周南京主编：《世界华侨华人词典》，北京：北京大学出版社，1993。

76. 周南京主编：《华侨华人百科全书》，北京：中国华侨出版社，1999 ~ 2002。

77. 郭存孝：《中澳关系的流金岁月》，哈尔滨：黑龙江人民出版社，2006。

78. 郭存孝：《中澳关系的真情岁月》，哈尔滨：黑龙江人民出版社，2008。

79. 郭存孝：《中澳关系的难忘岁月》，北京：中国国际文化出版社，2010。

80. 《各国概况 美洲·大洋洲部分》，北京：世界知识出版社，1991。

81. 《世界知识年鉴》，有关各期，北京：世界知识出版社。

82. 《中国对外经济贸易年鉴》，1990 ~ 2000 年各期。北京：中国社会出版社。

83. 《台湾华侨经济年鉴》1970 ~ 2010 各期，台北：华侨经济年鉴编辑委员会出版社。

84. 冯小洋主编：《澳大利亚华人年鉴》（2013、2014、2015），澳大利亚华人年鉴出版社，2014、2015、2016。

85. 澳大利亚外交外贸部：《澳中自由贸易协定概况》，2006 年 8 月。

86. 澳大利亚驻华使馆：《澳中关系》，1985。

87. 澳大利亚驻华使馆：《澳中关系》，1995。

88. 澳大利亚驻华使馆：《澳中关系》，1997。

89. 〔澳〕保罗·基廷：《牵手亚太——我的总理生涯》，郎平、钱清译，北京：世界知识出版社，2002。

90. 冯团彬：《澳洲：留学岁月》，香港：中国新闻出版社，2014 年 1 月。

91. 刘樊德：《澳大利亚东亚政策的演变》，北京：世界知识出版社，2004。

92. 孙士海、葛维钧：《列国志：印度》，北京：社会科学文献出版社，2011。

93. 林承节：《印度近现代史》，北京：北京大学出版社，1995。

94. 陈鸿瑜：《越南近现代史》，台北：国立编译馆，2009。

95. 陈重金：《越南通史》，戴可来译，北京：商务印书馆，1992。

96. 徐绍丽、利国、张训常编《列国志：越南》，北京：社会科学文献出版社，2009。

97. 沈红芳编著《菲律宾》，上海：上海辞书出版社，1985。

98. 李涛：《海外菲律宾人与菲律宾的社会经济发展》，北京：社会科学文献出版社，2012。

99. 金应熙主编《菲律宾史》，开封：河南大学出版社，1990。

100. 陈明华编著《当代菲律宾经济》，昆明：云南大学出版社，1999。

101. 高伟浓：《华人新移民在澳大利亚、新西兰的生存适应分析》，《华侨华人历史研究》2003 年第 2 期。

102. 丘立本：《国际移民的历史、现状与我国对策研究》，《华侨华人历史研究》2005 年第 1 期。

103. 丘立本：《国际移民趋势、学术前沿动向与华侨华人研究》，《华侨华人历史研究》2007 年第 3 期。

104. 斯蒂芬·卡斯尔斯：《21 世纪初的国际移民：全球性的趋势和问题》，《国际社会科学（中文版）》2001 年第 3 期。

105. 斯蒂芬·卡斯尔斯：《亚太地区新移民：促进社会和政治变化的一种力量》，《国际社会科学（中文版）》2001 年第 3 期。

106. 斯蒂芬·卡斯尔斯：《全球化与移民：若干紧迫的矛盾》，《国际社会科学（中文版）》1999 年第 2 期。

107. 华金·阿朗戈：《移民研究的评析》，《国际社会科学（中文版）》2001 年第 3 期。

108. 李明欢：《国际移民学研究：范畴、框架及意义》，《厦门大学学报（哲学社会科学版）》2005 年第 3 期；

109. 李明欢：《国际移民的定义与类别——兼论中国移民问题》，《华侨华人历史研究》2009 年第 2 期；

110. 李明欢：《20 世纪西方国际移民理论》，《厦门大学学报（哲学社会科学版）》2000 年第 4 期。

111. 陈孔立：《有关移民与移民社会的理论》，《厦门大学学报（哲学社会科学版）》2000 年第 2 期。

112. 吴前进：《当代移民的本土性与全球化——跨国主义视角的分析》，《现代国际关系》2004 年第 8 期。

113. 解韬：《经济全球化与国际人口迁移》，《广东社会科学》2001 年第 4 期。

114. 李其荣：《经济全球化与国际人口迁移》，《民族研究》2003 年第 6 期。

115. 朱其良：《国际移民对世界政治和经济的影响》，《广西社会科学》2002 年第 5 期。

116. 周聿峨、白庆哲：《国际移民与当代国际安全：冲突、互动与挑战》，《东南亚纵横》2006 年第 1 期。

117. 李其荣：《国际移民对输出国与输入国的双重影响》，《社会科学》2007 年第 9 期。

118. 端木锡琦：《澳大利亚的人口和移民政策》，《人口研究》1985 年第 2 期。

119. 杨洪贵：《二战后澳大利亚非英语移民政策的演变》，《世界民族》2005 年第 5 期。

120. 《澳大利亚华人社会》，国务院侨办《侨情》1990 年第 15 期。

121. 张秋生：《二战后澳大利亚华人的参政历程》，《世界民族》2002 年第 4 期。

122. 张秋生：《澳大利亚华人社会的现状与前途》，《世界民族》1999 年第 2 期。

123. 张秋生：《略论战后澳大利亚华人文化》，《世界民族》2001 年第 6 期。

124. 杨光：《二战以后从香港向澳大利亚人口迁移的历史变动及原因分析》，《人口与经济》1999 年第 1 期。

125. 周亚:《澳洲华人社会新动力》,《编译参考》1994 年第 4 期。

126. 张秋生:《略论战后澳大利亚华人经济模式的重构》,《华人华侨历史研究》1998 年第 4 期。

127. 叶宝忠:《九十年代澳大利亚华人参政的回顾与反思》,《八桂侨史》1999 年第 4 期。

128. 杨力:《澳洲华人新移民的崛起》,《福建论坛》(人文社会科学版)1996 年第 4 期

129. 汪业旺:《〈唐人新文纸〉——澳大利亚最早中文报探微》,《江苏图书馆学报》1998 年第 6 期。

130. 詹秀敏:《澳大利亚华文报刊与澳华文学关系述略》,《华文文学》2004 年第 1 期。

131. 黄磊:《澳大利亚华文教育之现状》,《暨南大学华文学院学报》2003 年第 4 期。

132. 田善继:《澳大利亚悉尼地区五所大学汉语言文化教学现状》,《国外汉语教学动态》2004 年第 2 期。

133. 侯松岭、喻慧:《浅析国际移民对现代国家民族性的影响》,《贵州民族研究》2005 年第 3 期。

134. 侯松岭、喻慧:《当代发达国家移民政策的特点》,《当代亚太》2005 年第 1 期。

135. 杨恕:《西方国家移民政策的结构及其调整》,《国际论坛》2002 年第 7 期。

136. 毛爱华:《当代拉美人口发展特点和趋势分析》,《拉丁美洲研究》2006 年第 4 期。

137. П. М. 伊凡诺夫:《从移民问题看中澳关系的发展(19 世纪 50 年代 20 世纪 40 年代)》,《国外中国近代史研究》第 23 辑。

138. 张晓青:《国际人口迁移理论述评》,《人口季刊》2001 年第 3 期。

139. 张秋生:《略论二战后至 20 世纪 70 年代澳大利亚亚洲移民政策的重大调整》,《世界民族》2003 年第 3 期。

140. 张秋生:《20 世纪 70 年代以来澳大利亚技术型移民政策的演变及其对华人新移民的影响》,《世界民族》2006 年第 6 期。

141. 颜廷、张秋生:《20 世纪末以来澳大利亚移民政策的转型及其对华人新移民的影响》,《华侨华人历史研究》2014 年第 3 期。

142. 张秋生：《澳大利亚亚洲语言文化与移民政策的调整（1991～1995）》，《学海》2014年第2期。

143. 张秋生：《20世纪70年代以来澳大利亚调整移民政策的基本因素探析》，《淮阴师范学院学报》2017年第5期。

144. 张秋生：《战后澳大利亚对华移民政策的演变（1945～1995）》，《徐州师范大学学报（哲学社会科学版）》2006年第3期。

145. 张秋生、孙红雷：《20世纪八九十年代澳大利亚华人新移民的社会特征》，《历史教学（高校版）》2007年第3期。

146. 张秋生：《当代澳大利亚华人新移民的社会特征》，《历史教学（高校版）》2007年第3期。

147. 张秋生：《从陆克文—吉拉德政府的移民政策改革看澳大利亚未来移民政策走向》，《江苏师范大学学报》2014年第1期。

148. 汪诗明：《澳大利亚战后移民原因分析》，《世界历史》2008年第1期。

149. 王宇博：《20世纪中期澳大利亚移民政策的变化》，《苏州大学学报（哲学社会科学版）》2009年第3期。

150. 李其荣：《论澳大利亚的国际难民政策》，《山东大学学报（哲学社会科学版）》2012年第3期。

151. 张荣苏、张秋生：《"客户政治"与20世纪90年代澳大利亚移民政策的转变》，《史学理论研究》2013年第3期。

152. 魏嵩寿、许梅恋：《经济全球化中的澳大利亚经济发展趋势》，《南洋问题研究》2001年第3期。

153. 张秋生：《澳大利亚的亚洲观及澳亚关系》，《世界历史》2000年第5期。

154. 张秋生：《澳大利亚"面向亚洲"政策的形成》，《世界历史》2002年第5期。

155. 沈世顺：《澳大利亚外交新走向》，《国际问题研究》2006年第2期。

156. 王光厚、原野：《澳大利亚融入亚洲战略浅析》，《太平洋学报》2013年第9期。

157. 程希：《从经济增长模式看海外移民对中印两国发展的影响》，《八桂侨刊》2005年第5期。

158. 郭梁：《近代中、印、日海外移民的比较研究》，《华侨华人历史研究》1988年第1期。

159. 何承金、晏世经：《印度海外移民及其影响》，《南亚研究季刊》1986 年第 3 期。

160. 张秀明：《海外印度移民及印度政府的侨务政策》，《华侨华人历史研究》2005 年第 1 期。

161. 颜廷：《移民与回流：近十余年澳大利亚华人与印度人跨国人口迁移比较研究》，《南亚研究》2016 年第 1 期。

162. 陈小萍：《移民的印度教认同及其对印度政治的影响——以在美国的印度教徒移民为例》，《南亚研究季刊》2012 年第 3 期。

163. 高子平：《印度人才外流的动因探析》，《南亚研究季刊》2007 年第 2 期。

164. 佟新：《全球化下的国际人口迁移》，《中国人口科学》2000 年第 5 期。

165. 贾海涛：《海外印度人国际影响力初探——兼论海外印度人对印度经济发展的影响》，《理论学刊》2006 年第 5 期。

166. 贾海涛：《印度人移民海外的历史及相关问题》，《南洋研究》2009 年第 1 期。

167. 李丽、李涛：《海外移民与母国的经济联系：以印度为例》，《南亚研究》2009 年第 1 期。

168. 贾玉洁：《移民理论与中国国际移民问题探析》，《沙洋师范高等专科学校学报》2005 年第 3 期。

169. 曾少聪：《全球化与中国海外移民》，《民族研究》2003 年第 1 期。

170. 〔澳〕理查德·T. 杰克逊著，魏兴耘译：《澳大利亚的东南亚移民》，《亚洲研究评论》1991 年第 14 卷第 3 期。

171. 陈成文、孙嘉悦：《社会融入：一个概念的社会学意义》，《湖南师范大学社会科学学报》2012 年第 6 期。

172. 黄水莲：《从难民到市长——记首位担任澳大利亚市长的越南裔女性胡梅》，《东南亚纵横》1999 年第 4 期。

173. 郎友兴：《澳大利亚佛教的历史与现状》，《佛学研究》2002 年第 1 期。

174. 李若建：《香港的越南难民与船民》，《东南亚研究》1997 年第 1 期。

175. 刘建彪：《对战后东南亚华侨华人再移民现象的探讨》，《八桂侨刊》2000 年第 1 期。

176. 梁波、王海英：《国外移民社会融入研究综述》，《甘肃行政学院学报》2010 年第 2 期。

177. 梁志明、游明谦：《当代海外越南人的分布与发展状况研究》，《南洋问题研究》2004年第2期。

178. 陆铃、林聪：《浅析冷战后越南移民问题》，《临沧师范高等专科学校学报》2008年第17卷第1期。

179. 王丹阳、张秋生：《澳大利亚越南移民社会融入现状探究》，《八桂侨刊》2016年第1期。

180. 钱超英：《澳大利亚：移民、多元文化与身份困惑》，《深圳大学学报（人文社会科学版）》2009年第26卷第2期。

181. 高佳：《澳洲华人的中产阶级地位及其参政诉求：2007年大选以来的变化》，《华侨华人历史研究》2013年第3期。

182. 张世平：《菲律宾社会移民文化的形成在海外劳务输出中的作用》，《航海教育研究》2012年第1期。

183. 尹蒙蒙：《移民大潮中菲佣所体现的自身形象》，《学理论》2014年第3期。

184. 路阳：《菲律宾政府的海外菲律宾人政策探析》，《华侨华人历史研究》2014年第3期。

185. 李涛：《推力与拉力：菲律宾移民海外的动因初探》，《东南亚纵横》2013年第8期。

186. 朱凯、张秋生：《20世纪70年代以来菲律宾人移民澳大利亚原因探析》，《八桂侨刊》2016年第2期。

187. 黄莹：《当代海外越南人的现状及其对越南经济发展的作用》，广西民族大学2008届硕士学位论文。

188. 倪志荣：《1975年以来美国越南移民家庭社会适应研究——一种家庭社会学的视野》，华中师范大学2014届硕士学位论文。

189. 邵波：《澳大利亚难民政策的演变（1945~2007）》，苏州科技学院2011届硕士学位论文。

190. 许善品：《论澳大利亚融入亚洲的进程（1972~2012年）》，华东师范大学2014届博士学位论文。

191. 宁敏峰：《全球化进程中的印度海外移民与政府移民政策研究》，华东师范大学博士学位论文，2012。

192. 韩丹：《试论美国的印度技术移民及其影响（1965~2000）》，东北师范大学硕士学位论文，2012。

193. 澳洲《星岛日报》

194. 澳洲《澳洲新报》

195. 澳洲《澳洲日报》（原《华声报》）

196. 澳洲《澳洲新快报》

197. 澳洲《自立快报》

198. 澳洲《华人日报》

199. 澳洲《中国时报》

200. 澳洲《大洋时报》

201. 澳洲《联合时报》

202. 澳洲《汉声杂志》

203. 悉尼《商业周报》

204. 悉尼《新报周刊》

205. 昆士兰《华商周报》

206. 塔斯马尼亚《塔州华人报》

（二）英文文献

1. A. T. Yarwood, M. J. Knowling, *Race Relations in Australia*, Melbourne University Press, 1982.

2. A. T. Yarwood, *Asian Migration to Australia: The BackGround to Exclusion 1896 – 1923*, Melbourne University Press, 1964.

3. Adam Jamrozik, Cathy Boland and Robert Urquhart, *Social Change and Cultural Transformation in Australia*, The Press Syndicate of the University of Cambridge, 1995.

4. Arhur Huck, *The Assimilation of the Chinese in Australia*, Canberra, 1974.

5. A. T. Yarwood, *Attitudes to Non-European Immigration*, Melbourne, 1968.

6. A. Clennell, "Triguboff: Let's Trade Trees for Homes", *The Sydney Morning Herald*, 2006.

7. Anh T. Le, "Location: Where do Immigrants Reside in Australia?", *Journal of International Migration & Integration*, Vol. 9 No. 4, 2008.

8. Andrew Markus, James Jupp and Peter McDonald, *Australia's Immigration Revolution*, Allen & Unwin, 2009.

9. Australian Council of Trade Unions, *Submission on the Immigration Program*,

1992 – 93, Melbourne: ACTU, 1992.

10. Anthony Stokes, *The Impact of Globalisation on the Australian Economy*, *Lecturer in Economics*, Australian Catholic University, 2001.

11. *Australia Bureau of Census and Statistics*, *Official Yearbook*, No. 50, 1966.

12. *An Australian Guide to Chinese Language Publishing and Translating*, Australia-China Council, 2004.

13. Abhinav Patel, *Acculturation*, *Acculturative Stress and Coping among Asian Indian Immigrants in Australia*, Thesis submitted for the degree of Doctor of Philosophy, Sydney University, 2011.

14. Arthur W. Helweg, "Social Networks among Indian Professionals in Australia", *Journal of Ethnic and Migration Studies*, Vol. 12, No. 3, 1985.

15. Allison Cadzow, Denis Byrne, Heather Goodall, "Waterborne: Vietnamese Australians and River Environments in Vietnam and Sydney", *Transforming Cultures Journal*, Vol. 5, No. 1, 2010.

16. Bob Birrell, "Immigration Policy and the Australian Labour Market", *Economic Papers*, Vol. 22, No. 1, March 2003.

17. Bloxham, Paul and Christopher Kent, "Household Indebtedness", *The Australian Economic Review*, Vol. 42, No. 3, 2009.

18. Bilimoria, Purushottama, "Transglobalism of Self-exiled Hindus: The Case of Australia", *Religion Compass*. Vol. 1, No. 2, 2007.

19. Birrell, R. and Betts, K., "The FitzGerald Report on Immigration Policy: Origins and Implications", *The Australian Quarterly*, Vol. 60, No. 3, Spring 1988.

20. Bob Gregory, Peter Sheehan, *The Resources Boom and Macroeconomic Policy in Australia*, Australian Economic Report: Number 1, Centre for Strategic Economic Studies, Victoria University, Melbourne, November 2011.

21. Bob Birell, Lsleyanne Hawthorne and Sue Richardson, *Evaluation of the General Skilled Migration Categories*, Canberra: Department of Immigration and Multicultural Affairs, March 2006.

22. Birrell, R., "A New Era in Australian Migration Policy", *The International Migration Review*, Vol. 18, No. 1, Spring 1984.

23. B. Birrell, E. Healy and B. Kinnaird, *Immigration and the Nation Building and*

Jobs Plan, CPUR Bulletin, Monash University, February 2009.

24. B. Birrell and V. Rapson, Clearing the Myths Away: Higher Education's Place in Meeting Workforce Demands, Monash University, Centre for Population and Urban Research, 2006.

25. Bureau of Immigration and Population Research (BIPR), *Community Profiles 1991 Census: India-born*, Canberra: Australia Government Publishing Service, 1994.

26. Belinda J. Liddell, Tien Chey, Derrick Silove, Thuy Thi Phan, Nguyen Mong Giao, Zachary Steel, "Patterns of Risk for Anxiety-depression amongst Vietnamese-immigrants: A Comparison with Source and Host Populations", *BMC Psychiatry*, 2013.

27. Brian Galligan, *A Federal Republic—Australia's Constitutional System of Government*, the Press Syndicate of the University of Cambridge, 1995.

28. C. Y. Chai, *Chinese Migration and Settlement in Australia*, Sydney University Press, 1975.

29. C. F. Yong, *The New Gold Mountain: The Chinese in Australia*, 1901–1921, Richmond: Raphael Arts Pty. Ltd., 1977.

30. Cirila Limpangog, "Migration as a Strategy for Maintaining a Middle-Class Identity: The Case of Professional Filipino Women in Melbourne", *Australian Journal of South-East Asian Studies*, Vol. 6, 2013.

31. Cleonicko Saroca, "Representing Rosalina and Annabel: Filipino Women, Violence, Media Representation, and Contested Realities", *Kasarinlan Philippine Journal of Third World Studies*, Vol. 1, 2007.

32. Chooi-hon Ho and Poo-Kong Kee, *Profile of the Chinese in Australia*, Monash University, Clayton, 1988.

33. G. Greenwood, *Approaches to Asia: Australian Postwar Polices and Attitudes*, McGrow-Hill Book Company, Sydney, 1974.

34. Werner Levi, *Autralia's Outlook on Asia*, Greenwood Press, 1979.

35. Cathy O Callaghan, Susan Quine, "How Older Vietnamese Australian Women Manage Their Medicines", *Journal of Cross-Cultural Gerontology*, Vol. 22, No. 4, 2007.

36. Charles Price, "Australian Immigration: 1947–73", The International Migration

Review, Vol. 9, No. 3, 1975.

37. Cynthia Leung, Wally Karnilowicz, "The Psychological and Sociocultural Adaptation of Chinese and Vietnamese Immigrant Adolescents in Australia", *International Perspectives on Child & Adolescent Mental Health*, Vol. 2, 2002.

38. Chand, Masud, Ghorbani, Majid, "National Culture, Networks and Ethnic Entrepreneurship: A Comparison of the Indian and Chinese Immigrants in the US", *International Business Review*, Vol. 20, 2011.

39. Costa-Pinto, Selena, "Making the Most of Technology: Indian Women Migrants in Australia", *International Migration*, Vol. 52, No. 2, 2014.

40. Chiristine Inglis, "Globalisation and the Impact of Asian Migration on Australia and Canada", McGill-Queen's University Press, 1997.

41. Chiristine Inglis, *Turkiye to Australia: Turkish Settlement in Victoria*, Moreland Turkish Association Pty Ltd, 2001.

42. Charis Paris, *Housing Australia*, MacMilian Education AustralianPty Ltd, 1993.

43. Christine Mcmurray, *Community Profile 1996 Census Vietnam Born*, Melbourne: Department of Immigration and Multicultural Affairs, 1999.

44. Catherine C O 'Connor, Li Ming Wen, Chris Rissel & M Shaw, "Sexual behaviour and risk in Vietnamese Men living in Metropolitan Sydney", *Sexually Transmitted Infections*, Vol. 83, No. 2, 2007.

45. Douglas S. Massey, Joaquin Arango, Graeme Hugo, Ali Kouaouci, Adela Pellegrino, And J. Edward Taylor, *Worlds in Motion, Understanding International Migration at the End of the Millennium*, Oxford, 1998.

46. Damian Grace and Stephen Cohen, *Business Ethics*, Oxford University Press, 1995.

47. Danny Ben-Moshea, Joanne Pykeb & Liudmila Kirpitchenkoa, "The Vietnamese Diaspora in Australia: Identity and Transnational Behaviour", *Diaspora Studies*, Vol. 9, No. 2, 2016.

48. David Mellor, "The Experiences of Vietnamese in Australia: The Racist Tradition Continues", *Journal of Ethnic and Migration Studies*, Vol. 30, No. 4, 2004.

49. Donald E. Steward & Bien Nam DG, "Health Needs of Migrant Vietnamese

Women in South-West Brisbane: An Exploratory Study", *Australian Journal of Social Issues*, Vol. 38, No. 2, 2003.

50. Doreen Rosenthal, Nadia Ranieri, Steven Klimidis, "Vietnamese Adolescents in Australia: Relationships between Perceptions of Self and Parental Values, Intergenerational Conflict, and Gender Dissatisfaction", *International Journal of Psychology*, Vol. 31, No. 2, 1996.

51. Duong Thuy Tran, Louisa R. Jorm, Maree Johnson, Hilary Bambrick, Sanja Lujic, "Prevalence and Risk Factors of Type 2 Diabetes in Older Vietnam-Born Australians", *J Community Health*, 2014. Feb. .

52. David. Ip, Rolade. Berthier, Ikuo, Kawakami, Karel. Duivenvoorden, Lee. Chang, Tye, *Images of Asians in Multicultural Australia*, University of Sydney, 2006.

53. D. C. S. Sissons, "Immigration in Australia-Japanese Relations, 1871 – 1971", *ANU Press*, 2016.

54. D. C. S. Sissons, "The Japanese in the Australian Pearling Industry", *ANU Press*, 2016.

55. DIMA, Australian Immigration Consolidation Statistics (1990 – 2000), DIMA: COMMUNITY TODAY 2001.

56. DIMA, Immigration: Federation to Century's End 1901 – 2000, Canberra, 2001.

57. Department of Foreign Affairs and Trade Publication, *Information Branch*, Australian Government Publishing Service, 1992.

58. *Documents on Australian Foreign Policy*, 1937 – 49, Australian Government Publishing Service, Canberra.

59. Elizabenth. Sinn, *The Last Half Century of Chinese Overseas*, Hong Kong University Press, 1998.

60. Ellie Vasta, *Centre on Migration*, *Policy and Society*, Oxford University Press, 2005.

61. E. M. Andrews, *Australia and China: The Ambiguous Relationship*, Melbourne: Melbourne Press, 1985.

62. Eric Jones, "The People Next Door: Australia and the Asian Crisis", *The National Interest*, No. 52, Summer 1998.

63. F. H. Gruen, *Surveys of Australian Economics*, George Allen and Unwin Australia Ltd, 1978.

64. Fenner, F. J. , '*The Environment*', *in How Many Australians?*, AIPS, Angus & Robertson, 1971.

65. Frank Lewins and Judith Ly, *The First Wave: The Settlement of Australia's First Vietnamese Refugees*, Sydney: George Allen and Unwin Australia Pty Ltd, 1985.

66. Fitzgerald, John, *Big White Lie: Chinese Australians in White Australia.* University of New South Wales Press, Sydney, 2007.

67. John Hardy, *Stories of Australian Migration*, New South Wales University Press, 1988.

68. James E. Coughlan and Deborah J. McNamara, *Asian in Australia: Patterns of Migration and Settlement*, South Melbourne: Macmillan Education Australia Pty Ltd, 1997.

69. James E. Coughlan, "Occupational Mobility of Australia's Vietnamese Community: Its Direction and Human Capital Determinants", *International Migration Review*, Vol. 32, No. 1, 1998.

70. James E. Coughlan (ed.), *The Diverse Asians: A Profile of Six Asian Communities in Australia*, Queensland: Griffith University Press, 1992.

71. John Nieuwenhuysen, Peter Lloyd and Margaret Mead, *Reshaping Australia's Economy: Growth with Equity and Sustainability*, Cambridge: Cambridge University Press, 2001.

72. Geoffrey Sherington, *Australia's Immigrants 1788 – 1978*, George Allen&Unwin, 1989.

73. Graziano Battistella, "Multi-level Policy Approach in the Governance of Labour Migration: Considerations From the Philippine Experience", *Asian Journal of Social Science*, Vol. 40, No4, 2012.

74. G. Withers, *The Power of People*, CEDA Bulletin, Melbourne, October 1998.

75. George Megalogenis, *Women Grab More Share of Unemployment Pie*, The Australian, 5 May 2009.

76. Gareth Evans & Bruce Grant, *Australia's Foreign Relations— In the World of the*

1990s, Melbourne University Press, 1995.

77. Gavin W. Jones, "Population Policies in Southeast Asia and Australia: The International Relevance of Domestic Affairs", *Journal of the Australian Population Association*, Vol. 1, No. 2, 1985.

78. Gerard Sullivan and S. Gunasekaran, "The Role of Ethnic Relations and Education Systems in Migration from Southeast Asia to Australia", *Journal of Social Issues in Southeast Asia*, Vol. 8, No. 2, 1993.

79. Gao Jia, Chinese Students in Australia in the Australian People, Melbourne: Cambridge University Press, 2001.

80. Gao Jia, "The Role of Primary Social Groups in Migration Decision-making: A Case Study of Chinese Studens in Australia", *Asian and Pacific Migration Journal*, Vol. 11, No. 3, 2002.

81. Gao Jia, "Migrant Transnationality and Its Evolving Nature: A Case Study of Mainland Chinese Migrants in Australia", *Journal of Chinese Overseas*, Vol. 2, No. 2, 2006.

82. Gerard Sullivan and S. Gunasekaran, "The Role of Ethnic Relations and Education Systems in Migration from Southeast Asia to Australia", *Journal of Social Issues in Southeast Asia*, Vol. 8, No. 2, August 1993.

83. Graeme Hugo, "Asian Migration to Australia: Changing Trends and Implications", *Scottish Geographical Journal*, Vol. 119, No. 3, 2003.

84. Green, H. Harper, I and Smirl, L., "Financial Deregulation and Household Debt: the Australian Experience", *The Australian Economic Review*, Vol. 42, No, 3, 2009.

85. Graeme Hugo, "The Changing Dynamics of ASEAN International Migration", *Malaysian Journal of Economic Studies*, Vol. 51, No. 1, 2014.

86. Graeme Hugo, "Globalization and Changes in Australian International Migration", *Journal of Population Research*, Vol. 23, No. 2, September 2006.

87. Gavin W. Jones, "Population Policies in Southeast Asia and Australia: The International Relevance of Domestic Affairs", *Journal of the Australian Population Association*, Vol. 1 No. 2, March 1985.

88. Glenda Lynna Anne Tibe Bonifacio, "Activism from the Margins—Filipino

Marriage Migrants in Australia", *Frontiers A Journal of Women Studies*, Vol. 30 No. 3, 2009.

89. Greg Sheridan, *Living with Dragons: Australia Confronts Its Asian Destine*, Sydney: Allen & Unwin, 1995.

90. Gough Whitlam, *The Whitlam Government, 1972 – 1975*, Australian Penguin Books Ltd, 1985.

91. Gilkes, Alwyn D., *The West Indian Diaspora: Experiences in the United States and Canada*, LFB Scholarly Publishing LLC, 2007.

92. Gary Reid, Peter Higgs, Lorraine Beyer & Nick Crofts, "Vulnerability among Vietnamese Illicit Drug Users in Australia: Challenges for Change", *International Journal of Drug Policy*, Vol. 13, No. 2, 2002.

93. *Garnaut Report*, AGPS, Canberra, 1989.

94. Helen Sykes, *Youth Homelessness*, Melbourne University Press, 1993.

95. H. A. Dunn&Edmund. S. K. Fung, *Sino-Australian Relations The Record 1972 – 1985*, Griffith University, 1985.

96. Hugo, Graeme, "The Indian and Chinese Academic Diaspora in Australia: A Comparison", *Asian and Pacific Migration Journal*, Vol. 19, No. 1, 2010.

97. Helweg, Arthur W., "Social Networks among Indian Professionals in Australia", *Journal of Ethnic and Migration Studies*, Vol. 12, No. 3, 1985.

98. Hawkins, F., *Critical Years in Immigration: Canada and Australia Compared*, Kensington: New South Wales University Press, 1989.

99. Hawthorne, Lesleyanne, "Indian Students and the Evolution of the Study-Migration Pathway in Australia", *International Migration*, Vol. 52, No. 2, 2014.

100. Heather Davis, Terry Evans and Christopher Hickey, "A Knowledge-based Economy Landscape: Implications for Tertiary Education and Research Training in Australia", *Journal of Higher Education Policy and Management*, Vol. 28, No. 3, November 2006.

101. Huw Jones, "The New Global Context of International Migration: Policy Options for Australia in the 1990s", *The Royal Geographical Society*, Vol. 24, No. 4, 1992.

102. Hannah G Dahlen, Virginia Schmied, Cindy-Lee Dennis and Charlene

Thornton, "Rates of Obstetric Intervention during Birth and Selected Maternal and Perinatal Outcomes for Low Risk Women Born in Australia Compared to Those Born Overseas", *BMC Pregnancy and Childbirth*, 2013.

103. Helen A. Rawson & Pranee Liamputtong, "Culture and Sex Education: The Acquisition of Sexual Knowledge for A Group of Vietnamese Australian Young Women", *Ethnicity & Health*, Vol. 15, No. 4, 2010.

104. Hugo Graeme, "In and Out of Australia: Rethinking Chinese and Indian Skilled Migration to Australia", *Asian Population Studies*, Vol. 4, No. 3, 2008.

105. Ian Craven, *Australian Popular Culture*, The Press Syndicate of the University of Cambridge, 1994.

106. Ian McAllister & Rhonda Moore, "The Development of Ethnic Prejudice: An Analysis of Australian Immigrants", *Ethnic and Racial Studies*, Vol. 14, No. 2, 1991.

107. Indigo A. Williams Willing, "The Adopted Vietnamese Community: From Fairy Tales to the Diaspora", *Michigan Quarterly Review*, Vol. 43, No. 4, 2004.

108. James Jupp and Marie Kabala, *The Politics of Australian Immigration*, AGPS, Canberra, 1993.

109. James Jupp, "From 'White Australia' to 'Part of Asia': Recent Shifts in Australian Immigration Policy towards the Region", *International Migration Review*, Vol. 29, No. 1, 1995.

110. James E. Coughlan and Deborah J. McNamara (ed.), *Asians in Australia: Patterns of Migration and Settlement*, Macmillan Education Australia Pty Ltd, 1997.

111. John Halligan and John Power, *Political Management in the 1990s*, Oxford University Press Australia, 1992.

112. James Cotton and John Ravenhill, *The National Interest in a Global Era- Australia in World Affairs*, *1996 – 2000*, Oxford University Press, 2001.

113. James E. Coughlam, "Occupational Mobility of Australia's Vietnamese Community: Its Direction and Human Capital Determinants", *International Migration Review*, Vol. 32, No. 1, 1998.

114. James Vo. Thanh. Xuan & Pranee Liamputtong Rice, "Vietnamese-Australian Grandparenthood: The Changing Roles and Psychological Well-being", *Journal of Cross-Cultural Gerontology*, Vol. 15, 2000.

115. James E. Coughlan, "The Changing Spatial Distribution and Concentration of Australia's Chinese and Vietnamese Communities: An Analysis of 1986 – 2006 Australian Population Census Data", *Journal of Population Research*, Vol. 25, No. 2, 2008.

116. Jo Winter & Anne Pauwels, "Language Maintenance in Friendships: Second-generation German, Greek, and Vietnamese Migrants", *International Journal of Sociology of Language*, 2006.

117. Judith Lumley, Grad Dip Child Dev, Stephanie Brown, and Pranee Liamputtong, "Immigrant Women's Views About Care During Labor and Birth: An Australian Study of Vietnamese, Turkish, and Filipino Women", *BIRTH*, Vol. 29, No. 4, 2002.

118. Julie Bradshaw, "The Ecology of Minority Languages in Melbourne", *International Journal of Multilingualism*, Vol. 10, No. 4, 2013.

119. Jessica Brown and Oliver Marc Hartwich, *Populate and Perish? Modelling Australia's Demographic Future*, Policy Monographs, Population and Growth Series, 2010.

120. John Henningham, *Institutions in Australian Society*, Oxford University Press, 1995.

121. Jenny Chesters and John Western, "The Impact of the Global Financial Crisis on Australia", *Swiss Journal of Sociology*, Vol. 37, No. 2, 2011.

122. Katharine Betts and Michael Gilding, "The Growth Lobby and Australia's Immigration Policy", *People and Place*, Vol. 14, No. 4, 2006.

123. Katharine Betts, "Patriotism, Immigration and the 1996 Australian Election", *People and Place*, Vol. 4, No. 4, 1996.

124. Keyes Cronin, *Kathryn Cronin*, *Colonial Casualfies: Chinese in Early Victoria*, Melbourne University Press, 1982.

125. Margaret Kelaher, Helen Potts and Lenore Manderson, "Health Issues Among Filipino Women in Remote Queensland", *Aust. J. Rural Health*, 2001.

126. Katharine Betts, "Immigration Policy under the Howard Government", *Australian Journal of Social issues*, Vol 38 No. 2, 2003.

127. Katharine Jane Betts, "Boatpeople and Public Opinion in Australia", *People and Place*, Vol. 9, No. 4, 2001.

128. Khalid Koser, *The Global Financial Crisis and International Migration: Policy Implications for Australia*, Lowy Institute for International Policy, July 2009.

129. Khadria, Binod; Baas, Michiel. *Imagined Mobility: Migration and Transnationalism among Indian Students in Australia*, Anthem Press, 2012.

130. F. Lorenzo (ed.), "Nurse Migration from a Source Country Perspective: Philippine Country Case Study", *Health Service Reaearch*, Vol. 42, No. 3, 2007.

131. Lenore Manderson and Margaret Kelaher (ed.), "Sex, Contraception and Contradiction among Young Filipinos in Australia", *Culture Health & Sexuality*, Vol. 4, No. 4, 2002.

132. Li, Wei, Skop, Emily, "Diaspora in the United States: Chinese and Indians Compared", *Journal of Chinese Overseas*, Vol. 6, 2010.

133. Laksiri Jayasuriya and Kee Pookong, *The Asianisation of Australia? Some Facts about the Myths*, Melbourne University Publishing, 1999.

134. Le Q, Kilpatrick S, "Vietnamese-born Health Professionals: Negotiating Work and Life in Rural Australia", *Rural & Remote Health*, Vol. 8, No. 4, 2008.

135. L. Day and D. Rowland (eds), *How Many more Australians: the Resource and Environmental Conflicts*, Melbourne: Longman Cheshire, 1988.

136. Lamb, Sarah, *Aging and the Indian Diaspora: Cosmopolitan Families in India and Abroad*, Indiana University Press, 2009.

137. Manning Clark, *A Short History of Australia*, American New Liabrary Press, 1980.

138. Muthiah, A. and Jones, G. W., "Fertility Trends among Overseas Indian Populations", *Population Studies*, Vol. 37, 1983.

139. Mary Crock, Ben Saul and Azadeh Dastyari, "Future Seekers II: Refugees and Irregular Migration in Australia", *Futureseekers II Refugees & Irregular Migration*, Vol. 21, No. 1, 2006.

140. Melvin Ember, Carol R. Ember, Ian Skoggard, *Encyclopedia of Diasporas*: *Immigrant and Refugee Cultures around the World*, New York: Springer US, 2005.

141. Myra Willard, *History of the White Australia Policy to 1920*, Melbourne University Press, 1974.

142. Mary Crock, *Immigration and Refugee Law in Australia*, The Federation Press, Melbourne, 1998.

143. Michael Byrnes, *Australia and the Asia Game*, Allen & Unwin, 1994.

144. Michael Piore, *Birds of Passage*: *Migrant Labor in Industrial Societies*, Cambridge University Press, 1979.

145. Marie M. de Lepervanche, *Indian in a White Australia*: *An Account of Race*, *Class and Indian Immigration to Eastern Australia*, Sydney: George Allen & Unwin, 1984.

146. N. Bita, "Employers Court Skilled Retirees to Fill Jobs Vacuum", *The Australian*, 1998.

147. NRSET, *Resourcing the Future*: *National Resources Sector Employment Taskforce*, Discussion Paper, Australian Government, March 2010.

148. OECD, *The Knowledge-Based Economy*, Paris, 1996.

149. Oonk, Gijsbert, *Global Indian Diasporas*: *Exploring Trajectories of Migration and Theory*, Amsterdam University Press, 2007.

150. Potts L. *The World Labour Market*, *A History of Migration*. London, 1990.

151. Peter Beilharz, *Transforming Labor—Labor Tradition and the Labor Decade in Australia*, Cambridge University Press, 1994.

152. Peter Calvocoressi, *Survey of International Affairs*, *1947 – 1948*, London, 1952.

153. R. T. Appleyard, *International Migration*, *Challenge for the Nineties*, Geneva, IOM, 1991.

154. P. McDonald, *Demand for Workers will Outstrip Fears about Resources*, The Australian, 10 May 2010.

155. Pamela W. Garrett, Hugh G. Dickson, Anna Klinken Whelan, Linda Whyte, "Representations and Coverage of Non-English-speaking Immigrants and Multicultural Issues in Three Major Australian Health Care Publications",

Australia and New Zealand Health Policy, Vol. 7, No. 1, 2010.

156. Philip C. Clarkson, "Australian Vietnamese Students Learning Mathematics: High Ability Bilinguals and Their Use of Their Languages", *Educational Studies in Mathematics*, Vol. 64, 2006.

157. Philip Ruddock, "The Coalition Government's Position on Immigration and Population Policy", *People and Place*, Vol. 7, No. 4, 1999.

158. Pranee Liamputtong, "Motherhood and 'Moral Career': Discourses of Good Motherhood Among Southeast Asian Immigrant Women in Australia", *Qualitative Sociology*, Vol. 29, No. 1, 2006.

159. Patric Troy, *Australian Cities*, Cambridge University Press, 1995.

160. P. McDonald and R. Kippen, *The Impact of Immigration on the Ageing of Australia's Population*, Department of Immigration and Multicultural Affairs, May 1999.

161. Productivity Commission, *Economic Implications of an Ageing Australia*, Research Report, Canberra, 24 March 2005.

162. Prime Minister's Science, Engineer and Innovation Council, *Driving The New Economy-Australia's Information and Communications Technology Research Base*, Occasional Paper, November 2000.

163. Peter McDonald, Jeromey Temple, *Immigration, Labour Supply and Per Capita Gross Domestic Product: Australia 2010 – 2050*, Final Report, Australian Demographic and Social Research Institute, Australian National University, Canberra, May 2010.

164. Peter J. Brain, Rhonda L. Smith and Gerard P. Schuyers, *Population, Immigration and the Australian Economy*, Croom Helm Ltd. 1979.

165. Bhikhu, Parekh; Gurharpal Singh, Steven Vertovec (eds.), *Culture and Economy in the Indian Diaspora*, Routledge, 2003.

166. Purushottama Bilimoria, *The Hindus and Sikhs in Australia*, Canberra: Australian Government Publishing Service, 1996.

167. Roslyn Le, Michael Gilding, "Gambling and Drugs: The Role of Gambling among Vietnamese Women Incarcerated for Drug Crimes in Australia", *Australian & New Zealand Journal of Criminology*, Vol. 49, No. 1, 2016.

168. Rolls Eric, Citizens, *The Epic Story of China's Centuries Old Relationship with*

Australia, Queensland University Press, 1996.

169. Rhonda Small, Judith Lumley & Jane Yelland, "Cross-cultural Experiences of Maternal Depression: Associations and Contributing Factors for Vietnamese, Turkish and Filipino Immigrant Women in Victoria, Australia", *Ethnicity & Health*, Vol. 8, No. 3, 2003.

170. Rochelle Watkins, Aileen J. Plant, David Sang, Thomas O'Rourke, Van Le, Hien Nguyen and Brian Gushulak, "Individual Characteristics and Expectations about Opportunities in Australia among Prospective Vietnamese Migrants", *Journal of Ethnic and Migration Studies*, Vol. 29, No. 1, 2003.

171. Rodrigo Marino, Geoffrey. W. Stuart, I. Harry Minas, "Acculturation of Values and Behavior: A Study of Vietnamese Immigrants", *Measurement and Evaluation in Counseling and Development*, Vol. 33, 2000.

172. RCOA, *Family Reunion and Australia's Refugee and Humanitarian Program: A Discussion Paper*, Refugee Council of Australia, 2009.

173. Russal Ward, *A Nation for A Continent: The History of Australia (1901 – 1975)*, Melbourne: Heinemann Educational Books Ltd, 1977.

174. Raghuram, Parvati; Ajaya Kumar Sahoo; Brij Maharaj; Dave Sangha (eds.), *Tracing an Indian Diaspora: Contexts, Memories, Representations.* SAGE Publications India Pvt Ltd, 2008.

175. Rob White and Christine Alder, *The Policy and Young People in Australia*, The Press Syndicate of the University of Cambridge, 1994.

176. R. S. Gabbi, *Sikhs in Australia*, Glen Waverley: Aristoc Ofiice, 1998.

177. Stephen Castles and Mark J. Miller, *The Age of Migration: International Population Movements in the Modern World*, Forth Edition, Palgrave Macmillan, 2009.

178. Rafi, Bilal, Lewis, Phil, "Indian Higher Education Students in Australia: Their Patterns and Motivations", *Australian Journal of Education*, Vol. 57, No. 2, 2013.

179. S. P. Awasthi and Ashoka Chandra, "Migration from India to Australia", *Asian and Pacific Migration Journal*, Vol. 3, No. 2 – 3, 1994.

180. Shirlita Africa Espinosa, "Reading the Gendered Body in Filipino-Australian Diaspora Philanthropy", *PORTAL Journal of Multidisciplinary International*

Studies, 2012.

181. Singh, Supriya and Cabraal Anuja, "Indian Student Migrants in Australia: Issues of Community Sustainability", *People and Place*, Vol. 18, No. 1, 2010.

182. Sing-wu Wang, *The Organization of Chinese Emigration, 1848 – 1888 with Special Reference to Chinese Emigration to Australia*, San Francisco, 1978.

183. S. Chandrasekhar, *From Indian to Australia*, California: Population Review Books, 1992.

184. Siew-Ean Khoo, Kee Pookong, "Asian Immigrants Settlements and Adjustment in Australia", *Asian and Pacific Migration Journal*, Vol. 3, No. 2 – 3, 1994.

185. Singh, Supriya, Cabraal, Anuja, Robertson, Shanthi, "Remittances as a Currency of Care: A Focus on 'Twice Migrants' among the Indian Diaspora in Australia", *Journal of Comparative Family Studies*, Vol. 41, No. 2, 2010.

186. Singh, Supriya, Robertson, Shanthi, Cabraal, Anuja, "Transnational Family Money: Remittances, Gifts and Inheritance", *Journal of Intercultural Studies*, Vol. 33, No. 5, 2012.

187. Sahay, Anjal, *Indian Diaspora in the United States: Brain Drain or Gain?*, Rowman & Littlefield Publishers, 2009.

188. Sonya M. Glavac & Brigitte Waldorf, "Segregation and Residential Mobility of Vietnamese Immigrants in Brisbane, Australia", *Professional Geographer*, Vol. 50, No. 3, 1998.

189. Sonia Graham & John Connell, "Nurturing Relationships: the Gardens of Greek and Vietnamese Migrants in Marrickville, Sydney", *Australian Geographer*, Vol. 37, No. 3, 2006.

190. Storer, D., and Matheson, A., "Migrant Workers and Unions in a Multicultural Australia", *Social Alternatives*, Vol, 3, No. 3, July 1983.

191. S. Short, L Hawthorne, C Sampford, K Marcus and W Ransome, "Filipino Nurses Down Under: Filipino Nurses in Australia", *Asia Pacific Journal of Health Management*, 2012.

192. *Sydney Mail*

193. *Sydney Morning Herald*

194. *Sydney Sun*

195. The Department of Commenwealth of Australia, *Australia - China Relations*, 1996.

196. Topp, V. , Soames, L. , Parham, D. , and Bloch, H. , *Productivity in the Mining Industry: Measurement and Interpretation*, Productivity Commission Staff Working Paper, December 2008.

197. Tony Nfuyen, Paul P. W. Chang and Jennifer M. I. Loh, "The psychology of Vietnamese Tiger Mothers: Qualitative Insights into the Parenting Beliefs and Practices of Vietnamese-Australian Mothers", *Journal of Family Studies*, Vol. 20, Issue. 1, 2014.

198. Terry Boyle, Renee N. Carey, Deborah C. Glass, Susan Peters, Lin Fritschi & Alison Reid, "Prevalence of Occupational Exposure to Carcinogens among Workers of Arabic, Chinese and Vietnamese Ancestry in Australia", *American Journal of Industrial Medicine*, Vol. 58, No. 9, 2015.

199. *The Australian Encyclopedia*, The Grolier Society of Australia Pty Ltd. , Sydney, 1979.

200. Viviani, N. , *The Long Journey: Vietnamese Migration and Settlement in Australia*, Melbourne University Press, 1984.

201. Vani K. Borooah&John Mangan, "An Analysis of Occupational Outcomes for Indigenous and Asian Employees in Australia", *The Economic Record*, Vol. 78, No. 1, 2002.

202. Voigt-Graf, Carmen, "The Construction of Transnational Spaces by Indian Migrants in Australia", *Journal of Ethnic and Migration Studies*, Vol. 31, No. 2, 2005.

203. Voigt-Graf, Carmen, "Towards a Geograhpy of Transnational Space: Indian Transnational Communities in Australia", *Global Network*, . Vol. 4, No. 1, 2004.

204. W. J. Hudson, *Australia in World Affairs 1971 - 1975*, Sydney: Allen & Unwin and Australian Institute of International Affairs, 1980.

205. Xiang Biao, "Structuration of Indian Information Technology Professionals' Migration to Australia: An Ethnographic Study", *International Migration*, Vol. 39, No. 5, 2001.

206. Ying Lua, Ramanie Samaratungea and Charmine E. J. Hartel, "Acculturation

Attitudes and Affective Workgroup Commitment: Evidence from Professional Chinese Immigrants in the Australian Workplace" *Asian Ethnicity*, Vol. 14, 2013.

207. Yen-Fen Tseng, Chilla Bulbeck, Lan-Hung Nora Chiang, Jung-Chung Hsu, *Asian Migration: Pacific Rim Dynamics*, National Taiwan University, 1999.

208. *Yearbook Australia*, 1977 – 1978.

209. Z. Steel, D. Silove, T. Chey, A. Bauman, T. Phan, T. Phan, "Mental Disorders, Disability and Health Service Use amongst Vietnamese Refugees and the Host Australian Population", *Acta Psychiatr Scand*, Vol. 111, 2005.

210. Zhu, Zhiqun, "Two Diasporas: Overseas Chinese and Non-resident Indians in Their Homelands' Political Economy", *Journal of Chinese Political Science*, Vol. 12, No. 3, 2007.

（三）网络文献

1. 中国优秀博硕士论文全文数据库 http；//c38. cnki. net 相关论文

2. 中国学术期刊全文数据库 http：//www. nj. cnki. net/ 相关论文

3. 人大复印报刊资料 http：//202. 195. 72. 38/htm 相关论文

4. 中国学位论文全文数据库 http：//202. 195. 72. 32/htm 相关论文

5. 超星数字图书馆 http：//www. lib. xznu. edu. cn//qbb/fyf/jpb/cs. h 相关论文

6. 全国报刊索引数据库 http：//202. 195. 72. 38/BKSY/logon. exe 相关论文

7. 澳大利亚官方网站：
澳大利亚统计局 http：//www. abs. gov. au/AUSSTATS/abs@. nsf 相关统计资料与论文
澳大利亚移民事务部 http：//www. immi. gov. au
澳大利亚外交外贸部 http：//www. dfat. gov. au
澳大利亚健康与社区服务部 http：//www. facs. gov. au
澳大利亚国家图书馆 http：//www. nla. gov. auinfoserv/rf_ formprocess. html
澳大利亚议会图书馆 http：//www. aph. gov. au
澳大利亚教育与研究机构：

8. 昆士兰大学澳大利亚研究中心 http：//www. asc. uq. au/crossings/index. html

9. 澳大利亚国立大学图书馆 http：//www. library. anu. edu. au/

10. 悉尼大学图书馆 http：//www. library. usyd. edu. au/

11. 昆士兰大学图书馆 http：//www. library. uq. edu. au/

12. 伍伦贡大学图书馆 http：//www. library. uow. edu. au/

13. 莫纳什大学图书馆 http：//www. library. monash. edu. au/

14. 西澳大利亚大学图书馆 http：//www. library. uwa. edu. au/

15. 澳大利亚多元文化教育网：http：//www. multiculturalaustralia. edu. au

16. 澳洲广播电台：http：//www. abc. net. au

17. 海外印度人网站：http：//www. indiandiaspora. nie. in

18. 海外印度人事务部官方网站：http：//www. overseasindian. in

19. 保罗·博格丹网：www. paulbogdanor. com

20. 中华人民共和国外交部：http：//www. fmprc. gov. cn

21. 中华人民共和国教育部国际司美大处：http：//www. moe – daoa. edu. cn

22. 中国新闻网：http：//www. chinanews. com. cn

23. 中国网：http：//www. china. com. cn

24. 新华网：http：//www. xinhuanet. com

25. 新华网：http：//www. xinhua. org/

26. 中国侨网：http：//www. chinaqw. com

27. 南方网：http：//www. southcn. com

28. 网 易：http：//abroad. 163. com

29. 东方网：http：//www. eastday. com

30. 法律图书馆网站：http：//www. law – lib. com

31. 新浪网：http：//news. sina. com. cn

后 记

日转星移，寒来暑往，在日复一日的无形而强大的压力下，终于在拖了六年之后，完成了国家社科基金项目《澳大利亚亚洲移民政策与亚洲新移民问题研究》的结题。虽如释重负，但仍觉得言犹未尽，还有进一步深入探讨的余地。

本著是我2011年获批的国家社科基金一般项目的最终成果。从20世纪90年代初赴澳访学进修以来，我多年从事澳大利亚华侨华人的研究，虽发表了不少相关研究论文和著作，但总觉得还需要有一个系统的总结、提升和一个新的研究领域的拓展。适逢2010年，国家社科基金项目指南列入了相关的选题，我申报了《澳大利亚对华移民政策与华人新移民问题研究》，遗憾的是，申报书虽然上会但未获通过。后得知，因在人口学科申报，题目应该要大要宏观。于是我把它作为教育部课题申报获批，并顺利加以完成。但心结未了，因为我发现，澳大利亚作为一个典型的移民国家，自1972年澳中建交，废除"白澳政策"，推行多元文化政策以来，亚洲新移民大量赴澳，至20世纪90年代已成为一个引人瞩目的现象，日益引起国内外移民问题学者的关注，一系列相关问题也引起了我新的思考。

20世纪80年代以来，澳大利亚成为亚洲移民流向的主要国家之一。目前澳洲亚裔移民已达200万，约占澳总人口的8.8%，中国大陆、印度、东南亚成为重要的移民迁出地，亚洲新移民已成为澳洲新移民中的重要组成部分。这一时期澳大利亚移民政策的调整对亚洲移民迁移模式、亚太地区人口迁移态势和澳亚关系的发展都产生了重要影响。特别是1972年以来澳大利亚移民政策环境的变化调整深刻影响着当代澳洲亚洲新移民跨国迁移模式、职业与经济模式、社会生活和文化特征的变迁。而这两者的双向互动关系是如何运行的？其内在规律和特点如何？20世纪70年代以来，澳大利亚各种移民类别（家庭移民、技术移民、商业移民、人道主义移民等）的制定调整是如何具体影响到亚洲跨国移民的动因、流向、数量、构成和发展趋向的？如何进行定性和定量的分析？如何从1972年至今的澳大利亚总体移民政策中撷取其对亚洲的具体移民政策并加以分析评价？如何分析澳大利亚对亚洲移民政策环境未来发展趋势存在的许多不确定因素？带着这些问题和思考，沿循这样的思路，我开始了使课题逐步走向深入的研究。

我认为，运用国际移民理论，深入探讨20世纪70年代以来澳大利亚亚洲移民政策的演变过程及其对亚洲新移民的影响，分析澳大利亚亚洲新移民的特征，可以深化国际移民政策史和亚洲人口迁移问题的研究，发展亚澳关系，促进亚太地区经济文化交流。同时由于澳大利亚华人新移民在亚裔新移民构成中所占有的重要地位，本课题的研究也有助于更好地调整中国的人口战略、侨务政策和留学政策，为中国的改革开放和现代化服务。

研究过程中，遇到了许多问题。诸如亚洲移民范围的选择，考虑到研究澳大利亚所有的亚洲移民并无重要的实际价值和典型意义，故仅在宏观层面涉及亚洲移民的总体概况，而具体个案研究则将位居前列的中国（大陆）、印度、越南、菲律宾新移民作为主要研究对象，因他们已成为来自东亚、南亚和东南亚的澳大利亚亚洲移民中最具有代表性的移民研究群体。又如数据和材料问题，除查阅和运用战后历年澳大利亚移民局和统计局的人口统计数据外，还要依靠许多英文文献和报纸、档案来加以解决。有幸的是，研究期间，我利用了和澳大利亚学者合作撰写新的《澳大利亚华侨华人史》的机会，先后去堪培拉澳大利亚国家图书馆和国家档案馆，查阅到了一批珍贵罕见的档案资料，有些已运用到了本著当中。

本课题在申请过程中得到了中国著名人口学专家、原华东师范大学人口所所长、上海市人口学会会长桂世勋教授和原上海市社会科学院常务副院长左学金研究员的关心与帮助，他们在宏观框架与研究思路方面提供了重要而中肯的指导；在撰写过程中，得到了悉尼大学移民与多元文化事务研究中心主任克里斯丁·伊格利斯（Christine Inglish）教授的指导和帮助。她曾在2013年作为江苏省教育厅资助的著名外籍学者来我校澳研中心进行学术交流与合作，她就如何从澳大利亚移民政策中区分撷取亚洲移民政策和如何进行亚裔社区的社会调查等方面，提出了非常宝贵和有益的建议；我还得到了澳大利亚国立大学法学院王而凯（Er-kai Wang）女士在澳大利亚移民政策和法规资料查询方面的帮助。在此，一并表示感谢！

同时，也要感谢江苏师范大学澳大利亚研究中心的同事和研究生，如颜廷副教授，研究生于明波、赵昌、吴丹、王丹阳、朱凯，他们在收集资料和数据、撰写部分文字方面也给我提供了许多帮助。

最后，我还要感谢社会科学文献出版社张晓莉主任和路子正编辑的大力支持与精心审校；感谢江苏师范大学省重点学科（世界史）所提供的出版资助。

国际移民政策与新移民问题研究是一个正在蓬勃兴起和不断走向深入的领域，特别是国际移民政策与新移民问题的研究日益具体化，有很多新的问题值得探讨。本著的研究也是带有尝试和探索性的，并在今后会继续进行下去。其中肯定会存在不足与疏误，敬请学术界同仁不吝赐正。

张秋生

2018 年 10 月于江苏师范大学牛山公寓

图书在版编目（CIP）数据

澳大利亚亚洲移民政策与亚洲新移民问题研究：20
世纪 70 年代以来/张秋生著 . -- 北京：社会科学文献
出版社，2018.12
ISBN 978 - 7 - 5201 - 3734 - 8

Ⅰ.①澳…　Ⅱ.①张…　Ⅲ.①亚洲 - 移民 - 研究 - 澳
大利亚　Ⅳ.①D761.138

中国版本图书馆 CIP 数据核字（2018）第 240384 号

澳大利亚亚洲移民政策与亚洲新移民问题研究（20 世纪 70 年代以来）

著　　者/张秋生

出 版 人/谢寿光
项目统筹/张晓莉　叶　娟
责任编辑/叶　娟　路子正

出　　版/社会科学文献出版社·国别区域与全球治理出版中心（010）59367200
　　　　　地址：北京市北三环中路甲 29 号院华龙大厦　邮编：100029
　　　　　网址：www. ssap. com. cn
发　　行/市场营销中心（010）59367081　59367083
印　　装/三河市东方印刷有限公司

规　　格/开　本：787mm×1092mm　1/16
　　　　　印　张：26.5　字　数：457 千字
版　　次/2018 年 12 月第 1 版　2018 年 12 月第 1 次印刷
书　　号/ISBN 978 - 7 - 5201 - 3734 - 8
定　　价/148.00 元